U0666785

中國古代史學叢書

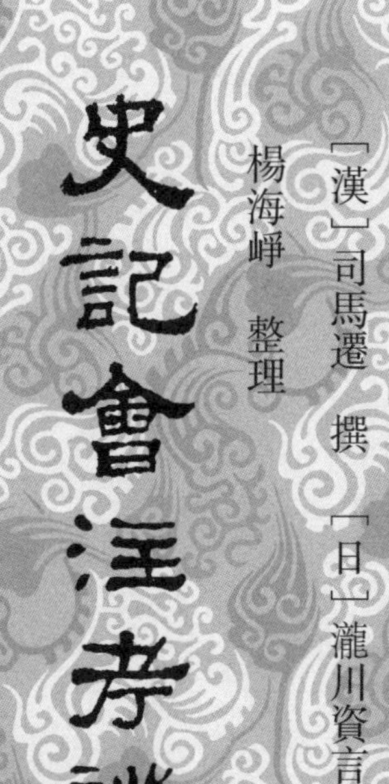

史記會注考證

[漢]司馬遷 撰
[日]瀧川資言 考證
楊海崢 整理

修訂本

叁

上海古籍出版社

史記會注考證卷十九

史記十九

惠景閒侯者年表第七

【考證】史公自序云：「惠景之閒，維申功臣，宗屬爵邑，作惠景閒侯者年表第七。」

太史公讀列封至便侯，〔一〕曰：有以也夫！長沙王者著令甲，稱其忠焉。〔二〕昔高祖定天下，功臣非同姓疆土而王者八國。〔三〕至孝惠時，唯獨長沙全，禪五世，〔四〕以無嗣絶，〔五〕竟無過，爲藩守職，信矣。〔六〕故其澤流枝庶，毋功而侯者數人。〔七〕及孝惠訖孝景閒五十載，追修高祖時遺功臣，及從代來，吴、楚之勞，諸侯子弟若肺腑，〔八〕外國歸義，封者九十有餘。咸表始終，當世仁義成功之著者也。〔九〕

〔一〕【索隱】便，音鞭，縣名也。吴淺所封。【考證】便侯，長沙王子。趙恒曰：列封者，惠景閒之封也：高祖遺功臣一也，從代來二也，吴楚之勞三也，諸侯子弟四也，肺腑五也，外國歸義六也。便侯即在遺功臣數内。

〔二〕【集解】鄧展曰：「漢約非劉氏不王。如芮王，故著令使特王。或曰，以芮至忠故著令也。」瓚曰：「漢以芮忠故特王之，以非制，故特著令。」【考證】漢書宣帝紀「令甲，死者不可復生」，張釋之傳「乙令『蹕先至而犯者罰金四兩』」，後漢章帝紀「令丙：箠長短有數」。漢時決事，集爲令三百餘篇，令有先後，故有令甲、令乙、令丙，若今第一、第二、第三篇。中井積德曰：長沙王之王在約之前，注失前後。

〔三〕【集解】異姓國八王者，吴芮、英布、張耳、臧荼、韓王信、彭越、盧綰、韓信也。【索隱】非同姓而王者八國，齊王韓信，韓王韓信，燕王盧綰，梁王彭越，趙王張耳，淮南王英布，臨江王共敖，長沙王吴芮，凡八也。【考證】中井積德曰：索隱「齊王」當稱「楚王」。又曰：臨江王共敖先項羽死，其子尉不降漢，漢虜之，不得八國之數，宜除臨江，加燕王臧荼。荼與盧綰雖前後相踵不同時，而異姓王不當泄者，集解得之。

〔四〕【索隱】禪者傳也。案：諸侯王表，芮國至五世而絶。

〔五〕【集解】徐廣曰：「孝文後七年，靖王薨，無嗣。」

〔六〕【考證】爲藩守職，蓋令甲中語。

〔七〕【索隱】案此表，芮子淺封便侯，傳至玄孫；又封成王臣之子爲沅陵侯，亦至曾孫。

〔八〕【索隱】柿府二音。柿，木札也。附，木皮也。以喻人主疏末之親，如木札出於木，樹皮附於樹也。詩云「如塗塗附」，注云「附，木皮也」。【考證】肺腑，蓋漢代語，詩、書、左、國未見。肺，肺肝之肺；腑，臟腑之腑。凌稚隆云猶骨肉也者，得之。但骨肉以稱同姓，而肺腑則并稱外戚，亦不相混。漢書劉向傳云「臣幸得託肺腑」，向，楚元王交之後，是同姓之義。田蚡傳「蚡以肺腑爲相」，又曰「臣以肺腑幸得待罪」，衛青傳「青幸以肺腑待罪行閒」，王莽傳「臣莽伏自惟念得託肺腑獲爵土」。蚡，景帝王皇后母弟，武帝之舅氏；青，武帝衛皇后母弟；莽乃元帝皇后王家之子：是外戚之義。腑又作「附」，音通。或轉「肺」爲「柿」，轉「腑」爲「附」，釋之以木札樹皮，迂甚。若，及之辭。

〔九〕【考證】外國歸義，謂匈奴内附者。方苞曰：仁義之著者，謂追修高祖時遺功臣，及諸侯子弟，若肺腑，外國歸義封者。成功之著，謂從代來，及吴、楚之勞封者。

國名	侯功	孝惠七	高后八	孝文二十三	孝景十六	建元至元封六年三十六	太初已後
便〔一〕	長沙王子，侯，二千户。	七 元年九月，頃侯吳淺元年。〔二〕	八	二十二 一 後七年，恭侯信元年。	五 十一 前六年，侯廣志元年。〔三〕	二十八 元鼎五年，侯千秋坐酎金國除。	〔四〕
軑〔五〕	長沙相，侯，七百户。	六 二年四月庚子，侯利倉元年。〔六〕	二 六 三年，侯豨元年。〔七〕	十五 八 十六年，侯彭祖元年。	十六	三十〔八〕 元封元年，侯秩爲東海太守，行過不請，擅發卒兵爲衛，當斬，會赦，國除。	〔九〕
平都〔一〇〕	以齊將，高祖三年降，定齊，侯，千户。	三 五年六月乙亥，孝侯劉到元年。〔一一〕	八	二 二十一 三年，侯成元年。	十四 後二年，侯成有罪，國除。		〔一二〕

國名	侯功	孝惠七	高后八	孝文二十三	孝景十六	建元至元封六年三十六	太初已後
右孝惠時三							
扶柳[一三]	高后姊長姁子，侯。		七 元年四月庚寅，侯呂平元年。 八年，侯平坐呂氏事誅，國除。				
郊[一四]	呂后兄悼武王，身佐高祖定天下，呂氏佐高祖治天下，天下大安，封武王少子產爲郊侯。[一五]		五 元年四月辛卯，侯呂產元年。 六年七月壬辰，產爲呂王，國除。[一六] 八年九月，產以呂王爲漢相，謀爲不善，大臣誅產，遂滅諸呂。[一七]				

國名	侯功	孝惠七	高后八	孝文二十三	孝景十六	建元至元封六年三十六	太初已後
南宮〔一八〕	以父越人爲高祖騎將，從軍，以大中大夫侯。〔一九〕		七　元年四月丙寅，侯張買元年。　八年，侯買坐呂氏事誅，國除。				
梧〔二〇〕	以軍匠從起郟，入漢，後爲少府，作長樂、未央宮，築長安城，先就，功侯，五百户。		六　元年四月乙酉，齊侯陽成延元年。　二　七年，敬侯去疾元年。	二十三	九　中三年，靖侯偃元年。　七	八　元光三年，侯戎奴元年。　十四　元狩五年，侯戎奴坐謀殺季父，弃市，國除。	〔二一〕

國名	侯功	孝惠七	高后八	孝文二十三	孝景十六	建元至元封六年三十六	太初已後
平定〔二二〕	以卒從高祖起留，以家車吏入漢，以梟騎都尉擊項籍，得樓煩將，功用齊丞相侯。一云項涓。〔二三〕		八 元年四月乙酉，敬侯齊受元年。	四 二年，齊侯市人元年。 十八 六年，恭侯應元年。	十六	七 元光二年，康侯延居元年。 十八 元鼎二年，侯昌元年。 二 元鼎四年，侯昌有罪，國除。	〔二四〕
博成〔二五〕	以悼武王郎中兵初起，從高祖起豐，攻雍丘，擊項籍，力戰，奉衛悼武王出滎陽，功侯。		三 元年四月乙酉，敬侯馮無擇元年。〔二六〕 四 四年，侯代元年。八年，侯代坐呂氏事誅，國除。				

國名	侯功	孝惠七	高后八	孝文二十三	孝景十六	建元至元封六年三十六	太初已後
沛[二七]	呂后兄康侯少子，侯，奉呂宣王寢園。		七 元年四月乙酉，侯呂種元年。 一 爲不其侯。八年，侯種坐呂氏事誅，國除。				
襄成[二八]	孝惠子，侯。		一 元年四月辛卯，侯義元年。 二年，侯義爲常山王，國除。				
軹[二九]	孝惠子，侯。		三 元年四月辛卯，侯朝元年。 四年，侯朝爲常山王，國除。				

國名	侯功	孝惠七	高后八	孝文二十三	孝景十六	建元至元封六年三十六	太初已後
壺關〔三〇〕	孝惠子,侯。		四 元年四月辛卯,侯武元年。 五年,侯武爲淮陽王,國除。				
沅陵〔三一〕	長沙嗣成王子,侯。		八 元年十一月壬申,頃侯吳陽元年。〔三二〕	十七 六 後二年,頃侯福元年。〔三三〕	十一 四 中五年,哀侯周元年。 後三年,侯周薨,無後,國除。		〔三四〕
上邳〔三五〕	楚元王子,侯。		七 二年五月丙申,侯劉郢客元年。	元年,侯郢客爲楚王,國除。〔三六〕			〔三七〕

國名	侯功	孝惠七	高后八	孝文二十三	孝景十六	建元至元封六年三十六	太初已後
朱虛〔三八〕	齊悼惠王子，侯。		**七** 二年五月丙申，侯劉章元年。	**一** 二年，侯章爲城陽王，國除。			〔三九〕
昌平〔四〇〕	孝惠子，侯。〔四一〕		**三** 四年二月癸未，侯太元年。〔四二〕 七年，太爲呂王，國除。				
贅其〔四三〕	呂后昆弟子，用淮陽丞相侯。		**四** 四年四月丙申，侯呂勝元年。 八年，侯勝坐呂氏事誅，國除。				

國名	侯功	孝惠七	高后八	孝文二十三	孝景十六	建元至元封六年三十六	太初已後
中邑(四四)	以執矛從高祖入漢,以中尉破曹咎,用呂相侯,六百户。		五 四年四月丙申,真侯朱通元年。(四五)	十七 六 後二年,侯悼元年。	十五 後三年,侯悼有罪,國除。		
樂平(四六)	以隊卒從高祖起沛,屬皇訢,以郎擊陳餘,用衛尉侯,六百户。		二 四年四月丙申,簡侯衛無擇元年。 三 六年,恭侯勝元年。	二十三	十五 一 後三年,侯侈元年。	五 建元六年,侯侈坐以買田宅不法,又請求吏罪,國除。(四七)	
山都(四八)	高祖五年,爲郎中柱下令,以衛將軍擊陳豨,用梁相侯。		五 四年四月丙申,貞侯王恬開元年。	三(四九) 二十 四年,惠侯中黃元年。	三 十三 四年,敬侯觸龍元年。(五〇)	二十二 元狩五年,侯當元年。 八 元封元年,侯當坐與奴闌入上林苑,國除。	

國名	侯功	孝惠七	高后八	孝文二十三	孝景十六	建元至元封六年三十六	太初已後
松茲〔五一〕	兵初起，以舍人從起沛，以郎吏入漢，還得雍王邯家屬功，用常山丞相侯。〔五二〕		**五** 四年四月丙申，夷侯徐厲元年。	六 七年，康侯悼元年。**十七**	**十二** 中六年，侯偃元年。**四**	**五** 建元六年，侯偃有罪，國除。	
成陶〔五三〕	以卒從高祖起單父，爲呂氏舍人，度呂氏淮之功，用河南守侯，五百户。〔五四〕		**五** 四年四月丙申，夷侯周信元年。	**十一** 十二年，孝侯勃元年。**三** 十五年，侯勃有罪，國除。〔五五〕			

國名	侯功	孝惠七	高后八	孝文二十三	孝景十六	建元至元封六年三十六	太初已後
俞〔五六〕	以連敖從高祖破秦，入漢，以都尉定諸侯，功比朝陽侯。嬰死，子它襲功，用太中大夫侯。〔五七〕		四 四年四月丙申，侯呂它元年。〔五八〕 八年，侯它坐呂氏事誅，國除。				
滕〔五九〕	以舍人、郎中，十二歲，以都尉屯田霸上，用楚相侯。		四 四年四月丙申，侯呂更始元年。〔六〇〕 八年，侯更始坐呂氏事誅，國除。				

國名	侯功	孝惠七	高后八	孝文二十三	孝景十六	建元至元封六年三十六	太初已後
醴陵〔六一〕	以卒從，漢王二年初起櫟陽，以卒吏擊項籍，爲河内都尉、長沙相，侯，六百户。		五 四年四月丙申，侯越元年。〔六二〕	三 四年，侯越有罪，國除。			
呂成〔六三〕	呂后昆弟子，侯。		四 四年四月丙申，侯呂忿元年。 八年，侯忿坐呂氏事誅，國除。				
東牟〔六四〕	齊悼惠王子，侯。		三 六年四月丁酉，侯劉興居元年。	一 二年，侯興居爲濟北王，國除。			

國名	侯功	孝惠七	高后八	孝文二十三	孝景十六	建元至元封六年三十六	太初已後
錘〔六五〕	呂肅王子，侯。		二 六年四月丁酉，侯呂通元年。〔六六〕八年，侯通爲燕王，坐呂氏事，國除。				
信都〔六七〕	以張敖、魯元太后子，侯。		一 八年四月丁酉，侯張侈元年。〔六八〕	元年，侯侈有罪，國除。〔六九〕			
樂昌〔七〇〕	以張敖、魯元太后子，侯。		一 八年四月丁酉，侯張受元年。	元年，侯受有罪，國除。			
祝茲〔七一〕	呂后昆弟子，侯。		八年四月丁酉，侯呂榮元年。坐呂氏事誅，國除。				

國名	侯功	孝惠七	高后八	孝文二十三	孝景十六	建元至元封六年三十六	太初已後
建陵[七二]	以大謁者侯，宦者多奇計。		八年四月丁酉，侯張澤元年。[七三]九月，奪侯，國除。				
東平[七四]	以燕王呂通弟侯。		八年五月丙辰，侯呂莊元年。坐呂氏事誅，國除。[七五]				
右高后時三十一[七六]							
陽信[七七]	高祖十二年，爲郎。以典客奪趙王呂祿印，關殿門拒呂產等入，共尊立孝文，侯，二千户。			十四 元年三月辛丑，侯劉揭元年。[七八] 九 十五年，侯中意元年。	五 六年，侯中意有罪，國除。		

國名	侯功	孝惠七	高后八	孝文二十三	孝景十六	建元至元封六年三十六	太初已後
軹〔七九〕	高祖十年，爲郎，從軍，十七歲，爲太中大夫，迎孝文代，用車騎將軍迎太后，侯，萬戶。薄太后弟。〔八〇〕			十 元年二月乙巳，侯薄昭元年。〔八一〕 十三 十一年，易侯戎奴元年。	十六	一 建元二年，侯梁元年。	
壯武〔八二〕	以家吏從高祖起山東，以都尉從之滎陽，食邑。以代中尉勸代王入，驂乘至代邸，王卒爲帝，功侯，千四百戶。〔八三〕			二十三 元年四月辛亥，侯宋昌元年。	十一〔八四〕 中四年，侯昌奪侯，國除。		

國名	侯功	孝惠七	高后八	孝文二十三	孝景十六	建元至元封六年三十六	太初已後
清都〔八五〕	以齊哀王舅父侯。〔八六〕			五　元年四月辛未，侯駟鈞元年。　前六年，鈞有罪，國除。			
周陽〔八七〕	以淮南厲王舅父侯。			五　元年四月辛未，侯趙兼元年。　前六年，兼有罪，國除。			
樊〔八八〕	以睢陽令高祖初起從阿，以韓家子還定北地，用常山相侯，千二百户。〔八九〕			十四　元年六月丙寅，侯蔡兼元年。　九　十五年，康侯客元年。〔九〇〕	九　七　中三年，恭侯平元年。	十三　元朔二年，侯辟方元年。　十四　元鼎四年，侯辟方有罪，國除。	

國名	侯功	孝惠七	高后八	孝文二十三	孝景十六	建元至元封六年三十六	太初已後
管〔九一〕	齊悼惠王子，侯。			二 四年五月甲寅，恭侯劉罷軍元年。〔九二〕 十八 六年，侯戎奴元年。	二 三年，侯戎奴反，國除。		
瓜丘〔九三〕	齊悼惠王子，侯。			十一 四年五月甲寅，侯劉寧國元年。 九 十五年，侯偃元年。	二 三年，侯偃反，國除。		
營〔九四〕	齊悼惠王子，侯。			十 四年五月甲寅，平侯劉信都元年。 十 十四年，侯廣元年。	二 三年，侯廣反，國除。		

國名	侯功	孝惠七	高后八	孝文二十三	孝景十六	建元至元封六年三十六	太初已後
楊虛	齊悼惠王子,侯。			十二 四年五月甲寅,恭侯劉將廬元年。[九五] 十六年,侯將廬爲齊王,有罪,國除。			
楊丘[九六]	齊悼惠王子,侯。			十二 四年五月甲寅,恭侯劉平元年。	八 四年,侯偃有罪,國除。		
朸[九七]	齊悼惠王子,侯。			十二 四年五月甲寅,侯劉辟光元年。 十六年,侯辟光爲濟南王,國除。			

國名	侯功	孝惠七	高后八	孝文二十三	孝景十六	建元至元封六年三十六	太初已後
安都（九八）	齊悼惠王子，侯。			十二 四年五月甲寅，侯劉志元年。 十六年，侯志爲濟北王，國除。			
平昌（九九）	齊悼惠王子，侯。			十二 四年五月甲寅，侯劉卬元年。 十六年，侯卬爲膠西王，國除。			

國名	侯功	孝惠七	高后八	孝文二十三	孝景十六	建元至元封六年三十六	太初已後
武城〔一〇〇〕	齊悼惠王子，侯。			十二 四年五月甲寅，侯劉賢元年。 十六 年，侯賢爲菑川王，國除。			
白石〔一〇一〕	齊悼惠王子，侯。			十二 四年五月甲寅，侯劉雄渠元年。 十六 年，侯雄渠爲膠東王，國除。			

國名	侯功	孝惠七	高后八	孝文二十三	孝景十六	建元至元封六年三十六	太初已後
波陵[一〇二]	以陽陵君侯。			五 七年三月甲寅，康侯魏駟元年。[一〇三] 十二年，康侯魏駟薨，無後，國除。			
南鄍[一〇四]	以信平君侯。			一 七年三月丙寅，侯起元年。[一〇五] 孝文時坐後父故，奪爵級，關內侯。[一〇六]			

國名	侯功	孝惠七	高后八	孝文二十三	孝景十六	建元至元封六年三十六	太初已後
阜陵〔一〇七〕	以淮南厲王子，侯。			八 八年五月丙午，侯劉安元年。 十六年，安爲淮南王，國除。			
安陽〔一〇八〕	以淮南厲王子侯。			八 八年五月丙午，侯勃元年。 十六年，侯勃爲衡山王，國除。			
陽周〔一〇九〕	以淮南厲王子侯。			八 八年五月丙午，侯劉賜元年。 十六年，侯賜爲廬江王，國除。			

國名	侯功	孝惠七	高后八	孝文二十三	孝景十六	建元至元封六年三十六	太初已後
東城〔二〇〕	以淮南厲王子侯。			七 八年五月丙午，哀侯劉良元年。 十五年，侯良薨，無後，國除。			
犂〔二一〕	以齊相召平子侯，千四百一十户。			十一 十年四月癸丑，頃侯召奴元年。 三 後五年，侯澤元年。	十六	十六 元朔五年，侯延元年。 十九 元封六年，侯延堅不出持馬，斬，國除。	
缾〔二二〕	以北地都尉孫卬，匈奴入北地，力戰死事，子侯。			十 十四年三月丁巳，侯孫單元年。	二 前三年，侯單謀反，國除。		

國名	侯功	孝惠七	高后八	孝文二十三	孝景十六	建元至元封六年三十六	太初已後
弓高[一一三]	以匈奴相國降,故韓王信孽子,侯,千二百三十七戶。			八 十六年六月丙子,莊侯韓穨當元年。[一一四]	十六 前元年,侯則元年。[一一五]	十六 元朔五年,侯則薨,無後,國除。	
襄成[一一六]	以匈奴相國降侯,故韓王信太子之子,侯,千四百三十二戶。[一一七]			七 十六年六月丙子,哀侯韓嬰元年。 一 後七年,侯澤之元年。	十六	十五 元朔四年,侯澤之坐詐病不從,不敬,國除。	
故安[一一八]	孝文元年,舉淮陽守,從高祖入漢,功侯,食邑五百戶;用丞相侯,一千七百一十二戶。[一一九]			五 後三年四月丁巳,節侯申屠嘉元年。	二 十四 前三年,恭侯蔑元年。	十九 五 元狩二年,清安侯臾元年。元鼎元年,臾坐爲九江太守有辠,國除。	

國名	侯功	孝惠七	高后八	孝文二十三	孝景十六	建元至元封六年三十六	太初已後
章武[二〇]	以孝文后弟侯，萬一千八百六十九户。[二一]			一 後七年六月乙卯，景侯竇廣國元年。	六 十 前七年，恭侯完元年。[二二]	八 元光三年，侯常坐元年。[二三] 十 元狩元年，侯常坐謀殺人未殺罪，國除。	
南皮[二四]	以孝文后兄竇長君子侯，六千四百六十户。			一 後七年六月乙卯，侯竇彭祖元年。	十六	五 建元六年，夷侯良元年。 五 元光五年，侯桑林元年。 十八 元鼎五年，侯桑林坐酎金罪，國除。	

國名	侯功	孝惠七	高后八	孝文二十三	孝景十六	建元至元封六年三十六	太初已後
右孝文時二十九[一二五]							
平陸[一二六]	楚元王子，侯，三千二百六十七户。				二 元年四月乙巳，[一二七]侯劉禮元年。三年，侯禮爲楚王，國除。		
休[一二八]	楚元王子，侯。				二 元年四月乙巳，侯富元年。三年，侯富以兄子戎爲楚王反，富與家屬至長安北闕自歸，不能相教，上印綬。詔復王。後以平陸侯爲楚王，更封富爲紅侯。		

國名	侯功	孝惠七	高后八	孝文二十三	孝景十六	建元至元封六年三十六	太初已後
沈猶〔二九〕	楚元王子，侯，千三百八十户。				十六 元年四月乙巳，夷侯劉穢元年。	四 建元五年，侯受元年。 十八 元狩五年，侯受坐故爲宗正聽謁，不具宗室，不敬，國除。	
紅〔三〇〕	楚元王子，侯，千七百五十户。				四 三年四月乙巳，莊侯富元年。〔三一〕 一 前七年，悼侯澄元年。 九 中元年，敬侯發元年。〔三二〕	十五 元朔四年，侯章元年。 一 元朔五年，侯章薨，無後，國除。〔三三〕	

國名	侯功	孝惠七	高后八	孝文二十三	孝景十六	建元至元封六年三十六	太初已後
宛朐〔二三四〕	楚元王子，侯。				二 元年四月乙巳，侯劉埶元年。〔二三五〕 三年，侯埶反，國除。		
魏其〔二三六〕	以大將軍屯滎陽，扞吳楚七國，侯，三千三百五十户。				十四 三年六月乙巳，侯竇嬰元年。	九 建元元年，爲丞相，二歲免。 元光四年，侯嬰坐争灌夫事，上書稱爲先帝詔，矯制，罪，弃市，國除。	

國名	侯功	孝惠七	高后八	孝文二十三	孝景十六	建元至元封六年三十六	太初已後
棘樂	楚元王子，侯，户千二百一十三。				十四 三年八月壬子，敬侯劉調元年。	一 建元二年，恭侯應元年。 十一 元朔元年，侯慶元年。 十六 元鼎五年，侯慶坐酎金，國除。	
俞〔一三七〕	以將軍吴楚反時擊齊有功。布故彭越舍人，越反時布使齊還，已梟越，布祭哭之，當亨，出忠言，高祖舍之。黥布反，布爲都尉，侯，户千八百。				六 六年，四月丁卯，侯欒布元年。 中五年，侯布薨。	十 元狩六年，侯賁坐爲太常廟犧牲不如令，有罪，國除。〔一三八〕	

國名	侯功	孝惠七	高后八	孝文二十三	孝景十六	建元至元封六年三十六	太初已後
建陵	以將軍擊吳楚功，用中尉侯，户一千三百一十。				十一 六年四月丁卯，敬侯衛綰元年。〔一三九〕	十 元光五年，侯信元年。 十八 元鼎五年，侯信坐酎金，國除。	
建平〔一四〇〕	以將軍擊吳楚功，用江都相侯，户三千一百五十。				十一 六年四月丁卯，哀侯程嘉元年。〔一四一〕	七 元光二年，節侯橫元年。 一 元光三年，侯回元年。 一 元光四年，侯回薨，無後，國除。	

國名	侯功	孝惠七	高后八	孝文二十三	孝景十六	建元至元封六年三十六	太初已後
平曲〔一四二〕	以將軍擊吳楚,功,用隴西太守侯,户三千二百二十。				五 六年四月己巳,侯公孫昆邪元年。〔一四三〕 中四年,侯昆邪,有罪。國除。太僕賀父。		
江陽〔一四四〕	以將軍擊吳楚,功,用趙相侯,户二千五百四十一。				四 六年四月壬申,康侯蘇嘉元年。〔一四五〕 七 中三年,懿侯盧元年。〔一四六〕	二 建元三年,侯明元年。 十五 元朔六年,侯雕元年。 十一 元鼎五年,侯雕坐酎金,國除。	

國名	侯功	孝惠七	高后八	孝文二十三	孝景十六	建元至元封六年三十六	太初已後
遽[一四七]	以趙相建德，王遂反，建德不聽，死事，子侯，户千九百七十。[一四八]				六 中二年，四月己巳侯橫元年。[一四九] 後二年，侯橫有罪，國除。		
新市[一五〇]	以趙內史王慎，王遂反，慎不聽，死事，子侯，户一千十四。[一五一]				五 中二年，四月乙巳侯王康元年。[一五二] 三 後元年，殤侯始昌元年。	九 元光四年，殤侯始昌爲人所殺，國除。[一五三]	
商陵[一五四]	以楚太傅趙夷吾，王戊反，不聽，死事，子侯，千四十五户。				八 中二年，四月乙巳侯趙周元年。	二十九 元鼎五年，侯周坐爲丞相知列侯酎金輕，下廷尉，自殺，國除。	

國名	侯功	孝惠七	高后八	孝文二十三	孝景十六	建元至元封六年三十六	太初已後
山陽（一五五）	以楚相張尚，王戊反，尚不聽，死事，子侯，户千一百一十四。				八 中二年四月乙巳，侯張當居元年。	十六 元朔五年，侯當居坐爲太常程博士弟子故不以實，罪，國除。（一五六）	
安陵	以匈奴王降，侯，户一千五百一十七。（一五七）				七 中三年十一月庚子，侯子軍元年。	五（一五八） 建元六年，侯子軍薨，無後，國除。	
垣（一五九）	以匈奴王降，侯。				中三年十二月丁丑，侯賜元年。 三（一六〇） 六年，賜死，不得及嗣。（一六一）		

國名	侯功	孝惠七	高后八	孝文二十三	孝景十六	建元至元封六年三十六	太初已後
道〔一六二〕	以匈奴王降，侯，户五千五百六十九。〔一六三〕				中三年十二月丁丑，侯隆彊元年。〔一六四〕不得隆彊嗣。	後元年四月甲辰，侯則坐使巫齊少君祠祝詛，大逆無道，國除。〔一六五〕	
容成〔一六六〕	以匈奴王降，侯，七百户。				七 中三年十二月丁丑，侯唯徐盧元年。〔一六七〕	十四 建元元年，康侯綽元年。 二十三 元朔三年，侯光元年。	十八 後二年三月壬辰，侯光坐祠祝詛，國除。〔一六八〕

國名	侯功	孝惠七	高后八	孝文二十三	孝景十六	建元至元封六年三十六	太初已後
易(一六九)	以匈奴王降，侯。(一七〇)				六 中三年十二月丁丑，侯僕黥元年。 後二年，侯僕黥薨，無嗣。(一七一)		
范陽(一七二)	以匈奴王降，侯，户千一百九十七。				七 中三年十二月丁丑，端侯代元年。(一七三)	七 元光二年，懷侯德元年。 二(一七四) 元光四年，侯德薨，無後，國除。	

國名	侯功	孝惠七	高后八	孝文二十三	孝景十六	建元至元封六年三十六	太初已後
翕〔一七五〕	以匈奴王降，侯。				七 中三年十二月丁丑，侯邯鄲元年。	九 元光四年，侯邯鄲坐行來不請長信，不敬，國除。	
亞谷〔一七六〕	以匈奴東胡王降，故燕王盧綰子，侯，千五百户。〔一七七〕				二 中五年四月丁巳，簡侯它父元年。〔一七八〕 三 後元年，安侯種元年。	十一 建元元年，康侯偏元年。〔一七九〕 二十五 元光六年，侯賀元年。	十五 征和三年七月辛巳，侯賀坐太子事，國除。〔一八〇〕

國名	侯功	孝惠七	高后八	孝文二十三	孝景十六	建元至元封六年三十六	太初已後
隆慮[一八一]	以長公主嫖子侯，户四千一百二十六。[一八二]				五　中五年五月丁丑，侯蟜元年。[一八三]	二十四　元鼎元年，侯蟜坐母長公主薨未除服，姦，禽獸行，當死，自殺，國除。	
乘氏[一八四]	以梁孝王子侯。				中五年五月丁卯，侯買元年。中六年，侯買嗣爲梁王，國除。		
桓邑	以梁孝王子侯。				一　中五年五月丁卯，侯明元年。中六年，爲濟川王，國除。		

國名	侯功	孝惠七	高后八	孝文二十三	孝景十六	建元至元封六年三十六	太初已後
蓋[一八五]	以孝景后兄侯，户二千八百九十。				五 中五年五月甲戌，靖侯王信元年。[一八六]	二十 元狩三年，侯偃元年。 八 元鼎五年，侯偃坐酎金國除。	
塞	以御史大夫前將軍兵擊吳楚，功侯，户千四十六。[一八七]				三 後元年八月，侯直不疑元年。[一八八]	三 建元四年，侯相如元年。[一八九] 十二 元朔四年，侯堅元年。[一九〇] 十三 元鼎五年，侯堅坐酎金國除。	

國名	侯功	孝惠七	高后八	孝文二十三	孝景十六	建元至元封六年三十六	太初已後
武安〔一九一〕	以孝景后同母弟侯，户八千二百一十四。				一 後三年三月，侯田蚡元年。〔一九二〕	九 元光四年，侯梧元年。〔一九三〕 五 元朔三年，侯梧坐衣襜褕入宮廷中，不敬，國除。	
周陽〔一九四〕	以孝景后同母弟侯，户六千二十六。				一 後三年三月，懿侯田勝元年。	十一 元光六年，侯彭祖元年。 八 元狩二年，侯彭祖坐當歸與章侯宅不與罪，國除。〔一九五〕	

右孝景時三十一〔一九六〕

〔一〕【索隱】漢志縣名，屬桂陽，音鞭。

〔二〕【考證】漢表「月」下有「癸卯」二字。

〔三〕【考證】廣志之薨，千秋之嗣，史、漢不記其年。

〔四〕【考證】「太初已後」四字當衍。漢表侯第百三十三。

〔五〕【集解】音大。【索隱】軑，音大，縣名，在江夏也。

〔六〕【索隱】漢書作「軑侯朱倉」，故長沙相。【考證】今本漢表軑侯黎朱蒼。

〔七〕【考證】漢表謚孝。

〔八〕【考證】漢表彭祖嗣，二十四年薨，則秩以建元元年嗣，此脱「秩元年」。三十，當作「十」。其下當書「二十」。

〔九〕【考證】漢表侯第百二十。

〔一〇〕【索隱】縣名，屬東海。【考證】平都縣屬上郡。

〔一一〕【索隱】故齊將。已上孝惠時三人也。

〔一二〕【考證】漢書侯第百一十。

〔一三〕【索隱】縣名，屬信都。

〔一四〕【索隱】一作「洨」，縣名，屬沛郡。【考證】郊，當作「洨」。

〔一五〕【考證】「武王」上缺「悼」字。

〔一六〕【考證】産爲呂王，在十月丙辰。

〔一七〕【考證】産以高后七年二月徙王梁，更名梁曰呂，仍稱呂王也。而産之爲相在七年七月，此誤。

〔一八〕【索隱】縣名，屬信都。

〔一九〕【考證】漢表作「中大夫」。

〔二〇〕【索隱】縣名，屬彭城。

〔二一〕【考證】漢表侯第七十六。

〔二二〕【索隱】漢志闕，或鄉名。

〔二三〕【考證】「一云項涓」四字似非史文。

〔二四〕【考證】漢表侯第五十四。

〔二五〕【索隱】漢志闕。【考證】此即泰山郡之博縣。成即「城」字。

〔二六〕【考證】漢表「乙酉」作「己酉」。

〔二七〕【索隱】縣名，屬沛郡。

〔二八〕【索隱】縣名，屬潁川。

〔二九〕【索隱】縣名，屬河内。

〔三〇〕【索隱】縣名，屬河内。【考證】縣屬上黨。

〔三一〕【索隱】沅陵縣近長沙，漢志屬武陵。

〔三二〕【考證】漢表作「七月丙申」。

〔三三〕【考證】父子同謚，必有一誤。

〔三四〕【考證】漢表云侯第百三十六。

〔三五〕【考證】在魯國薛縣西。

〔三六〕【考證】郢客爲王在孝文二年。

〔三七〕【考證】漢表云侯第百二十六。

〔三八〕【索隱】縣名，屬琅邪。

〔三九〕【考證】漢表侯第百二十九。

〔四〇〕【索隱】縣名，屬上谷。

【考證】呂后紀及漢書異姓王表作「平昌」，平昌屬平原。

〔四一〕【索隱】實呂氏也。

〔四二〕【考證】太，當作「大」。

〔四三〕【索隱】縣名，屬臨淮。

〔四四〕【索隱】漢志闕。

【考證】縣名，在勃海。

〔四五〕【考證】漢表作「貞侯朱進」。

〔四六〕【索隱】漢志闕。

【考證】漢表作「樂成」，鄉名，在東郡。

〔四七〕【考證】「坐」下「以」字衍。「求」當作「賕」。

〔四八〕【索隱】漢志闕。

【考證】山都縣，屬南陽。

〔四九〕【考證】「三」、「二十」字，誤例。恬開以後四年卒，「二十」者，(開恬)〔恬開〕在文帝之朝爲侯之歲；「三」者，中黃在文帝之朝嗣侯歲數也。

〔五〇〕【考證】「四年」當作「五年」。漢表謚憲。

〔五一〕【集解】徐廣曰：「松，一作『祝』。」

【索隱】漢表作「祝」，縣名，屬廬江。

〔五二〕【考證】郎吏，漢表作「郎中」。
〔五三〕【集解】徐廣曰：「一作『陰』。」【索隱】漢表作「成陰」也，漢志闕。
〔五四〕【考證】漢表「吕氏」作「吕后」。
〔五五〕【考證】漢法，諸侯以罪失國者，歿不賜謚。漢表無謚。
〔五六〕【集解】如淳曰：「音輸。」
【索隱】俞，音輸。俞縣屬清河也。
〔五七〕【考證】朝陽侯華寄也。它封在高后四年，不入位次内。
〔五八〕【索隱】吕他，他音駞，吕嬰子也。
〔五九〕【索隱】勝侯，一作「滕」。劉氏云作「勝」恐誤。今案：滕縣屬沛郡，「勝」未聞。
〔六〇〕【索隱】更始，吕氏之族。
〔六一〕【索隱】縣名，今在長沙。
〔六二〕【考證】此侯失其姓。
〔六三〕【考證】水經注，南陽宛縣西有吕城，疑吕忿封此。
〔六四〕【索隱】縣名，屬東萊。
〔六五〕【集解】一作「鉅」。
【索隱】縣名，屬東萊。
〔六六〕【索隱】吕后兄子。
〔六七〕【索隱】縣名，屬信都。
〔六八〕【索隱】敖子，以魯元公主封。

〔六九〕【考證】信都與下樂昌，以張敖前妻之子侯，不當封，故孝文免之。漢表云，以非正免。

〔七〇〕【考證】樂昌即汝南細陽、池陽縣。

〔七一〕【索隱】漢書作「琅邪」。

【考證】祝兹即東海即丘縣。

〔七二〕【索隱】漢表作「東海」。

〔七三〕【索隱】一名釋。

〔七四〕【集解】徐廣曰：「一作『康』。」【索隱】縣名，在東平。

〔七五〕【考證】「莊」當作「庀」。

〔七六〕【考證】「三十一」者，高后封侯之數也。然高后元年封呂禄爲胡陵侯，二年封蕭何夫人爲酇侯，蕭延爲筑陽侯，四年封女弟嬃爲臨光侯，又封劉信母爲陰安侯，皆不在此數。

〔七七〕【索隱】表在新野，志屬勃海，恐有二縣。【考證】陽信屬勃海。

〔七八〕【索隱】陽信夷侯劉揭。【考證】漢表作「十一月」。

〔七九〕【索隱】縣名，屬河内也。

〔八〇〕【考證】「十年」當作「十一年」。漢表「太中大夫」作「中大夫」。

〔八一〕【考證】漢表「二月」作「正月」。漢書文紀十年書將軍薄昭死，坐殺漢使者罪，此脱不書，有罪而死，自當奪絶。文帝不除國者，爲太后也。

〔八二〕【索隱】縣名，屬膠東。

〔八三〕【考證】「之」當作「守」。

〔八四〕【考證】「二」字衍。

〔八五〕【集解】徐廣曰：「一作『鄡』。音苦堯反。」【索隱】清郭侯駟鈞。齊封田嬰爲清郭君。漢表「鄔侯駟鈞」，鄔，太原齊縣。【考證】「清都」當作「清郭」。

〔八六〕【索隱】舅父即舅，猶姨曰姨母然也。

〔八七〕【索隱】縣名，屬上郡。【考證】當作「陽周」。

〔八八〕【索隱】縣名，屬東平。

〔八九〕【考證】「從」字當在「高」上。

〔九〇〕【集解】徐廣曰：「客，一作『容』。」

〔九一〕【索隱】管古國，今爲縣，屬滎陽。【考證】「管」當作「菅」，菅縣屬濟南。

〔九二〕【索隱】共侯劉罷軍。

〔九三〕【索隱】斥丘縣在魏郡。【考證】漢表作「氏丘」。

〔九四〕【索隱】表在濟南。【考證】營即營丘，在齊郡臨淄縣。

〔九五〕【索隱】楊虛共侯劉將廬。漢書作「將閭」，齊悼惠王子，襲封，王子也。【考證】將廬有罪國除，惡得有謚？此楊丘之文誤入者，「恭」字宜削。説詳盧氏鍾山札記、張氏史記札記。

〔九六〕【考證】今本史記脱去楊丘一侯，今從索隱補之。

〔九七〕【集解】音力。【索隱】扐，縣名，屬平原，音力。

〔九八〕【索隱】漢志闕。【考證】屬涿郡。

〔九九〕【索隱】縣名，屬平原。【考證】水經注云此侯封于琅邪之平昌。

〔一〇〇〕【索隱】漢志闕。凡闕者或鄉名，或尋廢，故志不載。【考證】齊王子所封者必是南武城，即漢東海郡南成縣。

〔一〇一〕【索隱】縣名，屬金城。【考證】白石在平原安德。

〔一〇二〕【索隱】漢志作「泝」，音泜。

〔一〇三〕【考證】漢表「甲寅」作「丙寅」。

〔一〇四〕【集解】徐廣曰：「一作『朝』。」【索隱】韋昭音貞，一音程。李彤云：「河南有郥亭。」音頳。

〔一〇五〕【索隱】起，名也，史失其姓。

〔一〇六〕【考證】「級」上脱「一」字，下脱「爲」字。顔師古曰：會于廷中而隨父，失朝廷以爵之序，故削爵也。

〔一〇七〕【索隱】縣名，屬九江。

〔一〇八〕【索隱】安陵，縣名，屬馮翊，恐別有「安陵」。【考證】漢志有四安陽，此在汝南，水經注可證。索隱本作「安陵」，疑誤。

〔一〇九〕【考證】城陽莒縣之鄉名。

〔一一〇〕【索隱】縣名，屬九江。

〔一一一〕【索隱】縣名，屬東郡。

〔一一二〕【索隱】縣名，屬琅邪。缾音瓶。

〔一一三〕【索隱】漢表在營陵。【考證】地理志屬河間。

〔一一四〕【考證】漢表「頹」作「隤」。

〔一一五〕【考證】漢表云不得隤當嗣侯者年名，元朔五年侯則嗣，薨，與本傳頹當傳子至孫合，此誤。

〔一一六〕【索隱】襄城，志屬潁川。

〔一一七〕【考證】漢表作「二千户」。

〔一一八〕【索隱】縣名，屬涿郡。
〔一一九〕【考證】「功」下「侯」者爲關内侯也。漢表不書申屠嘉食邑。
〔一二〇〕【索隱】縣名，屬勃海。
〔一二一〕【考證】漢表作「萬一千户」。
〔一二二〕【考證】漢表「完」作「定」。
〔一二三〕【考證】漢表「常坐」作「常生」。
〔一二四〕【索隱】縣名，屬勃海。
〔一二五〕【考證】孝文共封二十九侯，而各本表止二十八者，因脱誤楊丘一侯也，今補。
〔一二六〕【索隱】縣名，屬西河。又有東平陸，在東平。
〔一二七〕【索隱】一云「乙卯」。
〔一二八〕【考證】休，鄉名。「孟子去齊居休」之「休」，故城在今兗州府滕縣北。
〔一二九〕【索隱】漢表在高苑。
〔一三〇〕【索隱】紅、休蓋二鄉名。王莽封劉歆爲紅休侯。一云紅即虹縣也。【考證】表例，凡更封者，即附書初封之下，劉富先封休侯，更封紅侯，自當連書之，蓋後人妄析。
〔一三一〕【索隱】紅雅侯劉富，一云禮侯也，楚元王子。案王傳，休侯富免後封紅侯，此則並列，誤也。漢表一書而已。【考證】四月乙巳，當作「六月乙亥」。漢表「莊侯」作「懿侯」。
〔一三二〕【集解】發，一作「嘉」。【考證】漢表作「嘉」。
〔一三三〕【考證】漢表章謚哀。
〔一三四〕【索隱】宛朐，縣名，屬濟陰。

〔一三五〕【索隱】蕭該埶音藝。

〔一三六〕【索隱】縣名，屬琅邪。

〔一三七〕【索隱】俞，音輸，縣名，屬清河。

〔一三八〕【集解】一云元朔二年，侯賁元年。【考證】孝景中五年布薨，國絶。至元朔二年續封賁也。漢表「廟」作「雍」。

〔一三九〕【考證】失書綰爲丞相。

〔一四〇〕【索隱】縣名，屬沛郡。

〔一四一〕【考證】漢表作「敬侯」。

〔一四二〕【索隱】案漢表在高城。【考證】平曲，東海縣。

〔一四三〕【索隱】漢書作「渾」。

〔一四四〕【索隱】縣在東海也。【考證】帝紀作「江陵」，南郡縣名。

〔一四五〕【集解】徐廣曰：「蘇，一作『籍』。」【索隱】漢表作「蘇息」。

〔一四六〕【集解】徐廣曰：「一作『哀侯』。」

〔一四七〕【索隱】案漢表，鄉名，在常山。

〔一四八〕【考證】漢表「九」作「一」。

〔一四九〕【索隱】史失其姓。【考證】漢表「己巳」作「乙巳」。

〔一五〇〕【索隱】縣名，屬鉅鹿。

〔一五一〕【考證】楚元王世家、漢表「慎」作「悍」。

〔一五二〕【考證】漢表名棄之，史蓋以謚爲名。

〔一五三〕【考證】漢表「殤」作「煬」，疑非。

〔一五四〕【索隱】漢表在臨淮。【考證】「商陵」當作「高陵」，在琅邪。

〔一五五〕【考證】縣屬河内。

〔一五六〕【集解】徐廣曰：「程，一作『澤』。」【考證】漢表作「擇」。

〔一五七〕【考證】漢表作「千五百五十户」。

〔一五八〕【考證】「五」當作「六」。

〔一五九〕【索隱】縣名，屬河東。【考證】水經注以爲涿郡之垣縣。

〔一六〇〕【考證】「三」當作「四」。

〔一六一〕【考證】「六」上脱「中」字。賜，垣侯名。「及」當作「其」。

〔一六二〕【索隱】縣名，屬涿郡。音茲鳩反。

〔一六三〕【考證】「五」字衍，漢表作「千五百七十户」。

〔一六四〕【索隱】遒侯李隆彊。

〔一六五〕【集解】徐廣曰：「漢書云武後二年。」【考證】史至太初，何記武帝後元事？

〔一六六〕【索隱】縣名，屬涿郡。【考證】漢表作「容城」。

〔一六七〕【索隱】容成侯唯徐盧。【考證】漢表「攜侯徐盧」。蓋攜其謚，唯徐其姓，盧其名。

〔一六八〕【考證】表至太初，何書武帝後元事？

〔一六九〕【索隱】縣名，屬涿郡。

〔一七〇〕【考證】漢表云「千一百十户」。

〔一七一〕【考證】漢表「黥」作「黚」。「無嗣」下脱「國除」二字。

〔一七二〕【索隱】縣名，屬涿郡。

〔一七三〕【索隱】范陽靖侯代。【考證】漢表作「靖侯范代」，疑衍「范」字。

〔一七四〕【考證】「二」當作「三」。

〔一七五〕【索隱】漢表在内黄。

〔一七六〕【索隱】一作「惡父」，漢表在河内。

〔一七七〕【考證】盧它之爲盧綰孫，史、漢本傳可證。漢表「千五百户」作「千户」。

〔一七八〕【索隱】簡侯他父。【考證】景紀正義引此表，「它父」作「它之」，與本傳及漢表合。

〔一七九〕【考證】漢表「元」作「五」，「偏」作「漏」。

〔一八〇〕【考證】此十六字當削。

〔一八一〕【索隱】音林閭。縣名，屬河内。

〔一八二〕【考證】漢表作「五千户」。

〔一八三〕【集解】徐廣曰：「案本紀乃前五年，非中元年。」【考證】侯姓陳，堂邑侯陳嬰之曾孫。

〔一八四〕【索隱】縣名，屬濟陰。

〔一八五〕【索隱】漢表在勃海。【考證】索隱「勃海」當作「泰山」。

〔一八六〕【考證】漢表蓋侯信薨，頃侯充嗣，又侯受嗣，雖不出充、受薨嗣之年，而傳位三世甚明，此蓋有譌脱。

〔一八七〕【考證】漢表無「軍」字。

〔一八八〕【考證】不疑謚信。

〔一八九〕【考證】相如謚康。

〔一九〇〕【考證】漢表亦作「堅」。漢傳「彭祖」，史傳作「望」。

〔一九一〕【索隱】縣名，屬魏郡。
〔一九二〕【考證】失書蚡爲丞相。
〔一九三〕【考證】列傳及漢書表「悟」作「恬」。
〔一九四〕【索隱】縣名，屬上郡。【考證】據水經注，地在東聞喜縣。
〔一九五〕【考證】漢表「章侯」作「軹侯」。上「與」字衍。
〔一九六〕【考證】表中止三十人，而此言「三十一」者，誤以休改紅並列也。

【索隱述贊】惠景之際，天下已平。諸呂構禍，吴楚連兵。條侯出討，壯武奉迎。薄竇恩澤，張趙忠貞。本枝分蔭，肺腑歸誠。新市死事，建陵勳榮。咸開青社，俱受丹旌。旋窺甲令，吴便有聲。

史記會注考證卷二十

史記二十

建元以來侯者年表第八

【索隱】七十二國，太史公舊；餘四十五國，褚先生補也。【考證】史公自序曰：「北討彊胡，南誅勁越，征伐夷蠻，武功爰列，作建元以來侯者年表第八。」齊召南曰：漢表列長平、冠軍於外戚恩澤，甚爲失平，夫以衛、霍之功勳，其將校得封者皆稱功臣，豈可以吕、竇、王、田例哉？史記叙功，於長平不曰皇后弟，於冠軍不曰皇后姊子，可謂公論。

太史公曰：匈奴絶和親，攻當路塞，閩越擅伐，東甌請降。二夷交侵，當盛漢之隆，以此知功臣受封侔於祖考矣。〔一〕何者？自詩、書稱三代「戎狄是膺，荆荼是徵」，〔二〕齊桓越燕伐山戎，〔三〕武靈王以區區趙服單于，〔四〕秦繆用百里霸西戎，〔五〕吴楚之君以諸侯役百越。況乃以中國一統，明天子在上，兼文武，席卷四海，内輯億萬之衆，豈以晏然不爲邊境征伐哉！自是後遂出師，北討彊胡，南誅勁越，將卒以次

封矣。〔六〕

〔一〕【考證】二夷，匈奴、閩越。盛漢，猶言大漢也。

〔二〕【集解】毛詩傳曰：「膺，當也。」鄭玄曰：「懲，艾。」【索隱】荼，音舒。懲，音澄。【考證】毛詩魯頌閟宮篇，「荼」作「舒」，「懲」作「懲」。

〔三〕【考證】左傳莊三十年。

〔四〕【考證】事見趙策，武靈蓋却匈奴耳，未至服單于也。

〔五〕【考證】百里，百里之地。

〔六〕【考證】王念孫曰：「卒」當作「率」。率即「帥」字。汪越曰：表建元至太初已後，侯者蓋主軍功，而擊匈奴則軍功之大者，或從大將軍衛青，或從驃騎將軍霍去病，多取封侯，南越、東甌、朝鮮功又其次也。有自匈奴降者，有自南越、東甌、朝鮮、小月氏降者，可以威遠，因侯之。有父死事南越，而其子侯者，繆世樂、韓千秋是也；有以父擊匈奴功，而其子侯者，大將軍衛青之三子是也；有從擊匈奴及使絶域而侯者，張騫是也。其不以軍功，則周子南君以周後紹封，公孫弘以丞相詔襃爲侯，石慶以丞相及先人萬石積德謹行侯，是也。最下則樂通以方術侯矣。陳仁錫曰：元光侯者二，元朔侯者二十二，元狩侯者十六，皆以匈奴封。元鼎侯者十六，以匈奴、南粤封。元封侯者十七，以東越、甌駱、南越、朝鮮、西域封，當時之兵，孰多孰少，皆可知矣。

國名	侯功	元光	元朔	元狩	元鼎	元封	太初已後[四]
翕[一]	匈奴相降，侯。元朔二年，屬車騎將軍，擊匈奴有功，益封。[二]	三 四年七月壬午，侯趙信元年。[三]	五 六年，侯信爲前將軍擊匈奴，遇單于兵，敗，信降匈奴，國除。				
持裝[五]	匈奴都尉降，侯。[六]	六年後九月丙寅，侯樂元年。[七]	六	六	元年，侯樂死，無後，國除。[八]		
親陽[九]	匈奴相降，侯。[一〇]		二年十月癸巳，侯月氏元年。 三 五年，侯月氏坐亡斬，國除。				

國名	侯功	元光	元朔	元狩	元鼎	元封	太初已後
若陽[一一]	匈奴相降，侯。[一二]		三 二年十月癸巳，侯猛元年。 五年，侯猛坐亡斬，國除。				
長平[一三]	以元朔二年，再以車騎將軍擊匈奴，取朔方、河南，功侯。元朔五年，以大將軍擊匈奴，破右賢王，益封三千户。[一四]		五 二年三月丙辰，烈侯衛青元年。[一五]	六	六	六	太初元年，今侯伉元年。[一六]

國名	侯功	元光	元朔	元狩	元鼎	元封	太初已後
平陵[一七]	以都尉從車騎將軍青擊匈奴功侯。以元朔五年用遊擊將軍從大將軍益封。[一八]		**五**[一九] 二年三月丙辰，侯蘇建元年。	**六**[二〇]	**六**[二一] 六年，侯建爲右將軍，與翕侯信俱敗，獨身脱來歸，當斬，贖，國除。[二二]		
岸頭[二三]	以都尉從車騎將軍青擊匈奴功侯。元朔六年，從大將軍益封。[二四]		二年六月壬辰，**五** 侯張次公元年。[二五]	元年，次公坐與淮南王女姦，及受財物罪，國除。			
平津[二六]	以丞相詔所褒侯。[二七]		**四**[二八] 三年十一月乙丑，獻侯公孫弘元年。	**二** **四** 三年，侯慶元年。	**六**	**三** 四年，侯慶坐爲山陽太守有罪，國除。[二九]	

國名	侯功	元光	元朔	元狩	元鼎	元封	太初已後
涉安	以匈奴單于太子降，侯。		三〔三〇〕 三年四月丙子，侯於單元年。〔三一〕五年卒，無後，國除。〔三二〕				
昌武〔三三〕	以匈奴王降，侯。以昌武侯從驃騎將軍擊左賢王功益封。〔三四〕		三 四年七月庚申，堅侯趙安稽元年。	六	六	一 五 二年，侯充國元年。〔三五〕	太初元年，侯充國薨，亡後，國除。
襄城〔三六〕	以匈奴相國降，侯。〔三七〕		三 四年七月庚申，侯無龍元年。〔三八〕	六	六	六	一 太初二年，無龍從浞野侯戰死。 二 三年，侯病已元年。

國名	侯功	元光	元朔	元狩	元鼎	元封	太初已後
南奅[三九]	以騎將軍從大將軍青擊匈奴，得王，功侯。太初二年，以丞相封爲葛繹侯。[四〇]		二 五年四月丁未，侯公孫賀元年。	六	四 五年，賀坐酎金，國除，絶十歲。[四一]		十三 太初二年三月丁卯，封葛繹侯。征和二年，賀子敬聲有罪，國除。[四二]
合騎[四三]	以護軍都尉三從大將軍擊匈奴，至右賢王庭，得王，功侯。元朔六年益封。[四四]		二 五年四月丁未，侯公孫敖元年。	一 二年，侯敖將兵擊匈奴，與驃騎將軍期，後，畏懦當斬，贖爲庶人，國除。			

國名	侯功	元光	元朔	元狩	元鼎	元封	太初已後
樂安〔四五〕	以輕車將軍再從大將軍青擊匈奴，得王，功侯。〔四六〕		二　五年四月丁未，侯李蔡元年。	四　五年，侯蔡以丞相盜孝景園神道壖地，罪，自殺，國除。			
龍頟〔四七〕	以都尉從大將軍青擊匈奴，得王，功侯。元鼎六年，以橫海將軍擊東越，功，爲案道侯。〔四八〕		二　五年四月丁未，侯韓説元年。	六	四　五年，侯説坐酎金，國絕，二歲復侯。	六　元年五月丁卯，案道侯説元年。〔四九〕	十三　征和二年，子長代，有罪，絕。子曾復封爲龍頟侯。〔五〇〕

國名	侯功	元光	元朔	元狩	元鼎	元封	太初已後
隨成〔五一〕	以校尉三從大將軍青擊匈奴，攻農吾，先登石累，〔五二〕得王，功侯。〔五三〕		二 五年四月乙卯，侯趙不虞元年。	三〔五四〕 三年，侯不虞坐爲定襄都尉，匈奴敗太守，以聞非實，坐謾國除。〔五五〕			
從平〔五六〕	以校尉三從大將軍青擊匈奴，至右賢王庭，數爲鴈行，上石山先登，功侯。〔五七〕		二 五年四月乙卯，公孫戎奴元年。	一 二年，侯戎奴坐爲上郡太守發兵擊匈奴，不以聞，謾，國除。			
涉軹〔五八〕	以校尉三從大將軍青擊匈奴，至右賢王庭，得王虜閼氏，功侯。〔五九〕		二 五年四月丁未，侯李朔元年。	元年，侯朔有罪，國除。〔六〇〕			

國名	侯功	元光	元朔	元狩	元鼎	元封	太初已後
宜春[六一]	以父大將軍青破右賢王功侯。[六二]		二 五年四月丁未，侯衛伉元年。	六	元年，侯伉坐矯制不害，國除。		
陰安[六三]	以父大將軍青破右賢王功侯。[六四]		二 五年四月丁未，侯衛不疑元年。	六	四 五年，侯不疑坐酎金，國除。		
發干[六五]	以父大將軍青破右賢王功侯。[六六]		二 五年四月丁未，侯衛登元年。	六	四 五年，侯登坐酎金，國除。		
博望[六七]	以校尉從大將軍，六年擊匈奴，知水道，及前使絕域大夏功侯。		一 六年三月甲辰，侯張騫元年。	一 二年，侯騫坐以將軍擊匈奴畏懦，當斬，贖，國除。			

國名	侯功	元光	元朔	元狩	元鼎	元封	太初已後
冠軍〔六八〕	以嫖姚校尉再從大將軍，六年從大將軍擊匈奴，斬相國功侯。元狩二年，以驃騎將軍擊匈奴，至祁連，益封；迎渾邪王，益封；擊左右賢王，益封。〔六九〕		一 六年四月壬申，景桓侯霍去病元年。	六	六 元年，哀侯嬗元年。	元年，哀侯嬗薨，無後，國除。〔七〇〕	
衆利〔七一〕	以上谷太守四從大將軍，六年擊匈奴，首虜千級以上功侯。〔七二〕		一 六年五月壬辰，侯郝賢元年。〔七三〕	一 二年，侯賢坐爲上谷太守入戍卒財物上計謾罪，國除。			

國名	侯功	元光	元朔	元狩	元鼎	元封	太初已後
潦〔七四〕	以匈奴趙王降,侯。〔七五〕			一 元年七月壬午,悼侯趙王煖訾元年。〔七六〕 二年,煖訾死,無後,國除。			
宜冠〔七七〕	以校尉從驃騎將軍,二年再出擊匈奴,功侯。故匈奴歸義。			二 二年正月乙亥,侯高不識元年。四年,不識擊匈奴戰軍功,增首不以實,當斬,贖罪,國除。			
煇渠〔七八〕	以校尉從驃騎將軍,二年再出擊匈奴,得王,功侯。以			五 二年二月乙丑,忠侯僕多元年。〔七九〕	三 四年,侯電元年。 三	六	四

國名	侯功	元光	元朔	元狩	元鼎	元封	太初已後
	校尉從驃騎將軍，二年虜五王，功，益封。故匈奴歸義。						
從驃〔八〇〕	以司馬再從驃騎將軍，數深入匈奴，得兩王子騎將，功侯。以匈河將軍，元封三年擊樓蘭，功，復侯。〔八一〕			五 二年五月丁丑，侯趙破奴元年。〔八二〕	四 五年，侯破奴坐酎金，國除。	浞野 四 三年，侯破奴元年。	一 二年，侯破奴以浚稽將軍擊匈奴，失軍，爲虜所得，國除。
下麾〔八三〕	以匈奴王降，侯。〔八四〕			五 二年六月乙亥，侯呼毒尼元年。〔八五〕	四 五年，煬侯伊即軒元年。〔八六〕 二	六	四

國名	侯功	元光	元朔	元狩	元鼎	元封	太初已後
漯陰〔八七〕	以匈奴渾邪王將衆十萬降，侯，萬户。			四 二年七月壬午，定侯渾邪元年。	六 元年，魏侯蘇元年。〔八八〕	五 五年，魏侯蘇薨，無後，國除。	
渾渠〔八九〕	以匈奴王降，侯。			四 三年七月壬午，悼侯扁訾元年。〔九〇〕	一 二年，侯扁訾死，無後，國除。〔九一〕		
河綦〔九二〕	以匈奴右王與渾邪降，侯。〔九三〕			四 三年七月壬午康侯烏犁元年。〔九四〕	二 四 三年，餘利鞮元年。	六	四
常樂〔九五〕	以匈奴大當户與渾邪降，侯。〔九六〕			四 三年七月壬午，肥侯稠雕元年。〔九七〕	六	六	二 太初三年，今侯廣漢元年。

國名	侯功	元光	元朔	元狩	元鼎	元封	太初已後
符離[九八]	以右北平太守從驃騎將軍，四年擊右王，將重會期，[九九]首虜二千七百人，功侯。[一〇〇]			三 四年六月丁卯，侯路博德元年。	六	六	太初元年，侯路博德有罪，國除。
壯[一〇一]	以匈奴歸義因淳王從驃騎將軍，四年擊左王，以少破多，捕虜二千一百人，功侯。[一〇二]			三 四年六月丁卯，侯復陸支元年。	二 三年，今侯偃元年。 四	六	四

國名	侯功	元光	元朔	元狩	元鼎	元封	太初已後
衆利[一〇三]	以匈奴歸義樓剸王[一〇四]，從驃騎將軍，四年擊右王，手自劍合功侯。[一〇五]			三 四年六月丁卯，質侯伊即軒元年。[一〇六]	六	五 一 六年，今侯當時元年。	四
湘成[一〇七]	以匈奴符離王降侯。[一〇八]			三 四年六月丁卯，侯敞屠洛元年。	四 五年，侯敞屠洛坐酎金，國除。		
義陽[一〇九]	以北地都尉從驃騎將軍，四年擊左王，得王，功侯。[一一〇]			三 四年六月丁卯，侯衛山元年。	六	六	四

國名	侯功	元光	元朔	元狩	元鼎	元封	太初已後
散〔一一一〕	以匈奴都尉降侯。〔一一二〕			三 四年六月丁卯，侯董荼吾元年。〔一一三〕	六	六	二 太初三年，今侯安漢元年。 二
臧馬〔一一四〕	以匈奴王降侯。〔一一五〕			一 四年六月丁卯，康侯延年元年。〔一一六〕 五年，侯延年死，不得置後，國除。			
周子南君〔一一七〕	以周後紹封。〔一一八〕				三 四年十一月丁卯，侯姬嘉元年。	三 四年，君買元年。 三	四

國名	侯功	元光	元朔	元狩	元鼎	元封	太初已後
樂道[一一九]	以方術侯。[一二〇]				一 四年四月乙巳，侯五利將軍欒大元年。五年，侯大有罪斬，國除。		
瞭[一二一]	以匈奴歸義王降，侯。[一二二]				一 四年六月丙午，侯次公元年。五年，侯次公坐酎金，國除。		
術陽[一二三]	以南越王兄越高昌侯。[一二四]				一 四年，侯建德元年。五年，侯建德有罪，國除。[一二五]		

國名	侯功	元光	元朔	元狩	元鼎	元封	太初已後
龍亢〔二二六〕	以校尉摎世樂擊南越死事，子侯。〔二二七〕				二 五年三月壬午，侯廣德元年。	六 六年，侯廣德有罪，誅，國除。	
成安〔二二八〕	以校尉韓千秋擊南越死事，子侯。〔二二九〕				二 五年三月壬子，侯延年元年。〔二三〇〕	六 六年，侯延年有罪，國除。	
昆〔二三一〕	以屬國大且渠擊匈奴功侯。				二 五年五月戊戌，昆侯渠復累元年。〔二三二〕	六	四
騏〔二三三〕	以屬國騎擊匈奴，捕單于兄功侯。〔二三四〕				二 五年五月壬子，侯駒幾元年。〔二三五〕	六	四

國名	侯功	元光	元朔	元狩	元鼎	元封	太初已後
梁期〔一三六〕	以屬國都尉，五年閒出擊匈奴，得復累絺縵等功侯。				二 五年七月辛巳，侯任破胡元年。	六	四
牧丘〔一三七〕	以丞相及先人萬石積德謹行侯。				二 五年九月丁丑，恪侯石慶元年。〔一三八〕	六	二 三年，侯德元年。二
瞭〔一三九〕	以南越將降侯。〔一四〇〕				一 六年三月乙酉，侯畢取元年。	六	四
將梁〔一四一〕	以樓船將軍擊南越，摧鋒卻敵侯。				一 六年三月乙酉，侯楊僕元年。	三 四年，侯僕有罪，國除。〔一四二〕	

國名	侯功	元光	元朔	元狩	元鼎	元封	太初已後
安道[一四三]	以南越揭陽令，聞漢兵至自定降，侯。[一四四]				一 六年三月乙酉，侯揭陽令定元年。[一四五]	六	四
隨桃[一四六]	以南越蒼梧王，聞漢兵至降，侯。[一四七]				一 六年四月癸亥，侯趙光元年。	六	四
湘成[一四八]	以南越桂林監，聞漢兵破番禺，諭甌駱兵四十餘萬降，侯。[一四九]				一 六年五月壬申，侯監居翁元年。[一五〇]	六	四
海常[一五一]	以伏波司馬，捕得南越王建德功侯。				一 六年七月乙酉，莊侯蘇弘元年。	六	太初元年，侯弘死，無後，國除。

國名	侯功	元光	元朔	元狩	元鼎	元封	太初已後
北石〔一五二〕	以故東越衍侯,佐繇王斬餘善功侯。〔一五三〕					六 元年正月壬午,侯吳陽元年。	三 太初四年,今侯首元年。
下酈〔一五四〕	以故甌駱左將,斬西于王功侯。〔一五五〕					六 元年四月丁酉,侯左將黃同元年。〔一五六〕	四
繚嫈〔一五七〕	以故校尉從橫海將軍說,擊東越功侯。〔一五八〕					一 元年五月乙卯,侯劉福元年。二年,侯福有罪,國除。	
蘌兒〔一五九〕	以軍卒斬東越,徇北將軍功侯。					六 元年閏月癸卯,莊侯轅終古元年。〔一六〇〕	太初元年,終古死,無後,國除。

國名	侯功	元光	元朔	元狩	元鼎	元封	太初已後
開陵〔一六一〕	以故東越建成侯，與繇王共斬東越王餘善功侯。					六 元年閏月癸卯，侯建成元年。〔一六二〕	
臨蔡〔一六三〕	以故南越郎，聞漢兵破番禺，爲伏波得南越相呂嘉功侯。〔一六四〕					六 元年閏月癸卯，侯孫都元年。	〔一六五〕
東成〔一六六〕	以故東越繇王，斬東越王餘善，功侯萬户。					六 元年閏月癸卯，侯居服元年。	
無錫〔一六七〕	以東越將軍，漢兵至弃軍降，侯。〔一六八〕					六 元年，侯多軍元年。	

國名	侯功	元光	元朔	元狩	元鼎	元封	太初已後
涉都[一六九]	以父弃故南海守,漢兵至,以城邑降,子侯。[一七〇]					六 元年中,侯嘉元年。[一七一]	二 太初二年,侯嘉薨,無後,國除。
平州[一七二]	以朝鮮將,漢兵至降,侯。[一七三]					一 三年四月丁卯,侯唊元年。[一七四]四年,侯唊薨,無後,國除。	
荻苴[一七五]	以朝鮮相,漢兵至圍之,降,侯。[一七六]					四 三年四月,侯朝鮮相韓陰元年。[一七七]	
澅清[一七八]	以朝鮮尼谿相,使人殺其王右渠,來降,侯。[一七九]					四 三年六月丙辰,侯朝鮮尼谿相侯參元年。[一八〇]	

國名	侯功	元光	元朔	元狩	元鼎	元封	太初已後
騠兹〔一八一〕	以小月氏若苴王將衆降，侯。〔一八二〕					三 四年十一月丁卯，侯稽谷姑元年。〔一八三〕	太初元年，侯稽谷姑薨，無後，國除。
浩〔一八四〕	以故中郎將，將兵捕得車師王功侯。					一 四年正月甲申，侯王恢元年。 四年四月，侯恢坐使酒泉矯制，害，當死，贖，國除。封凡三月。	
瓡讘〔一八五〕	以小月氏王將衆千騎降，侯。〔一八六〕					二 四年正月乙酉，侯打者元年。〔一八七〕 一 六年，侯勝元年。	四

國名	侯功	元光	元朔	元狩	元鼎	元封	太初已後
幾〔一八八〕	以朝鮮王子，漢兵圍朝鮮，降，侯。					二 四年三月癸未，侯張路歸義元年。〔一八九〕六年，侯張路使朝鮮，謀反，死，國除。	
涅陽〔一九〇〕	以朝鮮相路人，漢兵至，首先降，道死，其子侯。					三 四年三月壬寅，康侯子最元年。〔一九一〕	二 太初二年，侯最死，無後，國除。
右太史公本表〔一九二〕							
當塗〔一九三〕	魏不害，以圉守尉捕淮陽反者公孫勇等侯。〔一九四〕						
蒲〔一九五〕	蘇昌，以圉尉史捕淮陽反者公孫勇等侯。						
潦陽〔一九六〕	江德，以園廐嗇夫共捕淮陽反者公孫勇等侯。						

富民〔一九七〕	田千秋，家在長陵。以故高廟寢郎上書諫孝武曰：「子弄父兵，罪當笞。父子之怒，自古有之。蚩尤畔父，黄帝涉江。」上書至意，拜爲大鴻臚。〔一九八〕征和四年爲丞相，封三千户。至昭帝時，病死，子順代立，爲虎牙將軍，擊匈奴，不至質，誅死，國除。〔一九九〕

右孝武封國名

後進好事儒者褚先生曰：太史公記事，盡於孝武之事，故復修記孝昭以來功臣侯者，編於左方，令後好事者得覽觀成敗長短絶世之適，得以自戒焉。當世之君子，行權合變，度時施宜，希世用事，以建功有土封侯，立名當世，豈不盛哉！觀其持滿守成之道，皆不謙讓，驕蹇爭權，喜揚聲譽，知進不知退，終以殺身滅國。以三得之，〔二〇〇〕及身失之，不能傳功於後世，令恩德流子孫，豈不悲哉！夫龍頟侯曾爲前將軍，世俗順善，厚重謹信，不與政事，退讓愛人。其先起於晉六卿之世。有土君國以來，爲王侯，子孫相承不絶，歷年經世，以至于今，凡百餘歲，豈可與功臣及身失之者同日而語之哉？悲夫後世其誡之！〔二〇一〕

博陸	霍光，家在平陽。以兄驃騎將軍故貴。前事武帝，覺捕得侍中謀反者馬何羅等功侯，三千户。〔二〇二〕中輔幼主昭帝，爲大將軍。謹信用事擅治，尊爲大司馬，益封邑萬户。後事宣帝。歷事三主，天下信鄉之，益封二萬户。子禹代立，謀反，族滅，國除。
秺〔二〇三〕	金翁叔，名日磾，以匈奴休屠王太子從渾邪王將衆五萬，降漢歸義，侍中，事〔二〇四〕武帝，覺捕侍中謀反者馬何羅等功侯，三千户。中事昭帝，謹厚，益封三千户。子弘代立，爲奉車都尉，事宣帝。

安陽〔二〇五〕	上官桀，家在隴西。以善騎射從軍。稍貴，事武帝，爲左將軍。覺捕斬侍中謀反者馬何羅弟重合侯通功侯，三千户。中事昭帝，與大將軍霍光爭權，因以謀反，族滅，國除。
柔樂〔二〇六〕	上官安。以父桀爲將軍，故貴，侍中事昭帝，安女爲昭帝夫人，立爲皇后，故侯，三千户。驕蹇，與大將軍霍光爭權，因以父子謀反，族滅，國除。
富平〔二〇七〕	張安世，家在杜陵。以故御史大夫張湯子，武帝時給事尚書，爲尚書令。事昭帝，謹厚習事，爲光禄勳右將軍。輔政十三年，無適過，侯三千户。及事宣帝，代霍光爲大司馬，用事，益封萬六千户。子延壽代立，爲太僕侍中。
義陽〔二〇八〕	傅介子，家在北地。以從軍爲郎，爲平樂監。昭帝時，刺殺外國王，天子下詔書曰：「平樂監傅介子使外國，殺樓蘭王，以直報怨，不煩師有功，其以邑千三百户封介子爲義陽侯。」子厲代立，爭財相告，有罪，國除。
商利〔二〇九〕	王山，齊人也。〔二一〇〕故爲丞相史，會騎將軍上官安謀反，山説安與俱入丞相，斬安。山以軍功爲侯，三千户。上書願治民，爲代太守。爲人所上書言，繫獄當死，會赦，出爲庶人，國除。
建平〔二一一〕	杜延年。以故御史大夫杜周子給事大將軍幕府，發覺謀反者騎將軍上官安等罪，封爲侯，邑二千七百户，拜爲太僕。元年，出爲西河太守。五鳳三年，入爲御史大夫。

弋陽〔二二二〕	任宮。以故上林尉捕格謀反者左將軍上官桀，殺之便門，封爲侯，二千户。後爲太常，及行衛尉事。節儉謹信，以壽終，傳於子孫。
宜城〔二二三〕	燕倉。以故大將軍幕府軍吏發謀反者騎將軍上官安罪有功，封侯，邑二千户。爲汝南太守，有能名。
宜春〔二二四〕	王訢，家在齊。本小吏佐史，稍遷至右輔都尉。武帝數幸扶風郡，訢共置辦，拜爲右扶風。至孝昭時，代桑弘羊爲御史大夫。元鳳三年，代田千秋爲丞相，封二千户。〔二二五〕立二年，爲人所上書言暴，自殺，不殊。子代立，爲屬國都尉。
安平〔二二六〕	楊敞，家在華陰。故給事大將軍幕府，稍遷至大司農，爲御史大夫。元鳳六年，代王訢爲丞相，封二千户。立二年，病死。子賁代立，十三年病死。子翁君代立，爲典屬國。三歲，以季父惲故出惡言，繫獄，當死，得免，爲庶人，國除。
右孝昭時所封國名	
陽平〔二二七〕	蔡義，家在温。故師受韓詩，爲博士，給事大將軍幕府，爲杜城門候。入侍中，授昭帝韓詩，爲御史大夫。是時年八十，衰老，常兩人扶持乃能行。然公卿大臣議，以爲爲人主師，當以爲相。以元平元年代楊敞爲丞相，封二千户。病死，絶無後，國除。
扶陽〔二二八〕	韋賢，家在魯。通詩、禮、尚書，爲博士，授魯大儒，入侍中，爲昭帝師，遷爲光禄大夫、大鴻臚、長信少府。以爲人主師，本始三年代蔡義爲丞相，封扶陽侯，千八百户。爲丞相五歲，多恩，不習吏事，免相，就第，病死。子玄成代立，爲太常。坐祠廟騎，奪爵，爲關内侯。

平陵〔二一九〕	范明友，家在隴西。以家世習外國事，使護西羌事。昭帝拜爲度遼將軍，擊烏桓，功侯，二千户。取霍光女爲妻。地節四年，與諸霍子禹等謀反，族滅，國除。
營平〔二二〇〕	趙充國。以隴西騎士從軍得官，侍中，事武帝。數將兵擊匈奴，有功，爲護軍都尉，侍中，事昭帝。昭帝崩，議立宣帝，決疑定策，以安宗廟功侯，封二千五百户。
陽成〔二二一〕	田延年。以軍吏事昭帝，發覺上官桀謀反事，後留遲不得封，爲大司農。本造廢昌邑王議立宣帝，決疑定策，以安宗廟功侯，二千七百户。逢昭帝崩，方上事並急，因以盜都内錢三千萬。〔二二二〕發覺，自殺，國除。
平丘〔二二三〕	王遷，家在衛。〔二二四〕爲尚書郎，習刀筆之文。侍中，事昭帝。帝崩，立宣帝，決疑定策，以安宗廟功侯，二千户。爲光禄大夫，秩中二千石。坐受諸侯王金錢財，漏泄中事，誅死，國除。
樂成〔二二五〕	霍山。山者，大將軍光兄子也。〔二二六〕光未死時上書曰：「臣兄驃騎將軍去病從軍有功，病死，賜謚景桓侯，絶無後，臣光願以所封東武陽邑三千五百户分與山。」天子許之，拜山爲侯。後坐謀反，族滅，國除。
冠軍〔二二七〕	霍雲。以大將軍兄驃騎將軍適孫爲侯。地節三年，天子下詔書曰：「驃騎將軍去病擊匈奴有功，封爲冠軍侯。薨卒，子侯代立，病死無後。春秋之義，善善及子孫，其以邑三千户封雲爲冠軍侯。」後坐謀反，族滅，國除。

平恩〔一二八〕	許廣漢，家昌邑。坐事下蠶室，獨有一女，嫁之。宣帝未立時，素與廣漢出入相通，卜相者言當大貴，以故廣漢施恩甚厚。地節三年，封爲侯，邑三千户。病死，無後，國除。
昌水〔一二九〕	田廣明。故郎，爲司馬，稍遷至南郡都尉、淮陽太守、鴻臚、左馮翊。昭帝崩，議廢昌邑王，立宣帝，決疑定策，以安宗廟。本始三年，封爲侯，邑二千三百户。爲御史大夫。後爲祁連將軍，擊匈奴，軍不至質，當死，自殺，國除。
高平〔一三〇〕	魏相，家在濟陰。少學易，爲府卒史，以賢良舉爲茂陵令，遷河南太守。坐賊殺不辜，繫獄，當死，會赦，免爲庶人。有詔守茂陵令，爲揚州刺史，入爲諫議大夫，復爲河南太守，遷爲大司農、御史大夫。地節三年，譖毀韋賢，代爲丞相，封千五百户。病死，長子賓代立，坐祠廟失侯。
博望〔一三一〕	許中翁，〔一三二〕以平恩侯許廣漢弟封爲侯，邑二千户。亦故有私恩，爲長樂衛尉。死，子延年代立。
樂平	許翁孫。以平恩侯許廣漢少弟故爲侯，封二千户。拜爲彊弩將軍，擊破西羌，還更拜爲大司馬、光禄勳。亦故有私恩，故得封。嗜酒好色，以早病死。子湯代立。
將陵	史子回。〔一三三〕以宣帝大母家封爲侯，二千六百户，與平臺侯昆弟行也。子回妻宜君，故成王孫，嫉妒，絞殺侍婢四十餘人，盜斷婦人初産子臂膝以爲媚道。爲人所上書言，論弃市。子回以外家故不失侯。

平臺〔二三四〕	史子叔。〔二三五〕以宣帝大母家封爲侯，二千五百户。衛太子時，史氏内一女於太子，嫁一女魯王，今見魯王亦史氏外孫也。外家有親，以故貴，數得賞賜。
樂陵〔二三六〕	史子長。〔二三七〕以宣帝大母家貴，侍中，重厚忠信。以發覺霍氏謀反事，封三千五百户。
博成〔二三八〕	張章，父故潁川人，爲長安亭長。失官，之北闕上書，寄宿霍氏第舍，卧馬櫪閒，夜聞養馬奴相與語，言諸霍氏子孫欲謀反狀，因上書告反，爲侯，封三千户。
都成〔二三九〕	金安上，先故匈奴。以發覺故大將軍霍光子禹等謀反事有功，封侯，二千八百户。安上者，奉車都尉秺侯從羣子。行謹善退讓以自持，欲傳功德於子孫。
平通〔二四〇〕	楊惲，家在華陰，故丞相楊敞少子，任爲郎。好士，自喜知人，居衆人中常與人顔色，以故高昌侯董忠引與屏語，言霍氏謀反狀，共發覺告反，侯二千户，爲光禄勳。到五鳳四年，作爲妖言，大逆罪腰斬，國除。〔二四一〕
高昌〔二四二〕	董忠，父故潁川陽翟人，以習書詣長安。忠有材力，能騎射，用短兵，給事期門。〔二四三〕與張章相習知，章告語忠霍禹謀反狀，忠以語常侍騎郎楊惲，共發覺告反，侯二千户。今爲梟騎都尉侍中，坐祠宗廟乘小車，奪百户。
爰戚	趙成。〔二四四〕用發覺楚國事侯，二千三百户。地節元年，楚王與廣陵王謀反，成發覺反狀，天子推恩廣德義，下詔書曰「無治廣陵王」，廣陵不變更。後復坐祝詛滅國，自殺，國除。今帝復立子爲廣陵王。

國名	
酇	地節三年，天子下詔書曰：「朕聞漢之興，相國蕭何功第一，今絕無後，朕甚憐之，其以邑三千戶封蕭何玄孫建世爲酇侯。」
平昌	王長君。〔二四五〕家在趙國，常山廣望邑人也。衛太子時，嫁太子家，爲太子男史皇孫爲配，生子男，絕不聞聲問，行且四十餘歲，至今元康元年中，詔徵，立以爲侯，封五千戶。宣帝舅父也。
樂昌〔二四六〕	王稚君。〔二四七〕家在趙國，常山廣望邑人也。以宣帝舅父外家封爲侯，邑五千戶。平昌侯王長君弟也。
邛成〔二四八〕	王奉光，家在房陵。以女立爲宣帝皇后，故封千五百戶。言奉光初生時，夜見光其上，傳聞者以爲富貴云。後果以女故爲侯。
安遠〔二四九〕	鄭吉，家在會稽。以卒伍起從軍爲郎，使護將弛刑士田渠黎。會匈奴單于死，國亂，相攻，日逐王將衆來降漢，先使語吉，吉將吏卒數百人往迎之。衆頗有欲還者，斬殺其渠率，遂與俱入漢。以軍功侯，二千戶。
博陽〔二五〇〕	邴吉，家在魯。本以治獄爲御史屬，給事大將軍幕府。常施舊恩宣帝，遷爲御史大夫，封侯，二千戶。神爵二年，代魏相爲丞相。立五歲，病死。子翁孟代立，爲將軍侍中。甘露元年，坐祠宗廟不乘大車而騎至廟門，有罪，奪爵，爲關內侯。
建成〔二五一〕	黃霸，家在陽夏，以役使徙雲陽。以廉吏爲河內守丞，遷爲廷尉監，行丞相長史事。坐見知夏侯勝非詔書大不敬罪，久繫獄三歲，從勝學尚書。會赦，以賢良舉爲揚州刺史、潁川太守。善化，男女異路，耕者讓畔，賜黃金百斤，秩中二千石。居潁川，入爲太子太傅，遷御史大夫。五鳳三年，代邴吉爲丞相，封千八百戶。

西平〔二五二〕	于定國，家在東海。本以治獄給事爲廷尉史，稍遷御史中丞。上書諫昌邑王，遷爲光祿大夫，爲廷尉。乃師受春秋，變道行化，謹厚愛人。遷爲御史大夫，代黃霸爲丞相。
	右孝宣時所封
陽平〔二五三〕	王稚君。〔二五四〕家在魏郡。故丞相史。女爲太子妃。太子立爲帝，女爲皇后，故侯千二百戶。初元以來方盛貴用事，游宦求官於京師者多得其力，未聞其有知略廣宣於國家也。

〔一〕**【索隱】**音吸。案：漢表在內黃也。

〔二〕**【考證】**漢表益封千六百八十戶。

〔三〕**【考證】**漢表「七月」作「十月」。

〔四〕**【考證】**「已後」二字衍，後人增入。

〔五〕**【索隱】**漢表作「轅」，在南陽也。**【考證】**今漢表作「特轅」。

〔六〕**【考證】**漢表六百五十戶。

〔七〕**【索隱】**音岳。

〔八〕**【考證】**當書「一」字。無罪而薨者當存其年，以罪死者去之，後放此。

〔九〕**【索隱】**漢表在舞陽也。**【考證】**索隱「舞陽」當作「舞陰」，南陽之縣。

〔一〇〕**【考證】**漢表六百八十戶。

〔一一〕**【索隱】**表在平陽也。**【考證】**今漢表在平氏，即南陽縣。

〔一二〕【考證】漢表五百三十户。

〔一三〕【索隱】地理志縣名，在汝南。

〔一四〕【考證】衛青本以三千八百户封長平侯，而兩次益封：一，三千户，即在爲侯之年；一，六千户，在元朔六年。此脱去本封及再封户數。

〔一五〕【集解】徐廣曰：「青以元封五年薨。」

〔一六〕【考證】「太初」二字衍，後放之。

〔一七〕【索隱】表在武當。【考證】武當屬南陽。

〔一八〕【考證】漢表連益封止千户，傳言建本封千一百户。

〔一九〕【考證】「五」當作「四」。

〔二〇〕【考證】「六」字衍。

〔二一〕【考證】「六」字衍。

〔二二〕【考證】建敗在元朔六年，即「六年侯建」廿四字當移入元朔格内。

〔二三〕【索隱】表在皮氏。

〔二四〕【考證】「六年」當作「五年」。漢表封二千户。

〔二五〕【考證】漢表「六月」作「五月」。

〔二六〕【索隱】表在高成。【考證】其地在勃海。

〔二七〕【考證】漢傳載封弘詔云「六百五十户」，而漢表爲三百七十三户。

〔二八〕【考證】「四」當作「二」。

〔二九〕【考證】弘傳及漢表「慶」作「度」。

〔三〇〕【考證】宋本「三」作「二」。

〔三一〕【索隱】音丹。

〔三二〕【考證】漢表「年」作「月」，是。

〔三三〕【索隱】表在武陽。【考證】昌武，當作「武昌」。武昌在東郡之東武陽。

〔三四〕【考證】本傳云益封三百户。

〔三五〕【考證】漢表安稽薨于元鼎六年，充國以太初元年嗣，四年薨，與此異。

〔三六〕【索隱】漢表作「襄武侯乘龍」，不同也。案韓嬰亦封襄城侯，地理志襄城在潁川，襄武在隴西也。【考證】今本漢表譌作「襄陽」，索隱所引爲是。蓋襄城屬潁川，匈奴降相之封不應在潁川，必隴西襄武縣。

〔三七〕【考證】漢表四百户。

〔三八〕【集解】一云「乘龍」。

〔三九〕【集解】徐廣曰：「匹孝反。」【索隱】徐廣曰：「匹孝反。」劉氏「普教反」。張揖「窌，空也」，纂文云「窌，虛大也」。茂陵中書云「南窌侯」，此本字也。衛青傳作「窌」。説文以爲從穴，音柳宥反；從大，音足孝反。

〔四〇〕【考證】傳云，以千三百户封。

〔四一〕【考證】「十」當作「七」。

〔四二〕【考證】「征和」已下十二字，後人妄續，與列傳同當删之。又當書賀復封之年。

〔四三〕【索隱】表在高城也。【考證】號爲合騎，而食于南郡高城縣。

〔四四〕【考證】傳云封户一千五百，漢表益封九千五百户，敖本封千五百户，何以一益封而户若是多乎？疑表誤。

〔四五〕【索隱】安樂，表在昌，地理志昌縣在琅邪也。【考證】史、漢他處皆作「樂安」，水經注亦云千乘、樂安封李蔡。

〔四六〕【考證】傳封户千六百，漢表作「二千户」。

〔四七〕【索隱】地理志縣名，屬平原。劉氏音額。崔浩音洛，又云「今河閒有龍額村，與弓高相近」。

〔四八〕【索隱】漢表以龍頟、案道爲二人封，非也。韋昭云案道屬齊也。【考證】傳「封一千三百户」。

〔四九〕【考證】漢表「丁卯」作「己卯」。

〔五〇〕【考證】十八字，後人妄續。

〔五一〕【索隱】表在千乘。

〔五二〕【索隱】累，音壘，險阻地名。漢表作「亹」，音門。

〔五三〕【考證】漢表云，攻辰吾先登石亹，侯，七百户。傳云「封户千三百」。

〔五四〕【考證】「三」當作「二」。

〔五五〕【索隱】謂上聞天子狀不實，爲謾而國除。謾，音木干反。

〔五六〕【索隱】表在樂昌邑。

〔五七〕【考證】封户，漢表作「千一百」，傳作「千三百」。

〔五八〕【索隱】漢表，軹在西安，無「涉」字。地理志西安在齊郡。涉軹猶從驃然，皆當時意也，故上文有涉安侯。

〔五九〕【考證】傳「一千三百户」。

〔六〇〕【考證】漢表云元朔六年免，比史表先一年。

〔六一〕【索隱】志縣名，屬汝南。豫章亦有之。

〔六二〕【考證】傳云「千三百户」。

〔六三〕【索隱】志縣名，屬魏郡。

〔六四〕【考證】傳云「千三百户」。

〔六五〕【索隱】志縣名，屬東郡。

〔六六〕【考證】傳云「千三百户」。

〔六七〕【索隱】志縣名，屬南陽。

〔六八〕【索隱】縣名，屬南陽。

〔六九〕【考證】傳云去病本以千六百户封冠軍侯，而又四益封，一因出隴西有功益二千户，一因破祁連益五千户，一因迎渾邪益千七百户，一因擊左右賢王益五千八百户，此與漢表皆缺不具。

〔七〇〕【集解】徐廣曰：「嬗字子侯，爲武帝奉車。登封泰山，暴病死。」

〔七一〕【索隱】衆利，表在陽城姑莫，後以封伊即軒也。【考證】衛霍傳作「終利」。

〔七二〕【考證】封千一百户。

〔七三〕【索隱】郝，音呼惡反，又音釋。

〔七四〕【索隱】表在舞陽。

〔七五〕【考證】封五百六十户。

〔七六〕【索隱】煖，音況遠反。訾，即移反。【考證】漢表「煖」作「援」。「死」當作「薨」。

〔七七〕【索隱】冠，音官。表在昌也。【考證】琅邪昌縣。

〔七八〕【索隱】鄉名。案表在魯陽。煇，上下並音徽。

〔七九〕【索隱】漢表作「僕朋」，此云「僕多」，與衛青傳同。

〔八〇〕【索隱】以從驃騎得封，故曰從驃。後封浞野侯。

〔八一〕【考證】案漢表及列傳，「子」乃「千」譌，謂得兩王，又得千騎將也。史傳本封千五百，益封三百。漢表云「二千户」。

〔八二〕【考證】漢表「丁丑」作「丙戌」。

〔八三〕【索隱】表在猗氏。麾，音撝。

〔八四〕【考證】漢表七百户。

〔八五〕【考證】呼毒尼之降在元狩二年秋，安得六月已封侯乎？此與漢表皆有誤。

〔八六〕【考證】煬，當作「今」，後人妄改爲謚。

〔八七〕【索隱】表在平原。【考證】漢表「漯」作「濕」。

〔八八〕【索隱】魏謚，蘇名。謚法「克捷行軍曰魏」也。

〔八九〕【索隱】韋昭云：「僕多所封則作『煇渠』，應庀所封則作『渾渠』，二者皆鄉名，在魯陽。今並作『煇』，誤也。」

案漢表及傳亦作「煇」，孔文祥云「同是元狩中封，則一邑分封二人也」。其義爲得。

〔九〇〕【索隱】漢表作「悼侯應庀」。庀，讀必二反。扁，必顯反。訾，子移反。

〔九一〕【考證】「死」當作「薨」。

〔九二〕【索隱】表在濟南郡。

〔九三〕【考證】「右」下脱「賢」字，下文倣此。漢表封六百户。

〔九四〕【索隱】漢書作「禽棃」。

〔九五〕【索隱】表在濟南。

〔九六〕【考證】漢表五百七十户。

〔九七〕【索隱】漢書衛青傳作「彫離」。

〔九八〕【索隱】縣名，屬沛郡。

〔九九〕【索隱】將重，「將」字上屬。重者再也。會期言再赴期。將，去聲；重，平聲。【考證】右王即右賢王。漢表「右」作「左」。「將重會期」者，將輜重至軍，及期而會，傳所謂「路博德屬驃騎將軍，會與城不失期」也，索隱誤。

〔一〇〇〕【考證】封户千六百。

〔一〇一〕【索隱】表在東平。【考證】漢表云在重平，則勃海重平縣鄉名。

〔一〇二〕【考證】「義」下「匈奴」二字衍。漢表作「三千一百人」。又封千三百户。

〔一〇三〕【索隱】表、志闕。【考證】衆利蓋琅邪姑幕縣之鄉名。

〔一〇四〕【索隱】剸，音專。

〔一〇五〕【索隱】手自劍，謂手刺其王而合戰，得封。【考證】傳「封户千八百」，漢表作「千一百户」，又「右」作「左」。

〔一〇六〕【索隱】軒，居言反。

〔一〇七〕【索隱】表在陽城。

〔一〇八〕【考證】漢表千八百户。

〔一〇九〕【索隱】表在平氏。

〔一一〇〕【考證】史傳封千二百户，漢表作「千一百」。

〔一一一〕【索隱】表在陽城。

〔一一二〕【考證】漢表千一百户。

〔一一三〕【索隱】劉氏荼音大姑反，蓋誤耳。今以其人名余吾，余吾，匈奴(小)〔水〕名也。【考證】漢表「荼吾」作「舍吾」。

〔一一四〕【索隱】表在朱虛。

〔一一五〕【考證】漢表「八百七十户」。

〔一一六〕【考證】漢表作「離延年」。

〔二一七〕【索隱】表在長社。

〔二一八〕【考證】漢表「三千户」。

〔二一九〕【索隱】韋昭云：「在臨淮高平。」

〔二二〇〕【考證】漢表「三千户」。

〔二二一〕【索隱】音遼。表在舞陽。

〔二二二〕【考證】漢表「七百九十户」。

〔二二三〕【索隱】述陽，表在下邳。

〔二二四〕【考證】漢表「三千户」。

〔二二五〕【考證】建德，趙氏。

〔二二六〕【索隱】晉灼云「龍闕」。左傳「齊侯圍龍」，龍，魯邑。蕭該云「廣德所封止是龍，有『亢』者誤也」。【考證】漢志沛郡有龍亢縣。

〔二二七〕【考證】「世」字衍。漢表「六百七十户」。

〔二二八〕【索隱】表在郟，志在陳留。

〔二二九〕【考證】漢表「千三百八十户」。

〔二三〇〕【考證】漢志「壬子」作「壬午」。

〔二三一〕【索隱】表在鉅鹿。

〔二三二〕【索隱】欒彥，累，力委反。顏師古音力追反。

〔二三三〕【索隱】志屬河東，表在北屈。

〔二三四〕【考證】漢表「五百二十户」。

〔一三五〕【集解】一云「騎幾」。

〔一三六〕【索隱】志屬魏郡。

〔一三七〕【索隱】表在平原。

〔一三八〕【考證】傳及漢書「恪」作「恬」。

〔一三九〕【索隱】表在下邳。初以封次公，又封畢取。

〔一四〇〕【考證】漢表「五百一十户」。

〔一四一〕【索隱】表、志闕。【考證】在涿郡廣望縣。

〔一四二〕【考證】朝鮮傳及漢書紀傳在元封三年。

〔一四三〕【索隱】表在南陽。

〔一四四〕【考證】漢表「六百户」。

〔一四五〕【考證】「定」上缺「史」字。

〔一四六〕【索隱】表在南陽。

〔一四七〕【考證】漢表「三千户」。

〔一四八〕【索隱】表在堵陽。

〔一四九〕【考證】漢表「八百三十户」。

〔一五〇〕【索隱】監，官也；居姓，翁字。

〔一五一〕【索隱】表在琅邪。

〔一五二〕【索隱】漢表作「外石」，在濟南。

〔一五三〕【考證】漢表「千户」。

〔一五四〕【索隱】漢表作「鄘」。

〔一五五〕【考證】「西于」乃「西干」之譌，即交趾也。封户七百。

〔一五六〕【索隱】西南夷傳「甌駱將左黄同」，則「左」是姓，恐誤。漢表云「將黄同」，則「左將」是官不疑。

〔一五七〕【索隱】繚，音「繚繞」之「繚」。嫈，案字林音乙耕反。西南夷傳音聊嫈。

〔一五八〕【考證】漢表無「故」字。

〔一五九〕【索隱】韋昭云：「在吴越界，今爲鄉也。」

〔一六〇〕【集解】徐廣曰：「閏四月也。」

〔一六一〕【索隱】表在臨淮。

〔一六二〕【考證】案東越傳，侯名敖。

〔一六三〕【索隱】表在河内。

〔一六四〕【考證】漢表「千户」。

〔一六五〕【考證】漢表有侯曩嗣，太初元年坐擊番禺，奪人虜掠死。此疑有脱文。

〔一六六〕【索隱】表在九江。

〔一六七〕【索隱】表在會稽。

〔一六八〕【考證】漢表「千户」。

〔一六九〕【索隱】涉多，表在南陽。

〔一七〇〕【考證】封二千四十户。

〔一七一〕【考證】漢表「嘉」作「喜」。

〔一七二〕【索隱】表在梁父。

〔一七三〕【考證】封千四百八十户。

〔一七四〕【集解】如淳曰：「咦，音頰。」

〔一七五〕【索隱】音狄蛆。表在勃海。

〔一七六〕【考證】封五百四十户。

〔一七七〕【考證】漢表「陰」作「陶」。

〔一七八〕【索隱】表在齊。濩，音獲，水名，在齊。又音乎封反。

〔一七九〕【考證】封千户。

〔一八〇〕【考證】「參」上「侯」字衍。

〔一八一〕【索隱】騠，音啼。表在琅邪。

〔一八二〕【索隱】苴，子餘反。【考證】漢表「若」作「右」，封户千九百。

〔一八三〕【索隱】稽滑姑。【考證】漢表「丁卯」作「丁未」。

〔一八四〕【索隱】表、志闕。

〔一八五〕【集解】徐廣曰：「在河東。瓡，音胡。讘，之涉反。」【索隱】縣名，案表在河東，志亦同。即狐字。

〔一八六〕【考證】七百六十户。

〔一八七〕【索隱】扜，音烏，亦音汙。

〔一八八〕【索隱】音機。表在河東。

〔一八九〕【索隱】韋昭云：「路，姑洛反。」【考證】史、漢傳皆作「幾侯長」，而表皆作「張路」。歸、義二字衍。

〔一九〇〕【索隱】表在齊，志屬南陽。

〔一九一〕【考證】「子」字衍。

〔一九二〕【考證】六字，褚生所改，史表元文，必如惠景侯表之例，云「右元光至太初若干人」。

〔一九三〕【索隱】表在九江。

〔一九四〕【考證】以下褚王孫所續。

〔一九五〕【索隱】表在琅邪。

〔一九六〕【索隱】潦，音遼。　表在清河。

〔一九七〕【索隱】表在蘄。

〔一九八〕【考證】至猶致也。

〔一九九〕【集解】漢書音義曰：「質，所期處也。」

〔二〇〇〕【集解】「以三得之」者，即上所謂「行權合變，度時施宜，希世用事」也。

〔二〇一〕【考證】徐孚遠曰：龍頟之事具前表，此復推美，以其貴盛傳後故也。愚按：龍雒侯韓説。

〔二〇二〕【集解】文穎曰：「博，廣；陸，平。取其嘉名，無此縣也。食邑北海河東。」瓚曰：「漁陽有博陸城也。」

〔二〇三〕【集解】漢書音義曰：「音妒。在濟陰成武，今有亭矣。」

〔二〇四〕【考證】中井積德曰：此脱休屠見殺，日磾爲奴事，雖略傳，頗覺失實。

〔二〇五〕【索隱】表在蕩陰，志屬汝南。

〔二〇六〕【索隱】表在千乘。

〔二〇七〕【索隱】志屬平原。

〔二〇八〕【索隱】表在平氏。

〔二〇九〕【索隱】表在徐郡。

〔二一〇〕【考證】中井積德曰：王山，漢表作「王山壽」。

〔二一一〕【索隱】表在濟陽。

〔二一二〕【索隱】志屬汝南。

〔二一三〕【索隱】表在濟陰。

〔二一四〕【索隱】志屬汝南。

〔二一五〕【考證】在元鳳四年。

〔二一六〕【索隱】表在汝南，志屬涿郡。

〔二一七〕【索隱】志屬東郡。

〔二一八〕【索隱】志屬沛郡，表在蕭。

〔二一九〕【索隱】表在武當。

〔二二〇〕【索隱】表在濟南。

〔二二一〕【索隱】表在濟陰，非也。且濟陰有城陽縣耳，而潁川、汝南又各有陽城縣，「城」字從土在「陽」之下，今此似誤，不可分別也。

〔二二二〕【集解】漢書百官表曰：「司農屬官有都内。」

〔二二三〕【索隱】志屬陳留，表在肥城。

〔二二四〕【索隱】一作「衙」，音牙。地理志衙縣在馮翊。

〔二二五〕【索隱】表在平氏，志屬南陽。

〔二二六〕【考證】中井積德曰：二「山」字衍。

〔二二七〕【索隱】志屬南陽。

〔二二八〕【索隱】志屬魏郡。

〔二二九〕【索隱】表在於陵。

〔二三〇〕【索隱】志屬臨淮。

〔二三一〕【索隱】志屬南陽。

〔二三二〕【集解】名舜。

〔二三三〕【集解】名曾。

〔二三四〕【索隱】志屬常山。

〔二三五〕【集解】名玄。

〔二三六〕【索隱】志屬臨淮。平原亦有樂陵。

〔二三七〕【集解】名高。

〔二三八〕【索隱】表在臨淮。

〔二三九〕【索隱】志屬潁川。

〔二四〇〕【索隱】表在博陽。

〔二四一〕【考證】中井積德曰：惲坐事失侯家居，死乃在後年耳，此序失前後。

〔二四二〕【索隱】志屬千乘。

〔二四三〕【集解】漢書東方朔傳曰：「武帝微行，出與侍中、常侍、武騎及待詔、隴西北地良家子能騎射者，期諸殿門，故有『期門』之號。」

〔二四四〕【索隱】漢表作「趙長平」。

〔二四五〕【集解】名無故。

〔二四六〕【索隱】表在汝南。

〔二四七〕【集解】名武。

〔二四八〕【索隱】表在濟陰。

〔二四九〕【索隱】表在慎。

〔二五〇〕【索隱】表在南頓。

〔二五一〕【索隱】表在沛。

〔二五二〕【索隱】表在臨淮。

〔二五三〕【索隱】表在東郡。

〔二五四〕【集解】名傑。【索隱】漢表名禁。

【索隱述贊】孝武之代，天下多虞。南討甌越，北擊單于。長平鞠旅，冠軍前驅。術陽銜璧，臨蔡破禺。博陸上宰，平津巨儒。金章且佩，紫綬行紆。昭帝已後，勳寵不殊。惜哉絶筆，褚氏補諸。

史記會注考證卷二十一

建元已來王子侯者年表第九

史記二十一

【考證】史公自序云：「諸侯既彊，七國爲從，子弟衆多，無爵封邑，推恩行義，其勢銷弱，德歸京師，作王子侯者年表第九。」齊召南曰：漢書直題曰王子侯表，起高祖之封羹頡，而史記截自建元，最有深意。蓋武帝以前即有王子封侯，出自特恩，非通例也。至主父偃之策行，則王子無不封侯，而諸侯益弱矣。陳仁錫曰：元光侯者七，元朔侯者一百二十七，元狩侯者二十五，元鼎侯者三，當時分封諸侯子弟施行次第皆可知矣。

制詔御史：「諸侯王或欲推私恩分子弟邑者，令各條上，朕且臨定其號名。」〔一〕太史公曰：盛哉天子之德！一人有慶，天下賴之。〔二〕

〔一〕【考證】梁玉繩曰：案此元朔二年詔也。漢書詔曰：「諸侯王請與子弟邑者，朕將親覽使列位焉。」所載不同，豈班、馬于詔辭亦擅改之邪？王子之封，是分本國之邑以爲侯國，乃表中國名頗有越封異地者。中山靖王傳云「分封子弟，別屬漢郡」。竊意當日衆建之制，必上其分封邑户于朝，天子別以附近之郡地易而封之。

愚按：推恩之說，賈誼之遺策，而自主父偃發。

〔三〕【考證】盛哉天子之德，所謂推私恩也。書呂刑「一人有慶，兆民賴之」。汪越曰：諸王子之後失侯者，坐酎金凡五十五，無後四，此外則不朝不敬一，棄綬出國不敬一。其甚者，則篡死罪一，姦人妻一，姦姊妹一，殺人坐棄市一，殺弟坐棄市一，有罪不明所坐十，而謀叛者無聞焉。豈户邑分而勢銷弱故與？然漢自是遂無大藩國，至哀平之際，王氏專政，一歲之中，無罪而免者數十，捽而去之，如揮羊豕。其欲誅莽者，武平侯璜，陵鄉侯會，翟義所立者嚴鄉侯信，祗駢首就戮，無一人應，惡覩所謂百足不僵者乎？故觀王子侯表，合漢興以來諸侯表，究其終始，此西京二百三十年之大勢也。

國名	王子號	元光	元朔	元狩	元鼎	元封	太初
茲〔一〕	河間獻王子。	二 五年正月壬子，侯劉明元年。	二 三年，侯明坐謀反殺人，弃市，國除。〔二〕				
安成〔三〕	長沙定王子。	一 六年七月乙巳，思侯劉蒼元年。	六	六	六 元年，今侯自當元年。	六	四

國名	王子號	元光	元朔	元狩	元鼎	元封	太初
宜春〔四〕	長沙定王子。	一 六年七月乙巳，侯劉成元年。	六	六	四 五年，侯成坐酎金國除。		
句容〔五〕	長沙定王子。	一 六年七月乙巳，哀侯劉黨元年。	元年，哀侯黨薨，無後，國除。				
句陵〔六〕	長沙定王子。	一 六年七月乙巳，侯劉福元年。	六	六	四 五年，侯福坐酎金國除。		
杏山〔七〕	楚安王子。	一 六年後九月壬戌，侯劉成元年。	六	六	四 五年，侯成坐酎金國除。		

國名	王子號	元光	元朔	元狩	元鼎	元封	太初
浮丘〔八〕	楚安王子。	一 六年後九月壬戌，侯劉不審元年。〔九〕	六	四 二 五年，侯霸元年。	四 五年，侯霸坐酎金國除。		
廣戚〔一〇〕	魯共王子。		六 元年十一月丁酉，節侯劉擇元年。〔一一〕	六 元年，侯始元年。	四 五年，侯始坐酎金國除。		
丹楊〔一二〕	江都易王子。		六 元年十二月甲辰，哀侯敢元年。	元狩元年，侯敢薨，無後，國除。			
盱台〔一三〕	江都易王子。		六 元年十二月甲辰，侯劉象之元年。〔一四〕	六	四 五年，侯象之坐酎金國除。		

國名	王子號	元光	元朔	元狩	元鼎	元封	太初
湖孰〔一五〕	江都易王子。		六 元年正月丁亥，頃侯劉胥元年。〔一六〕	六	四 五年，今侯聖元年。 二	六	四
秩陽〔一七〕	江都易王子。		六 元年正月丁卯，終侯劉漣元年。〔一八〕	六	三 四年，終侯漣薨，無後，國除。		
睢陵〔一九〕	江都易王子。		六 元年正月丁卯，侯劉定國元年。	六	四 五年，侯定國坐酎金國除。		
龍丘〔二〇〕	江都易王子。〔二一〕		五 二年五月乙巳，侯劉代元年。	六	四 五年，侯代坐酎金國除。		

國名	王子號	元光	元朔	元狩	元鼎	元封	太初
張梁(二二)	江都易王子。(二三)		二年五月乙巳，哀侯劉仁元年。五	六	二 三年，今侯順元年。四	六	四
劇(二四)	菑川懿王子。		二年五月乙巳，原侯劉錯元年。五	六	一 二年，孝侯廣昌元年。五	六	四
壤(二五)	菑川懿王子。		二年五月乙巳，夷侯劉高遂元年。(二六)五	六	元年，今侯延元年。(二七)六	六	四
平望(二八)	菑川懿王子。		二年五月乙巳，夷侯劉賞元年。五	二 三年，今侯楚人元年。四	六	六	四

國名	王子號	元光	元朔	元狩	元鼎	元封	太初
臨原〔二九〕	菑川懿王子。		五 二年五月乙巳，敬侯劉始昌元年。	六	六	六	四
葛魁〔三〇〕	菑川懿王子。		五 二年五月乙巳，節侯劉寬元年。	三 四年，今侯戚元年。〔三一〕 三	二 三年，侯戚坐殺人弃市，國除。〔三二〕		
益都〔三三〕	菑川懿王子。		五 二年五月乙巳，侯劉胡元年。	六	六	六	四
平酌〔三四〕	菑川懿王子。		五 二年五月乙巳，戴侯劉彊元年。	六	六 元年，思侯中時元年。	六	四

國名	王子號	元光	元朔	元狩	元鼎	元封	太初
劇魁〔二五〕	菑川懿王子。		五 二年五月乙巳，夷侯劉墨元年。	六	六	三 元年，侯昭元年。 三 四年，侯德元年。	四
壽梁〔二六〕	菑川懿王子。		五 二年五月乙巳，侯劉守元年。	六	四 五年，侯守坐酎金國除。		
平度〔二七〕	菑川懿王子。		五 二年五月乙巳，侯劉衍元年。	六	六	六	四
宜成〔二八〕	菑川懿王子。		五 二年五月乙巳，康侯劉偃元年。	六	六 元年，侯福元年。	六	元年，侯福坐殺弟弃市，國除。

國名	王子號	元光	元朔	元狩	元鼎	元封	太初
臨朐〔三九〕	菑川懿王子。		五 二年五月乙巳，哀侯劉奴元年。	六	六	六	四
雷〔四〇〕	城陽共王子。		五 二年五月甲戌，侯劉稀元年。〔四一〕	六	五 五年，侯稀坐酎金，國除。		
東莞〔四二〕	城陽共王子。		三〔四三〕 二年五月甲戌，侯劉吉元年。五年，侯吉有痼疾，不朝，廢，國除。				

國名	王子號	元光	元朔	元狩	元鼎	元封	太初
辟〔四四〕	城陽共王子。		三 二年五月甲戌，節侯劉壯元年。 二 五年，侯朋元年。〔四五〕	六	四 五年，侯朋坐酎金國除。		
尉文〔四六〕	趙敬肅王子。〔四七〕		五 二年六月甲午，節侯劉丙元年。	六 元年，侯犢元年。	四 五年，侯犢坐酎金國除。		
封斯〔四八〕	趙敬肅王子。		五 二年六月甲午，共侯劉胡陽元年。〔四九〕	六	六	六	二 三年，今侯如意元年。 二
榆丘〔五〇〕	趙敬肅王子。		五 二年六月甲午，侯劉壽福元年。〔五一〕	六	四 五年，侯壽福坐酎金國除。		

國名	王子號	元光	元朔	元狩	元鼎	元封	太初
襄嚵〔五二〕	趙敬肅王子。		五 二年六月甲午，侯劉建元年。	六	四 五年，侯建坐酎金國除。		
邯會〔五三〕	趙敬肅王子。		五 二年六月甲午，侯劉仁元年。	六	六	六	四
朝〔五四〕	趙敬肅王子。		五 二年六月甲午，侯劉義元年。〔五五〕	六	二 三年，今侯禄元年。 四	六	四
東城〔五六〕	趙敬肅王子。		五 二年六月甲午，侯劉遺元年。	六	元年，侯遺有罪，國除。〔五七〕		

國名	王子號	元光	元朔	元狩	元鼎	元封	太初
陰城〔五八〕	趙敬肅王子。		五　二年六月甲午，侯劉蒼元年。	六	六	元年，侯蒼有罪，國除。〔五九〕	
廣望〔六〇〕	中山靖王子。		五　二年六月甲午，侯劉安中元年。〔六一〕	六	六	六	四
將梁〔六二〕	中山靖王子。		五　二年六月甲午，侯劉朝平元年。	六	四　五年，侯朝平坐酎金國除。		
新館〔六三〕	中山靖王子。		五　二年六月甲午，侯劉未央元年。	六	四　五年，侯未央坐酎金國除。		

國名	王子號	元光	元朔	元狩	元鼎	元封	太初
新處〔六四〕	中山靖王子。		五 二年六月甲午，侯劉嘉元年。	六	四 五年，侯嘉坐酎金國除。		
陘城〔六五〕	中山靖王子。		五 二年六月甲午，侯劉貞元年。	六	四 五年，侯貞坐酎金國除。		
蒲領〔六六〕	廣川惠王子。		四 三年十月癸酉，侯劉嘉元年。				
西熊〔六七〕	廣川惠王子。		四 三年十月癸酉，侯劉明元年。				

國名	王子號	元光	元朔	元狩	元鼎	元封	太初
棗彊〔六八〕	廣川惠王子。		四 三年十月癸酉，侯劉晏元年。				
畢梁〔六九〕	廣川惠王子。		四 三年十月癸酉，侯劉嬰元年。	六	六	三 四年，侯嬰有罪，國除。	
房光〔七〇〕	河閒獻王子。		四 三年十月癸酉，侯劉殷元年。	六	元年，侯殷有罪，國除。		
距陽〔七一〕	河閒獻王子。		四 三年十月癸酉，侯劉匄元年。〔七二〕	四 二 五年，侯渡元年。〔七三〕	四 五年，侯渡有罪，國除。		

國名	王子號	元光	元朔	元狩	元鼎	元封	太初
蔞安〔七四〕	河閒獻王子。		四 三年十月癸酉,侯劉邈元年。	六	六	六 元年,今侯嬰元年。	四
阿武〔七五〕	河閒獻王子。		四 三年十月癸酉,湣侯劉豫元年。〔七六〕	六	六	六	二 三年,今侯寬元年。〔七七〕 二
參户〔七八〕	河閒獻王子。		四 三年十月癸酉,侯劉勉元年。	六	六	六	四
州鄉〔七九〕	河閒獻王子。		四 三年十月癸酉,節侯劉禁元年。	六	六〔八〇〕	五 六年,今侯惠元年。 一	四

國名	王子號	元光	元朔	元狩	元鼎	元封	太初
成平〔八一〕	河閒獻王子。		四 三年十月癸酉，侯劉禮元年。	二 三年，侯禮有罪，國除。			
廣〔八二〕	河閒獻王子。		四 三年十月癸酉，侯劉順元年。	六	四 五年，侯順坐酎金，國除。		
蓋胥〔八三〕	河閒獻王子。		四 三年十月癸酉，侯劉讓元年。	六	四 五年，侯讓坐酎金，國除。		
陪安〔八四〕	濟北貞王子。		四 三年十月癸酉，康侯劉不害元年。	六	一 二年，哀侯秦客元年。 二 三年，侯秦客薨，無後，國除。		

國名	王子號	元光	元朔	元狩	元鼎	元封	太初
榮簡〔八五〕	濟北貞王子。		四 三年十月癸酉,侯劉騫元年。	二 三年,侯騫有罪,國除。			
周堅〔八六〕	濟北貞王子。		四 三年十月癸酉,侯劉何元年。〔八七〕	四 二 五年,侯當時元年。	四 五年,侯當時坐酎金國除。		
安陽〔八八〕	濟北貞王子。		四 三年十月癸酉,侯劉桀元年。〔八九〕	六	六	六	四
五據〔九〇〕	濟北貞王子。		四 三年十月癸酉,侯劉臒丘元年。〔九一〕	六	四 五年,侯臒丘坐酎金國除。		

國名	王子號	元光	元朔	元狩	元鼎	元封	太初
富〔九二〕	濟北貞王子。		四 三年十月癸酉，侯劉襲元年。〔九三〕	六	六	六	四
陪〔九四〕	濟北貞王子。		四 三年十月癸酉，繆侯劉明元年。〔九五〕	六	二 三年，侯邑元年。 二 五年，侯邑坐酎金國除。		
叢〔九六〕	濟北貞王子。		四 三年十月癸酉，侯劉信元年。	六	四 五年，侯信坐酎金國除。		
平〔九七〕	濟北貞王子。		四 三年十月癸酉，侯劉遂元年。	元年，侯遂有罪，國除。			

國名	王子號	元光	元朔	元狩	元鼎	元封	太初
羽〔九八〕	濟北貞王子。		四 三年十月癸酉，侯劉成元年。	六	六	六	四
胡毋〔九九〕	濟北貞王子。〔一〇〇〕		四 三年十月癸酉，侯劉楚元年。	六	四 五年，侯楚坐酎金國除。		
離石〔一〇一〕	代共王子。		四 三年正月壬戌，侯劉綰元年。	六	六	六	四
邵〔一〇二〕	代共王子。		四 三年正月壬戌，侯劉慎元年。〔一〇三〕	六	六	六	四

國名	王子號	元光	元朔	元狩	元鼎	元封	太初
利昌〔一〇四〕	代共王子。		四 三年正月壬戌，侯劉嘉元年。	六	六	六	四
蘭〔一〇五〕	代共王子。		三年正月壬戌，侯劉憙元年。〔一〇六〕	〔一〇七〕			
臨河〔一〇八〕	代共王子。		三年正月壬戌，侯劉賢元年。				
隰成〔一〇九〕	代共王子。		三年正月壬戌，侯劉忠元年。				

國名	王子號	元光	元朔	元狩	元鼎	元封	太初
土軍〔二一〇〕	代共王子。		三年正月壬戌，侯劉郢客元年。		侯郢客坐與人妻姦，弃市。〔二一一〕		
皋狼〔二一二〕	代共王子。		三年正月壬戌，侯劉遷元年。				
千章〔二一三〕	代共王子。		三年正月壬戌，侯劉遇元年。				
博陽〔二一四〕	齊孝王子。		四 三年三月乙卯，康侯劉就元年。〔二一五〕	六	二 三年，侯終吉元年。〔二一六〕 二 五年，侯終吉坐酎金國除。		

國名	王子號	元光	元朔	元狩	元鼎	元封	太初
寧陽〔一一七〕	魯共王子。		四　三年三月乙卯，節侯劉恢元年。〔一一八〕	六	六	六	四
瑕丘〔一一九〕	魯共王子。		四　三年三月乙卯，節侯劉貞元年。〔一二〇〕	六	六	六	四
公丘〔一二一〕	魯共王子。		四　三年三月乙卯，夷侯劉順元年。	六	六	六	四
郁狼〔一二二〕	魯共王子。		四　三年三月乙卯，侯劉騎元年。〔一二三〕	六	四　五年，侯騎坐酎金國除。		

國名	王子號	元光	元朔	元狩	元鼎	元封	太初
西昌	魯共王子。		四 三年三月乙卯，侯劉敬元年。	六	四 五年，侯敬坐酎金國除。		
陘城〔二二四〕	中山靖王子。		四 三年三月癸酉，侯劉義元年。〔二二五〕	六	四 五年，侯義坐酎金國除。		
邯平〔二二六〕	趙敬肅王子。〔二二七〕		四 三年四月庚辰，侯劉順元年。	六	四 五年，侯順坐酎金國除。		
武始〔二二八〕	趙敬肅王子。〔二二九〕		四 三年四月庚辰，侯劉昌元年。	六	六	六	四

國名	王子號	元光	元朔	元狩	元鼎	元封	太初
象氏〔一三〇〕	趙敬肅王子。		四 三年四月庚辰，節侯劉賀元年。	六	六	二 三年，思侯安德元年。〔一三一〕 四	四
易〔一三二〕			四 三年四月庚辰，安侯劉平元年。	六	六	四 五年，今侯種元年。 二	四
洛陵〔一三三〕	長沙定王子。		三 四年三月乙丑，侯劉章元年。〔一三四〕	一 二年，侯章有罪，國除。			
攸輿〔一三五〕	長沙定王子。		三 四年三月乙丑，侯劉則元年。	六	六	六	元年，侯則篡死罪，弃市，國除。〔一三六〕

國名	王子號	元光	元朔	元狩	元鼎	元封	太初
荼陵〔一三七〕	長沙定王子。		四年三月乙丑，侯劉欣元年。〔一三八〕 三	六	一 二年，哀侯陽元年。〔一三九〕 五	六	元年，侯陽薨，無後，國除。
建成〔一四〇〕	長沙定王子。		四年三月乙丑，侯劉拾元年。 三	五 六年，侯拾坐不朝不敬，國除。〔一四一〕			
安衆〔一四二〕	長沙定王子。		四年三月乙丑，康侯劉丹元年。 三	六	六	五 六年，今侯山拊元年。〔一四三〕 一	四
葉〔一四四〕	長沙定王子。		四年三月乙丑，康侯劉嘉元年。〔一四五〕 三	六	四 五年，侯嘉坐酎金，國除。〔一四六〕		

國名	王子號	元光	元朔	元狩	元鼎	元封	太初
利鄉〔一四七〕	城陽共王子。		三 四年三月乙丑，康侯劉嬰元年。〔一四八〕	二 三年，侯嬰有罪，國除。			
有利〔一四九〕	城陽共王子。		三 四年三月乙丑，侯劉釘元年。	元年，侯釘坐遺淮南書稱臣，弃市，國除。			
東平〔一五〇〕	城陽共王子。		三 四年三月乙丑，侯劉慶元年。	二 三年，侯慶坐與姊妹姦，有罪，國除。〔一五一〕			
運平〔一五二〕	城陽共王子。		三 四年三月乙丑，侯劉訢元年。〔一五三〕	六	四 五年，侯訢坐酎金，國除。		

國名	王子號	元光	元朔	元狩	元鼎	元封	太初
山州〔一五四〕	城陽共王子。		三 四年三月乙丑，侯劉齒元年。	六	四 五年，侯齒坐酎金國除。		
海常〔一五五〕	城陽共王子。		三 四年三月乙丑，侯劉福元年。	六	四 五年，侯福坐酎金國除。		
鈞丘〔一五六〕	城陽共王子。		三 四年三月乙丑，侯劉憲元年。〔一五七〕	三 四年，今侯執德元年。〔一五八〕 三	六	六	四
南城〔一五九〕	城陽共王子。		三 四年三月乙丑，侯劉貞元年。	六	六	六	四

國名	王子號	元光	元朔	元狩	元鼎	元封	太初
廣陵〔一六〇〕	城陽共王子。		三　四年三月乙丑，常侯劉表元年。〔一六一〕	四　五年，侯成元年。二	四　五年，侯成坐酎金國除。		
莊原〔一六二〕	城陽共王子。		三　四年三月乙丑，侯劉皋元年。	六	四　五年，侯皋坐酎金國除。		
臨樂〔一六三〕	中山靖王子。		三　四年四月甲午，敦侯劉光元年。〔一六四〕	六	六	五　六年，今侯建元年。一	四
東野〔一六五〕	中山靖王子。		三　四年四月甲午，侯劉章元年。〔一六六〕	六〔一六七〕	六	六	四

國名	王子號	元光	元朔	元狩	元鼎	元封	太初
高平〔一六八〕	中山靖王子。		三 四年四月甲午，侯劉嘉元年。〔一六九〕	六	四 五年，侯嘉坐酎金國除。		
廣川	中山靖王子。		三 四年四月甲午，侯劉頗元年。	六	四 五年，侯頗坐酎金國除。		
千鍾〔一七〇〕	河間獻王子。		三 四年四月甲午，侯劉搖元年。〔一七一〕	一 二年，侯陰不使人爲秋請，有罪，國除。			
披陽〔一七二〕	齊孝王子。		三 四年四月乙卯，敬侯劉燕元年。	六	四 二 五年，今侯隅元年。〔一七三〕	六	四

國名	王子號	元光	元朔	元狩	元鼎	元封	太初
定[一七四]	齊孝王子。		三 四年四月乙卯，敬侯劉越元年。[一七五]	六	三 三 四年，今侯德元年。	六	四
稻[一七六]	齊孝王子。		三 四年四月乙卯，夷侯劉定元年。	六	二 四 三年，今侯都陽元年。[一七七]	六	四
山[一七八]	齊孝王子。		三 四年四月乙卯，侯劉國元年。	六	六	六	四
繁安[一七九]	齊孝王子。		三 四年四月乙卯，侯劉忠元年。[一八〇]	六	六	六[一八一]	三 一 四年，今侯壽元年。[一八二]

國名	王子號	元光	元朔	元狩	元鼎	元封	太初
柳(一八三)	齊孝王子。		三 四年四月乙卯，康侯劉陽元年。(一八四)	六	三 四年，侯罷師元年。(一八五) 三	四 五年，今侯自爲元年。 二	四
雲(一八六)	齊孝王子。		三 四年四月乙卯，夷侯劉信元年。	六	五 六年，今侯歲發元年。(一八七) 一	六	四
牟平(一八八)	齊孝王子。		三 四年四月乙卯，共侯劉渫元年。(一八九)	二 三年，今侯奴元年。 四	六	六	四
柴(一九〇)	齊孝王子。		三 四年四月乙卯，原侯劉代元年。(一九一)	六	六	六	四

國名	王子號	元光	元朔	元狩	元鼎	元封	太初
柏陽〔一九二〕	趙敬肅王子。		二 五年十一月辛酉，侯劉終古元年。	六	六	六	四
鄗〔一九三〕	趙敬肅王子。		二 五年十一月辛酉，侯劉延年元年。〔一九四〕	六	四 五年，侯延年坐酎金國除。		
桑丘〔一九五〕	中山靖王子。		二 五年十一月辛酉，節侯劉洋元年。〔一九六〕	六	三 三 四年，今侯德元年。	六	四
高丘〔一九七〕	中山靖王子。		二 五年三月癸酉，哀侯劉破胡元年。	六	元年侯破胡薨，無後，國除。		

國名	王子號	元光	元朔	元狩	元鼎	元封	太初
柳宿〔一九八〕	中山靖王子。		五年三月癸酉，夷侯劉蓋元年。二	二 三年，侯蘇元年。四	四 五年，侯蘇坐酎金國除。		
戎丘〔一九九〕	中山靖王子。		五年三月癸酉，侯劉讓元年。二	六	四 五年，侯讓坐酎金國除。		
樊輿〔二〇〇〕	中山靖王子。		五年三月癸酉，節侯劉條元年。〔二〇一〕二	六	六	六	四
曲成〔二〇二〕	中山靖王子。		五年三月癸酉，侯劉萬歲元年。二	六	四 五年，侯萬歲坐酎金國除。		

國名	王子號	元光	元朔	元狩	元鼎	元封	太初
安郭〔二〇三〕	中山靖王子。		二 五年三月癸酉，侯劉博元年。〔二〇四〕	六	六	六	四
安險〔二〇五〕	中山靖王子。		二 五年三月癸酉，侯劉應元年。	六	四 五年，侯應坐酎金國除。		
安遙〔二〇六〕	中山靖王子。		二 五年三月癸酉，侯劉恢元年。	六	四 五年，侯恢坐酎金國除。		
夫夷	長沙定王子。		二 五年三月癸酉，敬侯劉義元年。〔二〇七〕	六	四 五年，今侯禹元年。 六	六	四

國名	王子號	元光	元朔	元狩	元鼎	元封	太初
舂陵〔二〇八〕	長沙定王子。		二 五年六月壬子，侯劉買元年。〔二〇九〕	六〔二一〇〕	六	六	四
都梁〔二一一〕	長沙定王子。		二 五年六月壬子，敬侯劉遂元年。〔二一二〕	六	六 元年，今侯係元年。〔二一三〕	六	四
洮陽〔二一四〕	長沙定王子。		二 五年六月壬子，靖侯劉狗彘元年。〔二一五〕	五〔二一六〕 六年，侯狗彘薨，無後，國除。			
泉陵〔二一七〕	長沙定王子。		二 五年六月壬子，節侯劉賢元年。〔二一八〕	六	六	六	四

國名	王子號	元光	元朔	元狩	元鼎	元封	太初
終弋[二二九]	衡山王賜子。		一 六年四月丁丑，侯劉廣置元年。[二三〇]	六	四 五年，侯廣置坐酎金國除。		
麥[二三一]	城陽頃王子。			六 元年四月戊寅，侯劉昌元年。[二三二]	四 五年，侯昌坐酎金國除。		
鉅合[二三三]	城陽頃王子。			六 元年四月戊寅，侯劉發元年。[二三四]	四 五年，侯發坐酎金國除。		
昌[二三五]	城陽頃王子。			六 元年四月戊寅，侯劉差元年。[二三六]	四 五年，侯差坐酎金國除。		

國名	王子號	元光	元朔	元狩	元鼎	元封	太初
蕢〔三二七〕	城陽頃王子。			六 元年四月戊寅，侯劉方元年。〔三二八〕	四 五年，侯方坐酎金國除。		
雩殷〔三二九〕	城陽頃王子。			六 元年四月戊寅，康侯劉澤元年。〔三三〇〕	六	六	四
石洛〔三三一〕	城陽頃王子。			六 元年四月戊寅，侯劉敬元年。〔三三二〕	六	六	四
扶滜〔三三三〕	城陽頃王子。			六 元年四月戊寅，侯劉昆吾元年。	六	六	四

國名	王子號	元光	元朔	元狩	元鼎	元封	太初
挍〔二三四〕	城陽頃王子。			六 元年四月戊寅，侯劉霸元年。〔二三五〕	六	六	四
朸〔二三六〕	城陽頃王子。			六 元年四月戊寅，侯劉讓元年。	六	六	四
父城〔二三七〕	城陽頃王子。			六 元年四月戊寅，侯劉光元年。	四 五年，侯光坐酎金國除。		
庸〔二三八〕	城陽頃王子。			六 元年四月戊寅，侯劉譚元年。〔二三九〕	六	六	四

國名	王子號	元光	元朔	元狩	元鼎	元封	太初
翟[二四〇]	城陽頃王子。			六 元年四月戊寅，侯劉壽元年。	四 五年，侯壽坐酎金國除。		
鱣[二四一]	城陽頃王子。			六 元年四月戊寅，侯劉應元年。	四 五年，侯應坐酎金國除。		
彭[二四二]	城陽頃王子。			六 元年四月戊寅，侯劉偃元年。[二四三]	四 五年，侯偃坐酎金國除。		
瓡[二四四]	城陽頃王子。			六 元年四月戊寅，侯劉息元年。	六	六	四

國名	王子號	元光	元朔	元狩	元鼎	元封	太初
虛水〔二四五〕	城陽頃王子。			六 元年四月戊寅，侯劉禹元年。	六	六	四
東淮〔二四六〕	城陽頃王子。			六 元年四月戊寅，侯劉類元年。	四 五年，侯類坐酎金國除。		
栒〔二四七〕	城陽頃王子。			六 元年四月戊寅，侯劉買元年。〔二四八〕	四 五年，侯買坐酎金國除。		
涓〔二四九〕	城陽頃王子。			六 元年四月戊寅，侯劉不疑元年。	四 五年，侯不疑坐酎金國除。		

國名	王子號	元光	元朔	元狩	元鼎	元封	太初
陸〔二五〇〕	菑川靖王子。			六 元年四月戊寅，侯劉何元年。〔二五一〕	六	六	四
廣饒〔二五二〕	菑川靖王子。			六 元年十月辛卯，康侯劉國元年。〔二五三〕	六	六	四
缾〔二五四〕	菑川靖王子。			六 元年十月辛卯，侯劉成元年。〔二五五〕	六	六	四
俞閭	菑川靖王子。			六 元年十月辛卯，侯劉不害元年。〔二五六〕	六	六	四

國名	王子號	元光	元朔	元狩	元鼎	元封	太初
甘井〔二五七〕	廣川穆王子。〔二五八〕			六 元年十月乙酉，侯劉元元年。〔二五九〕	六	六	四
襄陵〔二六〇〕	廣川穆王子。			六 元年十月乙酉，侯劉聖元年。	六	六	四
皋虞〔二六一〕	膠東康王子。				三 元年五月丙午，侯劉建元年。〔二六二〕 三 四年，今侯處元年。〔二六三〕	六	四
魏其〔二六四〕	膠東康王子。				六 元年五月丙午，暢侯劉昌元年。〔二六五〕	六	四

國名	王子號	元光	元朔	元狩	元鼎	元封	太初
祝茲〔二六六〕	膠東康王子。				四 元年五月丙午，侯劉延元年。 五年，延坐弃印綬出國不敬，國除。〔二六七〕		

〔一〕【索隱】表、志闕。

〔二〕【集解】徐廣曰：「一作『掠殺人弃市』。」【考證】明何嘗謀反，但殺人耳。漢表作「坐殺人自殺」。

〔三〕【索隱】表在豫章。【考證】縣在長沙，故封長沙王子，水經注可證。漢表作「安城」。

〔四〕【索隱】表、志闕。【考證】汝南、豫章皆有宜春，此侯封于豫章，水經注可證。

〔五〕【索隱】表在會稽。

〔六〕【集解】徐廣曰：「一作『容陵』。」【索隱】表、志闕。【考證】容陵縣屬長沙。

〔七〕【索隱】表、志闕。

〔八〕【索隱】表在沛。

〔九〕【考證】漢表作「劉不害」。

〔一〇〕【索隱】表、志闕。【考證】縣名，屬沛。

〔一一〕【集解】徐廣曰：「擇，一作『將』。」

〔一二〕【索隱】丹陽，表在蕪湖。

〔一三〕【索隱】表、志闕。【考證】縣在臨淮，即楚懷王所都者。

〔一四〕【索隱】表作「蒙之」。

〔一五〕【索隱】表在丹陽。

〔一六〕【索隱】表作「胥行」。【考證】漢表「丁亥」作「丁卯」。

〔一七〕【索隱】表作「秣陵」。

〔一八〕【索隱】表名纏。

〔一九〕【索隱】表作「淮陵」。

〔二〇〕【索隱】表在琅邪。

〔二一〕【考證】漢表在張梁侯後，云菑川懿王子，此誤。

〔二二〕【索隱】表、志闕。

〔二三〕【考證】漢表張梁在龍丘前，謂梁共王子所封。

〔二四〕【索隱】表、志闕。【考證】劇在北海。

〔二五〕【索隱】表、志闕。【考證】漢表作「懷昌」。

〔二六〕【索隱】劉高。

〔二七〕【考證】高遂在位二年，延以元朔四年嗣。

〔二八〕【索隱】表、志闕。【考證】縣在北海。

〔二九〕【索隱】表作「臨衆」。【考證】縣在琅邪。

〔三〇〕【集解】徐廣曰：「葛，一作『莒』。」【索隱】表、志闕，或鄉名。

〔三一〕【考證】「今」字衍。

〔三二〕【考證】漢表云，坐家吏恐猲受賕棄市。

〔三三〕【索隱】表、志皆闕。【考證】北海郡益縣鄉名。

〔三四〕【索隱】漢表作「平的」。志屬北海。

〔三五〕【索隱】志屬北海。

〔三六〕【索隱】表在壽樂。

〔三七〕【索隱】志屬東萊。

〔三八〕【索隱】表在平原。

〔三九〕【索隱】表在東海。【考證】地理志東海無臨朐。當作「東萊」。

〔四〇〕【索隱】表在東海。

〔四一〕【考證】漢表「稀」作「豨」。

〔四二〕【索隱】志屬琅邪。

〔四三〕【考證】「三」當作「二」。

〔四四〕【索隱】表在東海。【考證】漢表作「辟土」，蓋字亦作「壁」，傳寫譌析爲二也。

〔四五〕【考證】漢表「朋」作「明」。

〔四六〕【索隱】表在南郡。

〔四七〕【考證】趙王彭祖薨於太始四年，不應稱謚。當云「趙王彭祖子」，後人妄改。下倣之。

〔四八〕【索隱】志屬常山。

〔四九〕【考證】漢表「共侯」作「戴侯」，「胡陽」作「胡傷」。

〔五〇〕【索隱】表、志皆闕。

〔五一〕【考證】漢表作「受福」。

〔五二〕【索隱】韋昭云：「廣平縣。」嚵音仕咸反，又仕儉反。

〔五三〕【索隱】志屬魏郡。

〔五四〕【索隱】凡侯不言郡縣皆表、志闕。

〔五五〕【考證】謚節。

〔五六〕【索隱】志屬九江。

〔五七〕【考證】漢表爲孺子所殺。

〔五八〕【索隱】表、志闕。

〔五九〕【考證】漢表云「思侯蒼封十七年，太初元年薨，嗣子有罪不得代」。

〔六〇〕【索隱】志屬涿郡。

〔六一〕【考證】漢表名忠。

〔六二〕【索隱】表在涿郡。

〔六三〕【索隱】表在涿郡。

〔六四〕【索隱】表在涿郡。

〔六五〕【索隱】表在涿郡，志屬中山。【考證】漢表作「陸城」。

〔六六〕【索隱】表在東海。

〔六七〕【索隱】表、志闕。

〔六八〕【索隱】志屬清河。

〔六九〕【索隱】表在魏郡。

〔七〇〕【索隱】表在魏郡。

〔七一〕【索隱】表、志皆闕。

〔七二〕【考證】謚憲。

〔七三〕【考證】漢表匄元鼎四年薨，在位十四年，子以元鼎五年嗣。與此異。

〔七四〕【索隱】蔞，音力俱反。漢表「蔞節侯」，無「安」字。節謚也。

〔七五〕【索隱】表、志皆闕。【考證】縣在涿郡。

〔七六〕【考證】漢表謚戴。

〔七七〕【考證】漢表「寬」作「宣」。

〔七八〕【索隱】志屬勃海。

〔七九〕【索隱】志屬涿郡。

〔八〇〕【考證】漢表節侯禁封，十一年薨，元鼎二年，思侯齊嗣，盡元封五年，凡十年。史失思侯一代。

〔八一〕【索隱】表在南皮。

〔八二〕【索隱】表在勃海。

〔八三〕【索隱】漢志在太山，表在魏郡。【考證】太山郡有蓋縣，而無蓋胥。

〔八四〕【索隱】表在魏郡。【考證】漢表作「陰安」。

〔八五〕【集解】徐廣曰：「一作『營簡』。」【索隱】漢表作「營闕」，在茌平。

〔八六〕【索隱】表、志皆闕。【考證】漢表作「周望」。

〔八七〕【考證】何諡康。

〔八八〕【索隱】表在平原。

〔八九〕【考證】漢表「桀」作「樂」。

〔九〇〕【索隱】表在泰山。

〔九一〕【索隱】臒丘舊作「艧」，音劬，劉氏音烏霍反。

〔九二〕【索隱】表、志皆闕。

〔九三〕【考證】漢表「襲」作「龍」。

〔九四〕【索隱】倍，表在平原。

〔九五〕【考證】漢表「明」作「則」。

〔九六〕【集解】徐廣曰：「一作『散』。」【考證】集解「散」疑「菆」。【索隱】叢，音緅。漢表作「菆」，在平原。今平原無菆縣，此例非一，蓋鄉名也。

〔九七〕【索隱】志屬河南。【考證】平侯爲濟北所分，其封國未必在河南。

〔九八〕【索隱】志屬平原。

〔九九〕【索隱】表在泰山。

〔一〇〇〕【索隱】自陪安侯不害已下十一人是濟北貞王子，而漢表自安陽侯已下是濟北式王子，同是元朔三年十月封，恐因此誤也。

〔一〇一〕【索隱】表在上黨，志屬西河。【考證】今漢表無「上黨」之文。

〔一〇二〕【索隱】表在山陽。【考證】漢表無「山陽」之文。

〔一〇三〕【考證】漢表「慎」作「順」。

〔一〇四〕【索隱】昌利。志屬齊郡。

〔一〇五〕【索隱】志屬西河。

〔一〇六〕【考證】漢表作「罷軍」。

〔一〇七〕【考證】各本元朔以下四格不記年，自此至千章六侯並同，獨凌本有，漢表亦不詳年世，蓋後人妄加。

〔一〇八〕【索隱】志屬朔方。【考證】疑是西河臨水。

〔一〇九〕【索隱】志屬西河。

〔一一〇〕【索隱】志屬西河。

〔一一一〕【考證】漢表云坐酎金免。

〔一一二〕【索隱】表在臨淮。【考證】在西河。

〔一一三〕【集解】徐廣曰：「一作『斥』。」【索隱】千章，表在平原。【考證】千章，西河縣。

〔一一四〕【索隱】志屬汝南。

〔一一五〕【考證】漢表謚頃。

〔一一六〕【考證】漢表「終吉」作「終古」。

〔一一七〕【索隱】表在濟南。【考證】縣在泰山。

〔一一八〕【考證】漢表、水經注「恢」作「恬」。

〔一一九〕【索隱】志屬山陽。【考證】水經注作「敬丘」。

〔一二〇〕【考證】漢表、水經注「貞」作「政」。

〔一二一〕【索隱】志屬沛郡。

〔一二二〕【索隱】韋昭云：「屬魯。」志不載。狼，音盧黨反，又音郎。

〔二二三〕【考證】漢表「騎」作「驕」。

〔二二四〕【索隱】漢表作「陸地」，爲得。靖王子貞已封陘，二人不應重封。

〔二二五〕【考證】漢表「癸酉」作「乙卯」。

〔二二六〕【索隱】表在廣平。

〔二二七〕【索隱】趙敬肅王子四人，以異年封，故別見於此。

〔二二八〕【索隱】表在魏。

〔二二九〕【索隱】後立爲趙王。

〔二三〇〕【索隱】韋昭云：「在鉅鹿。」

〔二三一〕【考證】「思侯」當作「今侯」。

〔二三二〕【索隱】一作「鄗」。志屬涿郡，表在鄗。

〔二三三〕【索隱】表作「路陵」，在南陽。

〔二三四〕【考證】漢表「章」作「童」。

〔二三五〕【索隱】案今長沙有攸縣，本名攸輿。漢表在南陽。

〔二三六〕【考證】漢表作「坐篡死罪囚棄市」。

〔二三七〕【索隱】表在桂陽，志屬長沙。

〔二三八〕【考證】謚節。

〔二三九〕【考證】漢表「陽」作「湯」。

〔二四〇〕【索隱】表在豫章。【考證】今漢表無。

〔二四一〕【考證】漢表元鼎二年免。

〔一四二〕【索隱】志屬南陽。

〔一四三〕【索隱】拊，音趺。

〔一四四〕【索隱】葉，音攝，縣名，屬南陽。

〔一四五〕【考證】漢表作「平侯喜」。

〔一四六〕【考證】坐酎金免，不應有謚。

〔一四七〕【考證】水經注東海利城縣，故利鄉也。漢武帝封劉嬰。

〔一四八〕【考證】嬰不應有謚。

〔一四九〕【索隱】表在東海。

〔一五〇〕【索隱】表在東海。

〔一五一〕【考證】漢表無「妹」字。

〔一五二〕【索隱】表在東海。

〔一五三〕【考證】漢表「訢」作「記」。

〔一五四〕【索隱】表、志闕。

〔一五五〕【索隱】表在琅邪。

〔一五六〕【索隱】漢表作「騶丘」。

〔一五七〕【考證】漢表作「敬侯寬」。

〔一五八〕【考證】漢表作「執德」。

〔一五九〕【索隱】表、志闕。【考證】縣屬東海。

〔一六〇〕【集解】徐廣曰：「一作『陽』。」

〔一六一〕【索隱】(漢)〔虒〕侯表。晉灼曰：「虒，音斯。」【考證】漢表作「虒侯裘」。

〔一六二〕【索隱】漢表作「杜原」。

〔一六三〕【索隱】韋昭云：「縣名，屬勃海。」

〔一六四〕【索隱】謚法：善行不怠曰敦。

〔一六五〕【索隱】表、志闕。

〔一六六〕【索隱】戴侯章。

〔一六七〕【考證】漢表戴侯章薨，侯中時嗣，太初四年薨。此脱。

〔一六八〕【索隱】表在平原。【考證】縣在臨淮。

〔一六九〕【考證】漢表「嘉」作「喜」。

〔一七〇〕【集解】徐廣曰：「一作『重』。」【索隱】漢表作「重侯擔」，在平原。地理志有重丘也。

〔一七一〕【集解】一云「劉陰」。【考證】水經注引史表亦作「陰」，下文正作「陰」，漢表作「擔」。

〔一七二〕【索隱】蕭該披音皮，劉氏音皮彼反。志屬千乘也。

〔一七三〕【考證】漢表「隅」作「偃」。

〔一七四〕【索隱】定，地名。

〔一七五〕【索隱】敫侯越。敫謚也。説文云：「敫讀如躍。」【考證】水經名成，漢表謚敫，與此異。

〔一七六〕【索隱】志屬琅邪。

〔一七七〕【考證】漢表作「陽都」。

〔一七八〕【索隱】表在勃海。

〔一七九〕【索隱】表、志闕。【考證】在千乘。

〔一八〇〕【索隱】夷侯忠。
〔一八一〕【考證】漢表，元封四年安侯守嗣。此失一代。
〔一八二〕【考證】漢表「壽」作「壽漢」。
〔一八三〕【索隱】表、志闕。【考證】在勃海。
〔一八四〕【考證】漢表作「陽已」。
〔一八五〕【考證】漢表謚敷。
〔一八六〕【索隱】志屬琅邪。
〔一八七〕【考證】漢表「歲」作「茂」。
〔一八八〕【集解】徐廣曰：「一作『羊』。」【索隱】志屬東萊。
〔一八九〕【索隱】渫，音薛。
〔一九〇〕【索隱】志屬泰山。
〔一九一〕【考證】「原」字衍。
〔一九二〕【索隱】漢表作「暢」，在中山。
〔一九三〕【索隱】漢表作「敲」，音霍。志屬常山郡。
〔一九四〕【索隱】安侯。
〔一九五〕【索隱】表在深澤。
〔一九六〕【索隱】漢表名將夜。【考證】三月癸酉。
〔一九七〕【索隱】表、志闕。
〔一九八〕【索隱】表在涿郡。【考證】今本漢表無。

〔一九九〕【索隱】表、志闕。

〔二〇〇〕【索隱】表、志闕。

〔二〇一〕【考證】漢表名脩，侯薨于征和四年。「節」字後人妄加。

〔二〇二〕【索隱】表在涿郡。

〔二〇三〕【索隱】表在涿郡。

〔二〇四〕【考證】漢表、水經注並云名傅富。

〔二〇五〕【索隱】志屬中山。

〔二〇六〕【索隱】表作「安道」。

〔二〇七〕【考證】長沙子封，宜皆在六月壬子，不應夫夷獨先。

〔二〇八〕【索隱】志屬南陽。

〔二〇九〕【索隱】節侯。【考證】節侯買爲光武之高祖。

〔二一〇〕【考證】漢表，元狩二年買薨，子熊渠嗣。此缺一代。

〔二一一〕【索隱】志屬零陵。

〔二一二〕【考證】漢表、水經注名定。

〔二一三〕【考證】漢表名傒。

〔二一四〕【索隱】志屬零陵。洮，音滔，又音道。

〔二一五〕【索隱】漢表名將燕。【考證】今本漢表作「狩燕」。

〔二一六〕【考證】當作「六」。

〔二一七〕【索隱】志屬零陵。

〔二八〕【考證】賢薨于宣帝時，「節」字衍。

〔二九〕【索隱】表在汝南。

〔三〇〕【索隱】廣買。

〔三一〕【索隱】表在琅邪。

〔三二〕【考證】麥侯至襄陵侯五人，漢表並以元鼎元年封，史表以元鼎之年入元狩，蓋傳寫誤一格耳。

〔三三〕【索隱】表在平原。

〔三四〕【考證】水經注作「發于」。

〔三五〕【索隱】志屬琅邪。

〔三六〕【索隱】昌侯差。

〔三七〕【索隱】費侯音祕，又扶謂反。表在琅邪。【考證】今本漢表無。

〔三八〕【索隱】費侯萬。

〔三九〕【索隱】雩康侯澤。志屬琅邪。音呼、加二音。【考證】漢表作「虖葭」，志作「雩叚」。

〔三〇〕【考證】「康」字衍。

〔三一〕【索隱】表在琅邪。【考證】漢表作「原洛」。

〔三二〕【索隱】石洛侯敢。

〔三三〕【索隱】漢表作「挾術」，在琅邪。浾，音浸。

〔三四〕【索隱】音效。志闕。說者或以爲琅邪祓縣，恐不然也。

〔三五〕【索隱】漢表名雲。城陽頃王子十九人，漢表二十人有挾僖侯霸，疑此表脫。

〔三六〕【索隱】音勒。朸縣屬平原。

〔二三七〕【集解】徐廣曰：「一作『六城』。」【索隱】志在遼西，表在東海。【考證】漢表作「文成」，在東海。

〔二三八〕【索隱】表在琅邪。

〔二三九〕【索隱】漢表名「餘」。

〔二四〇〕【索隱】表在東海。

〔二四一〕【索隱】表在襄賁。賁，音肥。襄賁，縣名。【考證】襄賁屬東海。

〔二四二〕【索隱】表在東海。

〔二四三〕【索隱】彭侯疆。

〔二四四〕【集解】徐廣曰：「一作『報』。」【索隱】報侯。報，縣名，志屬北海，漢作「瓡」。節，謚也。韋昭以瓡爲諸蓻反。顏師古云「即『瓠』字也」。然此作「報」，徐廣云「又作『瓠』也」。

〔二四五〕【索隱】虛，音墟。志屬琅邪。

〔二四六〕【索隱】表在東海。【考證】東淮，當「東濰」，在北海。

〔二四七〕【索隱】袧，音荀。表在東海。案志袧在扶風，與「栒」別也。

〔二四八〕【索隱】袧侯賢。

〔二四九〕【索隱】淯，音育也。表在東海。淯水在南陽，南陽有淯陽縣，疑表非也。【考證】水經注，涓水出馬耳山，北注于濰水。涓蓋鄉亭之以水得名者，漢表、索隱恐誤。

〔二五〇〕【索隱】表在壽光。

〔二五一〕【考證】漢表作「七月辛卯」。

〔二五二〕【索隱】志屬齊郡。

〔二五三〕【考證】「十月」當作「七月」，下二侯同。劉國薨于地節間，不應書謚。

〔二五四〕【索隱】鉼，音萍。韋昭云：「古鉼邑。音蒲經反。」志屬琅邪也。

〔二五五〕【索隱】敬侯成。【考證】漢表作「七月辛卯」，下三侯皆同日。

〔二五六〕【索隱】侯無害。

〔二五七〕【索隱】表在鉅鹿。

〔二五八〕【考證】廣川穆王齊，以建元五年嗣位，征和元年薨，不應稱謚。

〔二五九〕【考證】漢表名光。

〔二六〇〕【索隱】表在鉅鹿，志屬河東。【考證】漢表作「襄隄」。

〔二六一〕【索隱】志屬琅邪。

〔二六二〕【考證】漢表作「元封元年封」，此誤上一格。下三侯同。漢表建謚煬。

〔二六三〕【考證】漢表名定。

〔二六四〕【索隱】志屬琅邪。

〔二六五〕【考證】漢表「暢」作「煬」。

〔二六六〕【索隱】案志松茲在廬江，亦作「祝茲」。表在琅邪。劉氏云：「諸侯封名，史、漢表多有不同，不敢輒改。」今亦略檢表、志同異以備多識也。

〔二六七〕【考證】漢表「延」作「延年」。

【索隱述贊】漢氏之初，矯枉過正。欲大本枝，先封同姓。建元已後，藩翰克盛。主父上言，推恩下令。長沙濟北，中山趙敬。分邑廣封，振振在詠。扞城禦侮，曄曄輝映。百足不僵，一人有慶。

史記會注考證卷二十二

漢興以來將相名臣年表第十　　史記二十二

【考證】史公自序云：「國有賢相良將，民之師表也，維見漢興以來將相名臣年表，賢者記其治，不賢者彰其事，作漢興以來將相名臣年表第十。」汪越曰：此表年經而人緯，冠年于上以元起數者，高祖、孝惠、高后、孝文、孝景、孝武即位之年也。列年于中，以一、二起數者，則蕭何、曹參、王陵、陳平、周勃諸人爲相及將在官之年也。相必記年，將則有年者，有不年者，御史大夫皆不年。齊召南曰：此表多可以補本紀之闕，如立大市，本紀所無也。漢書地理志長安高帝五年置，此作「六年」，更名咸陽曰「長安」，必得其實。漢志蓋追書耳，但咸陽自漢元年更名「新城」，漢志與曹參傳合。愚按：史公自序集解引張晏云「遷没之後，亡漢興已來將相年表」，今本現在，未嘗亡也，但推例，卷首當有序語，後來缺亡，天漢以後紀事，後人續之者，非史公手筆。

	大事記[一]	相位[二]	將位[三]	御史大夫位[四]
高皇帝元年	春，沛公爲漢王，之南鄭。秋，還定雍。	一 丞相蕭何守漢中。		御史大夫周苛守滎陽。
二	春，定塞、翟、魏、河南、韓、殷國。夏，伐項籍，至彭城。立太子。還據滎陽。	二 守關中。	一 太尉長安侯盧綰。	
三	魏豹反。使韓信別定魏，伐趙。楚圍我滎陽。	三	二	
四	使韓信別定齊及燕，太公自楚歸，與楚界洪渠。[五]	四	三 周苛守滎陽死。	御史大夫汾陰侯周昌。[六]
五 入都關中。[七]	冬，破楚垓下，[八]殺項籍。春，王踐皇帝位定陶。[九]	五 罷太尉官。	四 後九月，綰爲燕王。	
六	尊太公爲太上皇。[一〇]劉仲爲代王。立大市。更命咸陽曰長安。[一一]	六 封爲酇侯。[一二]張蒼爲計相。[一三]		
七	長樂宮成，自櫟陽徙長安。伐匈奴，匈奴圍我平城。	七		

	大事記	相位	將位	御史大夫位
八	擊韓信反虜於趙城。貫高作亂，明年覺，誅之。匈奴攻代王，代王弃國亡，廢爲郃陽侯。〔一四〕	八		
九	未央宮成，置酒前殿，太上皇輦上坐，帝奉玉卮上壽曰：「始常以臣不如仲力，今臣功孰與仲多？」太上皇笑，殿上稱萬歲。〔一五〕徙齊田、楚昭、屈、景于關中。	九　遷爲相國。〔一六〕		御史大夫昌爲趙丞相。
十	太上皇崩。陳豨反代地。	十		御史大夫江邑侯趙堯。〔一七〕
十一	誅淮陰、彭越。黥布反。〔一八〕	十一	周勃爲太尉。攻代。後官省。〔一九〕	
十二	冬，擊布。還過沛。夏，上崩，置長陵。〔二〇〕	十二		

	大事記	相位	將位	御史大夫位
孝惠元年	趙隱王如意死。始作長安城西北方除諸侯丞相爲相。[二一]	十三		
二	楚元王、齊悼惠王來朝。七月辛未，何薨。	十四 七月癸巳，齊相平陽侯曹參爲相國。		
三	初作長安城。蜀湔氐反，[二二]擊之。[二三]	二		
四	三月甲子，赦，無所復作。	三		
五	爲高祖立廟於沛城成，置歌兒一百二十人。[二四]八月乙丑，參卒。	四		
六	七月，齊悼惠王薨。立太倉、西市。八月赦齊。[二五]	一 十月乙巳，安國侯王陵爲右丞相。十月己巳，曲逆侯陳平爲左丞相。[二六]	堯抵罪。[二七]	廣阿侯任敖爲御史大夫。[二八]

	七	高后元年	二	三	四	五
大事記	上崩。大臣用張辟彊計，呂氏權重，以呂台爲呂王。[二九] 立少帝。己卯，葬安陵。[三〇]	王孝惠諸子。置孝悌力田。	十二月，呂王台薨，[三一] 子嘉代立爲呂王。行八銖錢。		廢少帝，更立常山王弘爲帝。	八月，淮陽王薨，以其弟壺關侯武爲淮陽王。令戍卒歲更。
相位	二	三 十一月甲子，徙平爲右丞相。辟陽侯審食其爲左丞相。	四 平。 二 食其。	五 三	六 四 置太尉官。[三三]	七 五
將位					一 絳侯周勃爲太尉。	二
御史大夫位			平陽侯曹窋。[三二]			

	大事記	相位	將位	御史大夫位
六	以呂産爲呂王。四月丁酉，赦天下。晝昏。	八　六	三	
七	趙王幽死，以呂祿爲趙王，梁王徙趙，自殺。	九　七	四	
八	七月，高后崩。九月，誅諸呂。後九月，代王至踐皇帝位。後九月，食其免相。	十　七月辛巳，爲帝太傅。九月丙戌，復爲丞相。[三四]　八	五　隆慮侯竈，[三五]爲將軍擊南越。[三六]	御史大夫蒼。[三七]
孝文元年	除收孥相坐律。立太子。賜民爵。	十一　十一月辛巳，平徙爲左丞相。太尉絳侯周勃爲右丞相。[三八]	六　勃爲相，潁陰侯灌嬰爲太尉。	
二	除誹謗律。皇子武爲代王，參爲太原王，勝爲梁王。[三九]十月，丞相平薨。	一　十一月乙亥，絳侯勃復爲丞相。	一	

	大事記	相位	將位	御史大夫位
三	徙代王武爲淮陽王。[四〇] 上幸太原。濟北王反，匈奴大入上郡。以地盡與太原，太原更號代。 十一月壬子，勃免相之國。	一 十二月乙亥，太尉潁陰侯灌嬰爲丞相。 罷太尉官。	二 棘蒲侯陳武爲大將軍，擊濟北。昌侯盧卿、共侯盧罷師、甯侯遫、深澤侯將夜，[四一] 皆爲將軍，屬武。祁侯賀，將兵屯滎陽。	
四	十二月(乙)〔己〕巳，勃卒。	一 正月甲午，御史大夫北平侯張蒼爲丞相。	安丘侯張說爲將軍，擊胡，出代。[四二]	關中侯申屠嘉爲御史大夫。
五	除錢律，民得鑄錢。	二		
六	廢淮南王，遷嚴道，道死雍。[四三]	三		
七	四月丙子，初置南陵。	四		
八	太僕汝陰侯滕公卒。[四四]	五		
九	温室鐘自鳴。以芷陽鄉爲霸陵。[四五]	六		御史大夫敬。[四六]

	大事記	相位	將位	御史大夫位
十	諸侯王皆至長安。〔四七〕	七		
十一	上幸代。地動。	八		
十二	河決東郡金隄。徙淮陽王爲梁王。	九		
十三	除肉刑及田租税律、戍卒令。	十		
十四	匈奴大入蕭關，發兵擊之，及屯長安旁。	十一	成侯董赤、内史欒布、昌侯盧卿、隆慮侯竈、甯侯遬皆爲將軍，〔四八〕東陽侯張相如爲大將軍，皆擊匈奴。中尉周舍、郎中令張武皆爲將軍，屯長安旁。	
十五	黃龍見成紀。上始郊見雍五帝。	十二		
十六	上始〔郊〕見渭陽五帝。	十三		

	大事記	相位	將位	御史大夫位
後元年	新垣平詐言方士，覺，誅之。[四九]	十四		
二	匈奴和親，地動。八月戊辰，蒼免相。	十五 八月庚午，御史大夫申屠嘉爲丞相，封故安侯。		御史大夫青。[五〇]
三	置谷口邑。	二		
四		三		
五	上幸雍。	四		
六	匈奴三萬人入上郡，二萬人入雲中。[五一]	五	以中大夫令免爲車騎將軍，軍飛狐；故楚相蘇意爲將軍，軍句注；[五二]將軍張武屯北地；河內守周亞夫爲將軍，軍細柳；宗正劉禮軍霸上；祝茲侯徐厲軍棘門：以備胡。數月，胡去，亦罷。[五三]	

	大事記	相位	將位	御史大夫位
七	六月己亥，孝文皇帝崩。其年丁未，太子立。民出臨三日，葬霸陵。[五四]	六	中尉亞夫爲車騎將軍，郎中令張武爲復土將軍，[五五]屬國捍[五六]爲將屯將軍。詹事戎奴爲車騎將軍，侍太后。[五七]	
孝景元年	立孝文皇帝廟郡國，爲太宗廟。	七 置司徒官。[五八]		
二	立皇子德爲河閒王，閼爲臨江王，餘爲淮陽王，非爲汝南王，彭祖爲廣川王，發爲長沙王。四月中，孝文太后崩。[五九] 嘉卒。	八 開封侯陶青爲丞相。		御史大夫錯。[六〇]
三	吳楚七國反，發兵擊，皆破之。皇子端爲膠西王，勝爲中山王。	二 置太尉官。	中尉條侯周亞夫爲太尉，[六一]擊吳楚；曲周侯酈寄爲大將軍，擊趙；竇嬰爲大將軍，屯滎陽；欒布爲大將軍，擊齊。[六二]	

	大事記	相位	將位	御史大夫位
四	立太子。	三	二 太尉亞夫。	御史大夫蚡。〔六三〕
五	置陽陵邑。 丞相北平侯張蒼卒。	四	三	
六	徙廣川王彭祖爲趙王。〔六四〕	五	四	御史大夫陽陵侯岑邁。〔六五〕
七	廢太子榮爲臨江王。四月丁巳，膠東王立爲太子。 青罷相。	六月乙巳，太尉條侯亞夫爲丞相。〔六六〕 罷太尉官。	五 遷爲丞相。	御史大夫舍。〔六七〕
中元年		二		
二	皇子越爲廣川王，寄爲膠東王。	三		
三	皇子乘爲清河王。 亞夫免相。	四 御史大夫桃侯劉舍爲丞相。		御史大夫綰。〔六八〕

	大事記	相位	將位	御史大夫位
四	臨江王徵自殺，葬藍田，燕數萬爲銜土置冢上。	二		
五	皇子舜爲常山王。	三		
六	梁孝王武薨。分梁爲五國，王諸子：子買爲梁王，明爲濟川王，彭離爲濟東王，定爲山陽王，不識爲濟陰王。	四		
後元年	五月，地動。七月乙巳，日蝕。 舍免相。	五 八月壬辰，御史大夫建陵侯衛綰爲丞相。		御史大夫不疑。[六九]
二		二	六月丁丑，御史大夫岑邁卒。	
三	正月甲子，孝景崩。二月丙子，太子立。[七〇]	三		

年	大事記	相位	將位	御史大夫位
孝武建元元年〔七一〕	綰免相。	四 魏其侯竇嬰爲丞相。 置太尉。	武安侯田蚡爲太尉。	御史大夫抵。〔七二〕
二	置茂陵。 嬰免相。	二月乙未，太常柏至侯許昌爲丞相。 罷太尉官。 蚡免太尉。		御史大夫趙綰。〔七三〕
三	東甌王廣武侯望，率其衆四萬餘人來降，處廬江郡。	二		
四		三		御史大夫青翟。〔七四〕
五	行三分錢。〔七五〕	四		
六	正月，閩越王反。孝景太后崩。〔七六〕 昌免相。	五 六月癸巳，武安侯田蚡爲丞相。	青翟爲太子太傅。	御史大夫安國。〔七七〕
元光元年		二		

	大事記	相位	將位	御史大夫位
二	帝初之雍，郊見五畤。	三	夏，御史大夫韓安國爲護軍將軍，衛尉李廣爲驍騎將軍，太僕公孫賀爲輕車將軍，大行王恢爲將屯將軍，太中大夫李息爲材官將軍，篡單于馬邑，不合，誅恢。	
三	五月丙子，決河于瓠子。〔七八〕	四		
四	十二月丁亥，地動。〔七九〕蚡卒。〔八〇〕	五 平棘侯薛澤爲丞相。〔八一〕		御史大夫歐。〔八二〕
五	十月，族灌夫家，弃魏其侯市。〔八三〕	二		
六	南夷始置郵亭。	三	太中大夫衛青爲車騎將軍出上谷；衛尉李廣爲驍騎將軍出鴈門；大中大夫公孫敖爲騎將軍出代；太僕公孫賀爲輕車將軍出雲中：皆擊匈奴。	

	大事記	相位	將位	御史大夫位
元朔元年	衛夫人立爲皇后。	四	車騎將軍青出雁門擊匈奴。衛尉韓安國爲將屯將軍，軍代，明年屯漁陽卒。〔八四〕	
二		五	春，車騎將軍衛青出雲中，至高闕，取河南地。	
三	匈奴敗代太守友。〔八五〕	六		御史大夫弘。〔八六〕
四	匈奴入定襄、代、上郡。	七		
五	匈奴敗代都尉朱英。〔八七〕 澤免相。	八 十一月乙丑，御史大夫公孫弘爲丞相，封平津侯。	春，長平侯衛青爲大將軍，擊右賢。〔八八〕衛尉蘇建爲游擊將軍，屬青；左内史李沮〔八九〕爲强弩將軍，太僕賀爲車騎將軍，〔九〇〕代相李蔡爲輕車將軍，岸頭侯張次公爲將軍，大行息爲將軍：皆屬大將軍擊匈奴。	〔九一〕

	大事記	相位	將位	御史大夫位
六		二	大將軍青再出定襄擊胡。合騎侯公孫敖爲中將軍,太僕賀爲左將軍,郎中令李廣爲後將軍。翕侯趙信爲前將軍,敗降匈奴。衛尉蘇建爲右將軍,敗身脱。左内史沮爲彊弩將軍。皆屬青。	
元狩元年	十月中,淮南王安、衡山王賜謀反,皆自殺,國除。〔九二〕	三		御史大夫蔡。〔九三〕
二	匈奴入鴈門、代郡。江都王建反。膠東王子慶立爲六安王。弘卒。	四 御史大夫樂安侯李蔡爲丞相。	冠軍侯霍去病爲驃騎將軍,擊胡,至祁連;合騎侯敖爲將軍,出北地;博望侯張騫、郎中令李廣爲將軍,出右北平。	御史大夫湯。〔九四〕
三	匈奴入右北平、定襄。	二		

	大事記	相位	將位	御史大夫位
四		三	大將軍青出定襄，郎中令李廣爲前將軍，太僕公孫賀爲左將軍，主爵趙食其爲右將軍，平陽侯曹襄爲後將軍；擊單于。	
五	蔡坐侵園壖自殺。(九五)	四 太子少傅武彊侯莊青翟爲丞相。		
六	四月乙巳，皇子閎爲齊王，旦爲燕王，胥爲廣陵王。	二		
元鼎元年		三		
二	青翟有罪，自殺。	四 太子太傅高陵侯趙周爲丞相。	湯有罪，自殺。	御史大夫慶。(九六)
三		二		

	大事記	相位	將位	御史大夫位
四	立常山憲王子平爲真定王，商爲泗水王。六月中，河東汾陰得寶鼎。	三		
五	三月中，南越相嘉反，殺其王及漢使者〔九七〕。八月，周坐酎金自殺〔九八〕。	四 九月辛巳，御史大夫石慶爲丞相，封牧丘侯〔九九〕。	衛尉路博德爲伏波將軍出桂陽；主爵楊僕爲樓船將軍出豫章：皆破南越〔一〇〇〕。	
六	十二月，東越反〔一〇一〕。	二	故龍額侯韓説爲橫海將軍出會稽；樓船將軍楊僕出豫章；中尉王温舒出會稽：皆破東越。	御史大夫式。〔一〇二〕
元封元年		三		御史大夫寬。〔一〇三〕
二		四	秋，樓船將軍楊僕、左將軍荀彘出遼東，擊朝鮮。	
三		五		

	大事記	相位	將位	御史大夫位
四		六		
五		七		
六		八		
太初元年	改曆，以正月爲歲首。〔一〇四〕	九		
二	正月戊申，慶卒。〔一〇五〕	十 三月丁卯，太僕公孫賀爲丞相，封葛繹侯。〔一〇六〕		
三		二		御史大夫延廣。
四		三		
天漢元年		四		御史大夫卿。〔一〇七〕
二		五		
三		六		御史大夫周。〔一〇八〕

	大事記	相位	將位	御史大夫位
四		七	春，貳師將軍李廣利出朔方，至余吾水上；游擊將軍韓說出五原；因杅將軍公孫敖皆擊匈奴。〔一〇九〕	
太始元年〔一一〇〕		八		
二		九		
三		十		御史大夫勝之。〔一一一〕
四		十一		
征和元年	冬，賀坐爲蠱死。	十二		
二	七月壬午，太子發兵，殺游擊將軍說、使者江充。	三月丁巳，涿郡太守劉屈氂爲丞相，封彭城侯。		御史大夫成。〔一一二〕
三	六月，劉屈氂因蠱斬。	二	春，貳師將軍李廣利出朔方，以兵降胡。重合侯莽通出酒泉，御史大夫商丘成出河西，擊匈奴。	

	大事記	相位	將位	御史大夫位
四		六月丁巳，大鴻臚田千秋爲丞相，封富民侯。		
後元元年		二		
二		三	二月己巳，光祿大夫霍光爲大將軍，博陸侯；都尉金日磾爲車騎將軍，秺侯；太僕安陽侯上官桀爲大將軍。	
孝昭始元元年		四 九月日磾卒。		
二		五		
三		六		
四		七	三月癸酉，衛尉王莽爲左將軍，騎都尉上官安爲車騎將軍。	
五		八		

	大事記	相位	將位	御史大夫位
六		九		
元鳳元年		十	九月庚午，光禄勳張安世爲右將軍。	御史大夫訢。〔一三〕
二		十一		
三		十二	十二月庚寅，中郎將范明友爲度遼將軍，擊烏丸。	
四	三月甲戌，千秋卒。	三月乙丑，御史大夫王訢爲丞相，封富春侯。		御史大夫楊敞。
五	十二月庚戌，訢卒。	二		
六		十一月乙丑，御史大夫楊敞爲丞相，封安平侯。	九月庚寅，衛尉平陵侯范明友爲度遼將軍，擊烏丸。	
元平元年	敞卒。	九月戊戌，御史大夫蔡義爲丞相，封陽平侯。	四月甲申，光禄大夫龍頟侯韓曾爲前將軍。五月丁酉，水衡都尉趙充國爲後將軍，右將軍張安世爲車騎將軍。	御史大夫昌水侯田廣明。

	大事記	相位	將位	御史大夫位
孝宣本始元年		二		
二		三	七月庚寅，御史大夫田廣明爲祁連將軍，龍額侯韓曾爲後將軍，營平侯趙充國爲蒲類將軍，度遼將軍平陵侯范明友爲雲中太守，富民侯田順爲虎牙將軍：皆擊匈奴。	
三	三月戊子，皇后崩。 六月乙丑，義薨。	六月甲辰，長信少府韋賢爲丞相，封扶陽侯。 田廣明、田順擊胡還，皆自殺，充國奪將軍印。		御史大夫魏相。
四	十月乙卯，立霍后。	二		
地節元年		三		
二		四 三月庚午，將軍光卒。	二月丁卯，侍中、中郎將霍禹爲右將軍。	

	大事記	相位	將位	御史大夫位
三	立太子。五月甲申，賢老，賜金百斤。	六月壬辰，御史大夫魏相爲丞相，封高平侯。	七月，安世爲大司馬、衛將軍。禹爲大司馬。	御史大夫邴吉。
四		二 七月壬寅，禹腰斬。		
元康元年		三		
二		四		
三		五		
四		六 八月丙寅，安世卒。		
神爵元年	上郊甘泉、太畤、汾陰后土。	七	四月，樂成侯許延壽爲强弩將軍。後將軍充國擊羌。酒泉太守辛武賢爲破羌將軍。韓曾爲大司馬車騎將軍。	
二	上郊雍五畤。祋祤出寶璧玉器。	八		

	大事記	相位	將位	御史大夫位
三	三月，相卒。	四月戊戌，御史大夫邴吉爲丞相，封博陽侯。		御史大夫望之。（一一四）
四		二		
五鳳元年		三		
二		四 五月己丑，增卒。	五月，延壽爲大司馬車騎將軍。	御史大夫霸。（一一五）
三	正月，吉卒。	三月壬申，御史大夫黃霸爲丞相，封建成侯。		御史大夫延年。（一一六）
四		二		
甘露元年		三 三月丁未，延壽卒。		
二	赦殊死，賜高年及鰥寡孤獨帛，女子牛酒。	四		御史大夫定國。（一一七）
三	三月己丑，霸薨。	七月丁巳，御史大夫于定國爲丞相，封西平侯。		太僕陳萬年爲御史大夫。

	大事記	相位	將位	御史大夫位
四		二		
黃龍元年		三	樂陵侯史子長爲大司馬、車騎將軍。太子太傅蕭望之爲前將軍。	
孝元初元元年		四		
二		五		
三		六	十二月，執金吾馮奉世爲右將軍。	
四		七		
五		八	二月丁巳，平恩侯許嘉爲左將軍。	中少府貢禹爲御史大夫。十二月丁未，長信少府薛廣德爲御史大夫。

	大事記	相位	將位	御史大夫位
永光元年	十月戊寅，定國免。	九 七月，子長免，就第。	九月，衛尉平昌侯王接爲大司馬車騎將軍。 二月，廣德免。	七月，太子太傅韋玄成爲御史大夫。
二	三月壬戌朔，日蝕。	二月丁酉，御史大夫韋玄成爲丞相，封扶陽侯。丞相賢子。	七月，太常任千秋爲奮武將軍擊西羌；雲中太守韓次君爲建威將軍擊羌。後不行。	二月丁酉，右扶風鄭弘爲御史大夫。
三		二	右將軍平恩侯許嘉爲車騎將軍，侍中光祿大夫樂昌侯王商爲右將軍，右將軍馮奉世爲左將軍。	
四		三		
五		四		
建昭元年		五		
二		六	弘免。	光祿勳匡衡爲御史大夫。

	大事記	相位	將位	御史大夫位
三	六月甲辰，玄成薨。	七月癸亥，御史大夫匡衡爲丞相，封樂安侯。		衛尉繁延壽爲御史大夫。
四		二		
五		三		
竟寧元年		四	六月己未，衛尉楊平侯王鳳爲大司馬、大將軍。 延壽卒。	三月丙寅，太子少傅張譚爲御史大夫。
孝成建始元年		五		
二		六		
三	十二月丁丑，衡免。	七 八月癸丑，遣光祿勳詔嘉上印綬免，賜金二百斤。	十月右將軍樂昌侯王商爲光祿大夫、右將軍，執金吾弋陽侯任千秋爲右將軍。 譚免。	廷尉尹忠爲御史大夫。

	四	河平元年	二	三	四	陽朔元年	二	三
大事記					四月壬寅，丞相商免。			
相位	三月甲申，右將軍樂昌侯王商爲右丞相。	二	三	四	六月丙午，諸吏散騎光祿大夫張禹爲丞相。	二	三	
將位	任千秋爲左將軍，長樂衛尉史丹爲右將軍。十月己亥，尹忠自刺殺。			十月辛卯，史丹爲左將軍，太僕平安侯王章爲右將軍。			張忠卒。	九月甲子，御史大夫王音爲車騎將軍。
御史大夫位	少府張忠爲御史大夫。						六月，太僕王音爲御史大夫。	十月乙卯，光祿勳于永爲御史大夫。

	大事記	相位	將位	御史大夫位
四		七月乙丑，右將軍光祿勳平安侯王章卒。	閏月壬戌，永卒。	
鴻嘉元年	三月，博卒。	四月庚辰，薛宣爲丞相。〔一八〕		

〔一〕【索隱】謂誅伐、封建、薨、叛。

〔二〕【索隱】置立丞相、太尉、三公也。

〔三〕【索隱】命將興師。

〔四〕【索隱】亞相也。

〔五〕【考證】洪渠即鴻溝。

〔六〕【索隱】汾陰縣屬河東。【考證】此時周昌未爲侯，蓋追敘也。下文多類此者。

〔七〕【索隱】咸陽也。東函谷，南嶢武，西散關，北蕭關。在四關之中，故曰「關中」。用劉敬、張良計都之也。

〔八〕【索隱】垓，音陔，隄名，在洨縣。

〔九〕【索隱】在濟陰沇水之陽。

〔一〇〕【索隱】名執嘉，一名瑞。

〔一一〕【索隱】案：上盧綰已封長安侯者，蓋當時別有長安君。【考證】漢志高帝五年置長安縣，則此書于六年者，因置縣而定爲主名也。

〔一二〕【索隱】音嵯，此在沛郡。後代音贊，在南陽也。

〔一三〕【索隱】計相主天下書計及計吏。【考證】計相，司計之官，不當載入將相表中。

〔一四〕【索隱】郃，音合。在馮翊，劉仲封也。【考證】代王棄國，在高祖七年。

〔一五〕【考證】未央、長樂以七年二月始成。

〔一六〕【考證】蕭何爲相國，在十一年。

〔一七〕【索隱】江邑食侯趙堯，御史大夫。江邑，漢志闕。

〔一八〕【考證】一名一否，蓋有微意。

〔一九〕【考證】「伐」當作「代」。

〔二〇〕【考證】「置」當作「葬」。

〔二一〕【考證】除，猶改也。

〔二二〕【索隱】湔，音煎。氐，音抵。蜀郡縣名。

〔二三〕【考證】此事本紀不載。

〔二四〕【考證】城成，長安城成也。

〔二五〕【考證】漢惠紀以齊王薨爲十月事。立太倉、西市，即脩敖倉、立西市也。八月赦齊，未詳。

〔二六〕【考證】「乙巳」當作「己巳」。「十月己巳」四字衍。

〔二七〕【考證】事在高后元年。

〔二八〕【集解】徐廣曰：「漢書在高后元年。」

〔二九〕【考證】呂台爲呂王，在高后元年。

〔三〇〕【考證】漢紀云「九月辛丑葬安陵」。

〔三一〕【考證】呂后紀及諸侯王表並爲十一月。

〔三二〕【集解】一本爲御史大夫在六年。【索隱】窋，竹律反。【考證】公卿表謂曹窋高后四年爲御史大夫，五年免，與任敖傳合。

〔三三〕【考證】事在惠帝六年。

〔三四〕【考證】「丙戌」當據呂紀作「壬戌」。

〔三五〕【集解】徐廣曰：「姓周。」

〔三六〕【考證】漢書本紀書于七年九月。

〔三七〕【考證】張蒼。

〔三八〕【考證】陳平徙左丞相，紀書於十月辛亥，漢百官表同。勃以八月辛未免，此失書。

〔三九〕【考證】梁王名揖。

〔四〇〕【索隱】景帝子，後封梁。

〔四一〕【集解】徐廣曰：「遬，姓魏。將夜，姓趙。」

〔四二〕【考證】此事他書不載，攷匈奴傳，是時方議和親，不應有出代之師。

〔四三〕【索隱】嚴道在蜀郡。雍在扶風。

〔四四〕【索隱】汝陰侯，夏侯嬰也。爲滕令，故曰滕公。

〔四五〕【索隱】芷，音止，又音昌改反。地理志有芷陽縣。名霸陵者，以霸水爲名也。

〔四六〕【考證】馮敬爲御史大夫在七年。

〔四七〕【考證】案表是年止三國來朝，不得言皆至。

〔四八〕【考證】「赤」當作「赫」。内史非布也，疑有誤。

〔四九〕【考證】士，一本作「上」。

〔五〇〕【考證】陶青。

〔五一〕【考證】史、漢文紀及匈奴傳「二萬」作「三萬」。

〔五二〕【索隱】並如字。句又音鉤。

〔五三〕【考證】「祝茲」當作「松茲」。

〔五四〕【考證】「年」當作「月」。

〔五五〕【索隱】復，音伏。

〔五六〕【索隱】户幹反，亦作「悍」。徐廣曰：「姓徐，一名厲，即祝茲侯。」【考證】屬國悍，松茲侯徐厲子，厲以文帝後六年薨，悍嗣侯。

〔五七〕【考證】車騎將軍已有亞夫，何以又命戎奴？詹事之官，元掌太后宮者，何必將軍？蓋太后送葬霸陵，別有儀衛，戎奴以本官爲將軍扈行也。

〔五八〕【考證】此事他書不載，疑衍文。

〔五九〕【考證】「閎」當作「閃」，「淮南」當作「淮陽」。

〔六〇〕【考證】鼂錯。

〔六一〕【索隱】脩侯周亞夫。脩，音條。渤海有脩市縣，一作「條」。

〔六二〕【考證】寄、布爲將軍，非大將軍也。

〔六三〕【考證】蚡失其姓，漢表名介。

〔六四〕【考證】徙趙在五年。

〔六五〕【考證】漢表不載。

〔六六〕【考證】「六」當作「二」。

〔六七〕【考證】劉舍。

〔六八〕【索隱】衛綰。

〔六九〕【考證】直不疑。

〔七〇〕【考證】梁玉繩曰：景帝正月甲子崩，以二月癸酉葬，是崩後九日而葬也。丙子太子立，是葬後三日而即位也。乃漢書謂甲子太子即皇帝位，何歟？大事記曰「史記書正月甲子孝景崩，二月丙子太子立，用惠帝以來既葬即位之典也。班氏武紀書甲子太子即皇帝位，是崩之日遽即位也，其誤甚矣。蓋武帝享國多歷年所，招方士求長年，恤典廢而不講，受遺大臣，如霍光輩，皆不學少文，故武帝以丁卯崩，明日戊辰昭帝遽即位，是後元之繼宣，成之繼元，皆以葬前正位號，自古既葬即位之禮遂廢矣。班氏徒習見漢中葉以後故事，不復知先王典制，謬誤若此比者非一條也」。東萊斯論甚正，然尚有未覈古者。古者天子崩，太子即位，始死，則先定嗣子之位，尚書顧命「逆子釗于南門之外，延入翼室」，是已。既殯，則正繼體之位，顧命「王麻冕黼裳入即位」，是已。然則班氏所書甲子即位者，乃嗣位喪次，指始死定位之儀也。史記所書丙子立者，即既殯而正繼體之禮也，班、馬所書各有典據。

〔七一〕【索隱】年之有號，始自武帝，自建元至後元凡十一號。【考證】「今上」作「孝武」，續表者改之。

〔七二〕【集解】漢表云「牛抵」。

〔七三〕【索隱】代衛綰。【考證】田蚡傳綰以元年爲御史大夫，漢書武紀言綰以二年十月自殺。

〔七四〕【索隱】姓莊。【考證】田蚡傳云，青翟爲御史大夫在建元二年。

〔七五〕【集解】徐廣曰：「漢書云『半兩』。四分曰兩。」【考證】漢武紀云罷三銖錢，行半兩錢。又平準書、食貨志云，半兩錢法重四銖。則此言三分，非也。

〔七六〕【集解】徐廣曰：「景帝母竇氏。」【考證】武紀太后以五月丁亥崩。閩越反在八月。

〔七七〕【考證】韓安國。

〔七八〕【考證】「決」、「河」譌倒。

〔七九〕【考證】漢紀作「五月」。

〔八〇〕【考證】田蚡卒在元光三年。

〔八一〕【考證】田蚡以三年三月卒，則薛澤繼相則在其時。

〔八二〕【考證】張歐。

〔八三〕【考證】灌夫、魏其之死在三年，不在五年。

〔八四〕【考證】匈奴傳及漢紀，安國屯漁陽在元光六年，此及安國傳、百官表言元朔元年，誤。且安國屯漁陽，非軍代也，軍代者乃將軍李息。

〔八五〕【集解】徐廣曰：「太守，姓共，名友。」【考證】「敗」當作「殺」。

〔八六〕【考證】公孫弘。

〔八七〕【考證】「敗」當作「殺」。

〔八八〕【考證】青破右賢王後，乃拜大將軍，是時爲車騎將軍，下「大將軍」同。

〔八九〕【索隱】音子如反。

〔九〇〕【考證】傳及漢書無「車」字，不應與青同官。

〔九一〕【考證】百官表，五年四月丁未河東太守九江番係爲御史大夫。

〔九二〕【考證】漢紀十一月。

〔九三〕【考證】李蔡。

〔九四〕【考證】張湯。

〔九五〕【索隱】廟堧垣，而戀反，堧〔垣〕，外垣短牆也。

〔九六〕【考證】石慶。

〔九七〕【考證】漢紀云四月。

〔九八〕【考證】漢紀及公卿表，趙周之死在九月。

〔九九〕【考證】漢公卿表石慶以九月丙申爲丞相。

〔一〇〇〕【考證】「主爵」下脫「都尉」字。

〔一〇一〕【考證】史、漢傳東越反在秋。

〔一〇二〕【索隱】卜式也。【考證】正文及索隱各本皆脫，今依索隱單本補。

〔一〇三〕【索隱】兒寬也。

〔一〇四〕【索隱】始用夏正也。

〔一〇五〕【考證】漢百官表作「戊寅」。

〔一〇六〕【考證】漢百官表作「閏月丁丑」。

〔一〇七〕【索隱】王卿也。

〔一〇八〕【索隱】杜周也。

〔一〇九〕【索隱】杅，音于。因杅，地名。

〔一一〇〕【集解】班固云「司馬遷記事訖于天漢」，自此已後，後人所續。【索隱】裴駰以爲自天漢已後後人所續，即褚先生所補也。後史所記又無異呼，故今不討論也。

〔一一一〕【考證】暴勝之。

〔一一二〕【考證】商丘成。

〔一一三〕【考證】王訢。

〔一一四〕【考證】蕭望之。

〔一一五〕【考證】黄霸。

〔一一六〕【考證】杜延年。

〔一一七〕【考證】于定國。

〔一一八〕【考證】梁玉繩曰：天漢已下至孝成鴻嘉元年，皆後人所續。以漢書校之，太半乖迕。如劉屈氂爲澎侯，而稱「彭城侯」，王章爲安平侯，而兩書「平安侯」，韋元成嗣父爲侯也，而曰因爲丞相封扶陽侯。元帝永光二年七月，馮奉世擊西羌，八月，任千秋別將並進，乃此移奉世擊羌之月爲千秋，反遺郤奉世主帥。張禹以鴻嘉元年免相，哀帝建平二月卒，乃謂禹卒于鴻嘉之元。斯皆誤之大者，其餘年月、官職駮戾頗多，因均在刪削之列，不復匡訂矣。

【索隱述贊】高祖初起，嘯命羣雄。天下未定，王我漢中。三傑既得，六奇獻功。章邯已破，蕭何築宮。周勃厚重，朱虚至忠。陳平作相，條侯總戎。丙魏立志，湯堯飾躬。天漢之後，表述非功。

史記會注考證卷二十三

史記二十三

禮書第一

【索隱】書者，五經六籍總名也。此之八書，記國家大體。班氏謂之志，志，記也。【正義】天地位，日月明，四時序，陰陽和，風雨節，羣品滋茂，萬物宰制，君臣朝廷尊卑貴賤有序，咸謂之禮。五經六籍，咸謂之書。故曲禮云「道德仁義，非禮不成；教訓正俗，非禮不備；分爭辯訟，非禮不決」云云。【考證】史公自序云：「維三代之禮，所損益各殊務，然要以近情性，通王道，故禮因人質爲之節文，畧協古今之變。作禮書第一。」錢大昕曰：張晏謂禮書、樂書遷没之後亡。今二篇俱有「今上即位」之文，似非褚先生所補。陳仁錫曰：禮、樂二書，殘篇斷簡，首序蓋太史公草具未成者。楊慎曰：自「禮由人起」至「儒墨之分」一段，荀子禮論之文；中間「治辨之極也」至「刑錯而不用」一段，荀子議兵篇答陳囂之文；後自「天地者生之本也」至終篇，亦皆禮論之文，乃斷「至矣哉」之上加「太史公曰」，此小司馬譏其率略蕪陋，其爲褚少孫補明矣。愚按：「禮由人起」以下，後人妄增，但未可必定爲褚少孫。趙翼曰：八書史遷所創，以紀朝章國典，漢書因之作十志，律曆志則本於律書、曆書也，禮樂志則本於禮書、樂書也，食貨志則本於平準書也，郊祀志則本於封禪書也，天文志則本於天官書也，溝洫志則本於河渠書也，此外又增刑法、五行、地理、藝文四志。

太史公曰：洋洋美德乎！宰制萬物，役使羣衆，豈人力也哉？〔一〕余至大行禮官，觀三代損益，乃知緣人情而制禮，依人性而作儀，其所由來尚矣。〔二〕

〔一〕【索隱】洋，音羊。洋洋，美盛貌。鄒誕生音翔。【正義】言天地宰制萬物，役使羣品，順四時而動，咸有成功，豈藉人力營爲哉，是美善盛大衆多之德也。故孔子曰「四時行焉，百物生焉」。【考證】方苞曰：言禮爲洋洋美德，其宰制萬物，役使羣衆，皆天理之自然，豈人力所强設哉？役使羣衆者有禮，而羣衆爲所運動也。中井積德曰：洋洋美德者，美禮也，非頌天地。宰制亦是，役使亦是。

〔二〕【索隱】大行，秦官，主禮儀。漢景帝改曰大鴻臚。鴻臚掌九賓之儀也。

人道經緯萬端，規矩無所不貫。誘進以仁義，束縛以刑罰，故德厚者位尊，祿重者寵榮，所以總一海內，而整齊萬民也。人體安駕乘，爲之金輿錯衡，以繁其飾；〔一〕目好五色，爲之黼黻文章，以表其能；〔二〕耳樂鐘磬，爲之調諧八音，以蕩其心；〔三〕口甘五味，爲之庶羞酸鹹，以致其美；〔四〕情好珍善，爲之琢磨圭璧，以通其意。故大路越席，〔五〕皮弁布裳，〔六〕朱弦洞越，〔七〕大羹玄酒，〔八〕所以防其淫侈，救其彫敝。〔九〕是以君臣朝廷尊卑貴賤之序，下及黎庶車輿衣服、宮室飲食、嫁娶喪祭之分，事有宜適，物有節文。仲尼曰：「禘自既灌而往者，吾不欲觀之矣。」〔一〇〕

〔一〕【集解】周禮，王之五路有金路。鄭玄曰：「以金飾諸木。」【索隱】錯鏤衡軛爲文飾也。詩曰「約軝錯衡」，毛傳云「錯衡，文衡也」。【正義】乘，時證反。爲，于僞反。錯作「鍯」，七公反。【考證】中井積德曰：金輿，只是金飾之車。岡白駒曰：衡，轅端横木，駕馬領者。

〔二〕【考證】白與黑謂之黼，其狀斧形。黑與青謂之黻，其狀兩己相背，文作亞。愚按：阮元云，「兩己相背」當作「兩弓相背」，說見秦紀。黼黻，衣裳之文，猶今日用[illegible]、[illegible]、[illegible]、卍等諸文。其曰「取斷割之義」，曰「取背惡向善之義」者，後人附會之說耳。能讀爲「態」。

〔三〕【考證】八音，金、石、絲、竹、匏、土、革、木。蕩，「蕩滌」之「蕩」，樂書云「蕩滌邪穢」。

〔四〕【集解】周禮曰：「羞用百有二十品。」鄭玄曰：「羞出于牲及禽獸，以備其滋味，謂之庶羞。」鄭衆曰：「羞者，進也。」

〔五〕【集解】服虔曰：「大路，祀天車也。越席，結括草以爲席也。」王肅曰：「不緣也。」【正義】按：括草，蒲草。越，戶括反。

〔六〕【集解】周禮曰：「王視朝，則皮弁之服。」鄭玄曰：「皮弁之服，十五升白布衣，素積爲裳也。」【正義】以鹿子皮爲弁也。按：襞積素布而爲裳也。

〔七〕【集解】鄭玄曰：「朱弦，練朱絲弦也。越，瑟底孔。」

〔八〕【集解】鄭玄曰：「大羹，肉湆不調以鹽菜也。玄酒，水也。」

〔九〕【索隱】彫，謂彫飾也。言彫飾是奢侈之弊也。【考證】彫，讀爲「凋」。凋，傷也。

〔一〇〕【集解】孔安國曰：「禘祫之禮，爲序昭穆也，故毁廟之主及羣廟之主，皆合食于太祖。灌者，酌鬱鬯，灌于太祖，以降神也。既灌之後，列尊卑，序昭穆。而魯逆祀，躋僖公，亂昭穆，故不欲觀之。」【考證】「仲尼曰」見于論語八佾篇。禮，禘者諦也，言使昭穆之次審禘而不亂也，與祫祭合食于太祖者異。不欲觀之，言其非禮也。

周衰，禮廢樂壞，大小相踰，管仲之家，兼備三歸。〔一〕循法守正者，見侮於世；奢溢僭差者，謂之顯榮。自子夏，門人之高弟也，猶云「出見紛華盛麗而説，入聞夫子之道而樂，二者心戰，未能自決」，〔二〕而況中庸以下，漸漬於失教，被服於成俗乎？孔子曰「必也正名」，於衛，所居不合。〔三〕仲尼沒後，受業之徒沈湮而不舉，或適齊、楚，或入河海，豈不痛哉！〔四〕

〔一〕【集解】包氏曰：「三歸，娶三姓女也。婦人謂嫁曰歸。」【考證】論語八佾篇「或曰『管仲儉乎？』曰『管氏有三歸，官事不攝，焉得儉？』」方苞曰：於諸侯之僭舉魯，秉禮之國也；於大夫舉管仲，賢大夫也。愚按：三歸，詳管晏傳。

〔二〕【索隱】言子夏是孔子門人之中高弟者，謂才優而品第高也，故論語四科有「文學子游、子夏」也。【考證】岡白駒曰：悦華麗與樂道義，二者戰於胸中。愚按：子夏之言，未詳其所出。

〔三〕【集解】論語曰：「子路曰：『衛君待子而爲政，子將奚先？』子曰：『必也正名乎！』」馬融曰：「正百事之名。」【考證】論語子路篇。

〔四〕【正義】論語云，大師摯適齊，亞飯干適楚，鼓方叔入于河，少師陽、擊磬襄入于海。魯哀公時，禮壞樂崩，人皆去也。【考證】論語微子篇。張文虎曰：師摯諸人雖非弟子，而當孔子反魯正樂，或得奉教左右，執弟子禮，未可知。觀語魯大師樂及韓詩外傳師襄稱「夫子」可觀。

至秦有天下，悉内六國禮儀，采擇其善，雖不合聖制，其尊君抑臣，朝廷濟濟，依古以來。〔一〕至于高祖，光有四海，叔孫通頗有所增益減損，大抵皆襲秦故。〔二〕自天子稱號，下至佐僚及宮室官名，少所變改。〔三〕孝文即位，有司議欲定儀禮，孝文好道家之學，以爲繁禮飾貌，無益於治，躬化謂何耳，〔四〕故罷去之。孝景時，御史大夫鼂錯，明於世務刑名，〔五〕數干諫孝景曰：「諸侯藩輔，臣子一例，古今之制也。今大國專治異政，不稟京師，恐不可傳後。」〔六〕孝景用其計，而六國畔逆，〔七〕以錯首名，天子誅錯以解難。〔八〕事在袁盎語中。〔九〕是後官者，養交安祿而已，莫敢復議。

〔一〕【正義】秦采擇六國禮儀，尊君抑臣，朝廷濟濟，依古以來典法行之。【考證】濟濟，多威儀也。

〔二〕【集解】應劭曰：「抵，至也。」瓚曰：「抵，歸也。」【索隱】按：大抵，猶大略也。臣瓚以抵訓爲歸，則是大略大歸，其義通也。

〔三〕【正義】稱，尺證反。

〔四〕【正義】孝文本紀云，上身衣弋綈，所幸慎夫人，令衣不曳地，幃帳不得文繡，治霸陵，皆以瓦器。是躬化節儉謂何嫌耳，不須繁禮飾貌也。【考證】中井積德曰：躬化謂何耳，猶言顧躬化如何耳。

〔五〕【考證】鼂錯傳鼂錯「學申商刑名於軹張恢生所」。愚按：刑名，猶言名實也。刑、形，通，以名正形也。

〔六〕【考證】干，「干冒」之「干」。

〔七〕【正義】吳、楚、趙、菑川、濟南、膠西爲六國也。齊孝王狐疑城守，三國兵圍齊，齊使路中大夫告天子，故不言七國也。【考證】梁玉繩曰：「六」乃「七」字之誤，正義甚謬。

〔八〕【正義】上紀買反，下乃憚反。

〔九〕【考證】事見袁鼂合傳。

今上即位，招致儒術之士，令共定儀，十餘年不就。或言古者太平，萬民和喜，瑞應辨至，〔一〕乃采風俗，定制作。上聞之，制詔御史曰：「蓋受命而王，各有所由興，殊路而同歸，〔二〕謂因民而作，追俗爲制也。議者咸稱太古，百姓何望？漢亦一家之事，典法不傳，謂子孫何？化隆者閎博，治淺者褊狹，可不勉與！」〔三〕乃以太初之元，改正朔，易服色，封太山，定宗廟百官之儀，以爲典常，垂之於後云。〔四〕

〔一〕【正義】辨，音遍。

〔二〕【考證】易繫辭傳：「天下同歸而殊塗，一致而百慮。」

〔三〕【考證】岡白駒曰：百姓何望，非百姓所望也。

〔四〕【集解】應劭曰：「初用夏正，以正月爲歲首，改年爲太初。」【考證】以上禮書序，其曰「事在袁盎語中」，曰「今上即位」，爲史公手筆無疑。以下後人雜采荀子禮論、議兵二篇妄增。

禮由人起。人生有欲，欲而不得，則不能無忿，忿而無度量則爭，爭則亂。〔一〕先王惡其亂，故制禮義以養人之欲，給人之求，使欲不窮於物，物不屈於欲，〔二〕二者相待而長，是禮之所起也。〔三〕故禮者養也。稻粱五味，所以養口也；椒蘭芬茝，所以養鼻也；〔四〕鐘鼓管弦，所以養耳也；刻鏤文章，所以養目也；疏房牀笫几席，所以養體也。〔五〕故禮者養也。

〔一〕【正義】爭，音諍。【考證】荀子禮論篇「忿」作「求」，「度量」下有「分界」二字。

〔二〕【正義】屈，羣物反。【考證】凌稚隆曰：「義」下一本有「分之」二字。愚按：荀子有「以分之」三字。楊倞曰：屈，竭也。

〔三〕【考證】荀子「二」作「兩」，「待」作「持」，此似長。

〔四〕【索隱】茝，音止，又昌改反。

〔五〕【集解】服虔曰：「簀謂之第。」【索隱】疏，謂窻也。【正義】疏，謂窻也。第，側里反。【考證】荀子「茝」作「芷」，「席」作「筵」。楊倞曰「疏房，通明之房也」。

君子既得其養，又好其辨也。所謂辨者，貴賤有等，長少有差，貧富輕重皆有稱也。〔一〕故天子大路越席，所以養體也；〔二〕側載臭茝，所以養鼻也；〔三〕前有錯衡，所以養目也；〔四〕和鸞之聲，〔五〕步中武象，驟中韶濩，所以養耳也；〔六〕龍旂九斿，所以養信也；〔七〕寢兕，〔八〕持虎，〔九〕鮫韅，〔一〇〕彌龍，〔一一〕所以養威也。故大路之馬，必信至教順，然后乘之，所以養安也。〔一二〕孰知夫士出死要節之所以養生也，〔一三〕孰知夫輕費用之所以養財也，〔一四〕孰知夫恭敬辭讓之所以養安也，〔一五〕孰知夫禮義文理之所以養情也。〔一六〕

〔一〕【考證】荀子「辨」作「別」。楊倞曰「稱，謂各當其宜」。

〔二〕【正義】謂蒲草爲席，既絜且柔，絜可以祀神，柔可以養體也。

〔三〕【索隱】劉氏云：「側，特也。臭，香也。茝，香草也。言天子行，特得以香草自隨也，其餘則否。」臭爲香者，山海經云「臭如蘼蕪」，易曰「其臭如蘭」，是臭爲草之香也。今以側爲邊，側載者置也，言天子之側，常置芳香於左右。【考證】臭，荀子作「睪」，皋同。中井積德曰：側載，謂側置車中。

〔四〕【集解】詩云：「約軝錯衡。」毛傳云：「錯衡，文衡也。」

〔五〕【集解】鄭玄曰：「和、鸞，皆鈴也，所以爲車行節也。韓詩内傳曰，鸞在衡，和在軾，前升車則馬動，馬動則鸞鳴，鸞鳴則和應。」服虔曰：「鸞在鑣，和在衡。」續漢書輿服志曰：「鸞雀立衡也。」【正義】皇侃云：「鸞以金爲鸞，懸鈴其中，於衡上以爲遲疾之節，所以正威儀行舒疾也。」

〔六〕【集解】鄭玄曰：「武，武王樂也。象，武舞也。韶，舜樂也。濩，湯樂也。」【正義】步，猶緩。緩車則和鸞之音中於武象，騶車中於韶濩也。【考證】荀子「騶」作「趨」。

〔七〕【集解】周禮曰：「交龍爲旂。」【正義】旂，音旒。

〔八〕【索隱】按：以兕牛皮爲席。【正義】兕，音似。爾雅云，兕似牛。【考證】寢兕，伏兕。

〔九〕【索隱】持虎者，以猛獸皮文飾倚較及伏軾，故云持虎。劉氏云「畫之於旂竿及楯仗等」，以今所見爲説也。【考證】盧文弨曰：持，當作「特」，字之誤也。寢兕、特虎，謂畫輪爲飾也。劉昭注輿服志引古今注「武帝天漢四年，令諸侯王朱輪，特虎居前，左兕右麋。小國朱輪，畫特熊居前，寢麋居左右」。白虎通亦曰「朱輪，特熊居前，寢麋居左右」。此謂朱輪，每輪畫一虎居前，兕麋在兩旁，郤後而相並，故虎稱特。左右，謂每輪兩旁也。寢，伏也。大國畫特虎，兕麋不寢；小國則畫特熊，二寢麋，無兕。天子乘輿，蓋畫二寢兕居輪左右，畫特虎居前歟。此段若膺説。

〔一〇〕【集解】徐廣曰：「鮫魚皮可以飾服器，音交。韅者，當馬腋之革，音呼見反。」【索隱】以鮫魚皮飾韅。韅，馬腹帶也。【考證】荀子「鮫」作「蛟」。楊倞曰「蓋象蛟形」。盧文弨曰：楊説與上下文虎、兕、龍一例，勝徐説。愚按：左傳「晉車七百乘，韅靷鞅靽」，注「在背曰韅，在腹曰鞅」。

〔一一〕【集解】徐廣曰：「乘輿車，金薄璆龍爲輿倚較，文虎伏軾，龍首銜軛。」【索隱】彌，亦音弭，謂金飾衡軛爲龍。此皆王者服御崇飾，所以示威武，故云「所以養威」也。此文皆出大戴禮，蓋是荀卿所説。劉氏云：「薄猶飾也。璆然，龍貌。璆，音虯。」【考證】盧文弨曰：徐説得之。「文虎伏軾，龍首銜軛」，此徐引古類及之，非正釋也。索隱「皆出大戴禮」五字疑誤。

〔一二〕【考證】王先謙曰：信至，謂馬調良之極，荀子作「倍良」，形近而譌。岡白駒曰：順與馴通。

〔一三〕【索隱】言人誰知夫志士推誠守死，要立名節，仍是養生安身之本，故下云「人苟生之爲見，若者必死」，是解上意，言人苟以貪生之爲見，不能見危致命，若者必死。若，猶如也，言執心爲見，如此者必刑戮及身，故云「必死」。下文皆放此也。【正義】夫，音扶。要，音腰。孰知，猶審知也。出死，猶處死也。審知志士推誠處死，要立名節，若曹沫、茅焦，所以養生命也。【考證】荀子無「士」字，此誤衍。孰知，索隱是。中井積德曰：出死，猶授命也。意謂出死要節，若可以死，而却以得生也。愚按：「也」讀爲「邪」，下同。

〔一四〕【正義】費，音芳味反。輕，猶薄。言審知尠薄費用，則能畜聚，所以養財貨也。【考證】李笠曰：輕費用者，謂不以財用爲重，而以禮義爲務也。中井積德曰：輕，猶不吝也，是謂予之爲取之。

〔一五〕【正義】言審知恭敬辭讓，所以養體安身。【考證】中井積德曰：養安，謂所以爲安也，非兩項。

〔一六〕【正義】言審知禮義文章道理，所以養其情性。此四科是儒者有禮義，故兩得之也。

人苟生之爲見，若者必死；〔一〕苟利之爲見，若者必害；〔二〕怠惰之爲安，若者必危；〔三〕情勝之爲安，若者必滅。〔四〕故聖人一之於禮義，則兩得之矣；一之於情性，則兩失之矣。故儒者將使人兩得之者也，墨者將使人兩失之者也。〔五〕是儒墨之分。〔六〕

〔一〕【正義】苟，且；若，如此也。言平凡好生之人，且見操節之士，以禮義處死，養得其生有效，如此者必死也。【考證】中井積德曰：苟生之爲見，猶言唯生是視也，謂一於此而他無所顧也。下文倣此。愚按：與「出死要節」反。

〔二〕【正義】言平凡好利之人，且見利義之士，以輕省費用，養得其財有效，如此者必害身也。【考證】中井積德曰：唯利是視之人，害必至焉。愚按：與輕用相反。

〔三〕【正義】惰，徒卧反。言平凡怠惰之人，且見有禮之士，以恭敬禮讓，養得安樂有效，如此者必危亡也。【考證】中井積德曰：以怠惰爲安者，必不能自安。愚按：與「恭敬辭讓」相反。

〔四〕【索隱】覆解上「禮義文理之所以養情也」。【正義】勝，音叔證反。言平凡好勝之人，且見利義之士，禮義文理，養得其情性有效，如此者必滅亡也。此四科，是墨者無禮義，故兩失之也。【考證】與「禮義文理」相反。中井積德曰：情勝，謂恣情任欲也。凌稚隆曰：一本作「情性」。愚按：王本、慶長本作「情性」，正與下文合。

〔五〕【索隱】墨者不尚禮義而任儉嗇，無仁恩，故使人兩失之。易曰「悦以使人，人忘其死」是也。

〔六〕【正義】分，扶問反。分，猶等也。若儒等者是治辨之極，彊固之本，威行之道，功名之總，則天下歸之矣。【考證】分，别也。以上采荀子禮論篇文。荀子「分」下有「也」字。

治辨之極也，彊固之本也，〔一〕威行之道也，〔二〕功名之總也。〔三〕王公由之，所以一天下，臣諸侯也；弗由之，所以捐社稷也。〔四〕故堅革利兵，不足以爲勝；〔五〕高城深池，不足以爲固；嚴令繁刑，不足以爲威。由其道則行，不由其道則廢。楚人鮫革犀兕，所以爲甲，堅如金石；宛之鉅鐵施，鑽如蠭蠆，〔六〕輕利剽遬，卒如熛風。〔七〕然而兵殆於垂涉，唐昧死焉；〔八〕莊蹻起，楚分而爲四〔九〕參。是豈無堅革利兵哉？〔一〇〕其所以統之者，非其道故也。汝、潁以爲險，〔一一〕江、漢以爲池，〔一二〕阻之以鄧林，〔一三〕緣之以方城。〔一四〕然而秦師至鄢郢，舉若振槁。〔一五〕是豈無固塞險阻哉？其所以統之者，非其道故也。紂剖比干，囚箕子，爲炮烙，刑殺無辜，時臣下懍然，莫必其命。〔一六〕然而周師至，而令不行乎下，不能用其民。是豈令不嚴，刑不峻哉？其所以統之者，非其道故也。

〔一〕【索隱】自此已下，皆是儒分之功也。【正義】固，堅固也。言國以禮義，四方欽仰，無有攻伐，故爲彊而且堅固之本也。【考證】荀子議兵篇、韓詩外傳四「治」上有「禮者」二字，「固」作「國」。愚按：治辨、彊固對言。

〔二〕【正義】以禮義導天下，天下伏而歸之，故爲威行之道也。

〔三〕【正義】以禮義率天下，天下咸遵之，故爲功名之總。總，合也，聚也。【考證】外傳「總」作「統」。

〔四〕【正義】言由禮義也。【考證】荀子、外傳「捐」作「隕」。

〔五〕【索隱】覆上「功名之總也」。【考證】荀子、外傳「革」作「甲」。外傳「勝」作「武」。

〔六〕【集解】徐廣曰：「大剛曰鉅。」【索隱】鑽，謂矛刀及矢鏃也。【正義】宛城，今鄧州南陽縣城是也。音於元反。鉅，剛鐵也。【考證】荀子、外傳「兕」下無「所」字，此衍。荀子「堅」作「鞈」。張照曰：荀子作「宛鉅鐵釶慘如蠭蠆」。楊倞注云「釶與鍦同，矛也」。正義以「鐵」斷句，誤。王先謙曰：索隱以「施」屬下讀，例以上下文「鞈如金石」、「卒如飄風」，則荀子本書文義較長。中井積德曰：鑽，猶刺也。

〔七〕【正義】剽遬，上匹妙反，下音速。剽遬，疾也。卒，村忽反。熛，必遥反。熛，風疾也。

〔八〕【集解】許慎曰：「垂涉，地名也。」【考證】垂涉，當依荀子、外傳作「垂沙」。楚策云「垂沙之事，死者以千數」。漢地理志沛國有垂鄉。楊倞曰：史記楚懷王二十八年，「秦與齊、韓、魏共攻楚，殺楚將唐眛，取我重丘而去」。眛與蔑同。

〔九〕【索隱】蹻，音其略反。楚將之名。言其起兵亂後，楚遂分爲四。按漢志，滇王，莊蹻之後也。【正義】以「起」字爲絶句。或曰楚莊王苗裔也。按：括地志云「師州、黎州在京西南五千六百七十里。戰國楚威王時，莊蹻王滇，則爲滇國之地」。楚昭王徙都鄀，莊蹻王滇，楚襄王徙都陳，楚考烈王徙都壽春，咸被秦逼，乃四分也。然昭王雖在莊蹻之前，故荀卿兼言之也。【考證】館本考證云：唐無師州。地理志云「黎州至京師二千九百五十里」。

〔一〇〕【索隱】參者，驗也。言驗是，楚豈無利兵哉？【正義】參，七含反。言蹻、楚國豈無堅甲利兵哉？爲其不由禮義，故衆分也。【考證】荀子、外傳「四參」作「三四」。陳仁錫曰：楚分爲四參，句。參與三同。荀子作「三四」尤明。索隱「參是」二字連讀，非也。

〔一一〕【正義】括地志云：「汝水，源出汝州魯山縣西伏牛山，亦名猛山。汝水至豫州郾城縣名濆水。爾雅云『河有雝，汝有濆』，亦汝之別名。潁水，源出洛水嵩高縣東南三十五里陽乾山，俗名潁山。地理志，高陵山汝出，東南至新蔡縣入淮，陽乾山潁水出，東至下蔡入淮也。」【考證】外傳「汝潁」作「汝淮」。

〔一二〕【正義】江即岷江，從蜀入。楚在荊州南。漢江從漢中東南入江。四水爲楚之險固也。

〔一三〕【集解】山海經曰：「夸父與日逐走，日入，渴欲得飲，飲於渭河，不足，北飲大澤，未至，道渴而死。棄其杖，化爲鄧林。」駰謂鄧林後遂爲林名。【索隱】按：裴氏引山海經，以爲夸父棄杖爲鄧林，其言北飲大澤，蓋非在中國也。劉氏以爲今襄州南鳳林山，是古鄧祁侯之國，在楚之北境，故云阻以鄧林也。【考證】荀子、外傳「阻」作「限」。

〔一四〕【正義】括地志云：「方城，房州竹山縣東南四十一里。其山頂上平，四面險峻，山南有城，長十餘里，名爲方城，即此山也。」【考證】左傳僖四年，楚屈完曰：「楚國方城以爲城，漢水以爲池。」

〔一五〕【索隱】振，動也，擊也。槁，乾葉也。【正義】鄢，音郾。括地志云：「故城在襄州安養縣北三里，古郾子之國，鄧之南鄙也。又率道縣南九里有故郾城，漢惠帝改曰宜城也。郢城，荊州江陵縣東北六里，即吳公子光伐楚，楚平王恐，城郢者也。又楚武王始都郢，（絶）〔紀〕南故城是也，在江陵北十五里也。」【考證】荀子「至」下有「而」字，外傳有「於」字。楊倞曰：「謂白起伐楚，一戰舉鄢郢也。」中井積德曰：槁，枯木也。振搖枯木，則葉墜不勞力也。

〔一六〕【索隱】言無人必保其性命。【考證】烙，當作「格」，說見殷紀。懔然，畏也。

古者之兵，戈矛弓矢而已，然而敵國不待試而詘。〔一〕城郭不集，溝池不掘，固塞不樹，機變不張，〔二〕然而國晏然不畏外而固者，無他故焉，明道而均分之，〔三〕時使而誠愛之，則下應之如景響。有不由命者，然後俟之以刑，則民知辠矣。〔四〕故刑一人而天下服。辠人不尤其上，知辠之在己也。是故刑罰省，而威行如流，無他故焉，由其道故也。故由其道則行，不由其道則廢。〔五〕古者帝堯之治天下也，蓋殺一人，刑二人而天下治。〔六〕傳曰「威厲而不試，刑措而不用」。〔七〕

〔一〕【集解】徐廣曰：「試，一作『誠』也。」【正義】詘，丘勿反。試，用也。

〔二〕【正義】掘，求勿反，又求厥反。【考證】荀子「集」作「辨」。楊倞曰「辨，治也」。掘，荀子作「拑」，當作「抇」，與「掘」同。

〔三〕【正義】分，扶問反。言明儒墨之分，使禮義均等，則下應之如影響耳。【考證】荀子「而固」作「而明內」，史記爲長。岡白駒曰：分如字，正義非是。久保愛曰：道，謂禮義也。王制篇云「制禮義以分之」。荀子「均分」作「分鈞」。

〔四〕【正義】事君以禮義，民有不由禮義者，然後待之以刑，則民之罪伏刑矣。【考證】中井積德曰：不由命，謂不遵上之教令也。

〔五〕【考證】荀子無「故由其道」十二字。

〔六〕【考證】楊倞曰：「殺一人，謂殛鯀于羽山。刑二人，謂流共工于幽州，放驩兜于崇山。」

〔七〕【考證】王念孫曰：厲，猛也。錯，置也。置，設也。言威雖猛而不試，刑雖設而不用也。愚按：以上采荀子議兵篇文，又見韓詩外傳四。

天地者，生之本也；先祖者，類之本也；君師者，治之本也。〔一〕無天地惡生？無先祖惡出？無君師惡治？〔二〕三者偏亡，則無安人。〔三〕故禮，上事天，下事地，尊先祖而隆君師，是禮之三本也。〔四〕

〔一〕【正義】類，種類也。

〔二〕【正義】惡，音烏。【考證】大戴禮禮三本「惡」作「焉」。

〔三〕【索隱】偏，鄒音遍。【正義】偏，疋然反。【考證】楊倞曰：偏亡，謂闕一也。

〔四〕【考證】大戴禮「尊」作「宗事」，「隆」作「寵」。

故王者天太祖，〔一〕諸侯不敢懷，〔二〕大夫士有常宗，〔三〕所以辨貴賤。貴賤治，得之本也。〔四〕郊疇乎天子，〔五〕社至乎諸侯，〔六〕函及士大夫，〔七〕所以辨尊者事尊，卑者事卑，宜鉅者鉅，宜小者小。〔八〕故有天下者事七世，有一國者事五世，〔九〕有五乘之地者事三世，〔一〇〕有三乘之地者事二世，〔一一〕有特牲而食者，不得立宗廟。〔一二〕所以辨積厚者流澤廣，積薄者流澤狹也。〔一三〕

〔一〕【集解】毛詩敘曰：「文武之功，起於后稷，故推以配天焉。」

〔二〕【索隱】懷，思也。言諸侯不敢思以太祖配天而食也。又一解，王之子孫爲諸侯，不思祀其父祖，故禮云「諸侯不敢祖天子」，蓋與此同意。【考證】荀子禮論篇、大戴禮「懷」作「壞」。楊倞曰：謂不祧其廟若魯周公。

〔三〕史記作「不敢懷」，司馬貞云「思也」。蓋誤耳。【集解】禮記曰：「別子爲祖，繼別爲宗。百世不遷者，謂別子之後也。」【考證】孔廣森曰：常宗，大宗也。禮，大夫不敢祖諸侯。諸侯之支子，祀於家爲始祖，其適子孫世世收族。大傳曰「宗其繼別子之所自出者，百世不遷者也」。

〔四〕【考證】荀子作「所以別貴始，貴始，得之本也」。大戴禮不疊「貴始」二字，「得」作「德」，餘同荀子。愚按：是申貴始之義。史記傳鈔致誤。得、德，通用。

〔五〕【索隱】疇，類也。天子類得郊天，餘並不合祭，今大戴禮作「郊止乎天子」是也。「止」或作「時」，因誤耳。【考證】荀子、大戴禮「疇」作「止」。張文虎曰：「疇」當作「止」，「止」與「時」音近，「疇」則由「時」而誤也。說文「時，天地五帝所基止，祭地」也。是「時」亦有「止」義。

〔六〕【索隱】言天子已下至諸侯得立社。【考證】荀子、大戴禮「至」作「止」，史文爲長。

〔七〕【集解】函，音含。【索隱】啗，音含。含謂包容。諸侯已下至士大夫得祭社，故禮云「大夫成羣立社，曰置社」，亦曰里社也。鄒誕生音啗，徒濫反。意義亦通，但不見古文，各以意爲音耳。今按：大戴禮作「導及士大夫」，「導」亦通也。今此爲「啗」者，當以「導」與「蹈」同，後「足」字失「止」，唯有「口」存，故使解者穿鑿也。【考證】荀子、大戴禮「函」作「道」。郝懿行曰：祭法云「大夫以下成羣立社曰置社」，鄭注「羣，衆也。大夫以下，謂下至庶人也。大夫不得特立社，與民族居，百家以上則共立一社，今時里社是也」。此則社之禮下達庶人。道，通也。愚按：「函」、「道」形聲皆異。函，當從索隱爲包容之義，說詳于王氏經義述聞。

〔八〕【考證】荀子、大戴禮「辨」作「別」。大戴禮「尊」上有「尊卑」二字。

〔九〕【考證】王制「天子七廟，三昭三穆，與太祖之廟而七；諸侯五廟，二昭二穆，與太祖之廟而五」。荀子「七」作「十」，誤。孫詒讓曰：案禮記王制孔疏引聖證論「孫卿云，有天下者事七世」。則王肅所見荀子「七」字尚不誤。

〔一〇〕【集解】鄭玄曰：「古者方十里，其中六十四井，出兵車一乘，此兵法之賦。」【考證】王制「大夫三廟，一昭一穆，與太祖之廟而三」。楊倞曰：五乘之地，謂大夫有采地者。

〔一一〕【集解】穀梁傳曰：「天子至于士皆有廟，天子七，諸侯五，大夫三，士二。始封之者，必爲其太祖。」【考證】穀梁傳僖公二十五年文。祭法亦云「適士二廟」。

〔一二〕【集解】禮記曰：「庶人祭於寢。」【考證】岡白駒曰：蓋謂有一牛而耕者也。有特牲，荀子作「持手」。楊倞曰：持其手而食，謂農工食力也。久保愛曰：「持」當作（恃）「〔待〕」，大戴禮作「待年」。孔廣森曰：農夫力田者也。

〔一三〕【考證】荀子、大戴禮「辨」作「別」。

大饗上玄尊，俎上腥魚，〔一〕先大羹，貴食飲之本也。〔二〕大饗上玄尊而用薄酒，食先黍稷而飯稻粱，〔三〕祭嚌先大羹，〔四〕而飽庶羞，〔五〕貴本而親用也。〔六〕貴本之謂文，親用之謂理，兩者合而成文，以歸太一，是謂大隆。〔七〕故尊之上玄尊也，〔八〕俎之上腥魚也，豆之先大羹，一也。〔九〕利爵弗啐也，〔一〇〕成事俎弗嘗也，〔一一〕三侑之弗食也，〔一二〕大昏之未廢齊也，〔一三〕大廟之未内尸也，〔一四〕始絶之未小斂，一也。〔一五〕大路之素幬也，〔一六〕郊之麻絻，〔一七〕喪服之先散麻，一也。〔一八〕三年哭之不反也，〔一九〕清廟之歌，〔二〇〕一倡而三歎，〔二一〕縣一鐘尚拊膈，〔二二〕朱弦而通越，一也。〔二三〕

〔一〕【集解】鄭玄曰：「大饗，祫祭先王，以腥魚爲俎實，不臑孰之也。」【考證】荀子、大戴禮「上」作「尚」，「俎上腥魚」作「俎生魚」。李笠曰：「上」字誤衍，「俎」字虛用。孔廣森曰：玄尊，玄酒之尊。玄酒者，明水也。又曰：大饗九獻，王祼一，后祼二。朝踐，王獻三，后獻四。饋食，王獻五，后獻六。酳尸，王獻七，后獻八，賓獻九。朝踐之事，牲俎腥肆，故有生魚，至饋食時乃薦熟也。

〔二〕【考證】食飲，大戴禮作「飲食」。楊倞曰：大羹，肉汁無鹽梅之味者也。本，謂造飲食之初。

〔三〕【考證】荀子無「大」字，「薄酒」作「酒醴」，無「食」字，義長。大戴禮無「薄」字。孔廣森曰：玄酒，陳而不酌。黍稷，簠簋正饌也。稻粱，簠簋加饌也。飯，啖之也。食，音嗣。

〔四〕【集解】鄭玄曰：「嚌，至齒。」【考證】荀子「嚌」作「齊」，無「先」字。大戴禮亦無「先」字。愚按：「嚌先」當衍其一字。楊倞曰，祭，月祭也。俞樾曰：楊倞注荀子，讀「齊」爲「嚌」，此因大戴記而誤也。齊，當作「躋」。躋，升也。升大羹，正與上文「尚玄酒」、「先黍稷」一律。下文云「豆之先大羹」也，是其義也。史記「嚌」下有「先」字，疑原文作「先大羹」，後人因大戴之文，妄增「嚌」字耳。

〔五〕【考證】孔廣森曰：庶羞，醢胾肴核之屬。周禮「羞用百有二十品」，其名物略見內則。

〔六〕【考證】孔廣森曰：玄酒、黍稷、大羹，是貴本；酒、稻粱、庶羞味美，故親用。

〔七〕【索隱】貴本親用，兩者合而成文，以歸太一。太一者，天地之本也。得禮之文理，是合於太一也。隆者，盛也，高也。得禮文理，歸于太一，是禮之盛者也。【考證】楊倞曰：文，謂脩飾。理，謂合於宜。太一，謂太古時。禮運曰「夫禮必本於太一」。

〔八〕【正義】皇侃云：「玄酒，水也。上古未有酒，而始之祭，但酌水用之。至晚世，雖有酒，存古禮，尚用水代酒也。」【考證】荀子、大戴禮「上」作「尚」，「尊」作「酒」。

〔九〕【索隱】尊之上玄尊，俎之上生魚，豆之先大羹，三者如一，皆是本，故云一也。【考證】荀子、大戴禮「腥」作「生」，「羹」下有「也」字。孔廣森曰：太羹盛於登，豆云者，爾雅曰「瓦豆謂之登」，亦通言之。

〔一〇〕【集解】鄭玄曰：「啐，入口也。」【索隱】按：儀禮，祭畢獻，祝西面告成，是爲利爵。祭初未行無算爵，故不啐入口也。【考證】「爵」下，荀子、大戴禮有「之」字。啐，荀子作「醮」，大戴禮作「卒」。久保愛曰：利爵，謂佐食者所獻之爵也。儀禮謂佐食者爲利。俞樾曰：利爵不醮，蓋據大夫儐尸之禮。有司徹篇「利洗爵獻於尸，尸酢獻祝，祝受祭酒，啐酒奠之」，是其事也。利既獻尸，尸卒爵酢利，利又獻祝，祝受，奠之不啐，示祭事畢也。

〔一一〕【索隱】成事，卒哭之祭，故記曰「卒哭曰成事」。既是卒哭之祭，始從吉祭，故受胙爵，而不嘗俎也。【考證】荀子、大戴禮「事」下有「之」字。

〔一二〕【索隱】禮，祭必立侑以勸尸食，至三飯而後止。每飯有侑一人，故有三侑。既是勸尸，故不相食也。【考證】荀子「侑」作「臭」，「也」下當依荀子、大戴禮補「一也」二字。孔廣森曰：特牲饋食禮「尸三飯告飽，祝侑。尸又三飯告飽，祝侑之如初。尸又三飯告飽，祝侑之如初」。注云「不復飯者三，三者，士之禮大成也」。一也，三者皆禮之終。

〔一三〕【索隱】廢齊，謂昏禮，父親醮子而迎之前，故曲禮云「齋戒以告鬼神」，是昏禮有齊也。【考證】荀子、大戴禮「廢」作「發」。盧文弨曰：古「廢」、「發」音同通用。孔廣森曰：發，始也。昏禮「將親迎必先齊」，齊音齋。俞樾曰：發猶致也。

〔一四〕【考證】大戴禮無「大」字。孔廣森曰：謂若饋食尸未入之前爲陰厭也。

〔一五〕【索隱】此五者皆禮之初，始質而未備，亦是貴本之義，故云一也。【考證】荀子、大戴禮「絶」作「卒」。荀子「斂」下有「也」字。孔廣森曰：三者皆禮之始。

〔一六〕【集解】禮記曰：「乘素車，貴其質也。」鄭玄曰：「素車，殷輅也。」【索隱】幬，音稠。謂車蓋以素帷，亦質也。【考證】幬，荀子作「未集」，大戴禮作「幭」。

〔一七〕【集解】周禮曰：「王祀昊天上帝，服大裘而冕。」論語曰：「麻冕，禮也。」孔安國曰：「冕，緇布冠。古者績麻三十升布以爲之。」【正義】絻，音免。亦作「冕」。【考證】大戴禮「絻」作「冕」。荀子、大戴禮「絻」下有「也」字。

〔一八〕【集解】儀禮士喪禮曰：「始死，主人散帶，垂之三尺。」禮記曰：「大功已上散帶也。」【索隱】大路已下，三事相似如一，故云一也。散麻，取其質無文飾，亦貴本也。【考證】大戴禮「麻」作「帶」。荀子「麻」下有「也」字。散麻，要絰也。喪禮小斂，主人始絰散垂之，既成服乃絞。

〔一九〕【集解】禮記曰：「斬衰之哭，若往而不反。」【考證】荀子「年」下有「之喪」二字。大戴禮「哭之」作「之哭」。荀子、大戴禮「反」作「文」。楊倞曰：不文，謂無曲折也。

〔二〇〕【集解】鄭玄曰：「清廟，謂作樂歌清廟。」

〔二一〕【集解】鄭玄曰：「倡，發歌句者。三歎，三人從歎。」【考證】禮樂記鄭注「者」作「也」。

〔二二〕【集解】徐廣曰：「一作『搏膈』。」【索隱】縣一鍾尚拊膈。膈，縣鍾格。拊，音撫。膈，不擊其鐘，而拊其格，不取其聲，亦質也。鄒氏隔音膊。蓋依大戴禮也。而鄭禮注云「搏，拊柷敔也」。【考證】大戴禮「鐘」作「磬」，下有「而」字，「膈」作「搏」。荀子「拊」下有「之」字。郝懿行曰：樂論篇以拊鞷與鞉柷椌楬相儷，則皆樂器名也。拊者以韋爲之，實以糠。膈，彼作「鞷」，其字從革，竊疑亦拊之類。荀子「之」字誤倒。縣之一鐘，句。尚拊膈，句。尚者上也，鐘聲宏大，言不貴彼而上此，聲之近質者也。愚按：史文自通，不必依荀子補「之」字。

〔二三〕【索隱】大瑟而練朱其弦，又通其下孔，使聲濁且遲，上質而貴本，不取其聲。又自「三年」已下四事，皆不取其聲也。【考證】陳仁錫曰：古本「通」作「洞」。荀子楊倞注引史記亦作「洞」。尚書大傳云「古者帝王升歌清廟之樂，大琴練弦達越，大瑟朱弦達越。」

凡禮始乎脱，〔一〕成乎文，〔二〕終乎税。〔三〕故至備，情文俱盡。〔四〕其次情文代勝。〔五〕其下復情以歸太一。〔六〕天地以合，日月以明，四時以序，星辰以行，江河以流，萬物以昌，好惡以節，喜怒以當。以爲下則順，以爲上則明。〔七〕

〔一〕【索隱】脱，猶疏略也。始，初也。言禮之初尚疏略也。【考證】大戴禮「乎」作「於」，下同。荀子「脱」作「棁」。

〔二〕【索隱】言禮成就有文飾。

〔三〕【集解】徐廣曰：「一作『悦』。」【索隱】音悦。言禮終卒和悦人情也。大戴禮作「終於隆」，隆謂盛也。【考證】荀子「税」作「悦校」，「校」讀若「於人心獨無恔乎」之「恔」，快也。即大戴禮「終於隆」之意。

〔四〕【集解】徐廣曰：「古『情』字或假借作『請』，諸子中多有此比。」【正義】言情文俱盡，言是禮之至備也。【考證】據集解，徐廣本「情」作「請」。楊倞曰：情謂禮意，喪主哀，祭主敬之類；文謂禮物威儀也。

〔五〕【索隱】勝，音昇，又尸證反。或文勝情，或情勝文，是情文更代相勝也。大戴禮作「迭興」也。

〔六〕【索隱】言其次情文俱失，歸心渾沌天地之初，復禮之本，是歸太一也。【考證】楊倞曰：雖無文飾，但復情以歸質素，是亦禮也。若潢汙行潦之水可薦於鬼神也。中井積德曰：其次、其下，就禮中次第其事也，非美惡之等。

〔七〕【正義】自「天地」以下八事，大禮之備，情文俱盡，故用爲下則順，用爲上則明也。【考證】大戴禮「四時」句在「日月以明」句下，「洽」作「序」，「昌」作「倡」，史文爲長。以上采荀子禮論篇文，又見大戴禮禮三本篇。明、行、昌、當、明，韻。

太史公曰：至矣哉！〔一〕立隆以爲極，而天下莫之能益損也。本末相順，〔二〕終始相應，〔三〕至文有以辨，〔四〕至察有以說。〔五〕天下從之者治，不從者亂；從之者安，不從者危。小人不能則也。〔六〕

〔一〕【索隱】已下亦是太史公取荀卿禮論之意，極言禮之損益，以結禮書之論也。【考證】以下亦荀子禮論篇文。「太史公曰」四字，後人妄增。至矣哉，荀子作「禮豈不至矣哉」。

〔二〕【索隱】謂禮之盛，文理合以歸太一，至禮之殺，復情以歸太一。隆殺皆歸太一者，是本末相順也。【考證】荀子「益損」作「損益」。「隆」如上文「太隆」之「隆」。楊倞曰：立隆盛之禮，以極盡人情，使天下不復更能損益也。

〔三〕【索隱】禮始於脱略，終於税，税亦殺也。殺與脱略，是始終相應也。【正義】應，乙隆反，當也。【考證】岡白駒曰：物始乎脱畧，終乎全成，全成來於和悦，故曰終始相應。索隱於上文訓税爲悦，至此改訓殺，互相支吾。

〔四〕【索隱】言禮之至文，能辨尊卑貴賤，故云有以辨也。【考證】荀子「有以」作「以有」，「辨」作「别」。

〔五〕【索隱】言禮之至察，有以明隆殺損益，委曲情文，足以悦人心，故云有以說也。【考證】荀子「有以」作「以有」。王念孫曰：史記「以有」二字皆誤倒，「以」猶「而」也。

〔六〕【正義】小人，猶庶人也。則，法也。言天下士以上至于帝王，能從禮者則治安，不從禮者則危亂。庶人據於事，不能法禮也。【考證】荀子「危」下有「從之者存不從者亡」九字，「則」作「測」。

禮之貌誠深矣，〔一〕堅白同異之察，入焉而弱。〔二〕其貌誠大矣，擅作典制褊陋之說，入焉而嗛。〔三〕其貌誠高矣，暴慢恣睢，輕俗以爲高之屬，入焉而墜。〔四〕故繩誠陳，則不可欺以曲直；〔五〕衡誠縣，則不可欺以輕重；〔六〕規矩誠錯，則不可欺以方員；〔七〕君子審禮，則不可欺以詐僞。〔八〕故繩者，直之至也；衡者，平之至也；規矩者，方員之至也；禮者，人道之極也。然而不法禮者，不足禮，謂之無方之民；〔九〕法禮足禮，謂之有方之士。禮之中能思索，謂之能慮；〔一〇〕能慮勿易，謂之能固。〔一一〕能慮能固，加好之焉，聖矣。〔一二〕天者高之極也，地者下之極也，日月者明之極也，無窮者廣大之極也，聖人者道之極也。〔一三〕

〔一〕【索隱】有本作「懇誠」者，非也。【考證】荀子「貌」並作「理」。

〔二〕【正義】言禮之貌信深厚矣，雖有鄒子堅白同異之辯，明察入於禮義之中，自然成懦弱敗壞之禮也。【考證】荀子「弱」作「溺」。猪飼彦博曰：溺，沈滅也。久保愛曰：據荀子非十二子篇，堅白同異，斥惠施、鄧析。

〔三〕【索隱】言擅作典制及褊陋之說。入焉，謂入禮，則自嗛望知其失。【正義】言禮之貌信廣大矣，雖有擅作典制褊陋之說，文辭入於禮義之中，自然成淫俗褊陋之言。【考證】嗛，他本作「望」，今從王本。嗛，恨也。荀子作「喪」。久保愛曰：斥慎到、田駢。正義「文辭」二字疑衍。

〔四〕【索隱】恣睢，猶毀訾也。言訾毀禮者，自取隊滅也。【正義】言禮之貌信尊高矣，雖有暴慢恣睢輕俗以爲高之屬，入於禮義之中，自然成墜落、暴慢、輕俗之人。【考證】荀子「墜」作「隊」。楊倞曰：恣睢，矜放之貌。中井積德曰：輕俗，謂輕侮世俗。久保愛曰：此斥它囂、魏牟。愚按：正義「暴慢輕俗之人」六字疑衍。

〔五〕【集解】鄭玄曰：「誠，猶審也。陳，設也，謂彈畫也。」【考證】中井積德曰：繩是縣垂之繩，非今之墨繩。陳，設也、列也，不必指彈畫。

〔六〕【集解】鄭玄曰：「衡，稱也。縣，謂錘也。」【正義】縣，音玄。

〔七〕【索隱】錯，置也。規，員也。矩，曲尺也。【正義】錯，七故反。【考證】荀子「錯」作「施」。

〔八〕【正義】詐僞，謂堅白同異，擅作典制，暴戾恣睢自高也。故陳繩，曲直定；懸衡，輕重分；錯規矩，方員□；

審禮，詐僞自消滅矣。【考證】正義「員」下有脱字。

〔九〕【集解】鄭玄曰：「方猶道也。」【考證】荀子無「者」字，依下文，此衍。

〔一〇〕【索隱】索，求也。

〔一一〕【正義】易，謂輕易也。【考證】楊倞曰：勿易，不變也。

〔一二〕【正義】好，火到反。言人以得禮之中，又能思審索求其禮，謂之能思慮，又不輕易其禮，謂之能堅固。能慮能固其禮，更加好之，乃聖人矣。【考證】加，猶益也。荀子「焉」作「者」，下有「斯」字，「聖」下有「人」字。

〔一三〕【正義】道，謂禮義也。言人有禮義則爲聖人，比於天地日月廣大之極也。【考證】荀子無「日月者明之極也」七字。

以財物爲用，〔一〕以貴賤爲文，〔二〕以多少爲異，〔三〕以隆殺爲要。〔四〕文貌繁，情欲省，禮之隆也；〔五〕文貌省，情欲繁，禮之殺也；〔六〕文貌情欲，相爲内外表裏，並行而雜，禮之中流也。〔七〕君子上致其隆，下盡其殺，而中處其中。〔八〕步驟馳騁廣騖不外，〔九〕是以君子之性守宮庭也。〔一〇〕人域是域，士君子也。〔一一〕外是，民也。〔一二〕於是中焉，房皇周浹，曲直得其次序，聖人也。〔一三〕故厚者，禮之積也；大者，禮之廣也；〔一四〕高者，禮之隆也；明者，禮之盡也。〔一五〕

〔一〕【考證】荀子「以」上有「禮者」二字。楊倞曰：以貢獻問遺之類爲行禮之用也。

〔二〕【考證】楊倞曰：以車服旗章爲貴賤文飾也。

〔三〕【考證】楊倞曰：多少異制，所以別上下也。

〔四〕【索隱】隆，猶厚也。殺，猶薄也。

〔五〕【考證】荀子「貌」作「理」，「欲」作「用」，下同。楊倞曰：文理謂威儀，情用謂忠誠。若享獻之禮，賓主百拜，情唯主敬，文過於情，是禮之隆盛也。愚按：正義本亦「欲」作「用」。

〔六〕【考證】楊倞曰：若尊之尚玄酒，本於質素，情過於文，雖減殺是亦禮也。

〔七〕【正義】言文飾情用，表裏外內，合於儒墨，是得禮情之中，而流行不息也。【考證】楊倞曰：或豐或殺，情文代勝，並行相雜，是禮之中流。愚按：中流，禮之中道也。

〔八〕【正義】中，謂情文也。【考證】荀子「君」上有「故」字。楊倞曰：致，極也。言君子於大禮極其隆厚，小禮則盡其降殺，中得其中，皆不失禮也。

〔九〕【正義】騖，音務。言君子之人，上存文飾，下務減省，而合情文，處得其中，縱有戰陣殺戮邪惡，則不棄於禮義矣。三皇步，五帝驟，三王馳，五伯騖也。【考證】荀子「廣」作「厲」，「外」下有「是矣」二字。

〔一〇〕【索隱】言君子之性，守正不慢遠行，如常守宮庭也。【正義】宮庭，聽朝處。喻君子心內常守禮義，若宮庭焉。【考證】荀子無「以」字，「性守」作「壇宇」。愚按：「步驟」以下十八字，當依荀子作「步驟馳騁厲騖不外是矣。是君子之壇宇宮庭也」。厲亦馳也，言君子以禮爲壇宇宮庭，步驟馳騁，不出其外也。

〔一一〕【索隱】域，居也。言君子之行，非人居亦弗居也。【正義】處平凡人域之中，能知禮義之域限，即爲士及君子也。【考證】荀子「域」作「有」，無下「域」字。愚按：上「域」，居也。下「域」，禮也。言人居禮中者爲士君子。

〔一二〕【索隱】外，謂人域之外，非人所居之地。以喻禮義之外，别爲它行，即是小人，故云外是人也。【考證】楊倞曰：是，猶此也。民，民氓無所知者。愚按：是斥禮，外猶離也。

〔一三〕【索隱】房，音旁，旁皇，猶徘徊也。周浹，猶周匝。言徘徊周浹，委曲得禮之序，動不失中，則是聖人之行也。【考證】荀子「是」下有「其」字，「房」作「方」，「浹」作「挾」，無「直」字。王引之曰：「直」字衍。荀子正作

「曲得其次序」。愚按：索隱本亦似無「直」字，是，斥禮而言。

〔一四〕【索隱】言君子聖人有厚大之德，則爲禮之所積益弘廣也，故曰「甘受和，白受采，忠信之人可以學禮，苟無忠信，則禮不虛道」。然此文皆荀卿禮論也。

〔一五〕【正義】言君子內守其禮，德厚大積廣，至於高尊明禮，則是禮之終竟也。此書是褚先生取荀卿禮論兼爲之。【考證】以上采荀子禮論篇文。中井積德曰：言厚大高明之德，因禮而得之也。索隱「故曰甘受和，白受采」，並失倫。又曰：「盡」字只承「明」而不承「高」。

【索隱述贊】禮因人心，非從天下。合誠飾貌，救弊興雅。以制黎甿，以事宗社。情文可重，豐殺難假。仲尼坐樹，孫通蕝野。聖人作教，罔不由者。

史記會注考證卷二十四

樂書第二　史記二十四

【正義】天有日月星辰，地有山陵河海，歲有萬物成熟，國有聖賢宮觀周域官僚，人有言語衣服體貌端修，咸謂之樂。樂書者，猶樂記也，鄭玄云，以其記樂之義也。此於别録屬樂記，蓋十一篇合爲一篇。十一篇者，有樂本，有樂論，有樂施，有樂言，有樂禮，有樂情，有樂化，有樂象，有賓牟賈，有師乙，有魏文侯。今雖合之，亦略有分焉。劉向校書，得樂書二十三篇，著於别録。今樂記惟有十一篇，其名猶存也。【考證】史公自序云：「樂者所以移風易俗也，自雅頌聲興，則已好鄭衛之音，鄭衛之音所從來久矣。人情之所感，遠俗則懷。比樂書以述來古，作樂書第二。」陳仁錫曰：「余每讀虞書」，至「誹謗聖制當族」，俱太史公妙筆也。張照曰：按樂書謂褚先生補者，亦出張守節正義。今考「太史公曰」以下敍「虞書」以至「秦二世」，見古樂之失傳；自「高祖過沛」至「天馬來」，志漢樂之梗概；後載汲黯正直之言、公孫諂諛之語以結之，以明漢樂之所以不興。當馬遷之時，所應作之樂書，如是止矣。然則樂書未嘗不竟也，後人復以樂記全文寫入公孫弘語之下，又取晉平公事不經之談以附益之，而馬遷之義始晦矣。

太史公曰：余每讀虞書，至於君臣相敕，維是幾安，而股肱不良，萬事墮壞，未嘗不流涕也。〔一〕成王作頌，推己懲艾，〔二〕悲彼家難，〔三〕可不謂戰戰恐懼，善守善終哉？〔四〕君子不爲約則修德，滿則弃禮，〔五〕佚能思初，安能惟始，沐浴膏澤，而歌詠勤苦，非大德誰能如斯！傳曰「治定功成，禮樂乃興海内」。〔六〕人道益深，其德益至，所樂者益異。滿而不損則溢，盈而不持則傾。〔七〕凡作樂者，所以節樂。〔八〕君子以謙退爲禮，以損減爲樂，樂其如此也。以爲州異國殊，情習不同，故博采風俗，協比聲律，以補短移化，助流政教。〔九〕天子躬於明堂臨觀，而萬民咸蕩滌邪穢，斟酌飽滿，以飾厥性。故云，雅頌之音理而民正，嘄噭之聲興而士奮，鄭、衛之曲動而心淫。〔一〇〕及其調和諧合，鳥獸盡感，而況懷五常，含好惡，自然之勢也？〔一一〕

〔一〕【考證】起首至「黯誹謗聖制當族」，是史公樂書序。虞書今文皋陶謨，「維是幾安」作「惟時維幾」。徐孚遠曰：歌言志，樂之所由作也，則樂書當推本虞歌。方苞曰：以公孫弘語結，故以此發端。愚按：十二諸侯年表序云「太史公讀春秋曆譜諜，至周厲王，未嘗不廢書而歎也」。孟荀列傳序云「太史公曰：余讀孟子書，至梁惠王問何以利吾國，未嘗不廢書而歎也」。屈原傳贊「太史公曰：余讀離騷、天問、招魂、哀郢，悲其志，適長沙觀屈原所自沈淵，未嘗不垂涕想見其爲人」。儒林傳序「太史公曰：余讀功令，至於廣厲學官之路，未嘗不廢書而歎也」。與是篇同一起法，蓋史公慣家手段。後世蘇子瞻好用此法。

〔二〕【正義】音刈。

〔三〕【正義】乃憚反。家難，謂文王囚羑里，武王伐紂。【考證】陳仁錫曰：頌，即周頌小毖之詩。家難，謂武庚、管、蔡之叛，正義非。愚按：小毖詩云「予其懲而毖後患」，又云「未堪家難，予又集于蓼」。

〔四〕【正義】言成王作頌，悲文王戰戰恐懼，推己戒勵爲治，是善守善終也。

〔五〕【正義】爲，于僞反。

〔六〕【考證】「傳曰」，未詳。中井積德曰：「海内」二字衍。方苞曰：正與武帝好大喜功相反。

〔七〕【考證】盈，不避廟諱，何也？

〔八〕【正義】音洛。言不樂至荒淫也。

〔九〕【正義】比，音鼻。

〔一〇〕【索隱】嘄噭，上姑堯反，又音叫。下音擊。

〔一一〕【考證】列子楊朱篇「人肖天地之類，懷五常之性，有生之最靈者人也」。漢書董仲舒傳「夫仁誼禮知信，五常之道，王者所當務也」。刑法志亦曰「夫人宵天地之貌，懷五常之性，聰明精粹，有生之最靈者也」。愚按：史記「五常」文字，獨見乎此。

治道虧缺，而鄭音興起，封君世辟，名顯鄰州，爭以相高。〔一〕自仲尼不能與齊優遂容於魯，〔二〕雖退正樂以誘世，作五章以刺時，猶莫之化。〔三〕陵遲以至六國，流沔沈佚，遂往不返，卒於喪身滅宗，并國於秦。

〔一〕【索隱】辟，亦君也。【正義】辟，并亦反。

〔二〕【索隱】齊人歸女樂，而孔子行，言不能遂容於魯而去也。或作「逐客」，誤耳。【考證】與，偕也。方苞曰：視用倡優協律，薦馬歌於祖廟者何如？

〔三〕【索隱】按：家語云，孔子嗤季桓子作歌引詩曰「彼婦人之口，可以出走。彼婦人之謁，可以死敗。優哉游哉，聊以卒歲」。是五章之刺也。【考證】梁玉繩曰：此歌止可五章之一，不得遂該五章也。

秦二世尤以爲娛。丞相李斯進諫曰：「放弃詩書，極意聲色，祖伊所以懼也；〔一〕輕積細過，恣心長夜，紂所以亡也。」趙高曰：「五帝三王，樂各殊名，示不相襲。上自朝廷，下至人民，得以接歡喜，合殷勤，非此，和説不通，解澤不流，〔二〕亦各一世之化，度時之樂，何必華山之騄耳而后行遠乎？」〔三〕二世然之。

〔一〕【正義】祖伊諫殷紂，紂不聽。孔安國云，祖己後，賢臣也。【考證】凌稚隆曰：李斯既導秦焚書矣，此又以放棄詩書爲懼乎？抑其所指詩書，乃刻石刑名之類也。愚按：李斯所焚止民間詩書，蓋懼黔首以古非今也，而官府舊藏仍存，且其言見便而發，前後往往相異，見本傳所記可以觀矣。放棄詩書之諫，史公所記，未必失其實。

〔二〕【正義】説，音悦；解，音蟹。言非此樂和適，亦悦樂之不通，散恩澤之事不流，各一世之化也。諫二世，故名之也。【考證】張文虎曰：「上自」二字凌本有，各本無。岡白駒曰：解澤，散下恩澤也，言雖下恩澤而不流散。張文虎曰：正義有誤脱。

〔三〕【考證】岡白駒曰：騄耳，駿馬也。周穆王八駿之一。

高祖過沛，詩三侯之章，〔一〕令小兒歌之。〔二〕高祖崩，令沛得以四時歌儛宗廟。孝惠、孝文、孝景無所增更，於樂府，習常肄舊而已。〔三〕

〔一〕【索隱】按：過沛詩即大風歌也。其辭曰「大風起兮雲飛揚，威加海内兮歸故鄉，安得猛士兮守四方」是也。侯，語辭也。詩曰「侯其禕而」者是也。「兮」亦語辭也，沛詩有三「兮」，故云三侯也。【考證】梁玉繩曰：大風歌有三兮，而無三侯。明方以智通雅四謂「『兮』與『侯』古通用，但『侯』發語辭，與『兮』不同也」。愚按：漢書禮樂志作「作風起之詩」。

〔二〕【考證】漢志「小兒」作「僮兒」。

〔三〕【正義】隸，音異。【考證】凌稚隆曰：「『隸』當作『肄』，習也。」

至今上即位，作十九章，〔一〕令侍中李延年次序其聲，拜爲協律都尉。通一經之士，不能獨知其辭，皆集會五經家，相與共講習讀之，乃能通知其意，多爾雅之文。〔二〕

〔一〕【索隱】按：禮樂志，安世房中樂有十九章。【考證】陳仁錫曰：十九章，乃武帝郊祀樂也，見漢書樂志。若安世房中樂，十七章，則高祖唐山夫人所作也，索隱注誤。愚按：漢書禮樂志云「至武帝定郊祀之禮，祠太一於甘泉」，「祭后土於汾陰」，「乃立樂府，采詩夜誦，有趙、代、秦、楚之謳，以李延年爲協律都尉，多舉司馬相如等數十人，造爲詩賦，略論律吕，以合八音之調，作十九章歌」，即此事。

〔二〕【考證】胡三省曰：漢時五經之學，各專門名家，故通一經者，不能盡通歌詩之辭意。必集五經家相與講讀，乃得通也。

漢家常以正月上辛祠太一甘泉，〔一〕以昏時夜祠，到明而終。〔二〕常有流星經於祠壇上。〔三〕使僮男僮女七十人俱歌。春歌青陽，夏歌朱明，〔四〕秋歌西皞，冬歌玄冥。〔五〕世多有，故不論。〔六〕

〔一〕【考證】顏師古曰：用上辛，用周禮郊天日也。辛，取齊戒自新之義。

〔二〕【考證】張文虎曰：御覽引史記無「夜」字，疑衍。

〔三〕【考證】漢志作「常有神光如流星止集于祠壇」。

〔四〕【集解】瓚曰：「爾雅云，春曰青陽，夏曰朱明。」

〔五〕【集解】韋昭曰：「西方少皞也。」【正義】禮記月令云玄冥，水官也。【考證】岡白駒曰：青陽、朱明、西皞、玄冥皆在十九章中。愚按：四歌皆取起首二字名篇，漢志「西皞」作「西顥」。

〔六〕【索隱】言四時歌多有其詞，故此不論載。今見漢書禮樂志。【考證】管晏列傳贊云：「至其書，世多有之，是以不論。」申韓列傳云：「申子、韓子，皆著書傳於後世，學者多有。」孫吳列傳贊云：「世俗所稱師旅，皆道孫子十三篇，吳起兵法世多有，故弗論。」司馬穰苴傳贊「世既多司馬兵法，以故不論」。史公常用文字。

又嘗得神馬渥洼水中，〔一〕復次以爲太一之歌。歌曲曰：「太一貢兮天馬下，〔二〕霑赤汗兮沫流赭。〔三〕騁容與兮跇萬里，〔四〕今安匹兮龍爲友。」〔五〕後伐大宛得千里馬，馬名蒲梢，〔六〕次作以爲歌。歌詩曰：「天馬來兮從西極，經萬里兮歸有德。承靈威兮降外國，涉流沙兮四夷服。」中尉汲黯進曰：「凡王者作樂，上以承祖宗，下以化兆民。今陛下得馬，詩以爲歌，協於宗廟，先帝百姓，豈能知其音邪？」上默然不說。丞相公孫弘曰：「黯誹謗聖制，當族。」〔七〕

〔一〕【集解】李斐曰：「南陽新野有暴利長，當武帝時遭刑，屯田燉煌界。人數於此水旁見羣野馬，中有奇異者，與凡馬異，來飲此水旁。利長先爲土人持勒靽於水旁，後馬玩習，久之，代土人持勒靽，收得其馬獻之。欲神異此馬，云從水中出。」蘇林曰：「洼，音『窐曲』之『窐』也。」【索隱】洼，音一佳反，烏花反。蘇林音「窐曲」之「窐」，窐即窊也。【考證】據漢書武紀，馬生渥洼水作歌，在元鼎四年之秋，禮樂志誤以爲元狩三年。

〔二〕【索隱】按：禮樂志「貢」作「況」，「況」與「貢」意亦通。【正義】太一，北極大星也。【考證】漢志「兮」字並無。顏師古曰：此天馬乃太一所賜，故來下也。

〔三〕【集解】應劭曰：「大宛馬汗血霑濡也，流沫如赭。」【考證】漢志下有「志俶儻精權奇，籋浮雲晻上馳」二句。

〔四〕【集解】孟康曰：「跇，音逝。」如淳曰：「跇，謂超踰也。」【索隱】音逝。鄒誕生云，跇，一作「世」，亦音跇。跇，超也。【考證】漢志「騁」作「體」，「跇」作「迣」。

〔五〕【考證】顏師古曰：言今更無與匹者，唯龍可爲之友耳。愚按：漢志所載樂歌三十六章，皆不用「兮」字，蓋協律之日删之。

〔六〕【集解】應劭曰：「大宛舊有天馬種，蹋石汗血，汗從前肩髆出如血，號一日千里。」【索隱】梢音史交反。又本作「騷」，亦同音。【考證】宛馬名蒲梢，他書無所考。漢志載太初四年誅宛王，獲宛馬，歌凡六章，章二句。其首章與是書所載歌首尾二句相似，蓋後來所補訂也。

〔七〕【考證】梁玉繩曰：獲宛馬作歌在太初四年之春，而公孫弘卒于元狩二年三月，渥洼、大宛事不及見，安得有誹謗聖制之譖哉？汲黯未嘗爲中尉之官，得渥洼馬時，黯在淮陽爲太守，無緣面譏武帝。得大宛馬，時黯卒已十二年，又安得誹謗聖制哉？困學紀聞、通鑑問答謂「樂書後人所續，厚誣古人，非史遷之筆，豈有遷在當時而乖舛如此」。通鑑攷異不得其説，疑「馬生渥洼作歌在元狩三年，汲黯爲右内史而譏之」。言當族者非公孫弘，殊不然也。愚按：據漢公卿表，太初四年得大宛馬，時公孫賀方爲丞相，則「弘」字當「賀」字之訛。史記汲黯傳云「上以黯故官其弟汲仁至九卿」。蘇秦弟有蘇代、蘇厲，樂毅子有樂間兄弟，親戚資性近似者往往有之，面譏武帝者，安知不汲仁乎？後人校史記者，熟公孫弘、汲黯名，而不究其事，以意妄改，亦未可知也。又按：結末數語，與平準書「亨弘羊，天乃雨」同一筆法，言外有無限意味。彼欲歸罪於桑弘羊，此不欲顯言君惡，史公妙筆，後人不可企及。又按：以上史公禮書序，以下後人取禮記樂記、韓非子十過等書妄增。

凡音之起，由人心生也。〔一〕人心之動，物使之然也。〔二〕感於物而動，故形於聲；〔三〕聲相應，故生變；〔四〕變成方，謂之音；〔五〕比音而樂之，及干戚羽旄，謂之樂也。〔六〕樂者，音之所由生也，〔七〕其本在人心感於物也。〔八〕是故其哀心感者，其聲噍以殺；〔九〕其樂心感者，其聲嘽以緩；〔一〇〕其喜心感者，其聲發以散；〔一一〕其怒心感者，其聲麤以厲；〔一二〕其敬心感者，其聲直以廉；〔一三〕其愛心感者，其聲和以柔。〔一四〕六者非性也，〔一五〕感於物而后動，〔一六〕是故先王慎所以感之。〔一七〕故禮以導其志，樂以和其聲，政以壹其行，刑以防其姦。〔一八〕禮樂刑政，其極一也，〔一九〕所以同民心而出治道也。〔二〇〕

〔一〕**【正義】**皇侃云：「此章有三品，故名爲樂本，備言音聲所起，故名樂本。夫樂之起，其事有二：一是人心感樂，樂聲從心而生；一是樂感人心，心隨樂聲而變也。」

〔二〕**【正義】**物者，外境也。外有善惡，來觸於心，則應觸而動，故云物使之然也。

〔三〕**【集解】**鄭玄曰：「宮商角徵羽雜比曰音，單出曰聲。形，猶見也。」王肅曰：「物，事也。謂哀樂喜怒和敬之事，感人而動，見於聲。」

〔四〕**【集解】**鄭玄曰：「樂之器，彈其宮則衆宮應，然而不足樂，是以變之使雜也。」**【正義】**崔靈恩云：「緣五聲各自相應，不足爲樂，故變使雜，令聲音諧和也。」**【考證】**郝懿行曰：變，謂清濁高下相變。

〔五〕**【集解】**鄭玄曰：「方，猶文章。」**【正義】**皇侃云：「單聲不足，故變雜五聲，使交錯成文，乃謂爲音也。」**【考證】**郝懿行曰：方，猶體也。清濁變而成曲調。愚按：下文云「情動於中，故形於聲，聲成文謂之音」。

〔六〕**【集解】**鄭玄曰：「干，楯也；戚，斧也：武舞所執也。羽，翟羽也；旄，旄牛尾：文舞所執也。」**【正義】**比，音鼻，次也。音，五音也。言五音雖雜，猶未足爲樂，復須次比器之音，及文武所執之物，共相諧會，乃是由音得名。爲樂，武陰文陽，故所執有輕重異。【考證】禮記樂記無「也」字。

〔七〕【正義】合音乃成樂，是樂由音而生，諸樂生起之所由也。【考證】中井積德曰：此論音之初起，是未有樂之時耳。蓋本文錯謬，「樂者音之所由起也」當作「音者樂之所由起也」。館本考證云：正義「諸樂生起，所由之生也」宜云「諸樂生起之所由也」。

〔八〕【正義】本，猶初也。物，外境也。言將欲明樂隨心見，故更陳此句也。【考證】説苑脩文篇無「也」字。

〔九〕【集解】鄭玄曰：「噍，踧也。」【索隱】焦，音如字。鄒誕生作「噍」，音將妙反。【正義】殺，所介反。噍，踧急也。若外境痛苦，則其心哀戚，哀戚在心，故樂聲踧急而殺也。此下六者，皆人君見前境來感己而制樂音，隨心見之也。【考證】索隱本「噍」作「焦」。

〔一〇〕【集解】鄭玄曰：「嘽，寬綽之貌。」【正義】嘽，寬也。若外境可美，則其心歡樂，歡樂在心，故樂聲必隨而寬緩也。

〔一一〕【集解】鄭玄曰：「發，揚也。」【正義】若外境會意，其心喜悦，悦喜在心，故樂聲發揚也。【考證】中井積德曰：發暢散渙，正是譙殺之反。

〔一二〕【正義】若外境乖失，故己心怒，恚怒在心，心隨怒而發揚，故無輟硋，則樂聲麤彊而嚴厲也。【考證】説苑「麤」作「壯」。

〔一三〕【正義】廉，隅也。若外境尊高，故己心悚敬，悚敬在心，則樂聲直而有廉角也。

〔一四〕【正義】柔，軟也。若外境憐慕，故己心愛惜，愛惜在心，則樂和柔也。【考證】説苑「柔」作「調」。

〔一五〕【正義】性本静寂，無此六事。六事之生，由應感見而動，故云非性。【考證】説苑「六者」作「人之善惡」。

〔一六〕【集解】鄭玄曰：「言人聲在所見，非有常。」

〔一七〕【正義】六事隨見而動，非關本性，聖人在上，制正禮以防之，故先王慎所以感之者也。【考證】禮記「之」下有「者」字。

〔一八〕【正義】行，胡孟反。【考證】說苑「導」作「定」，「志」作「意」。

〔一九〕【集解】鄭玄曰：「極，至也。」【正義】四事，防慎所感之由也。用〔正〕禮教導其志，用〔世〕〔正〕樂諧和其聲，用法律齊其行，用刑辟防其凶〔姦〕，民不復流僻，徒感防之，使同其一〔敬〕〔致〕不爲非也。極，至也。【考證】中井積德曰：極一，猶言歸一也。

〔二〇〕【集解】鄭玄曰：「此其所謂至也。」【正義】上四事功成，民同其心，俱不邪僻，故治道出也。民心所觸，有前六者不同，故聖人用後四者制之。【考證】說苑「出」作「立」。

凡音者，生人心者也。〔一〕情動於中，故形於聲，〔二〕聲成文，謂之音。〔三〕是故治世之音安以樂，其正和；〔四〕亂世之音怨以怒，其正乖；〔五〕亡國之音哀以思，其民困。〔六〕聲音之道，與正通矣。〔七〕宮爲君，〔八〕商爲臣，〔九〕角爲民，〔一〇〕徵爲事，〔一一〕羽爲物。〔一二〕五者不亂，則無沾懘之音矣。〔一三〕宮亂則荒，其君驕；〔一四〕商亂則搥，其臣壞；〔一五〕角亂則憂，其民怨；〔一六〕徵亂則哀，其事勤；〔一七〕羽亂則危，其財匱。〔一八〕五者皆亂，迭相陵，謂之慢。〔一九〕如此，則國之滅亡無日矣。〔二〇〕鄭、衛之音，亂世之音也，比於慢矣。〔二一〕桑間濮上之音，亡國之音也，〔二二〕政散，其民流，誣上行私，而不可止。〔二三〕

〔一〕【正義】此樂本章第二段，明樂感人心也。人心，即君人心也。樂音善惡，由君上心之所好，故云生於人心者也。【考證】中井積德曰：人心及情皆汎說，不專指君。

〔二〕【正義】情，君之情也。中，猶心也。心既感物而動，故形見於聲也。

〔三〕【正義】謂之音，清濁雖異，各見於外，成於文彩，並謂之音也。

〔四〕【正義】樂，音洛。言平理之世，其樂音安静而歡樂也。正，政同也。【考證】正，諸本作「政」，禮記、説苑亦作「政」，下並同。張文虎曰：政，柯本作「正」。錢泰吉云：正文作「正」，故正義有「正政同也」四字。

〔五〕【集解】徐廣曰：「一作『煩』。」【正義】亂世之音，民心怨怒，樂聲亦怨，由其正乖僻故。

〔六〕【正義】思，音四。亡國謂將欲滅亡之國，樂音悲哀而愁思。亡國之時，民之心哀思，其樂音亦哀思，由其民困苦故也。

〔七〕【集解】鄭玄曰：「言八音和否隨政也。」【正義】正和則聲音安樂，正乖則聲音怨怒，是聲音之道，與正通矣。

〔八〕【集解】王肅曰：「居中總四方。」【索隱】居中總四方，宫弦最大，用八十一絲，聲重而尊，故爲君。【正義】宫屬土，居中央，總四方，君之象也。【考證】鄭玄曰：音生於宫，其數八十一，凡聲尊卑取象五行，數多者濁，數少者清，大者不過宫，細者不過羽。

〔九〕【集解】王肅曰：「秋義斷。」【索隱】商是金，金爲決斷，臣事也。弦用七十二絲，次宫，如臣次君也。【考證】鄭玄曰：三分徵益一，以生商，商數七十二。

〔一〇〕【集解】王肅曰：「春物並生，各以區別，民之象也。」【索隱】弦用六十四絲，聲居宫羽之中，比君爲劣，比物爲優，故音清濁中，人之象也。【正義】角屬木，以其清濁中，民之象。【考證】鄭玄曰：三分羽益一，以生角，角數六十四。

〔一一〕【集解】王肅曰：「夏物盛，故事多。」【索隱】徵屬夏，夏時生長萬物，皆成形體，事亦有體，故配事。弦用五十四絲。【正義】徵屬火，以其徵清，事之象也。【考證】鄭玄曰，三分宫去一，以生徵，徵數五十四。

〔一二〕【集解】王肅曰：「冬物聚。」【索隱】羽爲水，最清，物之象。王肅云「冬物聚，故爲物，弦用四十八絲」。【考證】鄭玄曰：三分商去一，以生羽，羽數四十八。

〔一三〕【集解】鄭玄曰：「沾懘，弊敗不和之貌也。」【索隱】苫滯，又本作「沾懘」。【正義】沾，弊也。懘，敗也。君、臣、民、事、物五者，各得其用，不相壞亂，則五音之響無弊敗也。【考證】禮記「沾」作「怗」，説苑「五者」一句作「五音亂則無法，無法之音」。

〔一四〕【集解】鄭玄曰：「荒，猶散。」【正義】宫亂，則其聲放散，由其君驕溢故也。

〔一五〕【集解】徐廣曰：「搥，今禮作『陂』也。」【索隱】槌，鄒音都回反。徐廣曰「今禮作『陂』」，言詖也。【正義】商音亂，其聲欹邪不正，由其臣不理於官，〔官〕壞故也。【考證】搥，鄒誕生讀爲「頹」，禮記、説苑作「陂」。

〔一六〕【正義】角音亂，其聲憂愁，由政虐民怨故也。

〔一七〕【正義】徵音亂，其聲哀苦，由繇役不休，其民事勤勞也。

〔一八〕【正義】羽音亂，其聲傾危，由君賦重，(於)其民貧乏故也。

〔一九〕【正義】迭，互也。陵，越也。五聲並不和，則君臣上下互相陵越。所以謂之爲慢也。【考證】説苑「迭」作「代」。中井積德曰：相陵，皆以音聲言也。

〔二〇〕【集解】鄭玄曰：「君、臣、民、事、物也，其道亂，則其音應而亂也。」【索隱】無日，猶言無復一日也。以言君臣陵慢如此，則國之滅亡朝夕可待，無復一日也。【考證】中井積德曰：無日，無幾日也。

〔二一〕【集解】鄭玄曰：「比，猶同。」【正義】鄭音好濫淫志，衛音促速煩志，並是亂世音，雖亂而未滅亡，故比慢也。比，必以反。【考證】中井積德曰：比，近也。

〔二二〕【集解】鄭玄曰：「濮水之上，地有桑間，在濮陽南。」【正義】昔殷紂使師延作長夜靡靡之樂，以致亡國。武王伐紂，此樂師師延將樂器投濮水而死。後晉國樂師師涓夜過此水，聞水中作此樂，因聽而寫之。既得還國，爲晉平公奏之，師曠撫之曰：「此亡國之音也，得此必於桑間濮上乎？紂之所由亡也。」【考證】中井積德曰：桑間與濮上，樂章蓋自別。濮上之事在後。

〔二三〕【正義】若用此濮上之音，其政必離散，而民人流徙逃亡，緣臣誣上，各行私情，國即滅亡而不可禁止也。

【考證】說苑「止」下有「也」。

凡音者生於人心者也，〔一〕樂者通於倫理者也。〔二〕是故知聲而不知音者，禽獸是也；知音而不知樂者，衆庶是也。唯君子爲能知樂。〔三〕是故審聲以知音，〔四〕審音以知樂，〔五〕審樂以知政，〔六〕而治道備矣。〔七〕是故不知聲者，不可與言音；不知音者，不可與言樂。知樂則幾於禮矣。〔八〕禮樂皆得，謂之有德。德者得也。〔九〕是故樂之隆，非極音也；〔一〇〕食饗之禮，非極味也。〔一一〕清廟之瑟，〔一二〕朱弦而疏越，〔一三〕一倡而三歎，有遺音者矣。〔一四〕大饗之禮，〔一五〕尚玄酒，〔一六〕而俎腥魚，〔一七〕大羹不和，〔一八〕有遺味者矣。〔一九〕是故先王之制禮樂也，非以極口腹耳目之欲也，將以教民平好惡，而反人道之正也。〔二〇〕

〔一〕【正義】此樂章第三段也。前第一段明人心感樂，第二段明樂感人心。此段聖人制正樂以應之。此段自有二重：自「凡音」至「反人道」爲一重，卻應第二段樂感人心也；又自「人心生而静」至「王道備矣」爲一重，卻應第一段人心感樂也。【考證】正義「自人」下「心」字疑衍。

〔二〕【集解】鄭玄曰：「倫，猶類也。理，分也。」【正義】音初生自君心，形而成樂，樂成則能通於百姓，使各盡其類分，故曰通倫理者也。【考證】姜兆錫曰：謂通乎萬物倫類之分理也。

〔三〕【集解】鄭玄曰：「禽獸知此爲聲耳，不知其宫商之變。八音並作，克諧曰樂。」

〔四〕【正義】聲爲音本，若欲知音，當須審定其聲，然後音可知。

〔五〕【正義】音爲樂本，前審定其音，然後可知樂也。

〔六〕【正義】樂爲政本，前審定其樂，然後政可知也。

〔七〕【正義】前審定其本，後識其末，則爲治之道乃可備也。

〔八〕【集解】鄭玄曰：「幾，近也。」【正義】禮，謂治國之禮，包萬事。萬事備具，始是禮極。今知樂者，但正君、臣、民、事、物五者之情，於禮未極，故云幾於禮也。【考證】應鏞曰：倫理之中，皆禮之所寓，知樂則通于禮矣。不曰通而曰幾者，辨析精微之極也。

〔九〕【集解】鄭玄曰：「聽樂而知政之得失，則能正君、臣、民、事、物之禮。」【正義】若聽樂而知禮，則是禮樂皆得；二者備具，則是有德之君也。又言有德之人，是能得禮樂之情，故云德者得也。

〔一〇〕【集解】鄭玄曰：「隆，猶盛也。極，猶窮也。」【正義】大樂之盛，本在移風易俗，非窮鐘鼓之音，故云非極音也。故論語「樂云樂云，鐘鼓云乎哉」是也。

〔一一〕【正義】食，音嗣。食享，謂宗廟祭也。大禮之盛，本在安上治民，非崇玉帛至味，故云非極味也。故論語「禮云禮云，玉帛云乎哉」是也。

〔一二〕【集解】鄭玄曰：「清廟，謂作樂歌清廟。」王肅曰：「於清廟中所鼓之瑟。」

〔一三〕【集解】鄭玄曰：「越，瑟底孔，畫疏之，使聲遲。」

〔一四〕【集解】鄭玄曰：「遺，猶餘也。」王肅曰：「未盡音之極。」【正義】倡，音唱。一唱，謂一人始唱歌。三歎，謂三人讚歎也。樂歌此先王之道，不極音聲，故但以熟弦廣孔，少唱寡和。此音有德，傳於無窮，是有餘音不已。一云，所重在德本，不在音，是有遺餘音，念之不忘也。

〔一五〕【正義】大享，即食享也。變「食」言「大」，崇其名故也。不尚重味，故食言大也。此言禮盛不（作）〔在〕至味之事。

〔一六〕【正義】祫祭之禮，則列玄尊在上，五齊在下也。

〔一七〕【正義】凡俎有肴生腊，(是俎)腥魚者，生魚也，俎雖有三牲，而兼載生魚也。

〔一八〕【正義】和，胡臥反。大羹，肉汁也。祫祭有肉汁爲羹，無鹽菜之芼和也。

〔一九〕【正義】遺，亦餘也。此著質素之食。禮，人主誠設之道，不極滋味，故尚明水而腥魚。此禮可重，流芳竹帛，傳之無已，有餘味。一云禮本在德，不在甘味，故用水魚而遺味也。【考證】呂氏春秋適音篇「有遺音矣」作「有進乎音者矣」，「酒」作「尊」，「腥」作「生」，「有遺味者矣」作「有進乎味者也」。中井積德曰：遺味、遺音，只是不極盡之意也。不和，謂無五味之和也，不數菜芼。俞樾曰：注所謂遺猶餘也者，非美其音之有餘，味之有餘也。天下之音不盡於此，是謂有餘音；天下之味不盡於此，是謂有餘味。上文曰「樂之隆，非極音也；食饗之禮，非致味也」。兩言「有遺」，正見不「極音」、不「致味」之意。

〔二〇〕【集解】鄭玄曰：「教之(知使)〔使知〕好惡。」【正義】好，火到反。惡，一故反。平，均也。言先王制禮作樂，本是教訓澆民，平於好惡之理，故去惡歸善，不爲口腹耳目之欲，令反歸人之正道也。【考證】中井積德曰：教，使也。

人生而靜，天之性也；〔一〕感於物而動，性之頌也。〔二〕物至知知，然后好惡形焉。〔三〕好惡無節於內，知誘於外，不能反己，天理滅矣。〔四〕夫物之感人無窮，而人之好惡無節，則是物至而人化物也。〔五〕人化物也者，滅天理而窮人欲者也。〔六〕於是有悖逆詐僞之心，有淫佚作亂之事。是故彊者脅弱，衆者暴寡，知者詐愚，勇者苦怯，疾病不養，老幼孤寡不得其所，此大亂之道也。是故先王制禮樂，人爲之節：〔七〕衰麻哭泣，所以節喪紀也；〔八〕鐘鼓干戚，所以和安樂也；婚姻冠笄，所以別男女也；〔九〕射鄉食饗，所以正交接也。〔一〇〕禮節民心，樂和民聲，政以行之，刑以防之。禮樂刑政，四達而不悖，則王道備矣。

〔一〕【正義】此第三段第二重也。人初生，未有情欲，其情欲至静，稟于自然，是天之性也。

〔二〕【集解】徐廣曰：「頌，音容。今禮作『欲』。」【正義】其心雖静，感於外，情因物而動，是性之貪慾也。【考證】禮記「頌」作「欲」。俞樾曰：性之欲也，義不可通。史記樂書作「性之頌也」，疑古本禮記如此。徐廣曰「頌音容」，當從之。月令篇「有不戒其容止者」，注「容止，猶動静也」。以動訓容，以静訓止，是容有動義。孟子盡心篇「動容周旋中禮」，動容連文，其義一也。感於物而動，性之容也，上句言動，下句言容，文義相應，蓋「動容」本古人常語耳。且此兩句，以動、容爲韻，上兩句以静、性爲韻，皆有韻之文。

〔三〕【集解】王肅曰：「事至，能以智知之，然後情之好惡見。」【正義】上「知」，音智。

〔四〕【集解】王肅曰：「内無定節，智爲物所誘於外，情從之動，而失其天性。」【正義】言好惡不自節量於心，唯知情慾誘之於外，不能反還己躬之善，則天性滅絶矣。【考證】禮記樂記「己」作「躬」。王應麟曰：「天理」二字始見於樂記。又曰：文子曰「人生而静，天之性也。感於物而動，性之善也。物至而應，智之動也。智與物接而好憎生焉，好憎成形，而智怵於外，不能反己，而天理滅矣」。與樂記相出入，古之遺言歟？黄震曰：樂記間多精語，如曰「人生而静，天之性也。感於物而動，性之欲也」，如曰「好惡無節於内，知誘於外，不能反躬，天理滅矣」，皆近世理學所據以爲淵源。

〔五〕【集解】鄭玄曰：「隨物變化。」【正義】夫物不一，故言無窮也。若人心嗜慾無度，隨好惡不能節之，則與之而化，故云「人化物」。

〔六〕【集解】鄭玄曰：「言無所不爲。」【正義】心隨物化，則滅天性而恣人心之欲也。【考證】岡白駒曰：天理人欲，專語聲音之感人也，始未嘗爲道言，宋儒取以説其道。

〔七〕【集解】鄭玄曰：「爲作法度以遏其欲也。」王肅曰：「以人爲之節，言得其中也。」【考證】禮記「王」下有「之」字。中井積德曰：人，謂人人也。

〔八〕【正義】此以下並是陳禮節人之事也。制五服哭泣，所以紀喪事之節，而不使背死忘生也。事死者難，故以哀哭爲前也。

〔九〕【集解】鄭玄曰：「男二十而冠，女許嫁而笄。」【正義】冠，音貫。笄，音雞。

〔一〇〕【集解】鄭玄曰：「射鄉，大射、鄉飲酒。」【考證】中井積德曰：射，不必大射，此當以鄉射爲主。孔穎達曰，食饗，饗食賓客也。

樂者爲同，禮者爲異。〔一〕同則相親，異則相敬。樂勝則流，〔二〕禮勝則離。〔三〕合情飾貌者，禮樂之事也。〔四〕禮義立，則貴賤等矣；〔五〕樂文同，則上下和矣；〔六〕好惡著，則賢不肖別矣；〔七〕刑禁暴，爵舉賢，則政均矣。〔八〕仁以愛之，義以正之，如此則民治行矣。〔九〕

〔一〕【集解】鄭玄曰：「同，謂協好惡也。異，謂別貴賤。」【正義】此第二章，名爲樂論。其中有四段，此章論禮樂同異也。夫樂，使率土合和，是爲同也；禮，使父子殊別，是爲異也。【考證】鄭說是。

〔二〕【集解】王肅曰：「流遁不能自還。」

〔三〕【集解】王肅曰：「離析而不親。」【正義】勝，式證反。勝，猶過也。禮樂雖有同異，而又相須也。若樂過和同而無禮，則流慢，無復尊卑之敬。若禮過殊隔無樂，則親屬離析，無復骨肉之愛也。

〔四〕【集解】鄭玄曰：「欲其並行彬彬然。」【正義】樂和內，是合情也；禮檢迹，是飾貌也。

〔五〕【集解】鄭玄曰：「等，階級。」

〔六〕【正義】文，謂聲成文也。若作樂文爲諧同，則上下並和，是樂和民聲也。【考證】此言樂文之理也，下文正義云「宮商錯而成文」。

〔七〕【正義】好惡，並去聲，又並如字。著，張慮反。若法律分明，善惡章著，則賢愚斯別，政化行矣。

〔八〕【正義】王者爲用刑，則禁制暴慢，疏爵以舉賞賢良，則政治均平，是刑以防之矣。既是禁暴，而又言舉賢者，示刑最爲重，不宜獨行，必須賞罰兼明也。然禮樂之用，非政不行，明須四事連行也。

〔九〕【正義】言禮樂刑政既均，又須仁以愛民，義以正民，如此則民順理正行矣。【考證】應鏞曰：上言「王道備」，言其爲治之具也；此言「民治行」，言其爲治之效。

樂由中出，〔一〕禮自外作。〔二〕樂由中出，故靜；〔三〕禮自外作，故文。〔四〕大樂必易，〔五〕大禮必簡。〔六〕樂至則無怨，禮至則不争。〔七〕揖讓而治天下者，禮樂之謂也。暴民不作，諸侯賓服，兵革不試，〔八〕五刑不用，百姓無患，天子不怒，如此則樂達矣。合父子之親，〔九〕明長幼之序，〔一〇〕以敬四海之內。〔一一〕天子如此，則禮行矣。〔一二〕

〔一〕【集解】鄭玄曰：「和在心。」【正義】此樂論第二段，謂樂功也。出，猶生也。爲人在中，和有未足，故生此樂也。

〔二〕【集解】鄭玄曰：「敬在貌。」【正義】作，猶起也。爲人在外，敬有未足，故起此禮也。

〔三〕【正義】樂和人心，心在內，故云靜。

〔四〕【集解】鄭玄曰：「文，猶動。」【正義】禮肅人貌，貌在外，故云動。

〔五〕【正義】易，以豉反。朱弦疏越是也。

〔六〕【集解】鄭玄曰：「易簡，若於清廟大饗然。」【正義】玄酒腥魚是也。

〔七〕【集解】鄭玄曰：「至，猶達也，行也。」【正義】樂行主和，和達則民無復怨怒也。禮行主謙，謙達則民不争競也。

〔八〕【集解】鄭玄曰：「賓，協也。試，用也。」

〔九〕【正義】前云「禮至不爭」，故致天下尊卑之序也。禮使父慈子孝，是合父子之親也，即「父事三老」是也。

〔一〇〕【正義】長坐幼立，是明長幼之序，即「兄事五更」是也。

〔一一〕【正義】孝經云：「教以孝，所以敬天下之爲人父；教以弟，所以敬天下之爲人兄；教以臣，所以敬天下之爲君。」即是「敬四海之內」也。【考證】應鏞曰：「四海之內」四字當在「合父子之親」上。

〔一二〕【正義】言天子能躬行禮，則臣下必用禮，如此則禮行矣。「合父子」以下，悉自天子自身行之也。【考證】李慈銘曰：「天子如此」四字，甚不成語。此段上節有云「如此則民治行矣」，下節有云「如此則四海之內，合敬同愛矣」，文皆一律，此處不得添出「天子」二字，當是涉上文「天子不怒」而衍。愚按：李說似是。

大樂與天地同和，〔一〕大禮與天地同節。〔二〕和，故百物不失；〔三〕節，故祀天祭地。〔四〕明則有禮樂，〔五〕幽則有鬼神，〔六〕如此則四海之內合敬同愛矣。〔七〕禮者，殊事合敬者也；〔八〕樂者，異文合愛者也。〔九〕禮樂之情同，故明王以相沿也。〔一〇〕故事與時並，〔一一〕名與功偕。〔一二〕故鐘鼓管磬，羽籥干戚，樂之器也；〔一三〕詘信俯仰，級兆舒疾，〔一四〕樂之文也。〔一五〕簠簋俎豆，制度文章，禮之器也；升降上下，周旋裼襲，禮之文也。〔一六〕故知禮樂之情者能作，〔一七〕識禮樂之文者能述。〔一八〕作者之謂聖，〔一九〕述者之謂明。〔二〇〕明聖者，述作之謂也。

〔一〕【正義】此樂論第三段，論禮與樂唯聖能識也。言天地以氣氤氳，合生萬物。大樂之理，順陰陽律呂，生養萬物，是大樂與天地同和也。

〔二〕【集解】鄭玄曰：「言順天地之氣與其數也。」【正義】言天有日月，地有山川，高卑殊形，生用各別。大禮辯尊卑貴賤等差異別，是大禮與天地同節。

〔三〕【集解】鄭玄曰：「不失其性。」【正義】樂與天地同和，能生成萬物。

〔四〕【集解】鄭玄曰：「成物有功報焉。」【正義】禮與天地同節，有尊卑上下，報生成萬物之功。

〔五〕【集解】鄭玄曰：「教人者也。」【正義】明，猶外也。言聖王能使樂與天地同和，禮與天地同節，又能顯明其禮樂以教人也。

〔六〕【集解】鄭玄曰：「助天地成物者也。易曰『知鬼神之情狀』，然則聖人精氣謂之神，賢智之精氣謂之鬼也。」【正義】幽，内也。言聖王又能内敬鬼神，助天地生成萬物。

〔七〕【正義】言行禮同節，故四海合敬矣。樂同和，故四海同愛矣。

〔八〕【正義】尊卑貴賤之别，是殊事也。施之同以莊敬，是合敬也。

〔九〕【正義】宫商錯而成文，隨事而制變，是異文，同以勸愛，是合愛也。

〔一〇〕【集解】鄭玄曰：「沿，猶因述也。殷因於夏，周因於殷。」【正義】樂情主和，禮情主敬，致化是同。以其致化情同，故明王相因述也。

〔一一〕【集解】鄭玄曰：「舉事在其時也。」王肅曰：「有其時，然後得立其事。」【正義】言聖王所爲之事與所當之時並行也。若堯舜揖讓之事與淳和之時並行，湯武干戈之事與澆薄之時並行。此句明禮也。

〔一二〕【集解】鄭玄曰：「爲名在於其功也。偕，猶俱也。」王肅曰：「有功然後得受其名。」【正義】名，謂樂名也。偕，俱也。功者，揖讓干戈之功也。聖王制樂之名，與所建之功俱作也。若堯、舜樂名咸池、大韶，湯、武樂名大濩、大武也。【考證】中井積德曰：名與功偕，言明禮樂者，所爲之事，合于時會，不失機宜，故能功立而聲聞，與偕垂于後世也。

〔一三〕【正義】此陳樂事也。鐘鼓之屬，是樂之器，有形質，故爲事也。

〔一四〕【集解】徐廣曰：「級，今禮作『綴』。」駰案：鄭玄曰「兆，其外營域」。【索隱】徐廣曰：「級，今禮作『綴』。」

綴，舞者酇列也。又按：下文「其舞行及遠」、「及短」，禮皆作「綴」，蓋是字之殘缺訛變耳，故此爲「級」，而下又爲「及」也。然並依字讀，義亦俱通，恐違古記耳。【考證】級兆，禮記作「綴兆」，鄭玄曰「綴，謂酇，舞者之位也。兆，其外營域也」。孔穎達曰「酇，謂酇聚」。洪頤煊曰：說文「酇，聚也」。又「儹，最也」。最，古作「聚」字。漢書叔孫通傳「爲綿蕞野外」，應劭云「立竹及茅索營之，習禮儀其中也」。「蕞」即「最」字。愚按：下文云「執其干戚，習其俯仰屈伸，而容貌得莊焉；行其綴兆，要其節奏，而行列得正焉，進退得齊焉」。

〔一五〕【正義】文飾之事也。【考證】中井積德曰：文，謂文章。

〔一六〕【考證】禮記「旋」作「還」。孔穎達曰：周旋，謂行禮周曲迴旋也。裼，謂袒上衣而露裼也。襲，謂掩上衣也。禮盛者尚質，故襲；不盛者尚文，故裼。愚按：裼，袒也，捲袖也。襲，既袒裼而復下其所捲之袖也。古人於裘外皆加正服，裼者兩袖微捲起，以露裘之美，襲則下其所捲之袖而已，說詳于經義叢鈔。

〔一七〕【正義】既能窮本知末知變，又能著誠去僞，所以能述作，故謂之聖也。

〔一八〕【集解】鄭玄曰：「述，謂訓其義。」【正義】謂上文「屈伸俯仰」、「升降上下」也。

〔一九〕【正義】堯、舜、禹、湯之屬是也。

〔二〇〕【正義】游、夏之屬是也。

樂者，天地之和也；禮者，天地之序也。〔一〕和，故百物皆化；序，故羣物皆別。〔二〕樂由天作，禮以地制。〔三〕過制則亂，過作則暴。〔四〕明於天地，然後能興禮樂也。〔五〕論倫無患，樂之情也；〔六〕欣喜驩愛，樂之容也。〔七〕中正無邪，禮之質也；〔八〕莊敬恭順，禮之制也。〔九〕若夫禮樂之施於金石，越於聲音，用於宗廟社稷，事于山川鬼神，則此所以與民同也。〔一〇〕

〔一〕【正義】此樂論第四段也。謂禮樂之情也。樂法天地之氣，故云「天地之和」；禮法天地之形，故云「天地之序」。禮樂從天地而來，王者必明於天地，然後能興起禮樂也。【考證】孔穎達曰，樂調暢陰陽，是天地之和也；禮明貴賤，是天地之序也。

〔二〕【集解】鄭玄曰：「化，猶生也。別，謂形體異。」【考證】岡白駒曰：在上者安于上，在下者安于下，在山者安于山，在川者安于川，故曰「羣物皆別」。

〔三〕【集解】鄭玄曰：「言法天地。」【正義】天用和氣化物，物從氣化，是由天作也。地有高下區分，以生萬物；禮有品節殊文，是由地制也。

〔四〕【集解】鄭玄曰：「過，猶誤也。暴，失文、武意也。」【考證】中井積德曰：過，失謬也，非「過不及」之「過」。不和故亂，不序故暴。

〔五〕【正義】禮樂既不可誤，故須明天地者，乃可制作也。

〔六〕【集解】王肅曰：「言能合道論，中倫理，而無患也。」【正義】既云唯聖人識禮樂之情，此以下更說其情狀不同也。倫，類也。賀瑒云：「樂使物得類序而無害，是樂之情也。」【考證】郝懿行曰：論，辭足論也。詩靈臺篇曰「於論鼓鐘」。倫，律吕之條理也。

〔七〕【正義】容，猶事也。賀瑒云：「八音克諧，使物欣喜，此樂之事迹也。」【考證】禮記「容」作「官」，鄭玄曰「官，猶事也」。愚按：「容」字自通。中井積德曰：容如字，不待別解。

〔八〕【集解】鄭玄曰：「質，猶本。」【正義】明禮情也。質，本也。禮以心內中正，無有邪僻，是禮之本。

〔九〕【正義】明禮情之事也。謂容貌莊敬，謙恭謹慎，是禮之節制也。

〔一〇〕【集解】王肅曰：「自天子至民人，皆貴禮之敬樂之和，以事鬼神先祖也。」【正義】言四者施用祭祀，隨世而異，則前王所不專，故又云則此所以與民同，言隨世也。【考證】越，發揚也。

王者功成作樂，治定制禮。〔一〕其功大者其樂備，其治辨者其禮具。〔二〕干戚之舞，非備樂也；〔三〕亨孰而祀，非達禮也。〔四〕五帝殊時，不相沿樂；三王異世，不相襲禮。〔五〕樂極則憂，禮粗則偏矣。〔六〕及夫敦樂而無憂，禮備而不偏者，其唯大聖乎？〔七〕天高地下，萬物散殊，而禮制行也；〔八〕流而不息，合同而化，而樂興也。〔九〕春作夏長，仁也；秋斂冬藏，義也。仁近於樂，義近於禮。〔一〇〕樂者敦和，率神而從天；〔一一〕禮者辨宜，居鬼而從地。〔一二〕故聖人作樂以應天，作禮以配地。禮樂明備，天地官矣。〔一三〕

〔一〕【集解】鄭玄曰：「功成治定同時耳，功主于王業，治主于教民。」【正義】此第三章，名樂禮章，言明王爲治，制禮作樂，故名樂禮章。其中有三段：一、明禮樂齊，其用必對；二、明禮樂法天地之事；三、明天地應禮樂也。【考證】中井積德曰：功成在前，武王是也；治定在後，成王是也。

〔二〕【集解】徐廣曰：「辨，一作『別』。」駰案：鄭玄曰「辨，徧也」。【正義】辨，皮勉反，又邊練反。夫禮樂必由功，治有小大，故禮樂應之而廣狹也。若上世民淳易化，故王者功治廣徧，是以禮樂備也。而殷、周民澆難化，故王者功治褊狹，則禮樂亦不具。

〔三〕【集解】鄭玄曰：「樂以文德爲備，若咸池也。」【正義】證樂不備也。干戚，周武也。樂以文德爲備，故用朱絲疏越，干戚之舞，故非備樂也。

〔四〕【集解】鄭玄曰：「達，猶具也。至敬不饗味，而貴氣臭。」【正義】解禮不具也。謂腥俎玄尊，表誠象古而已，不在芬苾孰味。是乃澆世爲之，非達禮也。【考證】岡白駒曰：亨、烹通，孰、熟通。禮記義疏云「樂之備由功之大，則戡亂繼治，各有其功，必不以干戚之舞爲備樂可知。禮之具由於治之辯，則準今酌古，各有其治，必非孰亨而祀爲達禮可知。以起下聖人所以遞變之故」。

〔五〕【集解】鄭玄曰：「言其有損益。」【正義】庾蔚之云：「樂興於五帝，禮成於三王。樂興王者之功，禮隨世之質文。」崔靈恩云：「五帝淳澆不同，故不得相沿爲樂，三王文質之不等，故不得相襲爲禮。」

〔六〕【集解】鄭玄曰：「樂，人之所好也，害在淫侉；禮，人之所勤，害在倦略。」

〔七〕【集解】鄭玄曰：「敦，厚也。」【考證】郝懿行曰：敦者樂不極也，備者禮不粗也。

〔八〕【集解】鄭玄曰：「禮爲異。」【正義】天高於上，地卑於下，萬物布散，殊别於其中，而大聖制禮，别異尊卑，是衆大而行，故云「禮制行」矣。禮以節制爲義，故云「禮制」。

〔九〕【集解】鄭玄曰：「樂爲同。」【正義】天地二氣，流行不息，合同氛氲，化生萬物。而大聖作樂，合同人心，是以象天地而起，故云「樂興也」。

〔一〇〕【集解】鄭玄曰：「言樂法陽而生，禮法陰而成。」【正義】近，其靳反。春夏生長萬物，故爲仁愛。樂主陶和萬性，故仁近於樂也。秋則殺斂，冬則蟄藏，並是義主斷割。禮爲節限，故義近於禮也。【考證】長、藏，韻。二句蓋古語。

〔一一〕【集解】鄭玄曰：「敦和，樂貴同。」【正義】此釋仁近樂之義。言樂之爲體，敦厚和同，因循聖人之神氣，而從順於天。【考證】方苞曰：神者天地之氣化，樂達天地之和，則氣化之行順而不忒，如有以率之也。

〔一二〕【集解】鄭玄曰：「别宜，禮尚異也。」孫炎曰：「居鬼，品處人鬼之志。」【正義】此解義近禮之由。居鬼，猶循神也。鬼，謂先賢也。禮之爲體，尊卑殊别，各有其宜，因居先賢鬼氣，而從順於地，分别禮分。【考證】禮記「辨」作「别」。方苞曰：居鬼者，廟社壇兆，各有其方也。

〔一三〕【集解】鄭玄曰：「各得其事也。」王肅曰：「各得其位也。」【考證】郝懿行曰：天地官，猶云天地位焉，上清下寧，各效其職也。

天尊地卑，君臣定矣。〔一〕高卑已陳，貴賤位矣。〔二〕動靜有常，小大殊矣。〔三〕方以類聚，物以羣分，則性命不同矣。〔四〕在天成象，在地成形。〔五〕如此則禮者天地之別也。〔六〕地氣上隮，〔七〕天氣下降，〔八〕陰陽相摩，〔九〕天地相蕩，〔一〇〕鼓之以雷霆，〔一一〕奮之以風雨，〔一二〕動之以四時，〔一三〕煖之以日月，〔一四〕而百物化興焉，〔一五〕如此則樂者天地之和也。〔一六〕

〔一〕【正義】此樂禮章第二段也，明禮樂法天地事也。言君尊於上，臣卑於下，是象天地定矣。【考證】「天尊地卑」至「煖之以日月」，與易繫辭傳文似義異。

〔二〕【集解】鄭玄曰：「高卑，謂山澤也。位矣，尊卑之位象山澤。」【考證】禮記、易繫辭傳「已」作「以」。

〔三〕【集解】鄭玄曰：「動靜，陰陽用事也。小大，萬物也。大者常存，小者隨陰陽出入。」【考證】方苞曰：天地萬物，動靜有常，而小大之事法之。殊，謂動靜異宜，非謂小與大殊。

〔四〕【集解】鄭玄曰：「方，謂行蟲。物，謂殖生者。性之言生也。命，生之長短。」【正義】性，生也。萬物各有嗜好，謂之性。命者，長短夭壽也。所祖之物，既稟大小之殊，故性命夭壽不同也。【考證】方，道也，事也。羣，同類相羣也。分，與他類相分也。類聚、羣分，文異事同。

〔五〕【集解】鄭玄曰：「象，光耀。形，體貌。」【正義】言日月星辰之光耀，草木鳥獸之體貌也。

〔六〕【正義】結禮之別也。如此則聖人制禮殊別，是天地之分別也，亦是辨宜居鬼而從地也。

〔七〕【集解】鄭玄曰：「隮，升也。」

〔八〕【正義】明禮樂法天地氣也。天地二氣之升降，合而生物，故樂以氣法地，弦歌聲氣升降相合，以教民也。然氣從下升，此樂象氣，故從地始也。形以上尊，故禮象形，從天始也。

〔九〕【正義】二氣切摩，而萬物生發，作樂，亦令聲氣切摩，使民心生敬也。

〔一〇〕【集解】鄭玄曰：「蕩，動也。」【正義】天地八節蕩動也。天地化物，八節更相感動，作樂亦令八音相感動也。

〔一一〕【正義】萬物雖以氣生，而物未發，故雷霆以鼓動之，如樂用鐘鼓以發節也。大雷曰霆。

〔一二〕【集解】鄭玄曰：「奮，迅也。」【正義】萬物皆以風雨奮迅而出，如樂用儛奮迅以象之，使發人情也。

〔一三〕【正義】萬物生長，隨四時而動，如樂各逐心內所須而奏之。

〔一四〕【正義】煖，音喧遠反。萬物之生，必須日月煖照，如樂有蘊藉，使人宣昭也。蘊藉者，歌不直言，而長言嗟歎之屬。

〔一五〕【集解】鄭玄曰：「百物化生。」【考證】禮記無「物」字，此衍。

〔一六〕【正義】結樂之和也。如此則聖人作樂，法天地和同，是樂者天地之和也，亦是敦和率神而從天也。【考證】禮記義疏云：「此節樂未作，而天地之雷霆風雨已藹然一樂。聖人因之作樂，清明象天，廣大象地，奮發象雷霆，周旋象風雨，終始象四時，文明象日月，其百物不失，亦如百化之興者然。是樂未作，而聖人之樂在天地；樂既作，而天地之和在聖人也。」

化不時則不生，〔一〕男女無別則亂登，〔二〕此天地之情也。〔三〕及夫禮樂之極乎天而蟠乎地，〔四〕行乎陰陽而通乎鬼神，〔五〕窮高極遠，而測深厚，〔六〕樂著太始，〔七〕而禮居成物。〔八〕著不息者天也，著不動者地也。〔九〕一動一靜者，天地之閒也。〔一〇〕故聖人曰「禮云樂云」。〔一一〕

〔一〕【正義】此樂禮章第三段，明天地應於禮樂也。前聖人既作禮樂，此明天地應禮樂也。若人主行化失時，天地應以惡氣毀物，故云「化不時則不生」也。【考證】中井積德曰：化，謂天地之和。

〔二〕【集解】鄭玄曰：「登，成也。樂失則害物，禮失則亂人。」【正義】此明天地應禮也。登，成也。若人君行禮，男女無別，則天地應而錯亂成之也。【考證】禮記「別」作「辨」，「登」作「升」。

〔三〕【正義】結隨禮樂得失而應之，是天地之情也。然樂是氣化，故云害物；禮是形教，故言亂人也。

〔四〕【集解】鄭玄曰：「極，至也。蟠，猶委也。」【索隱】蟠，音盤。鄒誕本作「播」，亦作「蟠」。

〔五〕【正義】言陰陽和，四時順，以應禮樂，禮樂與鬼神並，助天地而成化也。

〔六〕【集解】鄭玄曰：「高遠，三辰也。深厚，山川也。言禮樂之道，上至於天，下委於地，則其閒無所不之矣。」【考證】輔廣曰：上言天地自然之禮樂，此言聖人制禮作樂之功。

〔七〕【集解】王肅曰：「著，明也。明太始，謂法天也。」【索隱】著，明也。太始，天也。言樂能明太始，是法天。

〔八〕【集解】成物，謂地也。居亦謂法也。【索隱】言地能成萬物，故成物謂地也。居，亦法也，言禮法地也。【正義】著，猶處也。天爲萬物之始，故曰太始。天蒼而氣化，樂亦氣化，故云處太始也。成物，地也，體盤薄長成萬物也。在地成形，禮亦形教，故云居成也。地卑故曰居，天高故曰著也。【考證】方苞曰：居成物者，因已成之物而措置之也。君臣父子，物之已成者也，而制禮以明其分誼，聯其恩愛，所以居之也。俞樾曰：下文「著不息者天也，著不動者人也」，即承此文而言。

〔九〕【集解】鄭玄曰：「著，猶明白也。息，謂休止也。」【索隱】著，謂著明，運生不息者，天之功也，故易乾卦云「天行健，君子以自强不息」是。著養萬物不動者，地之德也，故易坤卦云「安貞吉」是也。【正義】此美禮樂配天地也。著，亦處也。言樂氣化處運生不息者，配天地。禮制尊卑定位，成養萬物，處不移動者，配地也。

〔一〇〕【集解】鄭玄曰：「閒，謂百物也。」【正義】此美禮樂，若分則配天地，若合則與百物齊一也。靜動而生百物，稟天地動靜而生，故呼百物爲天地之閒也。

〔一一〕【集解】鄭玄曰：「言禮樂之法天地也。」【正義】引聖證此章也。言聖人云，明此一章是禮樂法天地也，故言「聖人曰『禮云樂云』」。樂動禮靜，其並用事，如天地閒物有動靜也。【考證】禮記「禮」下無「云」字，此疑衍。

昔者舜作五弦之琴，以歌南風；〔一〕夔始作樂，以賞諸侯。〔二〕故天子之爲樂也，以賞諸侯之有德者也。德盛而教尊，五穀時孰，然后賞之以樂。〔三〕故其治民勞者，其舞行級遠；〔四〕其治民佚者，其舞行級短。〔五〕故觀其舞而知其德，〔六〕聞其謚而知其行。〔七〕大章，章之也；〔八〕咸池，備也；〔九〕韶，繼也；〔一〇〕夏，大也；〔一一〕殷、周之樂盡也。〔一二〕

〔一〕【集解】鄭玄曰：「南風，長養之風也，言父母之長養己也。其辭未聞也。」王肅曰：「南風，育養民之詩也。其辭曰『南風之薰兮，可以解吾民之慍兮』。」【索隱】此詩之辭出尸子及家語。【正義】此第四章名樂施，明禮樂前備後施布天下也。中有三段：一、明施樂以賜諸侯也；二、明施樂須節，既賜之，所以宜節也；三、明禮樂所施，各有本意本德。世本「神農作琴」，今云舜作者，非謂舜始造也，改用五弦琴，特歌南風詩，始自舜也。五弦者，無文武二弦，唯宮商角徵羽之五弦也。南風是孝子之詩也。南風養萬物，而孝子歌之，言得父母生長，如萬物得南風也。舜有孝行，故以五弦之琴歌南風詩，以教理天下之孝也。【考證】淮南子詮言訓「舜彈五絃之琴，而歌南風之詩」，高誘註「古琴五弦，至周有七律，增爲七弦也。南風愷樂之風」。齊召南曰：南風詩，鄭以意説耳，並無所據，王肅難鄭是也。

〔二〕【集解】鄭玄曰：「夔欲舜與天下之君共此樂。」

〔三〕【正義】陳其合賞也。若諸侯孝德明盛，教令尊嚴，年穀豐稔，故天子賞樂也，天下因而法之也。

〔四〕【正義】行，音胡郎反。級，音子衛反，本或作「綴」，音同。此明雖得樂賜，而隨功德優劣也，舞位行列也。綴，謂酇列也。若諸侯治民勞苦，由君德薄，王賞之以樂，則舞人少，不滿，將去酇疏遠也。

〔五〕【集解】王肅曰：「遠以象民行之勞，近以象民行之逸。」【正義】佚，音逸。言若諸侯治民暇逸，由君德盛，王賞舞人多，則滿，將去酇促近也。庾蔚之云：「此爲虞夏禮也。虞猶淳，故可隨功賜樂；殷周漸澆，易生忿怨，不宜猶有優劣，是以同制。諸侯六佾，故與周禮不同也。」【考證】禮記「級」並作「綴」。應鏞曰：勤於治民，則德盛而樂隆，故舞列遠而長；怠於治民，則德薄而樂殺，故舞列近而短。

〔六〕【正義】觀其佾位人多少，去綴近遠，即知其君德薄厚也。

〔七〕【集解】鄭玄曰：「謚者，行之迹。」【正義】行，音胡孟反。制死謚隨君德，故聞死謚，則知生行。此一句，比擬其舞也。【考證】禮記「行」下有「也」字。

〔八〕【集解】鄭玄曰：「堯樂名。言堯德章明。」【正義】既生時舞則知德，死則聞謚驗行，故更引死後聞樂，則知行事解之也。大章，堯樂也。章，明也。民樂堯德大明，故名樂曰大章，後人聞大章，則知堯生時德大明。上章是堯德之明，下章是後明於堯德。白虎通云「大章，大明天地之道」。【考證】張文虎曰：各本「大」作「泰」，據正義改。愚按：禮記亦作「大」。又按：帝堯爲大章以祭上帝，詳于呂氏春秋古樂篇。

〔九〕【集解】鄭玄曰：「黃帝所作樂名，堯增脩而用之。咸，皆也。池之言施也，言德之無不施也。」王肅曰：「包容浸潤行化皆然，故曰備也。」【考證】禮記「也」作「矣」。

〔一〇〕【集解】鄭玄曰：「舜樂名。言能繼堯之德。」

〔一一〕【集解】鄭玄曰：「禹樂名。言禹能大堯舜之德。」

〔一二〕【集解】鄭玄曰：「言盡人事也。周禮曰『殷曰大濩，周曰大武』。」【考證】禮記「也」作「矣」。

天地之道，寒暑不時則疾，〔一〕風雨不節則饑。〔二〕教者，民之寒暑也，〔三〕教不時則傷世。〔四〕事者，民之風雨也，事不節則無功。〔五〕然則先王之爲樂也，以法治也，〔六〕善則行象德矣。〔七〕夫豢豕爲酒，〔八〕非以爲禍也；〔九〕而獄訟益煩，則酒之流生禍也。〔一〇〕是故先王因爲

酒禮，一獻之禮，賓主百拜，〔一一〕終日飲酒，而不得醉焉，此先王之所以備酒禍也。故酒食者，所以合歡也。〔一二〕

〔一〕【正義】此則樂施章第二段，明施樂須節也。既必須節，故引譬例寒暑天地之氣也。若寒暑不時，則民多疾疫也。

〔二〕【正義】風雨，天事也。風雨有聲形，故爲事也。若飄灑凄厲，不有時節，則穀損民饑也。

〔三〕【集解】鄭玄曰：「教，謂樂也。」

〔四〕【正義】寒暑不時，既爲民疾苦，樂教不時，則傷世俗之化也。

〔五〕【正義】風雨不節，則民饑饉；禮事不節，則治無功也。

〔六〕【集解】王肅曰：「作樂，所以法其治行也。」

〔七〕【集解】王肅曰：「君行善，即臣下之行皆象君之德。」【正義】此廣樂所以須節己。言先王爲樂，必以法治，治善，則臣下之行皆象君之德也。

〔八〕【集解】鄭玄曰：「以穀食犬豕曰豢。爲，作也。」

〔九〕【正義】此言禮須節也。豢，養也。言前王豢犬豕，及作酒之事，本以爲禮祀神祇，設賓客，和親族，禮賢能，而實非爲民作禍災也。【考證】中井積德曰：酒所以合歡也，下文自有解，不須拘説。

〔一〇〕【集解】鄭玄曰：「小人飲之，善酗，以致獄訟。」【正義】此禮事也。言民得豢酒，無復節限，卒至沈酗鬬争殺傷，而刑獄益生煩多，則是酒之流害生其禍也。

〔一一〕【集解】鄭玄曰：「一獻，士飲酒之禮。百拜，以喻多也。」

〔一二〕【正義】此結節功也。既防酒禍，故飲不醉争，以時合歡適也。【考證】中井積德曰：所以合歡，元來如此而已，非結節功。又正義「既」字，「故」字舛。

樂者，所以象德也；〔一〕禮者，所以閉淫也。〔二〕是故先王有大事，必有禮以哀之；〔三〕有大福，必有禮以樂之；〔四〕哀樂之分，皆以禮終。〔五〕

〔一〕【正義】此樂施章第三段，明禮樂之所施，各有本意，在於象德也。此言樂意也，言樂之所施於人，本有和愛之德。

〔二〕【正義】此言禮意也。言禮之所施於人，大止邪淫過失也。【考證】禮記「閉」作「綴」，鄭注云「綴，止也」。方苞曰：淫，過也。愚按：猶若「淫雨」之「淫」。

〔三〕【集解】鄭玄曰：「大事，謂死喪。」【正義】民有喪，則先王制衰麻哭泣之禮以節之，使其各遂哀情，是禮以哀之也。

〔四〕【正義】樂，音洛。大福，祭祀者慶也。民慶必歌舞飲食，庶羞之禮使不過，而各遂歡樂，是有以樂之也。

〔五〕【正義】分，扶問反。結二事。哀樂雖反，皆用禮節，各終其分，故云皆以禮終。

樂也者，施也；禮也者，報也。〔一〕樂，樂其所自生；〔二〕而禮，反其所自始。〔三〕樂章德，〔四〕禮報情，反始也。〔五〕所謂大路者，天子之輿也，〔六〕龍旂九旒，天子之旌也；〔七〕青黑緣者，天子之葆龜也；〔八〕從之以牛羊之羣，則所以贈諸侯也。〔九〕

〔一〕【集解】鄭玄曰：「言樂出而不反，而禮有往來。」【正義】施，式豉反。此第六段，樂象法章第五段，不以次第而亂升在此段，明禮樂用別也。庾蔚之云：「樂者，所以宣暢四氣，導達情性，功及物而不知其所報，即是出而不反，所以謂施也。禮者，所以通彼之意，故有往必有來，所以謂報也。」【考證】「樂者報也」以下與禮記次第不同，說具於各條。

〔二〕【集解】鄭玄曰：「自，由也。」【正義】此廣施也。樂名所起，由民下之心所樂生，非有所報也。

〔三〕【正義】此廣報也。反，猶報也。禮生無名，但是事耳。隨時得質文之事而報之。

〔四〕【正義】聞名知德，若大章是也。

〔五〕【集解】孫炎曰：「作樂者，緣民所樂於己之德，若舜之民樂其紹堯也，周之民樂其伐紂，而作韶、武也。制禮者，本己所由得民心，殷尚質，周尚文是也。」【正義】禮報人情而制，隨質文之始也。【考證】禮記義疏云：德蘊於中，樂形於外，是樂主於施；人以禮來，我以禮往，是禮主於報。然樂之施，雖達於外，而達於外者，實本於中心之德。是樂之章德，實樂其所自生；禮之報，雖因乎人，而致之人者，原以行乎敬，是禮以報人之情，亦以反吾心所自始也。

〔六〕【正義】此以下廣言禮以報爲體之事。輿，車也。大路，天子之車也。諸侯朝天子，脩其職貢，若有勳勞者，天子賜之大路也。【考證】禮記「輿」作「車」。

〔七〕【正義】庾蔚之云：「龍旂九旒，上公之旌。」

〔八〕【集解】公羊傳曰：「龜青緣。」何休曰：「緣，甲頫也。千歲之龜青頫，明乎吉凶也。」【索隱】「葆」與「寶」同，史記多作此字。公羊傳「寶龜青緣」，何休以緣爲甲頫，千歲之龜青頫，明于吉凶。頫，音耳占反。【正義】緣，以絹反。【考證】禮記「葆」作「寶」，集解引公羊春秋定八年文。

〔九〕【集解】鄭玄曰：「贈諸侯，謂來朝將去，送之以禮也。」【正義】合結上諸事，皆是天子送諸侯禮也。言五等諸侯，朝畢反去，天子贈之大路龍旂寶龜，又送之以牛羊之羣也。【考證】禮記義疏引石梁王氏曰：「此八句專言禮，與上下文不相承，當是他篇錯簡。」

樂也者，情之不可變者也；〔一〕禮也者，理之不可易者也。〔二〕樂統同，〔三〕禮別異。〔四〕禮樂之說，貫乎人情矣。〔五〕窮本知變，樂之情也；〔六〕著誠去僞，禮之經也。〔七〕禮樂，見天地之情，〔八〕達神明之德，〔九〕降興上下之神，〔一〇〕而凝是精粗之體，領父子君臣之節。〔一一〕

〔一〕【正義】此第七章，明樂之情，與之符達鬼神，合而不可變也。中有三段：一、明禮樂情達鬼神也；二、證禮樂達鬼神之事；三、明識禮樂之本可尊也。前第六章明象。象必見情，故以樂主情。樂變則情變，故云情之不可變也。【考證】岡白駒曰：人之性情，不能無所樂。

〔二〕【集解】鄭玄曰：「理，猶事也。」【正義】禮主事，禮，別也，故云事之不可易者也。

〔三〕【正義】解情不變也。統，領也。同，和合之情者也。

〔四〕【集解】鄭玄曰：「統同，同和合也。辨異，異尊卑之位。」【正義】解事不可易也。禮別於尊卑之事也。【考證】禮記「別」作「辨」。

〔五〕【正義】貫，猶通也。言人情莫過於同異，而禮樂能統同辨異，故其說理能通人情。【考證】禮記、荀子樂論篇「貫」作「管」。

〔六〕【正義】庾蔚之云：「樂能通和性分，使各不失其所，是窮自然之本也。使人不失其所守，是知變通之情也。」【考證】郝懿行曰：樂之動，其本在人心感於物，故曰「窮本」；聲相應，故生變，故曰「知變」。

〔七〕【正義】著，竹慮反。去，丘呂反。著，明也。經，常也。著明誠信，違去詐僞，是禮之常行也。【考證】郝懿行曰：禮之經，如親疏隆殺不相混，使人習之，厚者既以益其誠，薄者亦漸化其僞。著，如「土著」之「著」，謂安其居也。岡白駒曰：著，直略反。正義非。

〔八〕【正義】見，胡練反。合明禮樂也。禮出於地，尊卑有序，是見地之情也。樂出於天，遠近和合，是見天之情也。【考證】見天地之情，各本作「順天地之誠」。張照曰：正義云「見，胡練反」。又云「見地之情」、「見天之情」，可知古本亦作「見天地之情」，今改正。愚按：禮記「見」作「偩」。

〔一〇〕【正義】達，通也。禮樂不失，則天降甘露，地出醴泉，是通於神明之德也。

〔一一〕【集解】鄭玄曰：「降，下也。興，猶出也。」【正義】樂六變，天神下；八變，地祇出：是興降上下之神。

〔一二〕【集解】鄭玄曰：「凝，猶成也。精粗，謂萬物大小也。領，猶理治也。」【考證】郝懿行曰：禮樂之文，體之粗者；禮樂之情，體之精者。凝，如「至道不凝」之「凝」。禮記正義云「是，正也」。

是故大人舉禮樂，則天地將爲昭焉。〔一〕天地欣合，陰陽相得，〔二〕煦嫗覆育萬物，〔三〕然后草木茂，區萌達，〔四〕羽翮奮，角觡生，〔五〕蟄蟲昭蘇，〔六〕羽者嫗伏，毛者孕鬻，〔七〕胎生者不殰，而卵生者不殈，〔八〕則樂之道歸焉耳。〔九〕

〔一〕【正義】爲，于僞反。昭，音照。此樂情章第二段，明禮樂能通達鬼神之事。前既云能通鬼神，此明其事也。大人，聖人，與天地合德，故舉禮樂爲教，而天地從之大明也。【考證】中井積德曰：謂天地亦因此而自明也，非明之。

〔二〕【正義】欣，喜也。合，猶蒸也。禮樂化行，故天氣下，地氣蒸合，陰陽交會，故相得也。論體，謂之天地。論氣，謂之陰陽也。【考證】禮記「欣」作「訢」。

〔三〕【集解】鄭玄曰：「氣曰煦，體曰嫗。」【考證】中井積德曰：煦嫗覆育，喻人養子而言，不當分屬天地形氣。

〔四〕【集解】鄭玄曰：「屈生曰區。」【正義】區，音勾。草木，據其成體之茂，區萌，據其新牙，故曰達。達，猶出也。曲出曰區，菽豆之屬，直出曰萌，稻稷之屬也。

〔五〕【集解】鄭玄曰：「無䚡曰觡。」【索隱】牛羊有䚡曰角，麋鹿無䚡曰觡。【正義】觡，加客反。羽翮，鳥也。角觡，獸也。鳥獸得天地覆育煦嫗，故飛者則奮翅翮，走者則生角觡也。

〔六〕【集解】鄭玄曰：「昭，曉也。凡蟄蟲以發出爲曉，更息曰蘇。」【正義】蟄蟲得陰陽煦嫗，故皆出地上，如夜得曉，如死更有氣也。

〔七〕【集解】鄭玄曰：「孕，任也。鬻，生也。」【正義】伏，房富反。羽，鳥也。毛，獸也。二氣既交，萬物生乳，故鳥生卵嫗伏之，獸懷孕而生育之也。

〔八〕【集解】鄭玄曰：「内敗曰殰。殈，猶裂也。」【正義】殰，音讀。殈，音呼覓反。胎生，獸也。卵生，鳥也。懷任在内而死曰殰，卵坼不成子曰殈，今和氣不殰殈也。

〔九〕【集解】孫炎曰：「樂和陰陽，故歸此也。」【正義】庾蔚之云：「一論天地二氣，萬物各得其所，乃歸於樂耳。」

【考證】郝懿行曰：單言樂之道歸，禮亦同也。中井積德曰：「樂」上疑脱「禮」字。

樂者，非謂黃鍾大呂弦歌干揚也，〔一〕樂之末節也，〔二〕故童者舞之；〔三〕布筵席，陳樽俎，列籩豆，以升降爲禮者，〔四〕禮之末節也，〔五〕故有司掌之。〔六〕樂師辯乎聲詩，故北面而弦；〔七〕宗祝辯乎宗廟之禮，故後尸；〔八〕商祝辯乎喪禮，故後主人。〔九〕是故德成而上，〔一〇〕蓺成而下；〔一一〕行成而先，〔一二〕事成而後。〔一三〕是故先王有上有下，有先有後，然后可以有制於天下也。〔一四〕

〔一〕【集解】鄭玄曰：「揚，鉞也。」【索隱】鄭玄曰：「干，楯也。揚，鉞也。」則「揚」與「鍚」同。皇侃以揚爲舉，恐非也。【正義】此樂情章第三段，明識禮樂本者爲尊，識末者爲卑，黃鍾大呂之屬，故云非謂也。揚，舉也，謂舉楯以舞也。

〔二〕【正義】黃鍾已下，是樂之末節也。

〔三〕【正義】末事易之，不足貴重，故使童子小兒儛奏之也。

〔四〕【正義】此亦明末也。用禮之本，在著誠去僞。安上理民，不在鋪筵席樽俎，升降爲禮之事也。

〔五〕【正義】布筵以下，是禮之末節也。

〔六〕【集解】鄭玄曰：「言禮樂之本由人君也。禮本著誠去僞，樂本窮本知變。」【正義】有司，典禮小官也。末節事易解，不爲可重，故小官掌其事也。

〔七〕【集解】王肅曰：「但能別聲詩，不知其義，故北面而弦。」鄭玄曰：「弦，謂鼓琴瑟。」【正義】此更引事證，樂師曉樂者，辯別聲詩。聲，謂歌也。言樂師雖能別歌詩，並是末事，故北面言坐處卑也。【考證】禮記「辯」並作「辨」。中井積德曰：聲，謂器之聲也。

〔八〕【集解】鄭玄曰：「後尸，居後贊禮儀也。此言知本者尊，知末者卑。」【正義】此禮事也。宗祝，太祝，即有司之屬也。雖能分別正宗廟之禮，然佐於尸，而非爲敬之主，爲卑故在尸後也。

〔九〕【集解】鄭玄曰：「商祝，祝習商禮者，商人教以敬於接神。」【正義】商祝者，殷商之神祝，習商家神禮，以相佐喪事，故云辯喪禮。其雖掌喪事，而非發喪之主，故在主人後，言立處賤也。

〔一〇〕【正義】上，謂堂上也。德成，謂人君禮樂德成，則爲君，故居堂上南面，尊之也。

〔一一〕【正義】下，堂下也。藝成，謂樂師伎藝雖成，唯識禮樂之末，故在堂下北面，卑之也。

〔一二〕【正義】行，胡孟反。先，猶前也。尸及喪主也。行成，謂尸尊而人孝，故爲行成。

〔一三〕【集解】鄭玄曰：「德，三德也。行，三行也。藝，才伎也。先，謂位在上也。後，謂位在下也。」【正義】事爲劣，故爲在宗、商二祝也。識尸及主人後也。

〔一四〕【集解】鄭玄曰：「言尊卑備，乃可制作以爲治。」【正義】故先王使上下前後尊卑分，乃可制禮作樂，以班於天下也。如周公六年乃爲禮也。【考證】陳澔云：「德行在君、尸、主人，童子習于藝，宗祝習于事，故上下先後之席如此。」「樂也者施也」至「可以有制於天下也」三百五十字，禮記在「故曰生民之道樂爲大焉」下。

樂者，聖人之所樂也，〔一〕而可以善民心。其感人深，其風移俗易，故先王著其教焉。〔二〕

〔一〕【正義】此樂施章第三段後也，誤在此。「閉淫」之後，又用此章，廣爲象其德，故云「聖人之所以觀德也」。【考證】禮記上「樂」下有「也」，荀子禮論篇、漢書禮樂志同史文。

〔二〕【集解】鄭玄曰：「謂立司樂以下，使教國子也。」【考證】禮記、荀子及説苑脩本篇「風移俗易」作「移風易俗」，漢志作「移風易俗易」。王引之曰：當從漢書補「易」字。蓋樂之感人既深，則其移風易俗必易，二句相對成文。漢書董仲舒傳「樂者所以變民風化民俗也，其變民也易」，正與此「易」字同。

夫人有血氣心知之性，〔一〕而無哀樂喜怒之常，〔二〕應感起物而動，〔三〕然后心術形焉。〔四〕是故志微焦衰之音作，而民思憂；〔五〕嘽緩慢易繁文簡節之音作，而民康樂；〔六〕粗厲猛起奮末廣賁之音作，而民剛毅；〔七〕廉直經正莊誠之音作，而民肅敬；〔八〕寬裕肉好順成和動之音作，而民慈愛；〔九〕流辟邪散狄成滌濫之音作，而民淫亂。〔一〇〕

〔一〕【正義】此第五章，名樂言，明樂歸趣之事。中有三段：一、言人心隨王之樂也；二、明前王制正樂化民也；三、言邪樂不可化民也。前既以施人，人必應之，言其歸趣也。此言人心隨王之樂也。夫人不生則已，既已生，必有血氣心知之性也。【考證】禮記「人」作「民」。

〔二〕【正義】性合五常之行，有喜怒哀樂之分，但其發無常，時隨外境所觸，故亦無常也。

〔三〕【正義】解所有四事之由也。緣外物來感心，心觸感來，起動應之，故有上四事也。【考證】漢書禮樂志無「起物」二字。

〔四〕【集解】鄭玄曰：「言在所以感之也。術，所由也。形，猶見也。」【考證】方苞曰：起物，興起於物也。志微噍殺之類，所以感也；思憂之類，心術之所形也。

〔五〕【集解】鄭玄曰：「志微，意細也。吴公子札曰『其細已甚』。」【正義】殺，音所界反，又色例反。思，音先利反。此以下皆言心樂感而應見外事也。若人君叢脞，情志細劣，其樂音噍戚殺急，不舒緩也。音既局促，故民應之而憂也。【考證】禮記作「志微噍殺」，説苑脩本篇作「感激憔悴」，漢志作「纖微癄瘁」，注「顔師古云，癄瘁謂減縮也」。

〔六〕【集解】鄭玄曰：「簡節，少易也。」【正義】嘽，昌單反。易，以豉反。樂，音洛。嘽，綽也。緩，和也。慢，疏也。繁文，多也。康，和；樂，安也。言人君道德綽和疏易，則樂音多文采與節奏簡略，而下民所以安。【考證】禮記、説苑「緩」作「諧」。漢志「嘽緩慢易」作「闡諧嫚易」，無「繁文簡節」四字。愚按：志微焦衰，就樂音而言，不以君德，正義非是。下文倣此。

〔七〕【集解】王肅曰：「粗厲，亢厲；猛起，發揚；奮末，浸疾；廣賁，廣大也。」【正義】粗，音麄。賁，房粉反，又音墳。粗，略也。厲，嚴也。猛，剛，起，動也。末，支體也。廣，大也。賁，氣充也。言人君若性麄嚴剛動，而四支奮躍，則樂充大，民應之，所以剛毅也。【考證】説苑無「起」、「末」二字，漢志無「起」、「末廣賁」四字。鄭玄曰，奮末，動使四支也。賁讀爲「憤」，怒氣充實也。春秋傳曰「血氣狡憤」。愚按：「起」字「末」字皆就音而言，蓋非通假則訛誤。陳澔集説云「起，初也。末，終也」，恐非其義。上文「志微」、下文「肉好」、「狄成」等字面倣此。

〔八〕【集解】孫炎曰：「經，法也。」【索隱】孫炎曰：「經，法也。」今禮本作「勁」。【正義】經，音勁。言人君廉直勁而剛正，則樂音矜嚴而誠信，民應之所以肅敬也。【考證】禮記、説苑「經」作「勁」，漢志無「經」、「莊」二字。

〔九〕【集解】王肅曰：「肉好，言音之洪美。」【索隱】王肅曰：「肉好，言音之洪潤。」【正義】肉，仁救反。好，火到反。肉，肥也，謂音如肉之肥。言人君寬容肥好，則樂音順成而和動，民應之所以慈愛也。【考證】漢志「肉好順成和動」作「和順」。鄭玄注禮記云：「肉」或作「潤」。

〔一〇〕【集解】王肅曰：「狄成，言成而似夷狄之音也。滌，放盪。濫，僭差也。」【索隱】王肅曰：「狄成，言成而似夷狄之音也。」【正義】辟，疋亦反。邪，音斜。狄，音惕。狄，滌，皆往來疾速也。往來速而成，故云狄成，往來疾而僭濫，故云滌濫也。言君上流淫縱僻，回邪放散，則樂音有往來速疾僭差之響，故民應之而淫亂也。心本無此六事，由隨樂而起也。【考證】漢志無「狄成滌濫」四字。陳澔曰：「狄」與「逖」同，遠也。方苞曰：篇首言音之生由人心之感於物，此節言樂之作，又能感人心，而使之各以類應也。故下文言先王之有樂教，取其和聲，以厚民德。又言禮慝樂淫，則滅和平之德，意義蓋相承。

是故先王本之情性，〔一〕稽之度數，制之禮義，〔二〕合生氣之和，道五常之行，〔三〕使之陽而不散，陰而不密，〔四〕剛氣不怒，柔氣不懾，〔五〕四暢交於中而發作於外，〔六〕皆安其位而不相奪也。〔七〕然后立之學等，〔八〕廣其節奏，省其文采，〔九〕以繩德厚也。〔一〇〕類小大之稱，〔一一〕比終始之序，〔一二〕以象事行，〔一三〕使親疏貴賤長幼男女之理皆形見於樂：〔一四〕故曰「樂觀其深矣」。〔一五〕

〔一〕【正義】此樂言章第二段也。前言民隨樂變，此言先王制正樂化民也。言聖人制樂，必本人之性情也。

〔二〕【正義】稽，考也。制樂又考天地度數爲之，如律呂應十二月，八音應八風之屬也。

〔三〕【集解】鄭玄曰：「生氣，陰陽也。五常，五行也。」【正義】道，音導。行，胡孟反。合，應也。【考證】說苑「合」作「含」。

〔四〕【集解】鄭玄曰：「密之言閉也。」【正義】陽，謂稟陽氣多人也。陽氣舒散，人稟陽多則奢，陰氣閉密，人稟陰多則縝密。今以樂通二者之性，皆使中和，故陽者不散，陰者不密也。【考證】漢志「密」作「集」。查德基曰：密，當讀爲「閟」。閟，閉也。

〔五〕【集解】鄭玄曰：「懾，猶恐懼也。」【正義】懾，之涉反，懼也。性剛者好怒，柔者好懼。今以樂和，使各得其所，不至怒懼也。

〔六〕【正義】四，陰陽剛柔也。暢，通也。交，互也。中，心也。今以樂調和，四事通暢，交互於中心，而行用舉動發於外，不至散密怒懾者也。

〔七〕【正義】此結樂爲本情性之事也。閉陽開陰，抑剛引柔，悉使中庸，故天下安其位，無復相侵奪之也。【考證】方苞曰：制之禮義，謂聲音中倫次，如宮、商、角、徵、羽，象君臣民事物，以次降殺，而不可相陵之類。「陽而不散」四句皆言聲律節奏分際，非以天地人心言也。「交於中」者，律之諧乎聲。「作於外」者，聲之達於器。作樂之始，以度數禮義劑其陰陽剛柔之分，而無不調，所謂「四暢交於中」也，是內之安其位而不相奪也。由是聲之發無少乖戾，是外之安其位而不相奪也。

〔八〕【集解】鄭玄曰：「等，差也。各用其材之差學之也。」【正義】前用樂陶情和暢，然後乃以樂語、樂舞二事教之，民各隨己性才等差而學之，以備分也。

〔九〕【集解】鄭玄曰：「廣，增習之也。省，猶審(習之)也。文采，謂節奏合也。」【考證】方苞曰：廣其節奏，如自一成而九成也。歌咏其聲，則有文；舞動其容，則有采。

〔一〇〕【集解】鄭玄曰：「繩，猶度也。」王肅曰：「繩，法也。法其德厚。」【考證】禮記、說苑無「也」字。郝懿行曰：繩，猶束也。樂有學等、節奏、文采，皆所以檢束其德性，使之敦厚堅固也。

〔一一〕【集解】孫炎曰：「作樂器大小，稱十二律。」【索隱】類，今禮作「律」。孫炎曰「作樂器小大，稱十二律」也。

【考證】禮記、説苑「類」作「律」。

〔一二〕【集解】鄭玄曰：「始於宮，終於羽。」

〔一三〕【集解】鄭玄曰：「宮爲君，商爲臣。」【考證】陳澔曰：律，以法度整齊之。比，以次序聯合之。宮音至大，羽音至小，律之使各得其稱，始於黄鐘之初九，終於仲吕之上六，比之使各得其序。

〔一四〕【正義】此結本人之情，以下緣本而教親疏。以下之理悉章著樂功，使聞者皆知，而見輯睦情也。

〔一五〕【正義】此引古語，證觀感人之深矣。吕氏春秋音初篇作「樂之爲觀也深矣」。郝懿行曰：律吕相生爲親，相閒爲疏。宮爲君，貴也；商爲臣，賤也。長幼，猶大小也。男女之理，形見於樂，謂律娶妻，吕生子之類。

土敝，則草木不長；水煩，則魚鼈不大；〔一〕氣衰，則生物不育；〔二〕世亂，則禮廢而樂淫。〔三〕是故其聲哀而不莊，樂而不安，〔四〕慢易以犯節，〔五〕流湎以忘本。〔六〕廣則容姦，〔七〕狹則思欲，〔八〕感滌蕩之氣，而滅平和之德。〔九〕是以君子賤之也。〔一〇〕

〔一〕【正義】此樂言章第三段，言邪樂不可化民。將言邪樂之由，故此前以天地爲譬，此以地爲譬也。敝，猶勞熟，煩則數攪動也。土過勞熟，水過撓動，則草木魚鼈不長大也。

〔二〕【正義】此以天譬也。氣者天時氣也。氣若衰微，則生物不復成遂也。【考證】禮記、説苑「育」作「遂」。

〔三〕【正義】此合譬也。世，謂時。世亂，其禮不備，樂不節，故流淫過度。水土勞敝，則草木魚鼈不長大，如時世濁亂之禮樂，不可爲化矣。【考證】吕氏春秋「亂」作「濁」。禮記、説苑「廢」作「慝」，吕氏春秋作「煩」。

〔四〕【正義】樂，音洛。此證樂淫之事也。淫樂則聲哀而無莊，故雖奏以自樂，必致傾危，非自安之道，故云「樂而不安」。若關雎「樂而不淫，哀而不傷」，則是有莊敬而安者也。

〔五〕【正義】易，以豉反。言無莊敬，慢易也。無節奏，故云犯節也，即是「哀而不莊也」。

〔六〕【正義】湎，音沔。靡靡無窮，失於終止，故言忘本，即樂而不安之義也。

〔七〕【正義】言淫慝禮樂聲無節也。廣，聲緩也。容，含也。其聲緩者，則含容姦僞也。

〔八〕【集解】王肅曰：「其音廣大，則容姦僞；其狹者，則使人思利欲也。」【正義】狹，聲急也。其聲急者，則思欲攻之也。

〔九〕【正義】感，動也。言此惡樂，能動善人，滌蕩之善氣，使失其所，而滅善人平和之德也。【考證】禮記「滌蕩」作「條暢」。查德基曰：滌蕩之氣，言氣之邪也。平和之德，言德之正也。上句言感於邪，下句言失其正中，間加一「而」字，言感於邪者，未有不失其正也。「滌」即上文「流辟邪散狄成滌濫」之「滌」字，彼集解引王肅訓滌爲放盪，則此處「滌蕩」即放蕩矣。

〔一〇〕【正義】君子用樂調和，是故賤於動滅平和之氣也。

凡姦聲感人，而逆氣應之。〔一〕逆氣成象，〔二〕而淫樂興焉。〔三〕正聲感人，而順氣應之，順氣成象，而和樂興焉。〔四〕倡和有應，〔五〕回邪曲直，各歸其分，〔六〕而萬物之理，以類相動也。〔七〕

〔一〕【正義】此第六章，名樂象也。本第八，失次也。明人君作樂，則天地必法象應之。中有五段：一、明淫樂正樂俱能成象；二、明君子所從正樂；三、明邪正皆有本，非可假僞；四、證第三段有本不僞之由；五、明禮樂之用。前有證，故明其用別也。今此明淫正二樂俱能成象，故先言淫樂爲習應人事也。言君奏姦聲之樂以感動人民，則天地應之而生逆亂之氣也。

〔二〕【集解】鄭玄曰：「成象，謂人樂習之也。」

〔三〕【正義】興，生也。若逆氣流行於世，而民又習之爲法，故云「成象」。既習亂爲法，故民之樂聲生於淫佚也。

〔四〕【正義】言順氣流行，民習成法，故樂聲亦生於和也。【考證】荀子「和樂興焉」作「治生焉」。【考證】荀子樂論篇「淫樂興焉」作「亂生焉。」

〔五〕【正義】倡，音昌尚反。和，胡臥反。君唱之，天地和之，民應之，故云「唱和有應」也。

〔六〕【正義】分，房問反。此是有應也。回邪，不正也。曲，折也。直，不邪也。言相應和，表直影正，表曲影邪，各歸其分也。【考證】回，疑當作「正」。

〔七〕【正義】姦聲致慝，正響招順，是以天下萬物之理，各隨君善惡，以類而相動也。

是故君子反情以和其志，〔一〕比類以成其行。〔二〕姦聲亂色，不留聰明；淫樂廢禮，不接於心術；惰慢邪辟之氣，不設於身體。〔三〕使耳目鼻口心知百體皆由順正，以行其義。〔四〕然后發以聲音，文以琴瑟，〔五〕動以干戚，飾以羽旄，從以簫管，〔六〕奮至德之光，〔七〕動四氣之和，〔八〕以著萬物之理。〔九〕是故清明象天，廣大象地，終始象四時，周旋象風雨；〔一〇〕五色成文而不亂，八風從律而不姦，百度得數而有常；〔一一〕小大相成，〔一二〕終始相生，〔一三〕倡和清濁，代相爲經。〔一四〕故樂行而倫清，〔一五〕耳目聰明，〔一六〕血氣和平，〔一七〕移風易俗，天下皆寧。〔一八〕故曰「樂者，樂也」。〔一九〕君子樂得其道，〔二〇〕小人樂得其欲。〔二一〕以道制欲，則樂而不亂；〔二二〕以欲忘道，則惑而不樂。〔二三〕是故君子反情以和其志，〔二四〕廣樂以成其教，〔二五〕樂行而民鄉方，〔二六〕可以觀德矣。〔二七〕

〔一〕【集解】鄭玄曰：「反，猶本也。」【正義】此樂象章第二段也，明君子從正樂也。君子，人君也。反，猶本也。

民下所習既從於君，故君宜本情，不使流宕，以自安和其志也。

〔二〕【正義】行，胡孟反。萬物之理，以類相動，故君子比於正類以成己行也。

〔三〕【正義】此以下皆反情性之類事也。術，道也。既本情和志，又比類成行，故姦聲亂色不留視聽，淫樂穢禮不與心道相接，惰慢邪僻不設置己身也。聲色是事，故云「聽明」，而氣無形，故於身爲設也。【考證】説苑「不留聰明」作「不習於聽」。禮記、説苑「廢」作「慝」。陳澔曰：比類，分次善惡之類也。不留、不接、不設，皆反情比類之事。李格非曰：反情以和其志，以内脩内者也；比類以成其行，以外治外者也；姦聲亂色不留聰明，淫樂慝禮不接心術，以外治内者也；惰慢邪辟之氣不設身體，以内治外也。

〔四〕【正義】百體，謂身體百節。既不行姦亂已下諸事，故能使諸行並由順正以行其德美，化其天下也。不留聰明於姦聲亂色，故耳目得順正也。不用心術接淫慝禮樂，故心知得順正也。不設身於邪僻，故百體得順正也。不言鼻口者，嗜不一也，亦因戒臭味順正也。

〔五〕【正義】其身已正，故然後乃可制樂爲化，故用歌之音聲，内發己之德，用琴瑟之響，外發己之行。歌者在上，此是堂上之樂，故前明之也。

〔六〕【正義】又用干戚羽旄簫管，從而播之。絲竹在下，此是堂下之樂，故後明之也。【考證】荀子禮論篇「簫」作「磬」。孔穎達曰：隨從諸樂以簫管。中井積德曰：從、縱同。愚按：後説較長。

〔七〕【索隱】孫炎曰：「至德之光，天地之道也。」

〔八〕【索隱】孫炎曰：「四氣之和，四時之化。」

〔九〕【集解】孫炎曰：「奮，發也。至德之光，天地之道也。四氣之和，四時之化也。著，猶誠也。」

〔一〇〕【集解】王肅曰：「清明廣大，終始周旋，皆樂之節奏容儀發動也。」【正義】歷解樂所以能通天地。言歌聲清明，是象天氣也。廣大，謂鐘鼓，有形質，是象地形也。謂奏歌周而復始，如四時循環也，若樂六變九變是也。謂舞人迴旋，如風雨從天而下。

〔一一〕【集解】鄭玄曰：「五色，五行也。八風從，律應節至也。百度，百刻也。言日月晝夜不失正也。」王肅曰：「至樂之極，能使然耳。」

〔一二〕【正義】大小，謂月晦小大相通以成歲也。賀瑒云：「十二月律互爲宮羽而相成也。」

〔一三〕【正義】歲月終而更始也。賀瑒云：「五行宮商，迭相爲終始也。」

〔一四〕【集解】鄭玄曰：「清，謂蕤賓至應鐘也；濁，謂黃鍾至仲呂也。」【正義】代，更也。經，常也。日月半歲陰陽更相爲常也，即還相爲宮也。【考證】方苞曰：干戚、羽毛、旌題、服物，雜用五色，各成文理，屈伸俯仰綴兆舒疾之度，皆有數以紀之。應鏞曰：不亂不姦，以至有常，言其常而不紊也；相成相生，以至迭相爲經，言其變而不窮也。順其常，則能極其變矣。愚按：常、生、經，韻。

〔一五〕【集解】鄭玄曰：「倫，謂人道也。」【正義】謂上正樂之行也，謂下事張本也，即樂行之事也。由正樂既行，故人倫之道清也。【考證】荀子「倫」作「志」。方苞曰：親疏、貴賤、長幼、男女之理，皆形見於樂，故樂行而倫清。

〔一六〕【正義】不視聽姦亂，故視聽聰明。

〔一七〕【正義】口鼻心知百體，皆由從正，故血氣和平。

〔一八〕【正義】既皆由從正以行其義，故風移俗革，天下陰陽皆安寧。移，是移徙之名；易，是改易之稱也。文王之國自有文王之風，桀紂之邦亦有桀紂之風。桀紂之後，文王之風被於紂民，易前之惡俗，從今之善俗。上行謂之風，下習謂之俗。【考證】清、平、明、寧，韻。

〔一九〕【正義】引舊語樂名，廣證前事也。前事邪正之樂雖異，並是其人所樂，故名曰樂也。

〔二〇〕【正義】雖其人所樂而名爲樂，而人心不同，故所樂有異，有異而名通，故皆名樂。君子，堯舜也。道，謂仁義，故制樂亦仁義也。

〔三一〕【正義】小人，桀紂也。人欲，邪淫也。

〔三二〕【正義】若君子在上，小人在下，君子樂用仁義，以制小人之欲，則天下安樂而不敢爲亂也。

〔三三〕【集解】鄭玄曰：「道，謂仁義也。欲，謂邪淫也。」【正義】若小人在上，君子在下，則小人肆縱其慾，忘正道，而天下從化，皆爲亂惑，不得安樂。

〔三四〕【正義】若以道制欲，則是君子；以欲忘道，則爲小人。故君子之人，本情脩性，以和其志，不使逐欲忘道，反情以至其行也。【考證】説苑「志」作「意」。

〔三五〕【正義】内本情和志，而外又廣於樂，以成其教，然後發以聲音，以著萬物之理也。

〔三六〕【集解】鄭玄曰：「方，猶道也。」【正義】君上内和志行，樂教流行，故民皆向君子之道，即仁義制欲者，故樂行而倫清，以至天下安寧也。

〔三七〕【正義】結樂使人知上之事，故觀知其德也。

德者，性之端也；〔一〕樂者，德之華也；〔二〕金石絲竹，樂之器也。〔三〕詩，言其志也；〔四〕歌，詠其聲也；〔五〕舞，動其容也：〔六〕三者本乎心，然后樂氣從之。〔七〕是故情深而文明，〔八〕氣盛而化神，〔九〕和順積中而英華發外，唯樂不可以爲僞。〔一〇〕

〔一〕【正義】此樂象章第三段，明邪正有本，皆不可僞也。德，得理也。性之端，本也。言人稟生，皆以得理爲本也。

〔二〕【正義】得理於内，樂爲外，故云德華也。

〔三〕【正義】歷解飾所須也。樂爲德華，若莫之能用，故須金石之器也。

〔四〕【正義】前金石爲器，須用詩述申其志，志在心，不述不暢，故用詩述之也。【考證】說苑無「也」字，下同。

〔五〕【正義】若直述其志，則無醞藉之美，故又長言歌詠，使聲音之美可得而聞之也。

〔六〕【正義】若直詠歌未暢，故又舉手蹈足，以動其形容也。

〔七〕【正義】三者，志、聲、容也。樂氣，詩、歌、舞也。君子前有三德，爲本乎心，後乃詩歌舞可觀，故云「然後樂氣從之」也。

〔八〕【正義】德爲性本，故曰「情深」也。樂爲德華，故云「文明」。【考證】禮記「氣」作「器」。禮記義疏云：「禮記諸本俱作『樂器』，惟史記、說苑作『樂氣』，張守節、輔廣二氏皆以氣釋之，其說亦似，但細玩記文，以志承性之端，以聲容承德之華，則末二語自當承樂器言。」

〔九〕【正義】歌、舞、蹈，樂氣從之，故云「氣盛」。天下咸寧，故曰「化神」也。

〔一〇〕【集解】鄭玄曰：「三者，本志也，聲也，容也。言無此本於內，則不能爲樂耳。」【正義】內外符合，而無有虛假，不可以爲僞也。【考證】禮記義疏云：「文明言志、聲、容三者本於心，不當又以志、聲、容三者爲本。」郝懿行曰：五德見性之端倪，樂又發德之英華。情深，以志言；文明，以聲言；氣盛，以樂器言；化神，以感化而言也。

樂者，心之動也；〔一〕聲者，樂之象也；〔二〕文采節奏，聲之飾也。〔三〕君子動其本，〔四〕樂其象，〔五〕然后治其飾。〔六〕是故先鼓以警戒，〔七〕三步以見方，〔八〕再始以著往，〔九〕復亂以飾歸，〔一〇〕奮疾而不拔也，〔一一〕極幽而不隱。〔一二〕獨樂其志，不厭其道；〔一三〕備舉其道，不私其欲。〔一四〕是以情見而義立，〔一五〕樂終而德尊；〔一六〕君子以好善，小人以息過：〔一七〕故曰「生民之道，樂爲大焉」。〔一八〕

〔一〕【正義】此樂象章第四段也，明證前第三段樂本之事。緣有前境可樂，而心動應之，故云「樂者心之動也」。

〔二〕【正義】象，法也。樂舞無聲則不彰，故聲爲樂之法也。

〔三〕【正義】若直有聲而無法度，故須文采節奏，聲之儀飾也。

〔四〕【正義】本，德也。心之動必應德也。

〔五〕【正義】德行必應法也。【考證】說苑作「君子之動本樂之象也」。

〔六〕【正義】飾，文采節奏也。前動心有德，次行樂有法，然後乃理其文飾也。【考證】說苑無「然」字。

〔七〕【集解】鄭玄曰：「將奏樂，先擊鼓以警戒衆也。」【正義】此引武王伐紂之事，證前有德後有飾也。武王聖人，是前有德也；而用此節奏，是後有飾也。先鼓者，爲武王伐紂，未戰之前，鳴皮鼓以警戒，使軍衆逆備也。今作武樂者，未奏之前，鳴皮鼓以敕人，使豫備具也，是明志後有事也。

〔八〕【集解】鄭玄曰：「將舞，必先三舉足，以見其舞之漸也。」王肅曰：「舞武樂，三步爲一節者，以見伐道也。」【正義】見，胡練反。三步，足三步也。見方，謂方戰也。武王伐紂，未戰之前，兵士樂奮其勇，出軍陣前，三步示勇氣，方將戰也。今作樂象之。纘列畢而儛者，將欲儛，先舉足三頓爲步，以表方將儛之勢也。

〔九〕【集解】鄭玄曰：「武舞再更始，以明伐紂時再往(之)〔也〕。」【正義】著，竹慮反。再始，謂兩過爲始也。著，明也。文王受命十一年，而武王除喪，軍至孟津觀兵，曰「紂未可伐也」，乃還師，是一始也。至十三年，更興師伐之，是再始也。今舞武者，前成列將欲舞而不儛，是一始也。去復更來，是二過始，明象武王再往，故云再始著往也。

〔一〇〕【集解】鄭玄曰：「謂鳴鐃而退，明以整歸也。」【正義】復者，伏也。飾，音勑。復亂者，紂凶亂而安復之。飾歸者，武王伐紂勝，鳴金鐃整武而歸也。以去奏皮鼓，歸奏金鐃者，皮文也，金武也，初示文德，使紂自改之則不伐，紂既不改，因而用兵，用兵既竟，故鳴金鐃而歸，示用已竟也。今奏武儛，初皮鼓警衆，末鳴鐃以歸，象伐紂已竟也。鐃，鐙鐸也。【考證】胡銓曰：此經汎論樂，不指武王。陳澔曰：再始，謂一節終而再作也。往，進也。亂，終也，如云關雎之亂。歸，舞畢而退就位也。再始以著往者，再擊鼓以明其進也。復亂以飭歸者，復擊鐃以謹其退也。此兩句言舞者周旋進退之事。郝懿行曰：再始以著前始之既往，復亂以飭繼亂之所歸，凡樂九成皆然。注專指武舞，先儒駁之，是也。

〔一一〕【集解】王肅曰：「舞雖奮疾而不失節，若樹本得疾風而不拔。」【正義】謂舞形也。奮，迅；疾，速也。拔，傾側也。伐紂時，士卒歡喜，奮迅急速，以尚威勢，猛而不傾側也。今武舞亦奮迅急而速，不傾倒象。【考證】禮記、說苑無「也」字。方苞曰：「再始」二句，舊說專以舞言，似未安。樂重在聲，奮疾而不拔，於聲亦然。舊說專屬舞，亦未安。

〔一二〕【集解】鄭玄曰：「極幽，謂歌也。」【正義】皆謂文采節奏也。

〔一三〕【集解】王肅曰：「樂能使仁人獨樂其志，不厭倦其道也。」【正義】言武王諸將人各忻悅，象武王有德，天下之志並無厭（干戈）〔仁義〕君臣之道。

〔一四〕【正義】緣人人不厭，故作樂者，事事法之。欲備舉武王之道耳，非爲私情之所欲也。

〔一五〕【正義】不厭武王之道，其情既見，則不私其欲，義亦立也。【考證】禮記「以」作「故」。

〔一六〕【正義】爲樂之理既終，是象德之事，其德亦尊顯也。

〔一七〕【正義】樂理周足，象德可尊，以此教世，何往而不可，君子聞之則好善，小人聞之則改過也。【考證】息，禮記作「聽」，說苑作「飾聽」。方苞曰：備舉其道，廣樂以成其教也。不私其欲，聞者皆得以蕩滌邪穢也，即下文君子好善，小人聽過之事。感於樂，則人之情見，事之義立，莫不和敬，莫不和親，情見也。而君臣、上下、父子、兄弟之義由是立矣。

〔一八〕【正義】此引舊語，結樂道之爲大。【考證】「樂者聖人之所樂也」至「生民之道樂爲大焉」八百二十八字，禮記在「禮樂之分皆以禮終」下。

君子曰：禮樂不可以斯須去身。〔一〕致樂以治心，〔二〕則易直子諒之心油然生矣。〔三〕易直子諒之心生則樂，樂則安，安則久，久則天，天則神。天則不言而信，神則不怒而威。〔四〕致樂以治心者也，〔五〕致禮以治躬者也。〔六〕治躬則莊敬，莊敬則嚴威。〔七〕心中斯須不和不樂，而鄙詐之心入之矣；〔八〕外貌斯須不莊不敬，而慢易之心入之矣。〔九〕故樂也者，動於内者也；禮也者，動於外者也。樂極和，禮極順。内和而外順，則民瞻其顔色而弗與争也，望其容貌而民不生易慢焉。德煇動乎内，而民莫不承聽；理發乎外，而民莫不承順。〔一〇〕故曰「知禮樂之道，舉而錯之天下，無難矣」。〔一一〕

〔一〕【正義】此第十章，名爲樂化章第十，以化民，故次賓牟賈成第十也。其章中皆言樂陶化爲善也。凡四段：一、明人生禮樂恒與己俱也；二、明禮樂不可偏用，各有一失也；三、明聖人制禮作樂之由也；四、明聖人制禮作樂，天下服從。此初段，人生禮樂恒與己俱也。恒故能化，化故在前也，引君子之言以張本也。斯須，俄頃也。失之者死，故俄頃不可去身者也。

〔二〕【集解】鄭玄曰：「致，猶深審也。樂由中出，故治心也。」

〔三〕【集解】王肅曰：「易，平易。直，正直。子諒，愛信也。」鄭玄曰：「油，新生好貌。」【考證】韓詩外傳「子諒」作「慈良」。

〔四〕【集解】鄭玄曰：「若善心生，則寡於利欲，寡於利欲則樂矣。志明行成，不言而見信，如天也；不怒而見畏，如神也。」

〔五〕【正義】結所由也。有威信，由於深審樂以結心之故。

〔六〕【正義】前明樂治心，今明禮檢迹。若深審於禮以治身，則莊敬也。鄭玄云「禮自外作，故治身也」。【考證】禮記無「治躬者也」四字。中井積德曰：此衍。

〔七〕【集解】鄭玄曰：「禮自外作，故治身也。」【正義】既身莊敬，儼然人望而畏之，是威嚴也。治內難見，發明樂句多；治外易觀，發明禮句少，而又結也。

〔八〕【集解】鄭玄曰：「謂利欲生也。」

〔九〕【集解】鄭玄曰：「易，輕易也。」

〔一〇〕【集解】鄭玄曰：「德煇，顏色潤澤也。理，容貌進止也。」孫炎曰：「德煇，明惠也。理，言行也。」【考證】禮記「動乎」作「動於」，「發乎」作「發諸」。郝懿行曰：內和則顏色和，故民瞻之不争矣。德煇動於內，和順積中，英華發外也；理發諸外者，禮者理之不可易者也，發於四支，暢於事業，則民莫不承順矣。

〔一一〕【正義】錯，七故反。引舊證民莫不承聽，莫不承順也。聖王有能詳審極致禮樂之道，舉而措之於天下，天下悉從，無難爲之事也。【考證】禮記「知」作「致」。郝懿行曰：莫不承聽，莫不承順也。稱「故曰」者，引成文。

樂也者，動於內者也；禮也者，動於外者也。〔一〕故禮主其謙，〔二〕樂主其盈。〔三〕禮謙而進，以進爲文；〔四〕樂盈而反，以反爲文。〔五〕禮謙而不進則銷，樂盈而不反則放。〔六〕故禮有報，〔七〕而樂有反。〔八〕禮得其報則樂，樂得其反則安。禮之報，樂之反，其義一也。〔九〕

〔一〕【正義】此樂化章第二段也。明禮樂不可偏用，各有一失，既方明所失，故前更言其所發外內不同也。動，亦感觸。

〔二〕【集解】鄭玄曰：「人所倦也。」王肅曰：「自謙損也。」【索隱】王肅曰：「自謙慎也。」【考證】禮記「謙」並作「減」，史義爲長。

〔三〕【集解】鄭玄曰：「人所懽也。」王肅曰：「充氣志也。」

〔四〕【集解】鄭玄曰：「進者，謂自勉强也。文，猶美也，善也。」王肅曰：「禮自減損，所以進德修業也。」【考證】郝懿行曰：美相雜曰文。

〔五〕【集解】鄭玄曰：「反，謂自抑止也。」王肅曰：「樂充氣志而反本也。」

〔六〕【集解】鄭玄曰：「放淫於聲樂，不能止也。」

〔七〕【集解】孫炎曰：「報，謂禮尚往來，以勸進之。」王肅曰：「禮自減損，而以進爲報也。」

〔八〕【集解】孫炎曰：「反，謂曲終還更始。」【索隱】孫炎曰「反，謂曲終還更始」也。

〔九〕【集解】鄭玄曰：「俱起立於中，不銷不放。」

夫樂者樂也，人情之所不能免也。〔一〕樂心發諸聲音，形於動靜，人道也。〔二〕聲音動靜、性術之變，盡於此矣。〔三〕故人不能無樂，樂不能無形。〔四〕形而不爲道，不能無亂。先王惡其亂，故制雅頌之聲以道之，使其聲足以樂而不流，使其文足以綸而不息，〔五〕使其曲直繁省廉肉節奏，足以感動人之善心而已矣，〔六〕不使放心邪氣得接焉，是先王立樂之方也。〔七〕是故樂在宗廟之中，君臣上下同聽之，則莫不和敬；在族長鄉里之中，長幼同聽之，則莫不和順；在閨門之內，父子兄弟同聽之，則莫不和親。故樂者審一以定和，比物以飾節，節奏合以成文，〔八〕所以合和父子君臣，附親萬民也，是先王立樂之方也。故聽其雅頌之聲，志意得廣焉；〔九〕執其干戚，習其俯仰詘信，容貌得莊焉；行其綴兆，〔一〇〕要其節奏，〔一一〕行列得正焉，進退得齊焉。故樂者，天地之齊，中和之紀，〔一二〕人情之所不能免也。〔一三〕

〔一〕【正義】此樂化章第三段也。明聖人所以制樂，由人樂於歌舞，故聖人制樂以和樂之，故云樂者樂也。但懽樂是人所貪，貪不能自止，故云人情也。【考證】荀子「不能」作「必不」，下有「故人不能無樂」一句。

〔二〕【集解】鄭玄曰：「人道，人之所爲也。」【考證】禮記、荀子「諸」作「於」，「人」下有「之」字。

〔三〕【集解】鄭玄曰：「不可過。」

〔四〕【集解】鄭玄曰：「形，聲音動静也。」【考證】禮記「能」並作「耐」。荀子「無樂」作「不樂」。

〔五〕【集解】鄭玄曰：「文，篇辭也。息，銷也。」【考證】禮記「惡」作「恥」，「綸」作「論」。荀子「亂」下有「也」字，「綸」作「辨」，「息」作「諰」。

〔六〕【集解】鄭玄曰：「曲直，歌之曲折；繁省廉肉，聲之洪殺也。」【考證】禮記「省」作「瘠」，尋文義，「省」爲長。

〔七〕【集解】鄭玄曰：「方，道也。」【考證】荀子無「而已矣」三字，「不使」一句作「使夫邪汙之氣無由得接焉」。

〔八〕【集解】鄭玄曰：「審一，審其人聲也。比物，謂雜金革土匏之屬以成文，五聲八音克諧，相應和也。」【考證】荀子無二「在」字，「族長」以下十六字在「莫不和親」下，「定和」、「飾節」、「成文」下並有「者也」二字，「節奏合」作「合奏」。郝懿行曰：和敬、和順、和親，並以「和」言者，樂主和也。久保愛曰：一，謂律也。國語「以律平聲」。愚按：「合」字涉下文衍。郝懿行曰：節，以分析言之；奏，以分聚言之。

〔九〕【正義】前云先王制之聲音，形於動静，故此證其事也。此是發於聲音也。民聽正聲，得益盛德之美，志意得廣大也。

〔一〇〕【集解】鄭玄曰：「綴，表也，所以表行列也。」

〔一〕【集解】鄭玄曰：「要，猶會也。」

〔二〕【集解】鄭玄曰：「紀，總要之名。」【考證】禮記「齊」作「命」，荀子作「大齊」。

〔三〕【考證】荀子「不能」作「必不」。

夫樂者，先王之所以飾喜也；〔一〕軍旅鈇鉞者，先王之所以飾怒也。故先王之喜怒皆得其齊矣。喜則天下和之，怒則暴亂者畏之。先王之道，禮樂可謂盛矣。〔二〕

〔一〕【正義】此樂化章第四段也。明樂唯聖人在上者制作，天下乃從服也。若内有喜，則外歌舞以飾之，故云先王以樂飾喜也。

〔二〕【考證】禮記「齊」作「儕」。郝懿行曰：齊，才細切，謂分齊也。樂記作「儕」，假借字耳。愚按：君子曰「禮樂不可以斯須去身」至「先王禮樂可謂盛矣」六百二十八字，禮記在「故曰生民之道樂爲大」下。

魏文侯問於子夏曰：〔一〕「吾端冕而聽古樂，則唯恐臥；〔二〕聽鄭、衛之音，則不知倦。敢問古樂之如彼，何也？新樂之如此，何也？」

〔一〕【正義】此章第八，明文侯問也。文侯故晉大夫畢萬之後，見子夏而問於樂也。

〔二〕【集解】鄭玄曰：「端，玄衣也。古樂，先王之正樂。」【正義】此文侯問事也。端(冤)〔冕〕，謂玄冕。凡冕服，其制正幅袂二尺二寸，故稱端也。著玄冕衣，與玄端同色，故曰端冕聽古樂也。此當是廟中聽樂。玄冕，祭服也。

子夏荅曰：「今夫古樂，進旅而退旅，〔一〕和正以廣，〔二〕弦匏笙簧，合守拊鼓，〔三〕始奏以文，止亂以武，〔四〕治亂以相，訊疾以雅。〔五〕君子於是語，於是道古，修身及家，平均天下：此古樂之發也。〔六〕今夫新樂，進俯退俯，〔七〕姦聲以淫，溺而不止，〔八〕及優侏儒，〔九〕獶雜子女，不知父子。〔一〇〕樂終不可以語，不可以道古。此新樂之發也。〔一一〕今君之所問者樂也，所好者音也。〔一二〕夫樂之與音，相近而不同。」〔一三〕

〔一〕【集解】鄭玄曰：「旅，猶俱也。俱進俱退，言其齊一也。」【正義】子夏之荅凡有三，初則舉古禮，次新樂，以酬問意，又因更別説，以誘引文侯，欲使更問也。此是荅述古樂之情。旅，衆也。【考證】禮記「荅」並作「對」。

〔二〕【集解】鄭玄曰：「無姦聲也。」

〔三〕【集解】鄭玄曰：「合，皆也。言衆皆待擊鼓乃作也。拊者，以韋爲表，裝之以穅也。」【正義】拊，音敷武反。拊，一名相。亦奏古笙樂也。弦，琴也。匏，瓠屬也，四十六簧。笙，十九至十三簧也。簧，施於匏笙之管端者也。合，會也。守，待也。拊者，皮爲之，以穅實如革囊也，用手撫之鼓也。言奏弦匏笙簧之時，若欲令堂上作樂，則撫拊堂上，樂工聞撫拊乃弦歌也。若欲令堂下作樂，則擊鼓堂下，樂工聞鼓，乃吹管播樂也。言弦匏笙簧，皆待拊爲節，故言會守拊鼓也。【考證】禮記「合」作「會」。郝懿行曰：拊亦「擊」也。書曰「擊石拊石」。

〔四〕【集解】鄭玄曰：「文謂鼓，武謂金也。」

〔五〕【集解】孫炎曰：「整其亂行，節之以相；赴敵迅疾，趨之以雅。」鄭玄曰：「相，即拊也，亦以節樂。雅亦樂器名，狀如漆筩，中有椎。」【考證】禮記「止」作「復」。相雅，未詳。

〔六〕【考證】中井積德曰：「於是語，於是道古」，是談論義理古道也，並不指樂。

〔七〕【集解】鄭玄曰：「俯，猶曲也。言不齊一也。」【正義】此第二，述雜樂也。俯，曲也。新樂行列不齊，進退曲也。

〔八〕【集解】王肅曰：「姦聲淫，使人溺而不能自止。」【考證】禮記「淫」作「濫」。

〔九〕【集解】王肅曰：「俳優，短人也。」

〔一〇〕【集解】鄭玄曰：「獿，獮猴也。言舞者如獮猴戲，亂男女尊卑也。」【考證】中井積德曰：獿，疑「擾」之譌。

〔一一〕【正義】此結新樂荅也。

〔一二〕【正義】此第三段，誘引文侯更問前，故說此句，言文侯所問乃是樂，而好鏗鎗之音，非律呂克諧之正樂也。

〔一三〕【集解】鄭玄曰：「鏗鎗之類，皆爲音，應律乃爲樂。」

文侯曰：「敢問如何？」〔一〕

〔一〕【集解】鄭玄曰：「欲知音樂異意。」

子夏荅曰：「夫古者天地順而四時當，〔一〕民有德，而五穀昌。疾疢不作，而無祆祥，此之謂大當。〔二〕然后聖人作爲父子君臣，以爲之紀綱。紀綱既正，天下大定，天下大定，然后正六律，和五聲，弦歌詩頌，此之謂德音，德音之謂樂。〔三〕詩曰：『莫其德音，其德克明，克明克類，克長克君。王此大邦，克順克俾。〔四〕俾於文王，其德靡悔。既受帝祉，施于孫子。』此之謂也。〔五〕今君之所好者，其溺音與？」〔六〕

〔一〕【正義】當，丁浪反。此荅古樂之由也。天地從，四時當，聖人在上故也。

〔二〕【集解】鄭玄曰：「當謂不失其所也。」

〔三〕【考證】禮記「爲」下無「之」字。郝懿行曰：民有德，何以五穀昌？傳所謂「民和年豐」也。先正紀綱，然後正六律，和五聲，所謂禮先而樂後也。

〔四〕【集解】鄭玄曰：「德正應和曰莫。照臨四方曰明。勤施無私曰類。教誨不倦曰長。慶賞刑威曰君。慈和偏服曰順。俾，當爲『比』，擇善而從之曰比。」

〔五〕【集解】鄭玄曰：「施，延也。言文王之德皆能如此，故受天福，延及後世。」【考證】禮記「曰」作「云」。詩大雅皇矣篇，毛詩章首有「維此王季帝度其心」八字，「莫」作「貊」，「俾」並作「比」，「於」作「于」。貊，安定也。「俾於」之「俾」讀爲「比」，比于文王，至于文王也。

〔六〕【集解】鄭玄曰：「言無文王之德，則所好非樂。」【考證】禮記「與」作「乎」。

文侯曰：「敢問溺音者，何從出也？」

子夏荅曰：「鄭音好濫，淫志；〔一〕宋音燕女，溺志；〔二〕衛音趣數，煩志；〔三〕齊音驁辟，驕志。四者皆淫於色，而害於德，是以祭祀不用也。〔四〕詩曰『肅雍和鳴，先祖是聽』。夫肅，肅敬也；雍，雍和也。夫敬以和，何事不行？〔五〕爲人君者，謹其所好惡而已矣。君好之，則臣爲之；上行之，則民從之。詩曰『誘民孔易』，此之謂也。〔六〕然后聖人作爲鞉鼓椌楬壎篪，〔七〕此六者，德音之音也。〔八〕然后鐘磬竽瑟以和之，干戚旄狄以舞之。此所以祭先王之廟也，所以獻醻酳酢也，所以官序貴賤，各得其宜也，〔九〕此所以示後世有尊卑長幼序也。鐘聲鏗，鏗以立號，〔一〇〕號以立橫，〔一一〕橫以立武。君子聽鐘聲則思武臣。石聲硜，〔一二〕硜以立別，〔一三〕別以致死。君子聽磬聲，則思死封疆之臣。絲聲哀，哀以立廉，〔一四〕廉以立志。君子聽琴瑟之聲，則思志義之臣。〔一五〕竹聲濫，〔一六〕濫以立會，會以聚衆。君子聽竽笙簫管之聲，則思畜聚之臣。鼓鼙之聲讙，讙以立動，動以進衆。君子聽鼓鼙之聲，則思將帥之臣。〔一七〕君子之聽音，非聽其鏗鎗而已也，彼亦有所合之也。」〔一八〕

〔一〕【集解】鄭玄曰：「濫，濫竊姦聲也。」【正義】子夏歷述四國之所由，以荅文侯也。

〔二〕【集解】王肅曰：「燕，歡悦。」

〔三〕【集解】孫炎曰：「趣數，音促速而數變也。」鄭玄曰：「煩，勞也。」【考證】禮記「趣」作「趨」。愚按：曰「趣數」，曰「驁辟」，皆就音而言，則「好濫」、「燕女」亦就音而言，當某字假借。

〔四〕【集解】鄭玄曰：「言四國出此溺音。」【考證】禮記「驕」作「喬」。齊召南曰：宋無風，而與鄭、衛、齊並列，或是但論四國之音，不涉詩篇也。

〔五〕【集解】鄭玄曰：「古者樂敬且和，故無事而不用，溺音無所施。」【考證】詩周頌有瞽篇。

〔六〕【集解】鄭玄曰：「誘，進也。孔，甚也。言民從君之所好惡，進之於善無難也。」【考證】詩大雅板篇，毛詩「誘」作「牖」。

〔七〕【集解】鄭玄曰：「椌楬，謂柷敔。」【索隱】壎，以土爲之，大如鵝子，形似錘，吹之爲聲。篪，以竹爲之，六孔，一孔上出，名翹，横吹之，今之横笛是也。詩云「伯氏吹壎，仲氏吹篪」是也。

〔八〕【集解】鄭玄曰：「六者爲本，以其聲質。」

〔九〕【集解】鄭玄曰：「官序貴賤，謂尊卑樂器列數有差。」【考證】狄、翟，通。説苑脩文篇「醻」作「酢」，「酢」作「酬」。張雨曰：六者聲皆質素，故云德音，然後用鐘磬竽瑟華美之音以和之。干戚，武舞所執；旄翟，文舞所執。旄，牛尾。翟，雉尾也。

〔一〇〕【集解】鄭玄曰：「號令所以警衆也。」王肅曰：「鐘聲高，故以之立號也。」

〔一一〕【集解】鄭玄曰：「横，充也。謂氣作充滿。」

〔一二〕【集解】王肅曰：「聲果勁。」

〔一三〕【集解】鄭玄曰：「謂分明於節義。」【考證】禮記、説苑「磑」並作「磬」，「别」並作「辨」。錢大昕曰：説文「磑」

即「磬」之古文。釋名「磬，罄也，聲堅罄罄然」。論語「子擊磬于衛，荷蕢言『鄙哉硜硜乎』」，硜硜猶罄罄，謂磬聲也。鐘磬皆以聲得名。辨、別，聲義皆同，古人往往通用。

〔一四〕【集解】鄭玄曰：「廉，廉隅。」

〔一五〕【考證】陳澔曰：人心雖放逸，忽聞哀怨聲，必惻然收斂，是哀能立廉也。絲聲淒切，有廉劌裁割之義。

〔一六〕【集解】王肅曰：「濫，會諸音。」

〔一七〕【集解】鄭玄曰：「聞讙囂，則人意動作也。」

〔一八〕【集解】鄭玄曰：「以聲合己志。」【考證】禮記、說苑「鎗」作「鏘」。

賓牟賈侍坐於孔子，〔一〕孔子與之言，及樂，曰：「夫武之備戒之已久，何也？」〔二〕

〔一〕【正義】此第九章，名賓牟賈問者，蓋孔子之問，本爲牟賈而設，故云牟賈問也。

〔二〕【集解】鄭玄曰：「武，謂周舞也。備戒，擊鼓警衆也。」【正義】此孔子問牟賈及樂之事，凡問有五，此其一也。備戒者，謂將欲作樂，前鳴鼓警戒，使樂人各備容儀。言初欲奏樂時，既已備戒，使有節奏，故令武儛者備戒已久。疑其遲久，故問之也。【考證】已，甚也。

荅曰：「病不得其衆也。」〔一〕

〔一〕【集解】鄭玄曰：「病，猶憂也。以不得衆心爲憂，憂其難。」【正義】牟賈荅也。亦有五，而二荅是，三荅非。今荅是也。言武王伐紂時，憂不得衆心，故前鳴鼓戒衆，久之乃出戰也。故令舞者久，久乃出，象武王憂不得衆心故也。【考證】禮記「荅」並作「對」。

「永歎之，淫液之，何也？」〔一〕

〔一〕【集解】鄭玄曰：「永歎、淫液，歌遲之也。」【正義】此第二問也。【考證】禮記「永」作「咏」，家語作「詠」。禮記義疏云「咏歎淫液，聲淫及商，皆謂歌聲」。

荅曰：「恐不逮事也。」〔一〕

〔一〕【集解】鄭玄曰：「逮，及也。事，伐事也。」【正義】此荅亦是也。言衆士望武王欲伐速，恒恐不及伐事之機，故有永歎淫液之聲。

「發揚蹈厲之已蚤，何也？」〔一〕

〔一〕【集解】王肅曰：「厲，疾也。備戒雖久，至其發作又疾也。」【正義】第三問也。發，初也。揚，舉袂也。蹈，頓足蹋地。厲，顔色勃然如戰色也。問樂舞何意發初揚袂，又蹈頓足蹋地，勃然作色，何忽如此(何)也？

荅曰：「及時事也。」〔一〕

〔一〕【集解】鄭玄曰：「時至，武事當施也。」王肅曰：「欲令之事各及時。」【正義】此荅非也。牟賈意言發揚蹈厲，象武王一人，意欲及時之事，故早爲此也。鄭玄隨賈意注之也。

「武坐致右憲左，何也？」〔一〕

〔一〕【集解】王肅曰：「右膝至地，左膝去地也。」【正義】憲，音軒。第四問也。坐，跪也。致，至也。軒，起也。問舞人何忽有時而跪也。【考證】家語「憲」作「軒」。

荅曰：「非武坐也。」〔一〕

〔一〕【集解】鄭玄曰：「言武之事，無坐也。」【正義】此荅亦非也。牟賈言武奮之士不應有坐也。

「聲淫及商，何也？」〔一〕

〔一〕【集解】王肅曰：「聲深淫貪商。」【正義】第五問也。【考證】方苞曰：淫，過也。商者殺伐之聲，祭祀不用，而舞大武之時，樂音或過而入於商聲商調。

荅曰：「非武音也。」〔一〕

〔一〕【集解】王肅曰：「言武王不獲已爲天下除殘，非貪商也。」【正義】此荅又非也。

子曰：「若非武音，則何音也？」〔一〕

〔一〕【正義】孔子評其荅武音不貪，但不知其實解理，空言其非，反問也。

荅曰：「有司失其傳也。〔一〕如非有司失其傳，則武王之志荒矣。」〔二〕

〔一〕【集解】鄭玄曰：「有司典樂者。傳，猶說也。」【正義】傳，直緣反。賈荅言武王非有貪，是有司傳之謬妄，故有此矣。

〔二〕【集解】鄭玄曰：「荒，老耄也。言典樂者失其說，時人妄說也。」【正義】賈又云，假令非傳者謬妄，則是武王末年，年志荒耄之時，故有貪商之聲也。【考證】禮記義疏云：國語牧野之事，音皆尚宮，周官大祭祀之樂無商，而當時有淫而及商聲者，故知非武音，若武樂果有此音，則武王殺伐之心動而志荒矣。賈知武王無此心，故夫子亟許之。

子曰：「唯。丘之聞諸萇弘，亦若吾子之言是也。」〔一〕

〔一〕【集解】鄭玄曰：「萇弘，周大夫。」【索隱】按：大戴禮云孔子適周，訪禮於老聃，學樂於萇弘是也。【正義】萇，音直良反。吾子，牟賈也。言我聞萇弘所言，亦如賈今所言之也。

賓牟賈起，免席而請曰：〔一〕「夫武之備戒之已久，則既聞命矣。〔二〕敢問遲之遲而又久，何也？」〔三〕

〔一〕【正義】免，猶避也。前所荅四事，五不被叩問，今疑不知前荅之是非，故起所疑而問也。【考證】中井積德曰：正義「四」當作「五」，「五」當作「三」。

〔二〕【集解】孫炎曰：「聞命，謂言是。」

〔三〕【集解】鄭玄曰：「遲之遲，謂久立於綴。」【考證】方苞曰：賈言戒備之久，既已聞命，而又發問，則所疑乃六成復綴之後，遲之又久而後退也。故孔子歷序至豐以後諸大政，而曰「如此則周道四達，禮樂交通，則夫武之遲久不亦宜乎？」其遲之又久，正以俟周道之達且通也，安得仍以舞者未出以前戒備之久爲義乎？

子曰：「居，吾語汝。〔一〕夫樂者，象成者也。〔二〕總干而山立，〔三〕武王之事也；〔四〕發揚蹈厲，太公之志也；〔五〕武亂皆坐，周、召之治也。〔六〕且夫武，始而北出，〔七〕再成而滅商，〔八〕三成而南，〔九〕四成而南國是疆，〔一〇〕五成而分陝，周公左，召公右，〔一一〕六成復綴，以崇天子，〔一二〕夾振之而四伐，盛振威於中國也。〔一三〕分夾而進，〔一四〕事蚤濟也。〔一五〕久立於綴，以待諸侯之至也。〔一六〕且夫女獨未聞牧野之語乎？〔一七〕武王克殷反商，〔一八〕未及下車，〔一九〕而封黃帝之後於薊，封帝堯之後於祝，〔二〇〕封帝舜之後於陳，〔二一〕下車而封夏后氏之後於杞，〔二二〕封殷之後於宋，〔二三〕封王子比干之墓，〔二四〕釋箕子之囚，使之行商容而復其位。〔二五〕庶民弛政，庶士倍祿。〔二六〕濟河而西，〔二七〕馬散華山之陽，而弗復乘；〔二八〕牛散桃林之野，而不復服；〔二九〕車甲弢〔三〇〕而藏之府庫，而弗復用；倒載干戈，苞之以虎皮；〔三一〕將率之士，使爲諸侯，名之曰『建櫜』：〔三二〕然后天下知武王之不復用兵也。散軍而郊射，〔三三〕左射貍首，右射騶虞，〔三四〕而貫革之射息也；〔三五〕裨冕搢笏，〔三六〕而虎賁之士稅劒也；〔三七〕祀乎明堂，而民知孝；〔三八〕朝覲，然后諸侯知所以臣；耕藉，然后諸侯知所以敬：〔三九〕五者天下之大教也。食三老五更於太學，〔四〇〕天子袒而割牲，執醬而饋，執爵而酳，冕而總干，〔四一〕所以教諸侯之悌也。〔四二〕若此，則周道四達，禮樂交通，則夫武之遲久，不亦宜乎？」〔四三〕

〔一〕【集解】鄭玄曰：「居，猶安坐也。」

〔二〕【集解】王肅曰：「象成功而爲樂。」

〔三〕【集解】王肅曰：「總，持干楯，山立不動。」

〔四〕【正義】此下明應象成之事也，荅所以遲也。象武王伐紂，持楯立，以待諸侯至，故云武王之事也。

〔五〕【集解】王肅曰：「志在鷹揚也。」【正義】荅遲久已竟，而牟賈前荅發揚蹈厲，以爲象武王欲及時事，非也。言此是太公志耳。太公相武王伐紂，志願武王之速得，自奮其威勇以助也。

〔六〕【集解】王肅曰：「武亂，武之治也。皆坐，以象安民無事也。」【正義】賈前荅武坐，非也，因又爲之説，言當伐紂時，士卒行伍有亂者，周召二公以治正之，使其跪敬致右軒左，以待處分，故今八佾象鬭時之亂，挨相正之，則俱跪，跪乃更起以作行列，象周召之事耳，非武舞有坐之也。【考證】郝懿行曰：亂，樂之卒章也。

〔七〕【集解】鄭玄曰：「始奏，象觀兵盟津時也。」【正義】説五事既竟，而遲久之意未周，故更廣其象成之事。非荅前五事，故云「且夫」也。始而北出者，謂奏樂象武王觀兵孟津之時也。王居鎬在南，紂居朝歌在河北，故儛者南來，持楯向北，尚象之也。

〔八〕【集解】鄭玄曰：「成，猶奏也。再奏象克殷時。」【正義】再成，謂儛者再來奏時也。儛者初始前，一向北而不儛，象武王前觀孟津，不伐而反也。至再往而向北，遂奏成擊刺。

〔九〕【集解】王肅曰：「誅紂已而南。」【正義】儛者第三奏，往而轉向南，象武王勝紂，向南還鎬之時也。

〔一〇〕【集解】王肅曰：「有南國以爲疆界。」【正義】儛者第四奏，象周太平時，南方荆蠻並來歸服，爲周之疆界。

〔一一〕【集解】王肅曰：「分陝東西而治。」【正義】儛者至第五奏，而東西中分之，爲左右二部，象周太平後，周公、召公分職爲左右二伯之時。【考證】禮記無「陝」字。陳仁錫曰：此衍「陝」字。

〔一二〕【集解】鄭玄曰：「六奏，象兵還振旅也。復綴，反位止也。」王肅曰：「以象尊崇天子。」【考證】家語「以」下有「其」，「子」下有「焉」。陳仁錫曰：六成復綴以崇，句；天子夾振之而四伐，句。俞樾曰：毛詩「崇朝其雨」，傳云「崇，終也」。是「崇」與「終」聲近義通，故古字通用。以崇，猶言以終。上文曰「且夫武始而北出」，此云「六成復綴以崇」，正以始終對言。愚按：一成至五成，皆併説周事。六成止言武舞，文不一律，且「天子」二字下屬不成義，王肅讀「天子」上屬，謂作樂六成尊崇天子者，是也。

〔一三〕【集解】王肅曰：「振威，武也。四伐者，伐四方與紂同惡者。一擊一刺爲一伐也。」【正義】夾，音古合反。夾振，謂武王與大將（軍）夾軍而奮鐸，振動士卒也。言當奏武樂時，亦兩人執鐸夾之，爲節之象也。凡四伐到一止，當伐紂時，士卒皆四伐一止也，故牧誓云「今日之事，不過四伐五伐」是也。故作武樂儛者，亦以干戈伐之象也。【考證】家語「夾」上有「衆」字。禮記「盛」下無「振」字，館本削之。郝懿行曰：夾之者，二人振鐸夾舞人，非天子親夾之也。

〔一四〕【集解】徐廣曰：「一作『遲』。」【考證】家語「夾」作「陝」。

〔一五〕【集解】王肅曰：「分部而並進者，欲事早成。」

〔一六〕【集解】鄭玄曰：「象武王伐紂待諸侯也。」【考證】方苞曰：如鄭説，則不宜倒序於「分夾而進事蚤濟也」之下。按武成，丁未祀周廟，來相祀者不過邦甸侯衛，至大誥武成，然後庶邦冢君暨百工受命於周，則必六成而南，又久立於綴，象既告武成，而待庶邦冢君之至也。

〔一七〕【集解】鄭玄曰：「欲語以作武樂之意。」【正義】今衛州所理汲縣，即牧野之地也。更欲語牟賈奏武樂遲久之意，其語即下所陳是也。【考證】禮記無「夫」字，此疑衍。

〔一八〕【集解】鄭玄曰：「反，當爲『及』，謂至紂都也。」

〔一九〕【索隱】給，禮文作「及」，蓋聲相近，而字誤耳。【正義】車，戎車也。軍法，一車三人乘之，步卒七十二。牧誓云「戎車三百兩」，則二萬二千五百人也。【考證】據索隱，小司馬所見史文作「給」，今本作「及」，蓋後人依記改。中井積德曰：此車謂武王之乘輿。

〔二〇〕【正義】地理志云平原郡祝阿縣也。薊，音計，幽州縣是也。

〔二一〕【正義】陳州宛丘縣故陳城是也。

〔二二〕【正義】汴州雍丘縣，故杞國。

〔二三〕【考證】郝懿行曰：封微子於宋，在成王時，據此則武王時已徙微子於宋，其後周公乃就封之耳。又曰：史記周紀稱武王封神農之後于焦，黄帝之後於祝，帝堯之後於薊，與此不同。

〔二四〕【集解】鄭玄曰：「積土爲封。封比干之墓，崇賢也。」

〔二五〕【集解】徐廣曰：「周本紀云命召公釋箕子之囚，又曰表商容之閭。」【考證】王肅曰：商容，商之禮。其位，舊居也。或曰，行，猶索也。使箕子索商容而復其位，然不能得，故表其閭爾。中井積德曰：據此文，商容是里名，蓋箕子之舊居，故使箕子行商容而復其位也，是與武成、史記不合。俞樾曰：禮記鄭注云「行，猶視也」。使箕子視商禮樂之官，賢者所處，皆令反其官也。按武王左右自不乏其人，何必箕子是使。脱故主之幽囚而効新君之奔走，稍有人心者所不爲，而謂箕子爲之乎？鄭注非也。使之行商容而復其位，即就箕子言，蓋釋其囚而使之復位也。商容，猶言商禮，禮以容儀爲主，故行禮之臺謂之容臺。至漢世而徐氏之容與制氏之聲並傳，然則以容言禮，猶以聲言樂也。武王優崇箕子，不奪其志，俾得仍用殷禮，故曰「釋箕子之囚，使之行商容而復其位」，自鄭失其解，而陸德明復引孔安國說，以商容爲殷之賢人，於是異説滋多，而經義益晦矣。

〔二六〕【集解】鄭玄曰：「弛政，去紂時苛役。倍禄，復其紂時薄者。」

〔二七〕【正義】濟，渡也。河，黄河也。武王伐紂事畢，從懷州河陽縣南渡河至洛州，從洛城而西歸鎬京也。

〔二八〕【集解】鄭玄曰：「散，猶放。」【考證】禮記「散」下並有「之」字。

〔二九〕【集解】徐廣曰：「在弘農縣，今曰桃丘。」【正義】示無復用。服亦乘也。桃林在華山之旁，此二處並是牛馬放生地，初伐就此取之，今事竟，歸之前處，故尚書武成篇序云「武王伐殷，往伐歸獸」是也。

〔三〇〕【集解】徐廣曰：「音韜。」【考證】禮記「弢」作「衅」，與「釁」同。

〔三一〕【集解】鄭玄曰：「包干戈以虎皮，明能以武服兵也。」【考證】禮記「苞」作「包」。孔穎達曰：「『倒載干戈』者，倒載而還鎬京也。凡載兵之法，皆刃向外，今倒載者，刃向内，不與常同也。

〔三二〕【集解】王肅曰：「所以能橐弓矢而不用者，將率之士力也，故建以爲諸侯，謂之建橐也。」【索隱】王肅云：「將帥能橐弓矢而不用，故建以爲諸侯，因謂建橐也。」【考證】禮記「率」作「帥」。鄭玄曰：「『建』讀爲『鍵』，字之誤也。兵甲之衣曰橐，言閉藏兵甲也。」中井積德曰：建、鞬同，弓衣也。愚按：家語作「鞬」。

〔三三〕【集解】鄭玄曰：「郊射，爲射宫於郊也。」王肅曰：「郊有學宫，可以習禮也。」

〔三四〕【集解】鄭玄曰：「左，東學；右，西學也。貍首、騶虞，所歌爲節也。」

〔三五〕【集解】鄭玄曰：「貫革，射穿甲革也。」

〔三六〕【集解】鄭玄曰：「裨冕衣，裨衣而冠冕也。裨衣，衮之屬也。搢，插也。」【考證】中井積德曰：革謂的也，所謂「布侯棲革」是也。時事戰争，則射必以貫的爲賢，不貫者，不必爲中，以尚弓力也。論語所謂「主皮」，即貫革矣。不必軍中之事。

〔三七〕【考證】税、脱，通。禮記作「説」。

〔三八〕【集解】鄭玄曰：「文王之廟爲明堂。」【考證】郝懿行曰：先儒以斯時未有明堂，因文王廟爲明堂制而即曰明堂，似未安。

〔三九〕【集解】鄭玄曰：「耕藉，藉田也。」

〔四〇〕【集解】鄭玄曰：「老更，互言之耳，皆老人，更知三德五事者也。周名太學曰東膠。」【考證】禮記「太」作「大」。

〔四一〕【集解】鄭玄曰：「冕而總干，在舞位。」

〔四二〕【考證】禮記「悌」作「弟」。

〔四三〕【集解】鄭玄曰：「言武遲久，爲重禮樂也。」【考證】「魏文侯問於子夏」至「武之遲久不亦宜乎」一千二百三十字，禮記在「然後可以制於天下也」下，又見於家語辯樂篇。

子貢見師乙而問焉，〔一〕曰：「賜聞聲歌各有宜也，〔二〕如賜者宜何歌也？」

〔一〕【集解】鄭玄曰：「師，樂官也。乙，名也。」

〔二〕【集解】鄭玄曰：「氣順性。」

師乙曰：「乙，賤工也，〔一〕何足以問所宜。請誦其所聞，而吾子自執焉。〔二〕寬而靜，柔而正者，宜歌頌；廣大而靜，疏達而信者，宜歌大雅；恭儉而好禮者，宜歌小雅；正直清廉而謙者，宜歌風；肆直而慈愛者，宜歌商；〔三〕溫良而能斷者，宜歌齊。〔四〕夫歌者，直己而陳德；〔五〕動己而天地應焉，四時和焉，星辰理焉，萬物育焉。〔六〕故商者，五帝之遺聲也，商人志之，故謂之商；齊者，三代之遺聲也，齊人志之，故謂之齊。〔七〕明乎商之詩者，臨事而屢斷；〔八〕明乎齊之詩者，見利而讓也。〔九〕臨事而屢斷，勇也；見利而讓，義也。有勇有義，非歌孰能保此？故歌者，上如抗，下如隊，曲如折，止如槀木，居中矩，句中鉤，累累乎殷如貫珠。〔一〇〕故歌之爲言也，長言之也。〔一一〕説之，故言之；言之不足，故長言之；長言之不足，故嗟歎之；嗟歎之不足，故不知手之舞之足之蹈之。」〔一二〕子貢問樂。〔一三〕

〔一〕【集解】鄭玄曰：「樂人稱工也。」

〔二〕【集解】鄭玄曰：「執，猶處也。」

〔三〕【集解】鄭玄曰：「肆，正也。」

〔四〕【考證】「寬而静」至「直而慈」四十九字，禮記在下文「商者五帝之遺聲也」下，鄭玄注禮記云「此文換簡失其次，『寬而静』宜在上，『愛者宜歌商』宜承此下行讀云『肆直而慈愛者宜歌商』」。愚按：此鄭氏依樂書以正禮記。樂書後人妄增，而去古未遠，故其資於考據如此，讀者勿以贋鼎棄之。郝懿行曰：風、雅、頌四歌，皆合性之所近，商、齊二歌，皆矯性之所偏。中井積德曰：歌頌、歌風、雅，皆取其性之近者，所謂直己陳德也。獨於商、齊有濟偏之説，何也？不特與上文例相乖，又與「直己陳德」句不相容，蓋是錯誤耳。「歌商」當作「歌齊」，而「歌齊」當作「歌商」，互相易而後可。愚按：中説於理爲長。

〔五〕【集解】鄭玄曰：「各因其德歌所宜。」【考證】禮記「德」下有「也」字。

〔六〕【集解】鄭玄曰：「育，生也。」

〔七〕【考證】禮記「志」並作「識」。商即宋。國語宋正考甫得商頌于周大師，論語述而篇「子在齊聞韶」章，皇侃義疏引范寧云「陳，舜之後也。樂在陳，敬仲竊以奔齊」，其餘宋齊傳五帝三代遺聲未聞。

〔八〕【集解】鄭玄曰：「以其肆直。」

〔九〕【集解】鄭玄曰：「以其温良而能斷也。」【考證】禮記「詩」並作「音」，「讓」下無「也」字。

〔一〇〕【集解】鄭玄曰：「言歌聲之著，動人心之審，而有此事。」【考證】禮記「居」作「倨」，「累」作「纍」，「殷」作「端」。郝敬曰：如抗七者，歌之法也。上者聲高，下者聲卑，曲者聲回，止者聲絕。矩，曲尺也。半環曰鉤。

〔一一〕【集解】鄭玄曰：「長言引其聲。」

〔一二〕【集解】鄭玄曰：「手舞足蹈，歡之至。」【考證】禮記「蹈之」下有「也」字。

〔一三〕【正義】結此前事，悉是荅子貢問之事。其樂記者，公孫尼子次撰也。爲樂記通天地，貫人情，辯政治，故細解之。以前劉向別録篇次與鄭目録同，而樂記篇次又不依鄭目。今此文篇次顛倒者，以褚先生升降，故今亂也。今逐舊次第，隨段記之，使後略知也。以後文出褚意耳。【考證】「子貢見師乙而問焉」至「子貢問樂」二百九十五字，禮記在「先王之道禮樂可謂盛矣」下。「凡音之起由人心生也」，後人取禮記樂記妄增。禮記義疏云「子貢問樂」是此一篇之名，古書篇名多在後，此偶其存者耳。鄭氏從爲之辭，鑿矣。

凡音由於人心，天之與人有以相通，如景之象形，響之應聲。故爲善者天報之以福，爲惡者天與之以殃，其自然者也。

故舜彈五弦之琴，歌南風之詩，而天下治；紂爲朝歌北鄙之音，身死國亡。舜之道何弘也？紂之道何隘也？夫南風之詩者，生長之音也，舜樂好之，樂與天地同意，得萬國之驩心，故天下治也。夫朝歌者，不時也，北者敗也，鄙者陋也，紂樂好之，與萬國殊心，諸侯不附，百姓不親，天下畔之，故身死國亡。〔一〕

〔一〕【考證】以上百五十八字，亦後人取他書妄增。

而衛靈公之時，〔一〕將之晉，至於濮水之上舍。〔二〕夜半時聞鼓琴聲，問左右，皆對曰「不聞」。乃召師涓曰：「吾聞鼓琴音，問左右，皆不聞。其狀似鬼神，爲我聽而寫之。」師涓曰：「諾。」因端坐援琴，聽而寫之。明日，曰：「臣得之矣，然未習也，請宿習之。」靈公曰：「可。」因復宿。明日，報曰：「習矣。」即去之晉，見晉平公。平公置酒於施惠之臺。〔三〕酒酣，靈公曰：「今者來，聞新聲，請奏之。」平公曰：「可。」即令師涓坐，師曠旁援琴鼓之。未終，師曠撫而止之曰：「此亡國之聲也，不可遂。」平公曰：「何道出？」〔四〕師曠曰：「師延所作也。與紂爲靡靡之樂，武王伐紂，師延東走，自投濮水之中，故聞此聲必於濮水之上，先聞此聲者國削。」平公曰：「寡人所好者音也，願遂聞之。」師涓鼓而終之。

〔一〕【正義】時衛都楚丘，楚故城在宋州楚丘縣北三十里，衛之楚丘邑也。【考證】韓非子十過篇無「之時」二字。

〔二〕【正義】括地志云：「在曹州離狐縣界，即師延投處也。」【考證】舍，「次舍」之「舍」，韓非子作「稅車而放馬，設舍以宿」。

〔三〕【正義】一本「虒祁之堂」。左傳云「虒祁之宮」。杜預云：「虒祁，地名也，在絳州西四十里，臨汾水也。」【考證】韓非子作「施夷」。

〔四〕【考證】諸本「遂」作「聽」，今從毛本、宋本。王念孫曰：「『何』上脫『是』字。道，從也，言此聲何從出也。御覽引史記作『是何道出』，韓子作『此道奚出』，論衡作『此何道出』，皆可證也。」

平公曰：「音無此最悲乎？」師曠曰：「有。」平公曰：「可得聞乎？」師曠曰：「君德義薄，不可以聽之。」平公曰：「寡人所好者音也，願聞之。」師曠不得已，援琴而鼓之。一奏之，有玄鶴二八集乎廊門；再奏之，延頸而鳴，舒翼而舞。

平公大喜，起而爲師曠壽。反坐，問曰：「音無此最悲乎？」師曠曰：「有。昔者黄帝以大合鬼神，今君德義薄，不足以聽之，聽之，將敗。」平公曰：「寡人老矣，所好者音也，願遂聞之。」師曠不得已，援琴而鼓之。一奏之，有白雲從西北起；〔一〕再奏之，大風至而雨隨之，飛廊瓦，左右皆奔走。平公恐懼，伏於廊屋之閒。晉國大旱，赤地三年。聽者或吉或凶。夫樂不可妄興也。〔二〕

〔一〕【考證】韓非子「白雲」作「玄雲」。

〔二〕【考證】以上節録韓非十過篇，又見論衡紀妖篇。

太史公曰：夫上古明王舉樂者，非以娱心自樂，快意恣欲，將欲爲治也。正教者，皆始於音，音正而行正。故音樂者，所以動盪血脈，通流精神，而和正心也。故宫動脾而和正聖，商動肺而和正義，角動肝而和正仁，徵動心而和正禮，羽動腎而和正智。故樂所以内輔正心，而外異貴賤也；上以事宗廟，下以變化黎庶也。琴長八尺一寸，正度也。弦大者爲宫，而居中央，君也。商張右傍，其餘大小相次，不失其次序，則君臣之位正矣。故聞宫音，使人温舒而廣大；聞商音，使人方正而好義；聞角音，使人惻隱而愛人；聞徵音，使人樂善而好施；聞羽音，使人整齊而好禮。夫禮由外入，樂自内出。故君子不可須臾離禮，須臾離禮，則暴慢之行窮外；不可須臾離樂，須臾離樂，則姦邪之行窮内。故樂音者，君子之所養義也。夫古者，天子諸侯聽鐘磬未嘗離於庭，卿大夫聽琴瑟之音未嘗離於前，所以養行義而防淫佚也。〔一〕夫淫佚生於無禮，故聖王使人耳聞雅頌之音，目視威儀之禮，足行恭敬之容，口言仁義之道。故君子終日言，而邪辟無由入也。〔二〕

〔一〕【考證】「不可須臾離樂」以下又見說苑脩文篇。

〔二〕【考證】「太史公曰」以下亦後人妄增，非史公手筆。

【索隱述贊】樂之所興，在乎防欲。陶心暢志，舞手蹈足。舜曰簫韶，融稱屬續。審音知政，觀風變俗。端如貫珠，清同叩玉。洋洋盈耳，咸英餘曲。

史記會注考證卷二十五

律書第三

史記二十五

【考證】史公自序云：「非兵不彊，非德不昌，黄帝、湯、武以興，桀、紂、二世以崩，可不慎歟？司馬法所從來尚矣，太公、孫、吴、王子能紹而明之，切近世，極大變。作律書第三。」楊慎曰：漢書音義云「律書缺，有録無書」，索隱云「兵書亡不補，略述律而言兵，遂分曆述以次之」，皆疑其爲褚所補。今按：太史公自序律書云「非兵不彊」，又云「司馬法所從來尚矣，太公、孫、吴、王子能紹而明之」，蓋言兵也。律書即兵書，非亡而不補也，其律書「略述律而言兵」，語焉不詳，誠如小司馬所云也。其云「分曆述以次之」者，蓋自「書曰七正二十八舍」以下，皆關律法也，然曆之月數，實應乎律，非分曆述以次之也。兵之與律相因者然，非特以律聽兵聲而已也。先儒謂太史公論文帝寢兵息民，天下和樂，爲得論律本意。余以爲此書雖頗殘缺而補綴之，非全失而全出褚少孫手也。洪頤煊曰：疑律書自「王者制事立法」以下至「孔子所稱有德君子者邪」本爲兵書，自「書曰七正二十八舍」以下至篇末爲曆書篇首，後人誤割附於上篇兵書之後，而改其目曰「律書」，故張晏以爲亡也。漢書稱律曆志，似猶見其原本。王元啓曰：史記所闕十篇，説者皆云褚少孫所補。余讀律書，首言律爲兵家所重，因序歷代兵制，以附其後，末復詳述律管長短之數，以爲後人審律候氣之準。中所闕者，唯景、武兩朝兵制耳，要其首尾完善，必非少孫所能代爲，惟所述二十八舍、十母、十二子方隅氣候，乃後之讀史者剿取術家之言以爲訓釋。愚按：篇首至「有德君子者邪」，曆書序，史公手筆，非後人改兵書爲律書也。「書曰七正」至篇末，與上文氣脉不貫，王説是也。

王者制事立法，物度軌則，壹稟於六律，〔一〕六律爲萬事根本焉。〔二〕

〔一〕【索隱】按：律有十二。陽六爲律，黄鍾、太蔟、姑洗、蕤賓、夷則、無射；陰六爲呂，大呂、夾鍾、中呂、林鍾、南呂、應鍾是也。名曰律者，釋名曰「律，述也，所以述陽氣也」。律曆志云「呂，旅，助陽氣也」。案：古律用竹，又用玉，漢末以銅爲之。呂亦稱閒，故有六律、六閒之説。元閒大呂，二閒夾鍾是也。漢京房知五音六律之數，十二律之變至六十，猶八卦之變爲六十四卦也。故中呂上生執始，執始下生去滅，上下相生，終於南呂，而六十律畢也。

〔二〕【索隱】律曆志云「夫推曆生律制器，規圜矩方，權重衡平，準繩嘉量，探賾索隱，鉤深致遠，莫不用焉」，是萬事之根本。【考證】岡白駒曰：凡度量物數，其原皆出于律，詳見乎漢書律曆志。豬飼彥博曰：晉書律曆志引此，「法物」二字倒，「根」作「之」，「焉」字在下文「所重」下。

其於兵械尤所重。〔一〕故云「望敵知吉凶，〔二〕聞聲效勝負」，〔三〕百王不易之道也。

〔一〕【索隱】按：易稱「師出以律」，是於兵械尤重也。【正義】内成曰器，外成曰械。械謂弓、矢、殳、矛、戈、戟。劉伯莊云：「吹律審聲，聽樂知政，師曠審歌，知晉楚之彊弱，故云兵家尤所重。」【考證】張照曰：「械」字爲「戒」字之訛，蓋審幾察微，莫精於律。氣者，生死之根也，氣不可見，以聲審之，兵者千萬人之死生係焉，故於兵戒爲尤重也，於器械何涉？張文虎曰：械疑「機」字誤，或「戎」字訛，然據索隱、正義，則唐時已誤矣。

〔二〕【索隱】凡敵陣之上，皆有氣色，氣强則聲强，聲强則其衆勁。律者所以通氣，故知吉凶也。【正義】凡兩軍相敵，上皆有雲氣及日暈。天官書云：「暈等，力鈞；厚長大，有勝；薄短小，無勝。」故望雲氣知勝負彊弱。引舊語，乃曰「故云」。【考證】望敵，望敵氣也。或云「敵」當作「氣」。

〔三〕【索隱】周禮「太師，執同律以聽軍聲，而詔其吉凶」是也。故左傳稱師曠知南風之不競，此即其類也。【正義】周禮云「太師執同律以聽軍聲，而詔其吉凶」。左傳云師曠知南風之不競，即其類。【考證】錢大昕曰：效，見也。

武王伐紂，吹律聽聲，〔一〕推孟春以至于季冬，殺氣相并，〔二〕而音尚宮。〔三〕同聲相從，物之自然，何足怪哉？

〔一〕【索隱】其事當有所出，今則未詳。【考證】張照曰：武王伐紂吹律聽聲，至今明載周國語，何未詳也？愚按：周語伶州鳩對周景王曰「凡神人以數合之，以聲昭之，數合聲龢，然後可同也。故以七同其數，而以律龢其聲，於是乎有七律。武王以二月癸亥夜陳，未畢而雨，以夷則之上宮畢之，當辰。辰在戌上，故長夷則之上宮，名之曰羽，所以藩屏民則也。王以黃鐘之下宮，布戎于牧之野，故謂之厲，所以厲六師也。以大蔟之下宮，布令於商，昭顯文德，底紂之多辠，故謂之宣，所以宣三王之德也」。

〔二〕【正義】人君暴虐酷急，即常寒應。寒生北方，乃殺氣也。武王伐紂，吹律從春至冬，殺氣相并，律亦應之。故洪範咎徵云「急常寒若」是也。【考證】張文虎曰：推孟春以至于季冬，疑當「推季冬以至于孟春」，商之十二月，正月，即周之一月、二月，武王伐紂之月也。下云「音尚宮」，蓋即伶州鳩所云，詳見國語。

〔三〕【正義】兵書云：「夫戰，太師吹律合音：商，則戰勝，軍士彊；角，則軍擾多變，失士心；宮，則軍和，主卒同心；徵，則將急數怒，軍士勞；羽，則兵弱少威焉。」【考證】「音尚宮」之說，蓋本國語伶州鳩之言七律。愚按：正義本周禮大師鄭注，文多訛舛，今改。

兵者，聖人所以討彊暴，平亂世，夷險阻，救危殆。自含血戴角之獸，見犯則校，而況於人懷好惡喜怒之氣？喜則愛心生，怒則毒螫加，〔一〕情性之理也。

〔一〕【正義】螫，音釋。

昔黃帝有涿鹿之戰，以定火災，〔一〕顓頊有共工之陳，以平水害，〔二〕成湯有南巢之伐，以殄夏亂。〔三〕遞興遞廢，勝者用事，所受於天也。

〔一〕【集解】文穎曰：「神農子孫暴虐，黃帝伐之，故以定火災。」【考證】岡白駒曰：神農以火德王，其子孫暴虐，故云火災。

〔二〕【集解】文穎曰：「共工，主水官也。少昊氏衰，秉政作虐，故顓頊伐之。本主水官，因爲水行也。」【考證】岡白駒曰：共工之作亂，振滔洪水，以禍天下，故云水害。

〔三〕【正義】南巢，今廬州巢縣是也。淮南子云：「湯伐桀，放之歷山，與末喜同舟浮江，奔南巢之山而死。」按：巢即山名，古巢伯之國。云南巢者，在中國之南也。【考證】杭世駿曰：淮南修務訓云「整兵鳴條，困夏南巢，譙以其過，放之歷山」，無「末喜同舟」之語。

自是之後，名士迭興，晉用咎犯，〔一〕而齊用王子，〔二〕吳用孫武，申明軍約，賞罰必信，卒伯諸侯，兼列邦土，〔三〕雖不及三代之誥誓，然身寵君尊，當世顯揚，可不謂榮焉？豈與世儒闇於大較，〔四〕不權輕重，猥云德化，不當用兵，大至君辱失守，〔五〕小乃侵犯削弱，遂執不移等哉！故教笞不可廢於家，刑罰不可捐於國，誅伐不可偃於天下，用之有巧拙，行之有逆順耳。〔六〕

〔一〕【正義】狐偃也，咎季也，又云胥臣也。【考證】錢大昕曰：古文「舅」爲「咎」。狐偃，晉文公之舅，故稱咎犯，禮記亦作「舅犯」也。正義以爲二人。

〔二〕【索隱】徐廣云：「王子成父。」

〔三〕【考證】梁玉繩曰：「邦」字犯諱，何以不改？

〔四〕【索隱】大較，大法也。淳于髡曰「車不較則不勝其任」是也。較，音角。

〔五〕【索隱】徐廣云：「如宋襄公是也。」【考證】張文虎曰：各本「君」作「窘」，宋本作「君」，與索隱本合。

〔六〕【考證】呂氏春秋蕩兵篇「故怒笞不可偃於家，刑罰不可偃於國，誅伐不可偃於天下，有巧有拙而已矣」。高誘注「巧者以治，拙者以亂」。

夏桀、殷紂，手搏豺狼，足追四馬，勇非微也；〔一〕百戰克勝，諸侯懾服，權非輕也。秦二世宿軍無用之地，連兵於邊陲，力非弱也；〔二〕結怨匈奴，絓禍於越，勢非寡也。〔三〕及其威盡勢極，閭巷之人爲敵國。咎生窮武之不知足，甘得之心不息也。〔四〕

〔一〕【考證】岡白駒曰：一車四馬。

〔二〕【索隱】謂常擁兵於郊野之外也。【正義】謂三十萬備北邊，五十萬守五嶺也。云連兵於邊陲，即是宿軍無用之地也。

〔三〕【正義】絓，胡卦反。顧野王云：「絓者，所礙。」

〔四〕【考證】李廷機曰：已上以尊寵顯榮與窘辱失守、侵犯削弱相反，便見武可用而不可窮。巧而順，則爲王霸；拙而逆，則爲桀、紂與秦。自「夏桀」至「息也」，言窮兵之害，見其用之拙而行之逆。自「高祖」至末，言偃兵之效，而以和樂結之，意深遠矣。

高祖有天下，三邊外畔；大國之王，雖稱蕃輔，臣節未盡。會高祖厭苦軍事，亦有蕭、張之謀，〔一〕故偃武一休息，羈縻不備。〔二〕

〔一〕【考證】沈家本曰：三邊，以下文推之，謂南、北、東也，其文云「南越、朝鮮，自全秦時内屬爲臣子，後且擁兵阻阸」，又云「今匈奴内侵，軍吏無功」，又云「願且堅邊設候，結和通使，休寧北陲」，此其證也。岡白駒曰：所謂任蕭、曹之文，用良、平之謀也。愚按：不幸有事，恃蕭、張之謀也。

〔二〕【考證】司馬相如傳「天子之於夷狄也，羈縻勿絶而已」，言控制夷狄如羈縻牛馬也。不備，不設邊戍也。

歷至孝文即位，將軍陳武等議曰：「南越、朝鮮，〔一〕自全秦時内屬爲臣子，後且擁兵阻阸，選蠕觀望。〔二〕高祖時，天下新定，人民小安，未可復興兵。今陛下仁惠撫百姓，恩澤加海内，宜及士民樂用，征討逆黨，以一封疆。」〔三〕孝文曰：「朕能任衣冠，〔四〕念不到此。會吕氏之亂，功臣宗室，共不羞恥，誤居正位，常戰戰慄慄，恐事之不終。且兵凶器，雖克所願，動亦秏病，謂百姓遠方何？〔五〕又先帝知勞民不可煩，故不以爲意。朕豈自謂能？今匈奴内侵，軍吏無功，邊民父子荷兵日久，〔六〕朕常爲動心傷痛，無日忘之。今未能銷距，〔七〕願且堅邊設候，結和通使，休寧北陲，爲功多矣。且無議軍。」〔八〕故百姓無内外之繇，得息肩於田畝，天下殷富，粟至十餘錢，〔九〕鳴雞吠狗，煙火萬里，可謂和樂者乎！

〔一〕【正義】潮仙二音。高驪平壤城，本漢樂浪郡王險城，即古朝鮮地，時朝鮮王滿據之也。

〔二〕【集解】阸，音戹賣反。選，音思兗反。蝡，音而兗反。【索隱】蝡，音軟。選蝡，謂動身欲有進取之狀也。【考證】選蝡，讀爲「耎喘」。莊子胠篋篇「喘耎之蟲，肖翹之物」。耎，謂微動。喘，一作「喘」，謂微息。岡白駒曰：觀望，謂伺消息也。

〔三〕【考證】朝鮮、南越，不宜言「逆黨」，疑文有訛誤。

〔四〕【正義】朕，音而禁反。【考證】岡白駒曰：言以文治也。

〔五〕【考證】國語越語范蠡曰「勇者逆德者也，兵者凶器也」，尉繚子武議篇「兵者凶器也，争者逆德也，將者死官也」，韓非子存韓篇「兵凶器也，不可不審用也」。

〔六〕【正義】荷，音何我反。

〔七〕【考證】岡白駒曰：距，拒通。言未能拒之而銷邊患也。

〔八〕【考證】候，望候也。方苞曰：此詔不入本紀，而載律書，正與樂書懲其家難，戰戰恐懼，善守善終相發。愚按：此詔漢書不載。

〔九〕【考證】繇，繇役也。梁玉繩曰：「粟」下或「斗」或「斛」，必有缺文。

太史公曰：文帝時，會天下新去湯火，〔一〕人民樂業，因其欲然，能不擾亂，故百姓遂安。自年六七十翁亦未嘗至市井，游敖嬉戲，如小兒狀。孔子所稱有德君子者邪！〔二〕

〔一〕【索隱】謂秦亂，楚漢交兵之時，如遺墜湯火，即書云「人墜塗炭」是也。

〔三〕【索隱】論語曰「善人爲邦百年，亦可以勝殘去殺」也。【考證】岡白駒曰：未嘗至市井，樂業自足故也。張文虎曰：宋本無「翁」字。愚按：以上史公律書本文，以下後人妄補。

書曰，七正二十八舍。〔一〕律曆，天所以通五行八正之氣，天所以成孰萬物也。〔二〕舍者，日月所舍。舍者，舒氣也。

〔一〕【索隱】七正，日、月、五星。七者可以正天時。又孔安國曰「七正，日月五星，各異政」也。二十八宿之所舍也。舍，止也。宿，次也。言日月五星運行，或舍於二十八次之分也。【考證】七正，七政也。尚書堯典文。「二十八舍」上添「即」字看。下文云「旋璣玉衡，以齊七政，即天地二十八宿」云云。張文虎曰：「書曰」以下，與上絕不相蒙，王、柯、凌並連上，毛空一格，皆非，今提行。中井積德曰：以下妄誕太甚，無足辨。

〔二〕【索隱】八，謂八節之氣，以應八方之風。【考證】豬飼彥博曰：隋蕭吉五行大義引此「成孰」上無「天所以」三字，此因上文而誤衍。

不周風居西北，主殺生。〔一〕東壁居不周風東，主辟生氣〔二〕而東之。至於營室。〔三〕營室者，主營胎陽氣而産之。〔四〕東至于危。危，垝也。〔五〕言陽氣之危垝，故曰危。〔六〕十月也，律中應鍾。〔七〕應鍾者，陽氣之應，不用事也。其於十二子爲亥。亥者，該也。〔八〕言陽氣藏於下，故該也。

〔一〕【考證】黄以周曰：白虎通曰八風「所以象八卦，陽立於五，極於九，五九四十五日而變，變而爲風」。「距冬至四十五日條風至」，「四十五日明庶風至」，「四十五日清明風至」，「四十五日景風至」，「四十五日涼風至」，

「四十五日閶闔風至」，「四十五日不周風至」，「四十五日廣莫風至」。其所説風至之期，本於淮南天文訓，而與史記亦相通。史記云：「不周風居西北」，「東壁居不周風東」，「而東之至於營室」，「東至於危」。「十月也，律中應鍾」，「其於十二子爲亥」。「廣莫風居北方」，「東至於虛」，「東至於須女」。「十一月也，律中黄鍾」，「其於十二子爲子」，「東至於牽牛」，「東至於建星」。「十二月也，律中大呂」，「其于十二子爲丑」。蓋不周風至，在立冬日奎五度，故云東壁居其東，至大雪末危度止，故曰「東至于危」，凡四十五日。廣莫風至，在冬至日危二度，故曰「東至于虛」，至大寒末斗度止，故曰「東至于建星」，凡四十五日。史記又曰：「條風居東北」，「南至于箕」。「正月也，律中太簇」，「其于十二子爲寅」。「南至于尾」，「南至于心」，「南至于房」，「明庶風居東方」。「二月也，律中夾鍾」，「其于十二子爲卯」，「南至于氐」，「南至于亢」，「南至于角」。「三月也，律至姑洗」，「其于十二子爲辰」。蓋條風至在立春，日斗十二度，故南之曰「至于箕」，至雨水末心度止，故曰「南至于心」，凡四十五日。「明庶風居東方」五字，宜在「南至房」之上，明庶風至，在春分日心初度，故曰「南至於房」，至清明末，入軫尚淺，故曰「南至於角」，凡曰至於某者，必及星度之半。凡四十五日。史記又曰：「清明風居東南維」，「西之軫」，「西至于翼」。「四月也，律中中呂」，「其于十二子爲巳」，「西至于七星」，「西至于張」。蓋清明風至，在立夏，日軫十一度，故變其文曰「西之軫」，明其西皆軫度也。不云西至于軫，明其至日即在軫度也。汪氏讀書雜志云當作「西至于軫」，誤。至芒種末張度止，故曰「西至于張」，凡四十五日。史記又曰：「西至于注」，「五月也，律中蕤賓」。「景風居南方」，「其于十二子爲午」，「西至于弧」，「西至于狼」。此文與諸書違異，當有錯簡。竊以本書例之，「景風居南方」五字，當在「西至于注」之上。凡史記于八風之至，必言其月，今此景風獨無月，一可疑也；又史記凡言律中之下，即繼以十二子之月，此節「律中蕤賓」之下，不言其于十二子，「其於十二子爲午」之上又不言律中，揆之全例不合，二可疑也；史記凡言某風居某方，皆居方之正中者，言景風居南方，必在午位之中可知，依今誤本推之，則景風之位，偏西在午末，三可疑也。今移「景風居南方」五字于「西至于注」之上，則諸疑盡釋，而每風四十五日之數亦符矣。蓋景風之至，在夏至日張三度，故西之曰「至于注」，柳八星一曰注。至大暑末井度止，故曰「西至于狼」，狼在參之東南，與井近。亦四十五日。史記又曰：「涼風居西南維」，「六月也，律中林鍾」，「其于十二子爲未」，「北至于罰」，「北至于參」。「七月也，律中夷則」，「其于十二子爲申」，「北至于濁」，「北至于留」。「八月也，律中南呂」，「其于十二子爲酉」。此處亦有錯簡，凡一風値四十五日，居一月半，故前一風舉一月，後一風可舉兩月，斷無一風連舉三月之理。「六月也律中林鍾」、「其于十二子爲未」十四字亦宜繫于景風。「蓋涼風居西南維」六字，又誤置在上也。涼風至，在立秋日井十五度，故北之曰「至于罰」，至白露末昴度止，故曰「至于留」，留即昴。亦四十五日。史記又曰：「閶闔風居西方」，「北至于胃」，「北至于婁」，「北至于奎」。「九月也，律中無射」。「其於十二子爲戌」。蓋閶闔風至，在秋分日昴八度，故北之曰「至于胃」，至霜降奎度止，故曰「北至于奎」，凡四十五日。

〔二〕【索隱】辟，音闢。

〔三〕【索隱】定星也。定中而可以作室，故曰營室。其星有室象也，故天官書主廟。此言「主營胎陽氣而産之」，是説異也。【正義】天官書云「營室爲清廟，曰離宮、閣道」，是有宮室象。此言「主營胎陽氣而産之」，二説不同。

〔四〕【集解】徐廣曰：「胎，一作『含』。」

〔五〕【索隱】垝，音鬼毀反。

〔六〕【考證】王念孫曰：「『垝』上本無『危』字，此訓危爲垝，故曰『危，垝也』，言陽氣之垝。爾雅曰『垝，毀也』，言陽氣至十月而毀也」。今本疑衍。

〔七〕【正義】應，乙證反。白虎通云：「應者，應也，言萬物應陽而動下藏也。」漢初依秦以十月爲歲首，故起應鍾。

〔八〕【索隱】按：律曆志云「該，閡於亥」。【正義】孟康云：「閡，藏塞也。陰雜陽氣藏塞，爲萬物作種也。」

廣莫風居北方。廣莫者，言陽氣在下，陰莫陽廣大也，故曰廣莫。東至於虛。虛者，能實能虛，言陽氣冬則宛藏於虛，〔一〕日冬至，則一陰下藏，一陽上舒，故曰虛。東至于須女。〔二〕言萬物變動其所，陰陽氣未相離，尚相如胥也，故曰須女。〔三〕十一月也，律中黄鍾。〔四〕黄鍾者，陽氣踵黄泉而出也。其於十二子爲子。子者，滋也；滋者，言萬物滋於下也。其於十母爲壬癸。壬之爲言任也，〔五〕言陽氣任養萬物於下也。癸之爲言揆也，言萬物可揆度，故曰癸。東至牽牛。牽牛者，言陽氣牽引萬物出之也。牛者，冒也，言地雖凍，能冒而生也。牛者，耕植種萬物也。東至於建星。建星者，建諸生也。〔六〕十二月也，律中大吕。大吕者，其於十二子爲丑。〔七〕丑者，紐也，言陽氣在上未降，萬物厄紐未敢出也。〔八〕

〔一〕【正義】宛，音藴。

〔二〕【索隱】婺女名也。

〔三〕【考證】張文虎曰：「如」字疑衍。胥、須義通。

〔四〕【正義】白虎通云：「黄，中和之氣，言陽氣於黄泉之下動養萬物也。」

〔五〕【考證】豬飼彦博曰：任、妊通。

〔六〕【考證】豬飼彦博曰：此以「生」爲星也。

〔七〕【正義】徐廣云：「此中闕不説大吕及丑也。」按：此下闕文。或一本云「丑者，紐也。言陽氣在上未降，萬物厄紐未敢出也。」【考證】陳仁錫曰：大吕一律不釋，今以漢書補之曰「大吕者旅也，言陰大旅助黄鍾，宣〔化〕〔氣〕而牙物也」。

〔八〕【考證】「丑者紐也」云云十九字，各本有，蓋依正義增入。

條風居東北，主出萬物。條之言條治萬物而出之，故曰條風。南至於箕。箕者，言萬物根棋，故曰箕。〔一〕正月也，律中泰蔟。〔二〕泰蔟者，言萬物蔟生也，故曰泰蔟。其於十二子爲寅。寅，言萬物始生螾然也，故曰寅。〔三〕南至於尾，言萬物始生如尾也。南至於心，言萬物始生有華心也。〔四〕南至於房。房者，言萬物門户也，至于門則出矣。

〔一〕【集解】徐廣曰：「棋，一作『横』也。」【考證】錢大昕曰：「棋」讀如「荄」，易「箕子之明夷」，趙賓以爲「萬物方荄茲」也，其義蓋本於史公。豬飼彦博曰：棋、基通。愚按：錢説較長。

〔二〕【正義】蔟，音千豆反。白虎通云：「泰者，大也。蔟者，湊也。言萬物始大湊地而出之也。」

〔三〕【索隱】螾，音引，又音以慎反。

〔四〕【集解】徐廣曰：「華，一作『莖』。」

明庶風居東方。明庶者，明衆物盡出也。二月也，律中夾鍾。〔一〕夾鍾者，言陰陽相夾廁也。其於十二子爲卯。卯之爲言茂也，言萬物茂也。其於十母爲甲乙。甲者，言萬物剖符甲而出也；乙者，言萬物生軋軋也。〔二〕南至于氐。氐者，言萬物皆至也。〔三〕南至於亢。亢者，言萬物亢見也。南至于角。角者，言萬物皆有枝格如角也。三月也，律中姑洗。〔四〕姑洗者，言萬物洗生。其於十二子爲辰。辰者，言萬物之蜄也。〔五〕

〔一〕【正義】白虎通云：「夾，孚甲也。言萬物孚甲種類分也。」

〔二〕【集解】符，音孚。【索隱】符甲，猶孚甲也。

〔三〕【正義】氐，音丁禮反。

〔四〕【正義】姑，音沽。洗，音先典反。白虎通云：「沽者，故也。洗者，鮮也。言萬物去故就新，莫不鮮明也。」

〔五〕【集解】音之慎反。【索隱】蜄，音振。或作「娠」，同音。律曆志云「振羨於辰」。

清明風居東南維，主風吹萬物而西之。軫。〔一〕軫者，言萬物益大而軫軫然。西至於翼。翼者，言萬物皆有羽翼也。四月也，律中中呂。〔二〕中呂者，言萬物盡旅而西行也。其于十二子爲巳。巳者，言陽氣之已盡也。西至于七星。七星者，陽數成於七，故曰七星。西至于張。張者，言萬物皆張也。〔三〕西至于注。注者，言萬物之始衰，陽氣下注，故曰注。〔四〕五月也，律中蕤賓。〔五〕蕤賓者，言陰氣幼少，故曰蕤；痿陽不用事，故曰賓。

〔一〕【考證】錢大昕曰：東南巽方也，故主風。王念孫曰：「軫」上當有「至於」二字。主風吹萬物而西之，爲句。至於軫，爲句。上文云「東壁居不周，東，主辟生氣而東，至於營室」，自此以下，皆有「至於」二字，是其證。

〔二〕【正義】中，音仲。白虎通云「言陽氣將極中充大也」，故復申言之也。

〔三〕【考證】陳仁錫曰：三四月間不言西至於張，蓋缺文也。王元啓曰：「西至于張」云云十二字當在「西至于七星」上。

〔四〕【索隱】音丁救反。注，咮也。天官書云「柳爲鳥咮」，則注，柳星也。【考證】陳仁錫曰：此文曰「下注」，則與天官書別義。

〔五〕【正義】蕤，音仁佳反。白虎通云：「蕤者，下也。賓者，敬也。言陽氣上極，陰氣始賓敬之也。」

景風居南方。景者，言陽氣道竟，故曰景風。其於十二子爲午。午者，陰陽交，故曰午。〔一〕其於十母爲丙丁。丙者，言陽道著明，故曰丙；丁者，言萬物之丁壯也，故曰丁。西至于弧。弧者，言萬物之吴落且就死也。〔二〕西至于狼。狼者，言萬物可度量，斷萬物，故曰狼。

〔一〕【索隱】律曆志云「咢布於午」。

〔二〕【集解】徐廣曰：「吴，一作『柔』。」【考證】楊慎曰：吴，音弧。弧落，彫落也。注作「柔」，非也。萬物之生也柔弱，其死也剛强。既云弧落且就死，焉得柔也？且此篇八風十二律，皆以協聲取義，下文云「濁者，觸也」，「留，言陽氣之稽留也」，是其例也，於弧而言柔落，亦不倫矣。

涼風居西南維，主地。〔一〕地者，沈奪萬物氣也。〔二〕六月也，律中林鍾。〔三〕林鍾者，言萬物就死氣林林然。其於十二子爲未。未者，言萬物皆成，有滋味也。〔四〕北至於罰。罰者，言萬物氣奪可伐也。〔五〕北至於參。〔六〕參，言萬物可參也，故曰參。七月也，律中夷則。夷則，言陰氣之賊萬物也。〔七〕其於十二子爲申。申者，言陰用事，申賊萬物，故曰申。〔八〕北至於濁。〔九〕濁者，觸也，言萬物皆觸死也，故曰濁。北至於留。留者，言陽氣之稽留也，故曰留。〔一〇〕八月也，律中南呂。〔一一〕南呂者，言陽氣之旅入藏也。其於十二子爲酉。酉者，萬物之老也，故曰酉。〔一二〕

〔一〕【考證】錢大昕曰：西南者，坤方也，故主地，於遁甲爲死門，故云萬物就死氣也。

〔二〕【正義】沈，一作「洗」。

〔三〕【正義】白虎通云：「林者，衆也。言萬物成熟，種類多也。」

〔四〕【索隱】律曆志云「味薆於未」，其意殊也。【考證】梁玉繩曰：此獨不言「於十母爲戊己」者，缺文也。

〔五〕【考證】錢大昕曰：罰，與「伐」同。此叙二十八舍，有罰，無觜觿。

〔六〕【正義】音所林反。

〔七〕【集解】徐廣曰：「陰，一作『陽』。賊，一作『則』。」【正義】白虎通云：「夷，傷也。則，法也。言萬物始傷被刑法也。」

〔八〕【集解】徐廣曰：「賊，一作『則』。」【索隱】律曆志「物堅於申」也。

〔九〕【索隱】按：爾雅「濁謂之畢」。

〔一〇〕【索隱】留即昴，毛傳亦以留爲昴。

〔一一〕【正義】白虎通云：「南，任也。言陽氣尚任包，大生薺麥也。」

〔一二〕【索隱】律曆志「留孰於酉」。

閶闔風居西方。閶者，倡也；闔者，藏也。言陽氣道萬物，闔黄泉也。其於十母爲庚辛。庚者，言陰氣庚萬物，故曰庚；辛者，言萬物之辛生，故曰辛。〔一〕北至於胃。胃者，言陽氣就藏，皆胃胃也。北至於婁。婁者，呼萬物且内之也。北至於奎。〔二〕奎者，主毒螫殺萬物也，奎而藏之。〔三〕九月也，律中無射。〔四〕無射者，陰氣盛用事，陽氣無餘也，故曰無射。其於十二子爲戌。戌者，言萬物盡滅，故曰戌。〔五〕

〔一〕【考證】詩緯推度災云「庚者更也，辛者新也」。

〔二〕【集解】徐廣曰：「一作『蛙』。」【索隱】按：天官書「奎爲溝瀆，婁爲聚衆，胃爲天倉」。今此説並異，及六律十母，又與漢書不同，今各是異家之説也。

〔三〕【考證】後漢書蘇竟傳「奎爲毒螫，主庫兵」。

〔四〕【正義】音亦。白虎通云:「射,終也。言萬物隨陽而終,當復隨陰而起,無有終已。」此說六呂十干十二支,與漢書不同。

〔五〕【索隱】律曆志「畢入於戌」也。【考證】錢大昕曰:說文「戌,滅也」。五行火死于戌,陽氣至戌而盡,故威从火、戌。愚按:呂氏春秋音律篇云「大聖至理之世,天地之氣合而生風,日至,則鐘其風以生十二律。仲冬日短至,則生黄鐘,季冬生大呂,孟春生太簇,仲春生夾鐘,季春生姑洗,孟夏生仲呂;仲夏日長至,則生蕤賓,季夏生林鐘,孟秋生夷則,仲秋生南呂,季秋生無射,孟冬生應鐘,天地之氣正,則十二律定矣。」全與律書合。

律數:

九九八十一,以爲宮。三分去一,五十四以爲徵。三分益一,七十二以爲商。〔一〕三分去一,四十八以爲羽。三分益一,六十四以爲角。〔二〕

〔一〕【考證】三分去一,三分宮去其一也。三分益一,三分徵益其一也。下倣此。稱曰「三分損益法」也。

〔二〕【考證】張文虎曰:舊刻「三分」上空二格,他本提行,蓋皆以意爲之。今依下「生鍾分」例連屬,下放此。

黄鍾,長八寸十分一,宮。〔一〕大呂,長七寸五分三分一。〔二〕太蔟,長七寸七分二,角。〔三〕夾鍾,長六寸一分三分一。〔四〕姑洗,長六寸七分四,羽。〔五〕仲呂,長五寸九分三分二,徵。〔六〕蕤賓,長五寸六分三分一。〔七〕林鍾,長五寸七分四,角。〔八〕夷則,長五寸四分三分二,商。〔九〕南呂,長四寸七分八,徵。〔一〇〕無射,長四寸四分三分二。〔一一〕應鍾,長四寸二分三分二,羽。〔一二〕

〔一〕【索隱】黄鍾長八寸十分一,宮。案:上文云「律九九八十一,以爲宮」,故云「長八寸十分一,宮。」而云黄鍾長九寸者,九分之寸也。劉歆、鄭玄等皆以爲長九寸即十分之寸,不依此法也。云宮者,黄鍾爲律之首,宮爲五音之長，十一月以黃鍾爲宮，則聲得其正。舊本多作「七分」，蓋誤也。【考證】各本「十」作「七」，誤，今從索隱本、凌一本。周禮大師云「掌六律六同，以分陰陽之聲。陽聲，黃鍾、大簇、姑洗、蕤賓、夷則、無射；陰聲，大呂、應鍾、南呂、函鍾、小呂、夾鍾。皆文之以五聲：宮商角徵羽。皆播之以八音：金石土革絲木匏竹」。鄭注云「函鍾一名林鍾，小呂一名中呂」。呂氏春秋音律篇云「黃鍾生林鍾，林鍾生大簇，大簇生南呂，南呂生姑洗，姑洗生蕤賓，蕤賓生大呂，大呂生夷則，夷則生夾鐘，夾鐘生無射，無射生仲呂。三分所生，益之一分以上生；三分所生，去其一分以下生。黃鐘、大呂、太簇、夾鐘、姑洗、仲呂、蕤賓爲上，林鐘、夷則、南呂、無射、應鐘爲下」。淮南子天文訓云「以三參物，三三如九，故黃鐘之律九寸。而宮音調因而九之，九九八十一，故黃鐘之數立焉。黃者土德之色，鐘者氣之所種也。黃鐘位子，其數八十一，主十一月。下生林鐘，林鐘之數五十四，主六月。上生大簇，大簇之數七十二，主正月。下生南呂，南呂之數四十八，主八月。上生姑洗，姑洗之數六十四，主三月。下生應鐘，應鐘之數四十二，主十月。上生蕤賓，蕤賓之數五十七，主五月。上生大呂，大呂之數七十六，主十二月。下生夷則，夷則之數五十一，主七月。上生夾鐘，夾鐘之數六十八，主二月。下生無射，無射之數四十五，主九月。上生仲呂，仲呂之數六十，主四月。極不生」。愚按：史此文曰「黃鐘長八寸十分一」，下文及淮南子曰「九寸」，蓋一以漢尺言，一以古尺言，其餘概皆啗合，但今本傳寫多訛。說見三書正譌、二十二史考異、淮南天文訓補注。

〔二〕【索隱】謂十一月以黃鍾爲宮，五行相次，土生金，故以大呂爲商者，大呂所以助陽宣化也。【考證】淮南子云：「蕤賓之數五十七，上生大呂，大呂之數七十六。」王元啓曰：「三分一」，當作「三分二」，自黃鍾以至姑洗，得數皆整，姑洗以後其數奇零不齊，故此下備舉十二律全數，別爲約法，整者以十分爲約法，不整者以三分爲約法，過半者曰「三分二」，不及半者曰「三分一」。

〔三〕【考證】淮南子云「林鐘之數五十四，上生太簇，太簇之數七十二」。又云「凡十二律，黃鐘爲宮，太簇爲商，姑洗爲角，林鐘爲徵，南呂爲羽」。史記曆書云「黃鐘爲宮，林鐘爲徵，太簇爲商，南呂爲羽，姑洗爲角」，其説相合，而此篇獨異，蓋傳寫之誤。王元啓曰：七分二，當作「十分二」。角，當作「商」。十分二者，十分寸之二，謂二分也。

〔四〕【考證】淮南子云：「夷則之數五十一，上生夾鐘，夾鐘之數六十八。」王元啓曰：夷則生夾鐘，得六寸七分，餘數九百二十七。「寸」下「一」字，「七」字之誤文也。

〔五〕【索隱】亦以金生水故也。【考證】淮南子云：「南呂之數四十八，上生姑洗，姑洗之數六十四。」王元啓曰：七分四，當作「十分四」。羽，當作「角」。

〔六〕【考證】淮南子云：「無射之數四十五，上生仲呂，仲呂之數六十。」王元啓曰：「徵」字衍。

〔七〕【考證】淮南子云：「應鐘之數四十二，上生蕤賓，蕤賓之數五十七。」王元啓曰：三分一，當作「三分二」。

〔八〕【索隱】水生木，故爲角。不用蕤賓者，以陰氣起，陽不用事，故去之也。【考證】淮南子云：「黃鐘之數八十一，下生林鐘，林鐘之數五十四。」王元啓曰：七分四，當作「十分四」。愚按：角，當作「徵」。

〔九〕【考證】淮南子云：「大呂之數七十六，下生夷則，夷則之數五十一。」王元啓曰：「四分」字，「商」字衍。

〔一〇〕【考證】淮南子云：「太簇之數七十八，下生南呂，南呂之數四十八。」王元啓曰：七分，當作「十分」。徵，當作「羽」。

〔一一〕【考證】淮南子云：「夾鐘之數六十八，下生無射，無射之數四十五。」

〔一二〕【考證】淮南子云：「姑洗之數六十八，下生應鐘，應鐘之數四十二。」王元啓曰：「羽」字衍。愚按：十二律之數，史記、淮南子所記，傳寫有錯誤。王元啓所訂亦未精。今以黃鐘爲八十一，以示三分損益之法。

黃鐘　81

林鍾　$81\times\frac{2}{3}=54$

太簇　$54\times\frac{4}{3}=72$

南呂　$72\times\frac{2}{3}=48$

姑洗　$48\times\frac{4}{3}=64$

應鍾　$64\times\frac{2}{3}=42\frac{2}{3}$

蕤賓　$42\frac{2}{3}\times\frac{4}{3}=56\frac{8}{9}$

大呂　$56\frac{8}{9}\times\frac{4}{3}=75\frac{23}{27}$

夷則　$75\frac{23}{27}\times\frac{2}{3}=50\frac{46}{81}$

夾鍾　$50\frac{46}{81}\times\frac{4}{3}=67\frac{103}{243}$

無射　$67\frac{103}{243}\times\frac{2}{3}=44\frac{692}{729}$

仲呂　$44\frac{692}{729}\times\frac{4}{3}=59\frac{2\,039}{2\,187}$

生鍾分：〔一〕

〔一〕【索隱】此算術生鍾律之法也。【正義】分，音扶問反。【考證】豬飼彥博曰：分謂分數，三分二、九分八之類是也。

子，一分。〔二〕丑，三分二。〔三〕寅，九分八。〔三〕卯，二十七分十六。〔四〕辰，八十一分六十四。巳，二百四十三分一百二十八。午，七百二十九分五百一十二。未，二千一百八十七分一千二十四。〔五〕申，六千五百六十一分四千九十六。酉，一萬九千六百八十三分八千一百九十二。〔六〕戌，五萬九千四十九分三萬二千七百六十八。亥，十七萬七千一百四十七分六萬五千五百三十六。〔七〕

〔二〕【索隱】自此已下十一辰，皆以三乘之，爲黃鍾積實之數。【考證】豬飼彥博曰：「分」字因下文而衍，晉志云「起子，黃鐘九寸爲一」，是也。十二律以黃鐘爲本，一呂一律，三分損益，其數奇零不能盡，故借十二辰以立其算位，先置一算，象黃鐘也。

〔三〕【索隱】案：子律黃鍾，長九寸。林鍾爲衡，長六寸。以九比六，三分少一，故云丑三分二。是黃鍾三分去一，下生林鍾之數也。【考證】豬飼彥博曰：以子爲一，丑以下十一次，以三乘之，以其分之數得其律之長也。蔡元定云：「分」字以上者，黃鐘之全數，「分」字以下者，諸律所取於黃鐘長短之數也。索隱、正義云三分二、九分八並是分之餘數，非也。錢大昕曰：林鐘長六寸，其數五十四，于黃鐘本數中得三分二也。下倣此。

〔三〕【索隱】十二律以黃鍾爲主，黃鍾長九寸，太蔟長八寸，寅九分八，即是林鍾三分益一，上生太蔟之義也。【正義】孟康云：「元氣始起於子，未分之時，天地人混合爲一，故子數獨一。」漢書律曆志云：「太極元氣，函三爲一，行於十二辰，始動於子，參之於丑，得三；又參於寅，得九；又參之於卯，得二十七；又參之於辰，得八十一；又參之於巳，得二百四十三；又參之於午，得七百二十九；又參之於未，得二千一百八十七；又參之於申，得六千五百六十一；又參之於酉，得萬九千六百八十三；又參之於戌，得五萬九千四十九；又參之於亥，得十七萬七千一百四十七。此陰陽合德，氣鍾於子，化生萬物者也。」然丑三分二，寅九分八者，並是分之餘數，而漢書不説也。【考證】錢大昕曰：寅九分八，謂大簇長八寸，其數七十二，得黃鍾本數九分之八。卯二十七分十六，謂南吕長五寸三分寸之一也，以分子爲實，前兩位分母爲法，實如法，得十分之數，後倣此，其數四十八。豬飼彦博曰：十二辰者，算家約分之權術耳。漢志所言動於子、參於丑之類，皆附會之説。

〔四〕【索隱】此以丑三乘寅，寅三乘卯，得二十七。南吕爲卯，衡長五寸三分寸之一，以三約二十七得九，即黃鍾之本數。又以三約十六得五，餘三分之一，即南吕之長，故云卯二十七分十六，亦是太蔟三分去一，下生南吕之義。已下八辰並準此。然云丑三分二，寅九分八者，皆分之餘數也。

〔五〕【考證】一千二十四，當作「二千四十八」，蓋傳寫之誤。

〔六〕【考證】八千一百九十二，當作「一萬六千三百八十四」。

〔七〕【考證】六萬五千五百三十六，當作「十三萬一千七十二」。史文有訛誤，作表以示十二辰長短之數，并及十二律積實之數。

十二辰長短法	十二律積實數
子　黃鍾　1	黃鍾十七萬七千百四十七
丑　林鍾　$1\times\frac{2}{3}=\frac{2}{3}$	林鍾十一萬八千九十八

寅太簇 $\frac{2}{3}\times\frac{4}{3}=\frac{8}{9}$　太簇十五萬七千四百六十四

卯南呂 $\frac{8}{9}\times\frac{2}{3}=\frac{16}{27}$　南呂十萬四千九百七十六

辰姑洗 $\frac{16}{27}\times\frac{4}{3}=\frac{64}{81}$　姑洗十三萬九千九百六十八

巳應鍾 $\frac{64}{81}\times\frac{2}{3}=\frac{128}{243}$　應鍾九萬三千三百十二

午蕤賓 $\frac{128}{243}\times\frac{4}{3}=\frac{512}{729}$　蕤賓十二萬四千四百十六

未大呂 $\frac{512}{729}\times\frac{4}{3}=\frac{2\,048}{2\,187}$　大呂十六萬五千八百八十八

申夷則 $\frac{2\,048}{2\,187}\times\frac{2}{3}=\frac{4\,096}{6\,561}$　夷則十一萬五百九十二

酉夾鍾 $\frac{4\,096}{6\,561}\times\frac{4}{3}=\frac{16\,384}{19\,683}$　夾鍾十四萬七千四百五十六

戌無射 $\frac{16\,384}{19\,683}\times\frac{2}{3}=\frac{32\,768}{59\,049}$　無射九萬八千三百四

亥仲呂 $\frac{32\,768}{59\,049}\times\frac{4}{3}=\frac{131\,072}{177\,147}$　仲呂十二萬一千七十二

生黄鍾術曰：〔一〕以下生者，〔二〕倍其實，三其法。〔三〕以上生者，四其實，三其法。〔四〕上九，商八，羽七，角六，宫五，徵九。〔五〕置一而九三之以爲法。〔六〕實如法，得長一寸。〔七〕凡得九

寸，命曰「黄鍾之宫」。〔八〕故曰音始於宫，窮於角；〔九〕數始於一，終於十，成於三；氣始於冬至，周而復生。

〔一〕【考證】張文虎曰：索隱出正文無「生」字，各本以「術曰」別提行，皆誤，今正。王氏正譌謂「黄」字衍，似矣，乃并删「曰」字，則非。「生鍾術曰」者，正承上「生鍾分」而解之。

〔二〕【索隱】黄鍾術曰以下生者。案：蔡邕曰「陽生陰爲下生，陰生陽爲上生。子午已東爲上生，已西爲下生」。又律曆志云「陰陽相生，自黄鍾始，黄鍾生太蔟，左旋八八爲五」。從子至未得八，下生林鍾，是也。又自未至寅亦得八，上生太蔟。然上下相生，皆以此爲率也。

〔三〕【索隱】謂黄鍾下生林鍾，黄鍾長九寸，倍其實者，二九十八，三其法者，以三爲法，約之得六，爲林鍾之長也。【考證】倍其實、三其法者，算家所謂$\frac{2}{3}$也。

〔四〕【索隱】四其實者，謂林鍾上生太蔟，林鍾長六寸，以四乘六，得二十四，以三約之，得八，即爲大蔟之長。【考證】四其實、三其法者，算家所謂$\frac{4}{3}$也。

〔五〕【索隱】此五聲之數，亦上生三分益一，下生三分去一。宫下生徵，徵益一上生商；商下生羽，羽益一上生角。然此文似數錯，未暇研覈也。【考證】王元啓曰：當云「角七徵六羽五」，若以律數誤文爲據，亦當云「羽七角六徵五」。「宫」字誤，「徵九」二字衍。錢大昕曰：族子唐以太玄、淮南天文訓證明史公之義，今述之左方。

太玄云「甲己之數九，乙庚八，丙辛七，丁壬六，戊癸五」，淮南云「戊子，黄鍾之宫也；庚子，無射之商也；壬子，夷則之角也；甲子，仲吕之徵也；丙子，夾鍾之羽也」。蓋古法六十律旋相爲宫，黄鍾爲宫起戊子，則林鍾爲徵配己丑，太簇爲商配庚寅，南吕爲羽配辛卯，姑洗爲角配壬辰。次應鍾爲宫配癸巳，蕤賓爲徵配甲午，大呂爲商配乙未，夷則爲羽配丙午，夾鐘爲角配丁酉。次無射爲宮配戊戌，中呂爲徵配己亥，黄鐘爲商配庚子，故云庚子無射之商。林鐘爲羽配辛丑，太簇爲角配壬寅。次南呂爲宮配癸卯，姑洗爲徵配甲辰，應鐘爲商配乙巳，蕤賓爲羽配丙午，大呂爲角配丁未。次夷則爲宮配戊申，夾鐘爲徵配己酉，無射爲商配庚戌，中呂爲羽配辛亥，黄鐘爲角配壬子。故云壬子夷則之角。次林鐘爲宮配癸丑，大簇爲徵配甲寅，南呂爲商配乙卯，姑洗爲羽配丙辰，應鐘爲角配丁巳。次蕤賓爲宮配戊午，大呂爲徵配己未，夷則爲商配庚申，夾鐘爲羽配辛酉，無射爲角配壬戌。次中呂爲宮配癸亥，黄鐘爲徵配甲子，故云甲子中呂之徵。林鐘爲商配乙丑，大簇爲羽配丙寅，南呂爲角配丁卯。次姑洗爲宮配戊辰，應鐘爲徵配己巳，蕤賓爲商配庚午，大呂爲羽配辛未，夷則爲角配壬申。次夾鐘爲宮配癸酉，無射爲徵配甲戌，中呂爲商配乙亥，黄鐘爲羽配丙子，故云丙子夾鐘之羽。林鍾爲角配丁丑。次太簇爲宮配戊寅，南呂爲徵配己卯，姑洗爲商配庚辰，應鐘爲羽配辛巳，蕤賓爲角配壬午。次大呂爲宮配癸未，夷則爲徵配甲申，夾鐘爲商配乙酉，無射爲羽配丙戌，中呂爲角配丁亥。而六十律終矣。戊癸爲宮聲，故宮之數五；甲己爲徵聲，故徵之數九；乙庚爲商聲，故商之數八；丙辛爲羽聲，故羽之數七；丁壬爲角聲，故角之數六也。

愚按：「上九商八羽七角六宮五徵九」十二字，與生鍾術無干涉，恐錯簡。錢説湊合甚巧，未免傅會。王説亦未確，姑録備考。

〔六〕【索隱】漢書律曆志曰：「太一元氣，函三爲一，行之於十二辰，始動於子，參之於丑得三，又參之於寅得九。」是謂因而九三之也。韋昭曰：「置一而九，以三乘之，是也。」樂彦云：「一氣生於子，至丑而三，是一三也。又自丑至寅爲九，皆以三乘之，是九三之也。又參之卯，得二十七；參之於辰，得八十一；又參之於巳，得二百四十三；又參之午，得七百二十九；又參於未，得二千六百八十七；又參之於申，得六千五百六十三；又參於酉，得萬九千六百八十三；又參於戌，得五萬九千四十九；又參(至)〔之〕於亥，得十七萬七千一百四十七；謂之該數。此陰陽合德，氣鐘於子，化生萬物也。然丑三分，寅九分者，即分之餘數也。」

〔七〕【索隱】實如法得一。實，謂以子一乘丑三，至亥得十七萬七千一百四十七爲實數。如法，謂以上萬九千六百八十三之法除實得九，爲黃鍾之長。言「得一」者，算術設法辭也。「得」下有「長」，「一」下有「寸」者，皆衍字也。韋昭云，得九寸之一也。姚氏謂「得一」即黃鍾之子數。

〔八〕【考證】漢書律曆志「實如法」上有「十一三之以爲實」七字，此脫。云「九」，云「十一」，算家所謂九乘、十一乘也。置一而九三之，得一萬九千六百八十三；置一而十一三之，得十七萬七千一百四十七，前以爲法，後以爲實，得九，此黃鍾之長也。實如法，法與實，其數相同也。

$$1\times3\times3\times3\times3\times3\times3\times3\times3\times3=19\,683$$

$$1\times3\times3\times3\times3\times3\times3\times3\times3\times3\times3\times3=177\,147$$

$$\frac{19\,683}{19\,683}=1\qquad\frac{177\,147}{19\,683}=9$$

〔九〕【索隱】即如上文宮下生徵，徵上生商，商下生羽，羽上生角，是其窮也。

神生於無，形〔一〕成於有，形〔二〕然後數，形而成聲，〔三〕故曰神使氣，氣就形。形理如類有可類。或未形而未類，或同形而同類，類而可班，類而可識。〔四〕聖人知天地識之別，故從有以至未有，〔五〕以得細若氣，微若聲。〔六〕然聖人因神而存之，〔七〕雖妙必效情，核其華，道者明矣。〔八〕非有聖心以乘聰明，孰能存天地之神而成形之情哉？〔九〕神者，物受之，而不能知及其去來，〔一〇〕故聖人畏而欲存之。唯欲存之，神之亦存。〔一一〕其欲存之者，故莫貴焉。〔一二〕

〔一〕【正義】無形爲太陽氣。天地未形之時，言神本在太虛之中而無形也。【考證】正義「太陽氣」當作「大易氣」。

〔二〕【正義】天地既分，二儀已質，萬物之形成於天地之間，神在其中。【考證】張文虎曰：「神生於無」句，「形」字屬下。

〔三〕【正義】數謂天數也，聲謂宮、商、角、徵、羽也。言天數既形，則能成其五聲也。【考證】張文虎曰：「形然後數」爲句。形然後數，形而成聲，謂有形而有數，有形而後有聲也。正義以「然後數形而成聲」爲句，非。

〔四〕【考證】張文虎曰：「形理如類有可類」七字，不可解，當有脱誤。王元啓曰：或未形而未類，二「未」字皆當作「異」。惠棟曰：班，別也，義與「辨」同。

〔五〕【正義】從有，謂萬物形質也。未有，謂天地未形也。【考證】王元啓曰：「地」下「識」字衍。張文虎曰：此下多脱訛，不可强解。

〔六〕【正義】氣謂太易之氣，聲謂五聲之聲也。

〔七〕【正義】言聖人因神理其形體，尋迹至於太易之氣，故云因神而存之，上云「從有以至未有」是也。

〔八〕【正義】妙謂微妙之性也。效，猶見也。核，研核也。華道，神妙之道也。言人雖有微妙之性，必須程督己之情理，然後研核神妙之道，乃能究其形體，辨其成聲，故謂明矣。故下云「非有聖心以乘聰明，孰能存天地之神而成形之情哉」是也。

〔九〕【考證】張文虎曰：館本、明監本「有」字，與上正義引合，它本誤「其」。

〔一〇〕【正義】言萬物受神妙之氣，不能知覺，及神去來，亦不能識其往復也。【考證】「及」字衍。

〔一一〕【正義】言聖人畏神妙之理難識，而欲常存之，唯欲常存之，故其神亦存也。

〔一二〕【正義】言平凡之人，欲得精神存者，故亦莫如貴神之妙焉。

太史公曰：故旋璣玉衡，以齊七政，〔一〕即天地二十八宿。〔二〕十母，〔三〕十二子，〔四〕鍾律調自上古。建律運曆，造曰度，可據而度也。〔五〕合符節，通道德，即從斯之謂也。

〔一〕【考證】「故」字不可承「太史公曰」。愚按：「太史公曰」四字，妄人所增。「故」字承篇首「書曰七正二十八舍」。

〔二〕【正義】宿，音息袖反，又音肅。謂東方角、亢、氐、房、心、尾、箕，南方井、鬼、柳、星、張、翼、軫，西方奎、婁、胃、昴、畢、觜、參，北方斗、牛、女、虛、危、室、壁，凡二十八宿一百二十八宿星也。【考證】張文虎曰：正義句有誤，疑當云「一百六十一星」也。

〔三〕【正義】十干：甲、乙、丙、丁、戊、己、庚、辛、壬、癸。

〔四〕【正義】十二支：子、丑、寅、卯、辰、巳、午、未、申、酉、戌、亥。

〔五〕【正義】度，音田洛反。【考證】陳仁錫曰：「曰」字當作「日」。張文虎曰：「建律」句疑有脱文。

【索隱述贊】自昔軒后，爰命伶倫。雄雌是聽，厚薄伊均。以調氣候，以軌星辰。軍容取節，樂器斯因。自微知著，測化窮神。大哉虛受，含養生人。

史記會注考證卷二十六

史記二十六

曆書第四

【考證】史公自序云："律居陰而治陽，曆居陽而治陰，律曆更相治，間不容翲忽，五家之文怫異，維太初之元論。作曆書第四。"陳仁錫曰："曆書多采大戴禮、左傳、國語之文。

昔自在古，曆建正作於孟春。〔一〕於時冰泮發蟄，百草奮興，秭鳺先滜。〔二〕物迺歲具，生於東，次順四時，卒于冬分。〔三〕時雞三號，卒明。〔四〕撫十二節，卒于丑。〔五〕日月成，故明也。〔六〕明者孟也，幽者幼也，幽明者雌雄也。〔七〕雌雄代興，而順至正之統也。日歸于西，起明於東；月歸於東，起明于西。〔八〕正不率天，又不由人，則凡事易壞而難成矣。〔九〕

〔一〕【索隱】按："古曆者，謂黃帝調曆以前有上元太初曆等，皆以建寅爲正，謂之孟春也。及顓頊、夏禹亦以建寅爲正。唯黃帝及殷、周、魯並建子爲正。而秦正建亥，漢初因之。至武帝元封七年，始改用太初曆，仍以周正建子爲十一月朔旦冬至，改元太初焉。今按："此文至於"十二月節"，皆出大戴禮虞史伯夷之辭也。【考證】陳仁錫曰：曆建正作於孟春，乃一書之綱領也。猪飼彥博曰：詩商頌「自古在昔」，「昔」、「自」二字恐倒。大戴禮誥志篇作「虞夏之曆，正建於孟春」，索隱云「古曆者，謂黃帝調曆以前有上元太初曆」，非也。夫黃帝始作曆，黃帝以前，豈有曆乎？漢書律曆志云「前曆上元泰初四千六百一十七歲」者，今所推原之曆元也，非謂上古已有此曆也。太初以後造曆者數十家，皆立曆元，是曆家之恒例爾。索隱又云「殷、周、魯並建子爲正」，豈不見本篇「殷正以十二月」之文歟？又云「仍以周正建子爲十一月朔旦」，朔旦冬至，天運自然，何關於周正？張文虎曰：索隱「於」字當作「撫」。案此篇自首至「凡事易壞而難成矣」，皆大戴記文，不止至「撫十二節」句，注有誤。

〔二〕【集解】徐廣曰：「秭，音姊。鳺，音規。子鳺鳥也，一名鷤鴂。」【索隱】按：徐廣云「秭音規」者誤也，當云「秭音姊，鳺音規」，蓋遺失耳。言子鳺鳥，春氣發動，則先出野澤而鳴也。又按：大戴禮作「瑞鳺」，無釋，未測其旨，當是字體各有訛變耳。鷤音弟，鴂音桂。楚詞云「慮鷤鴂之先鳴，使夫百草爲之不芳」，解者以鷤鴂爲杜鵑。【考證】大戴禮作「百草權輿，瑞雉無釋」，史改「權輿」爲「奮興」，義長。秭鳺，鳥名。中井積德曰：首春先鳴，必非鷤鴂、杜鵑之類。猪飼彥博曰：無，古作「无」，蓋「先」譌作「无」，又作「無」。「釋」即「滜」字訛耳，先滜即楚詞「先鳴」也，「滜」讀爲「嘷」。

〔三〕【索隱】卒，子律反。分，如字。卒，盡也。言建曆起孟春，盡季冬，則一歲事具也。冬盡之後，分爲來春，故云冬分也。【考證】大戴禮「具」作「俱」，「次」作「以」，「分」作「方」。具、俱同。「次」作「以」，當依訂。「分」作「方」，史義爲長。阮元曰：言萬物與歲俱起于春，盡于冬也。中井積德曰：冬分，謂冬春之交，即除夜矣，非指節氣。

〔四〕【集解】徐廣曰：「卒，一作『平』。」又云：卒，斯也。」【索隱】三號，三鳴也。言夜至雞三鳴，則天曉，乃始爲正月一日，言異歲也。徐廣云「卒」一作「平」，又作「斯」，於文皆便。【考證】大戴禮「時」上有「於」字，「明」下有

「載于青色」四字。卒，當作「平」，蓋因下文譌。諸注以「時」字屬上，非是，索隱單本不誤。

〔五〕【正義】撫，猶循也。自平明寅至雞鳴丑，凡十二辰，辰盡丑，又至明朝寅，使一日一夜，故曰「幽明」。【考證】大戴禮「節」上有「月」字。猪飼彥博曰：言自建寅月而循十二月節，以絶于建丑月也。

〔六〕【考證】大戴禮「成」下有「歲」字，其義更晰。「明」字從日從月，易傳云「日月相推而明生焉」。

〔七〕【考證】猪飼彥博曰：此以下至「起明于西」，大戴禮在「虞夏之曆正建于孟春」之上，亦虞史伯夷之辭也。錢大昕曰：明、孟，聲相近，古讀「孟」如「芒」，而「孟」亦與「芒」通。毛公詁詩「正爲長，冥爲幼」，而鄭康成箋之，以正爲晝，冥爲夜，然則晝爲長，夜爲幼，與大戴、太史公之義正合。查德基曰：「幽」與「窈」通。窈，從幼得聲，故「幽」可以「幼」字釋之，幽之爲言窈也，是幽通乎窈。陰爲幽，陽爲明，陽先陰後，長幼之義曉然矣。

〔八〕【考證】月生於西，謂三日哉生明，月正在西，嗣後每日昏見，漸轉而東，至望乃正東也。禮記禮器云「大明生于東，月生于西」，參同契納甲術云「三日出爲爽，震庚受西方，八日兑受丁，上弦平如繩，十五乾體就，盛滿甲東方」。

〔九〕【索隱】正不率天，亦不由人。此文出大戴禮，是孔子稱周太史之詞。【考證】正，讀爲「政」，大戴禮作「政」。又，大戴禮作「下」，史義長。愚按：篇首至此，皆大戴禮誥志篇文，字句少異，次第不同。

王者易姓受命，必慎始初，改正朔，易服色，推本天元，順承厥意。〔一〕

〔一〕【索隱】言王者易姓而興，必當推本天之元氣行運所在，以定正朔，以承天意，故云承順厥意。【考證】猪飼彥博曰：天元，即所謂上元也。造曆之所推本，故曰「推本」也，索隱非也。

太史公曰：神農以前尚矣。蓋黄帝考定星曆，〔一〕建立五行，起消息，〔二〕正閏餘，〔三〕於是有天地神祇物類之官，是謂五官。各司其序，不相亂也。〔四〕民是以能有信，神是以能有明

德。民神異業，敬而不瀆，故神降之嘉生，民以物享，災禍不生，所求不匱。〔五〕

〔一〕【索隱】按：系本及律曆志，黄帝使羲和占日，常儀占月，臾區占星氣，伶倫造律吕，大橈作甲子，隸首作算數，容成綜此六術而著調曆也。【考證】黄，各本譌「皇」，今從宋本、毛本、索隱本。

〔二〕【正義】皇侃云：「乾者陽，生爲息；坤者陰，死爲消也。」【考證】消息，以陰陽言。

〔三〕【集解】漢書音義曰：「以歲之餘爲閏，故曰閏餘。」【正義】鄧平、落下閎云「一月之日，二十九日八十一分日之四十三」。按：計其餘分成閏，故云正閏餘也。每一歲三百六十六日，餘六日，小月六日，是一歲餘十二日，大計三十三月則一閏之耳。【考證】張文虎曰：正義「四十三」，各本譌「四十八」。「小月六日」，各本譌作「小月大月」，依漢志師古注改。「小月」上當有「又除」二字。

〔四〕【正義】應劭云：「黄帝受命，有雲瑞，故以雲紀官。春官爲青雲，夏官爲縉雲，秋官爲白雲，冬官爲黑雲，中官爲黄雲。」按：黄帝置五官，各以物類名其職掌也。【考證】猪飼彥博曰：此以下至「使復典之」，楚語觀射父之辭也。楚語「祇」作「民」，漢書郊祀同，此傳寫之誤。愚按：天、地、神、民、物類，各一官。物類，禽獸草木也，楚語作「類物」，義同。

〔五〕【集解】應劭曰：「嘉生，嘉穀也。」【索隱】應劭云：「嘉穀也。」【正義】劉伯莊云：「物，事也。人皆順事而享福也。」【考證】楚語「信」上有「忠」字，「所求」作「求用」。王元啓曰：物，謂祭祀所具之牢醴也。神降嘉穀以養民，民則具牢禮以報享也。

少皞氏之衰也，九黎亂德，民神雜擾，不可放物，〔一〕禍菑薦至，莫盡其氣。〔二〕顓頊受之，乃命南正重司天以屬神，命火正黎司地以屬民，使復舊常，無相侵瀆。〔三〕

〔一〕【集解】漢書音義曰：「九黎，少皞時諸侯作亂者。」【索隱】放，音昉，依也。【考證】九黎與三苗並言，蓋南方種族名，言九者非一族也。放，楚語作「方」，方猶別也。物猶類也。

〔二〕【索隱】薦至，上音在見反，古「荐」字，假借用耳。荐，集也。【考證】楚語「薦至」作「荐臻」。韋昭曰「荐，重也。氣，壽命之氣」。顔師古曰「言不究其性命也」。

〔三〕【集解】應劭曰：「黎，陰官也。火數二；二，地數也：故火正司地以屬萬民。」【索隱】按：左傳重爲句芒，木正；黎爲祝融，火正。此言「南」者，劉氏以爲「南」字誤，非也。蓋重、黎二人，元是木火之官，兼司天地職，而天是陽，南是陽位，故木亦是陽，所以木正爲南正也；而火是地正，亦稱北正者，火數二，二，地數，地陰，主北方，故火正亦稱北正：爲此故也。臣瓚以爲古文「火」字似「北」，未爲深得也。【考證】正，長也。屬以其事委之也。

其後三苗服九黎之德，〔一〕故二官咸廢所職，而閏餘乖次，〔二〕孟陬殄滅，〔三〕攝提無紀，曆數失序。〔四〕堯復遂重、黎之後，不忘舊者，使復典之，〔五〕而立羲、和之官。明時正度，則陰陽調，風雨節，茂氣至，民無夭疫。〔六〕年耆禪舜，申戒文祖云「天之曆數在爾躬」。〔七〕舜亦以命禹。〔八〕由是觀之，王者所重也。

〔一〕【正義】孔安國云：「三苗，縉雲氏之後諸侯也。」按：服，從也。言九黎之君在少皞之世作亂，今三苗之君，從九黎亂德，故南北二官皆廢，使曆數失序。【考證】漢書律曆志作「三苗亂德」。服，行也。德，凶德也。韋昭曰「三苗爲亂，行其凶德，如九黎之爲也」。

〔二〕【集解】漢書音義曰：「次，十二次也。史推曆失閏，則斗建與月名錯。」

〔三〕【集解】漢書音義曰：「正月爲孟陬。閏餘乖錯，不與正歲相值，謂之殄滅。」【索隱】按：正月爲陬。陬，音鄒。又作侯反。楚詞云：「攝提貞乎孟陬。」言曆數乖誤，乃使孟陬殄滅，不得其正也。

〔四〕【集解】漢書音義曰：「攝提，星名，隨斗杓所指，建十二月。若曆誤，春三月當指辰而指巳，是謂失序。」【索隱】攝提失方。按：天官書云「攝提三星，若鼎足句之，直斗杓所指，以建時節，故曰攝提格」。格，至也。言攝提隨月建至，故云格也。【考證】柯維騏曰：太史公此文前後百餘言，皆採國語，而稍删省。其云「二官咸廢所職，而閏餘乖次，孟陬殄滅，攝提無紀，曆數失序」，此則太史公所增者也。愚按：漢志「無紀」作「失方」，無「曆數失序」四字。漢書劉向傳云「曆失則攝提失方，孟陬無紀」，大戴禮用兵篇云「曆失制，攝提失方，鄒大無紀」，「鄒」與「陬」同，鄒大即孟陬。皆云「無紀」，不云「殄滅」。猪飼彦博曰：雖閏餘乖次，孟陬豈殄滅乎？當從劉向傳改正之。

〔五〕【考證】以上采楚語，間有增損。猪飼彦博曰：楚語「遂」作「育」，漢志同。「遂」即長育之意。

〔六〕【考證】堯典云「乃命羲和，欽若昊天，曆象日月星辰，敬授民時」。猪飼彦博曰：重、黎固非曆官，羲、和亦非其後，史遷誤以重、黎爲曆官，遂以堯典羲、和充楚語重、黎之後。

〔七〕【集解】徐廣曰：「戒，一作『敕』。」何晏曰：「曆數，謂列次也。」【正義】言於文祖之廟，以申戒舜也。

〔八〕【集解】孔安國曰：「舜亦以堯命己之辭命禹也。」【考證】采論語堯曰篇。柯維騏曰：堯、舜、禹以天之曆數相告戒，朱子謂帝王相繼之次第，猶歲時氣節之先後。史遷、班固直以此爲造曆之事，非也。

夏正以正月，殷正以十二月，周正以十一月。〔一〕蓋三王之正若循環，窮則反本。天下有道，則不失紀序；無道，則正朔不行於諸侯。

〔一〕【考證】尚書大傳「夏以孟春月爲正，殷以季冬月爲正，周以仲冬月爲正」。

幽、厲之後，周室微，陪臣執政，史不記時，君不告朔，〔一〕故疇人子弟分散，或在諸夏，或在夷狄，〔二〕是以其禨祥廢而不統。〔三〕周襄王二十六年閏三月，而春秋非之。〔四〕先王之正時

也，履端於始，〔五〕舉正於中，〔六〕歸邪於終。〔七〕履端於始，序則不愆；舉正於中，民則不惑；歸邪於終，事則不悖。〔八〕

〔二〕【集解】鄭玄曰：「禮，人君每月告朔於廟，有祭，謂之朝享。」【考證】猪飼彦博曰：史不記時，言史官失月日而不書也。漢志作「史官喪紀」。

〔三〕【集解】如淳曰：「家業世世相傳爲疇。律，年二十三傳之疇官，各從其父學。」【索隱】韋昭云：「疇，類也。」孟康云：「同類之人明曆者也。」樂彦云：「疇昔知星人。」【考證】程大昌曰：「疇人」即「籌人」，古字假借，以算數而名。愚按：樂官亦曰疇人，律、曆皆以算數爲本也。

〔三〕【集解】如淳曰：「呂氏春秋『荆人鬼而越人禨』，今之巫祝禱祠淫祀之比也。」晉灼曰：「禨，音『珠璣』之『璣』。」【考證】猪飼彦博曰：禨祥，謂天見吉凶之兆也。言察禨祥之法廢墜而不得其統也，注非。

〔四〕【考證】春秋謂左傳也，公、穀並無此説。左傳文公元年云「於是閏三月，非禮也」，杜預注「於曆法閏當在僖公末年，誤於今年三月置閏，蓋時達曆者所譏」。顧炎武曰：經傳之文，凡閏不言其月者，閏即歲之終可知也。今魯改曆法置閏在三月，故爲非禮。據漢書表及史記，漢末改秦曆之前，屢書「後九月」，是知曆法故然。梁玉繩曰：案東遷已後，王不頒朔，而國自爲曆，各有不齊，春秋之非閏三月，謂魯曆也，史公以爲周曆，誤。

〔五〕【集解】韋昭曰：「謂正曆必先稱端始也，若十一月朔旦冬至也。」

〔六〕【集解】韋昭曰：「氣在望中，則時日昏明皆正也。」

〔七〕【集解】邪，音餘。韋昭曰：「邪，餘分也。終，閏月也。中氣在晦，則後月閏；在望，是其正中也。」【考證】左傳「邪」作「餘」。中井積德曰：端謂節也。正謂中氣。終謂歲杪。古曆置閏，必於歲杪。

〔八〕【考證】「閏三月」以下采文元年左傳。

其後戰國並爭，在於彊國禽敵，救急解紛而已，豈遑念斯哉！是時獨有鄒衍，明於五德之傳，而散消息之分，以顯諸侯。〔一〕而亦因秦滅六國，兵戎極煩，又升至尊之日淺，未暇遑也。〔二〕而亦頗推五勝，而自以爲獲水德之瑞，更名河曰「德水」，而正以十月，色上黑。然曆度閏餘，未能睹其真也。〔三〕

〔一〕【正義】傳，音竹戀反。五德，五行也。【考證】五德，見始皇紀、孟荀傳。張文虎曰：「散」字、「分」字疑有誤。

〔二〕【考證】凌稚隆曰：「亦因」下疑有缺文。張文虎曰：「而亦因」三字涉下文而衍，删之，與上文氣直接。或疑有缺文，非也。

〔三〕【集解】漢書音義曰：「五行相勝，秦以周爲火，用水勝之也。」【正義】正，音征。以秦始皇名諱之，故改也。【考證】中井積德曰：秦以十月爲歲首而已，正月則用夏正。愚按：事見始皇二十六年紀。

漢興，高祖曰「北時待我而起」，〔一〕亦自以爲獲水德之瑞。雖明習曆及張蒼等，咸以爲然。〔二〕是時天下初定，方綱紀大基，高后女主，皆未遑，故襲秦正朔服色。

〔一〕【考證】封禪書，高祖二年入關，問故秦博士，上帝祠何帝也？對曰「四帝，有白、青、黃、赤帝之祠」。高祖曰「天有五帝，而四，待我而具五也」。乃立黑帝祠，命曰北時。

〔二〕【考證】梁玉繩曰：案漢之王，或以土德，或以火德，或以水德，所説不同。語在孝文事中。李笠曰：及，疑「如」字之誤。

至孝文時，魯人公孫臣以終始五德上書，言「漢得土德，宜更元，改正朔，易服色。當有瑞，瑞黃龍見」。事下丞相張蒼，張蒼亦學律曆，以爲非是，罷之。〔一〕其後黃龍見成紀，張蒼

自黜，所欲論著不成。〔二〕而新垣平以望氣見，頗言正曆服色事，貴幸，後作亂，故孝文帝廢不復問。〔三〕

〔一〕【考證】王元啓曰：前有「明習曆」句，此云「張蒼學律曆」，複出，蓋後人注語也。

〔二〕【考證】猪飼彦博曰：張蒼傳云「於是文帝召公孫臣以爲博士，草土德之曆，制度更元年。張丞相由是自絀，謝病稱老」。孝文紀云「張蒼以爲今水德始明，正十月，上黑事」，此所謂「所欲論著」者也。

〔三〕【考證】封禪書，垣平詐令人獻玉杯，又詐言日卻復中，孝文故改元。事覺，誅三族，蓋以詐妄誅耳，非作亂也。

至今上即位，招致方士唐都，分其天部；〔一〕而巴落下閎運算轉曆，然後日辰之度與夏正同。〔二〕乃改元，更官號，封泰山。〔三〕因詔御史曰：「乃者，有司言星度之未定也，廣延宣問，以理星度，未能詹也。〔四〕蓋聞昔者黄帝合而不死，名察度驗，定清濁，起五部，建氣物分數。〔五〕然蓋尚矣。〔六〕書缺樂弛，朕甚閔焉。朕唯未能循明也，〔七〕紬績日分，〔八〕率應水德之勝。〔九〕今日順夏至，〔一〇〕黄鐘爲宫，〔一一〕林鐘爲徵，太簇爲商，南吕爲羽，姑洗爲角。自是以後氣復正，羽聲復清，名復正變，〔一二〕以至子日，當冬至，則陰陽離合之道行焉。〔一三〕十一月甲子朔旦冬至已詹，其更以七年爲太初元年。〔一四〕年名『焉逢攝提格』，〔一五〕月名『畢聚』，日得甲子，夜半朔旦冬至。」〔一六〕

〔一〕【集解】漢書音義曰：「謂分部二十八宿爲距度。」

〔二〕【集解】徐廣曰：「陳術云徵士巴郡落下閎也。」【索隱】姚氏案：益部耆舊傳云「閎字長公，明曉天文，隱於落下，武帝徵待詔太史，於地中轉渾天，改顓頊曆作太初曆，拜侍中，不受」。【考證】楊慎曰：漢武曆得夏正，應篇端引大戴禮之説。張文虎曰：漢志敘造太初曆，首選鄧平，又云詔司馬遷用鄧平所造八十一分律曆，則太初曆固鄧平主之，而此文祇及都、閎，疑有殘缺。錢大昕曰：集解陳述，蜀人，謂益部耆舊雜記。

〔三〕【考證】猪飼彦博曰：更官號者，更郎中令曰「光禄勳」，大行令曰「大鴻臚」之類，詳見漢書百官表。封泰山在元封元年，此書誤。愚按：漢書律曆志云「武帝元封七年，漢興百二歲矣，大中大夫公孫卿、壺遂、太史令司馬遷等言『曆紀壞廢，宜改正朔』。是時御史大夫兒寬明經術，上迺詔寬曰：『與博士共議，今宜何以爲正朔？服色何上？』」此太初改曆，本史公等議也。

〔四〕【集解】徐廣曰：「詹，一作『售』也。」【索隱】按：漢書作「讐」，故徐廣云一作「售」，售即讐也。韋昭云「讐，比校也」。鄭德云「相應爲讐」也。【考證】漢志「星度之未定也」作「曆未定」，「理」作「考」，「詹」作「雠」，顔師古曰「雠，相當」。方苞曰：古卜筮之官名詹尹，似有占驗符合之義，觀下十一月甲子朔旦冬至已詹，可見。

〔五〕【集解】應劭曰：「言黄帝造曆得仙，名節會，察寒暑，致啓閉分至，定清濁，起五部。五部，金、木、水、火、土也。建氣物分數，皆叙曆之意也。」孟康曰：「合，作也。黄帝作曆，曆終復始無窮已，故曰不死。清濁，律聲之清濁也。五部，五行也。天有四時，分爲五行也。氣，二十四氣；物，萬物也。分，曆數之分也。」瓚曰：「黄帝聖德，與虛合契，升龍登仙於天，故曰合而不死。題名宿度，候察進退，謂三辰之度，吉凶之驗也。」【索隱】臣瓚云：「題名宿度，候察進退，以爲吉凶之狀，依文作解爲得。」案：漢書作「名察發斂」，韋昭云「發，氣發；斂，氣斂」。又續漢書以爲道之發斂，景之長短，則發斂是日行道，去極盈縮也。【考證】方苞曰：合而不死，即封禪書所云「黄帝迎日推策，率二十歲復朔旦冬至，凡三百八十年，而仙登於天」，蓋方士誕語也。合者，至日適與朔旦合也。名察者，五星二十八宿之名，於是辨也。度驗者，其宿離遲速之數皆可驗也。定清濁者，即下所謂氣復正，羽聲復正也。起五部者，即下所謂「黄鐘爲宮」至「姑洗爲角」是也。氣者，在天之節氣也；物者，十二律之管也；建氣物分數者，唯能知其消息損益之分數，然後立十二管以應十二月之氣也。王元啓曰：名察度驗，猶言察名驗度。愚按：漢志作「名察發斂」。孟康云「春夏爲發，秋冬爲斂」。晉灼云「蔡邕天文志『渾天名察發斂，以行日月，以步五緯』」。又周髀算經「冬至夏至者，日道發斂之所同也」。與索隱所引續漢書同義。近時王念孫、猪飼彦博諸人以「發斂」爲是，併録備考。

〔六〕【考證】漢志作「然則上矣」。王先謙曰：言其所由來遠也。

〔七〕【考證】漢書作「朕甚難之，依違以惟，未能修明」。據此，「循」當作「修」。

〔八〕【索隱】紬，音宙，又如字。紬績者，女工紬緝之意，以言造曆算運者，猶若女工緝而織之也。

〔九〕【集解】徐廣曰：「蓋以爲應土德，土勝水。」

〔一〇〕【索隱】按：夏至，謂夏至、冬至。【考證】猪飼彦博曰：漢書武帝紀云「夏五月，正曆以正月爲歲首」，蓋其日當夏至也。

〔一一〕【考證】中井積德曰：是謂夏至之調也。猪飼彦博曰：淮南子云「斗指午則夏至，音比黄鐘」。愚按：此武紀所謂「協音律」者。

〔一二〕【考證】中井積德曰：「名」疑當作「各」。王元啓曰「變」字衍。愚按：中説是。

〔一三〕【考證】王元啓曰：按古者太初上元甲子夜半冬至，七曜皆會斗、牽牛分度，自此而後，諸曜或遲或疾，各異其行，所謂離合之道也。

〔一四〕【索隱】按：改元封七年爲太初元年，然漢始以建亥爲年首，今改以建寅，故以七年爲元年。韋昭云「漢興至此百二歲」。案：律曆志云「乃以前曆上元太初四千六百一十七歲，至元封七年，復得閼逢攝提之歲，中冬十一月甲子朔日冬至」。【考證】中井積德曰：以舊曆元封七年歲首建亥，及建子、建丑三月，還屬六年，而以建寅以後爲太初元年也。愚按：詹，足也，至也。説又見上文。

〔一五〕【集解】徐廣曰：「歲陰在寅，左行；歲星在丑，右行。」【索隱】按：爾雅云「歲在甲曰焉逢，寅曰攝提格」，則此甲寅之年十一月甲子朔旦夜半冬至也。然此篇末亦云「寅名攝提格」，則此甲寅之歲也。又據二年名單閼，三年名執徐等，年次分明，而漢志以爲其年在丙子，當是班固用三統，與太初曆不同，故與太史公説有異。而爾雅近代之作，所記年名又不同也。左行右行，按：蘇林云「歲與星行所在之次」。【正義】焉，音於乾反，後同。【考證】漢書律曆云「元封七年復得閼逢攝提格之歲仲冬，十一月甲子朔旦冬至，日月在建星，太歲在子」。又云「漢曆太初元年十一月甲子朔旦冬至，歲在星紀婺女六度，故漢志曰，歲名曰困敦。正月歲星出婺女」。焉逢，甲也。攝提格，寅也。星紀，丑也。困敦，子也。史、漢所言不同。王元啓曰：曆家推步之術，代有不同，甲曰焉逢，寅曰攝提格，從古更無異説。況太初曆史公手定，不應年歲甲子尚有錯記。漢志云「以前曆上元泰初四千六百一十七歲，至元封七年，復得閼逢攝提格之歲」，則是歲之爲甲寅，班氏亦既明知，而其下復有「太歲在子」之云，前後自爲乖異，必誤文也。或疑漢志世經一篇所載歷代甲子甚明，豈於是年獨誤。余謂即以世紀覈之，班氏之誤可決也。天官書云「攝提格歲，太歲左行在寅，歲星右轉居丑」，世經載太初元年前十一月朔旦冬至，歲在星紀婺女六度，歲星在丑。則太歲是寅，非子明矣。天官書所載諸星行度，雖不盡史公手筆，然亦西漢諸儒纂入，去史公不遠，所言當據太初曆法，因此逆數高祖入秦之歲，太歲在申，歲星在未，故五星皆得從聚東井，漢志「太歲在午」，徐廣月表注又以爲其年乙未。午未之歲，歲星當在大梁實沈之次，與土、火、金、水同聚東井，亦非行度所宜。今謂太初元年丙子，則甲寅之歲，前爲元朔三年，相距二十二年，後爲元康四年，相距三十八年，曆法縱有不同，何至相違若是之遠。王引之曰：漢志「太歲在子」當作「太歲在寅」，後人改之也。太歲在寅曰攝提格，上言攝提格之歲，則下當言太歲在寅。錢大昕曰：古法「歲陰」與「太歲」不同，太歲與歲星常相應，歲星自丑右行，太歲自子左行，歲在星紀，則太歲必在子，在元枵，則太歲必在丑。歲星百四十有四年而超一辰，即太歲亦超一辰。太初之元，歲在星紀，故漢志以爲太歲在子，而當時詔書以爲年爲閼逢攝提格者，乃指歲陰所在，非太歲所在也。歲陰亦謂之太陰，又曰青龍，亦左行周十二辰，而常在太歲之前二辰，如太歲在子，則太陰在寅，淮南天文訓「太陰在寅，歲名曰攝提格，太陰在卯，歲名曰敦牂」云云。蓋古人以太陰紀歲，攝提格以下十二名，皆曰太陰所在，淮南子言太陰元始建于甲寅，故以焉逢攝提格之歲爲曆元，而太初、三統推上元，日、月、五星，皆起于星紀，故太歲起丙子。史記曆術甲子篇云「甲寅年者，以太陰所在紀歲名」。班史云「歲名困敦」，乃真太歲所在也。東漢以降，術家鮮知太陰、太歲之別，又不知太歲超辰之義，而古書多難通矣。愚按：二王蓋得之，漢志云「歲在星紀婺女六度」者，劉歆以三統術逆推之耳，不若史公在當時自驗自筆之可據。錢氏據淮南云史記以太陰紀年，漢書以太歲紀年，其説極巧，但既有太陰紀年之法，何更以太歲紀年？據古書，太陰、太歲，名異實同，説詳于吳仁傑兩漢刊誤補遺、王引之太歲考。

〔二六〕【集解】文穎曰：「律居陰而治陽，曆居陽而治陰，更相治，間不容翲忽。五家文悖異，推太初之元也。」【索隱】聚，音娵。案：虞喜云「天元之始，於十一月甲子夜半朔旦冬至，日月若連珠，俱起牽牛之初。歲，雄在閼逢，雌在攝提格。月，雄在畢，雌在訾，訾則娵訾之宿。日，雄在甲，雌則在子。此則甲寅之元，天道之首。」【考證】張文虎曰：集解語見自序，與正文無涉，漢書無此注，蓋傳寫誤衍。

曆術甲子篇〔一〕

〔一〕【索隱】以十一月朔旦冬至得甲子，甲子是陽氣支干之首，故以甲子命曆術爲篇首，非謂此年歲在甲子也。【考證】月，自朔至晦二九・五三〇五八日。十二月，三五四日。日，一歲三六五・二四二二日（曆家稱三六五・二五日）。其差約十一日，十九年七置閏月，猶剩〇・七五日。七十六年之後，日時季節略合，故曆家以十九年爲一章，七十六年爲一蔀，是篇自焉逢攝提格至祝犂大荒落，方七十六年。張文虎曰：曆術甲子篇，或以爲褚少孫所補，或以爲褚取曆官舊諜綴之。以太初爲曆元，仍用四分術氣朔分演算。梁玉繩志疑、王念孫太歲考皆以爲殷術，不知殷術是年入天紀之酉蔀。第二章首歲名丁丑，天正氣朔，皆有餘分四之三，不得爲元首，并不得爲殷術。反覆思之，則史公與壺遂等初受詔改曆時所定也。蓋帝詔直以元封六年十一月朔旦冬至爲曆元，不復計及餘分。遷、遂等依違承詔，徒以歲星在丑，則太歲在寅，命爲焉逢攝提格，其餘仍用舊氣朔分，（黃帝術以下六術，皆用四分。）推算以爲太初新曆，不能他有所更格。周曆太初元年入地紀，第一蔀首，甲子朔旦冬至氣朔，皆無餘分，正與此合。迨鄧平改定，破紀法八十章爲八十一，而謂之統法，一元之終，多五十七年，不得復其歲名，歲餘朔餘，皆強於四分，（當時亦以氣朔餘分爲嫌，而無法消弭之，故漢志言射姓等奏不能爲筭，逮鄧平定曆增其小餘，以四千六百十七年爲元法，餘分適盡，蓋得之巧算，而即以此爲張壽王所詆，詳舒藝隨筆卷五。）而改歲星與日同次之斗建，命爲歲在困敦。（此據十一月朔之星次耳，其實此時歲星在婺女六度，逮至婺女八度，歲星自丑度子，太歲則自子度丑矣。）史公心有所不善焉，特以詔用平術，（漢志云「迺詔遷用平所造八十一分律曆」。）不敢執舊法以爭，故於曆書存此篇以見意，自焉逢攝提格至祝犂大荒落，凡七十六歲，合一蔀之數。其歲名下本不著年，今本有者，後人增之。然則前文不及鄧平，又詔更七年爲太初元年下，不復詳定曆終始，蓋有故焉，非闕略也。愚按：張說蓋得當時情事。

太初元年，歲名「焉逢〔一〕攝提格」，〔二〕月名「畢聚」，〔三〕日得甲子，〔四〕夜半朔旦冬至。〔五〕

〔一〕【索隱】甲，歲雄也。漢書作「閼逢」，亦音焉，與此音同。

〔二〕【索隱】寅，歲陰也。此依爾雅，甲寅之歲，若據漢志，以爲丙子之年。

〔三〕【索隱】謂月值畢及陬訾也。畢，月雄也。聚，月雌也。

〔四〕【索隱】謂十一月冬至朔旦得甲子也。

〔五〕【索隱】以建子爲正，故以夜半爲朔；其至與朔同日，故云夜半朔旦冬至。若建寅爲正者，則以平旦爲朔也。

正北〔一〕

〔一〕【索隱】謂蔀首十一月甲子朔旦時加子爲冬至，故云「正北」也。然每歲行周天，全度外餘有四分之一，以十二辰分之，冬至常居四仲，故子年在子，丑年在卯，寅年在午，卯年在酉。至後十九年，章首在酉，故云「正西」。其「正南」、「正東」並準此也。【正義】黃鐘管，子時氣應稱正北，順行四時仲，所至爲正月一日，是歲之始，盡一章。十九年黃鐘管，應在酉，則稱「正西」。他皆放此。【考證】王元啓曰：按四分之一，即十二辰之三，計全歲之周，當得三百六十五日加三時。故子年甲子日子時冬至，丑年必在己巳日卯時，寅年必在甲戌日午時，卯年必在己卯日酉時。然太初曆寅年起算正北，是歲前冬至，則本年十一月冬至，時當加卯，卯年在午，辰年在酉，巳年在子，至後十九年歲在壬申，時當加卯，故曰「正西」，索隱以漢志解曆書，不自知其錯數也。

十二〔一〕

〔一〕【索隱】歲有十二月，有閏則云十三也。

無大餘，無小餘；〔二〕

〔二〕【索隱】其歲甲子朔旦，日月合於牽牛之初，餘分皆盡，故無大小餘也。【正義】無大小餘者，以出閏月之歲，有三百五十四日三百四十八分，除五甲三百日，餘有五十四日三百四十八分，緣未滿六十日，故置爲來年大小餘。亦爲太初元年，日得甲子朔旦冬至，前年無奇日分，故無大小餘也。【考證】下文正義云「大餘者日也，小餘者日之奇分也」。又云小餘者，「未滿日之分數也」。

無大餘，無小餘；〔一〕

〔一〕【索隱】上大小餘，朔之大小餘，此謂冬至大小餘。冬至亦與朔同日，並無餘分，至與朔法異，故重列之。

焉逢攝提格太初元年。〔一〕

〔一〕【索隱】如漢志太初元年歲在丙子，據此則甲寅歲也。爾雅釋天云，歲陽者，甲、乙、丙、丁、戊、己、庚、辛、壬、癸十干是也。歲陰者，子、丑、寅、卯、辰、巳、午、未、申、酉、戌、亥十二支是也。歲陽在甲云焉逢，謂歲干也。歲陰在寅云攝提格，謂歲支也。【考證】太初元年至建始元年，年號年數，後人妄增，說既見上文張說。

十二〔一〕

〔一〕【考證】無閏月，故云「十二」，後倣此。

大餘五十四，〔一〕小餘三百四十八；〔二〕

〔一〕【索隱】歲十二月，六大六小，合三百五十四日，以六除之，五六三十，除三百日，餘五十四日，故下云「大餘者日也」。【正義】月朔旦甲子日法也。

〔二〕【索隱】太初曆法，一月之日，二十九日九百四十分日之四百九十九，每兩月合成五十九日，餘五十八分。今十二月合餘六箇五十八，得此數，故云「小餘者月也」。【正義】未滿日之分數也。其分每滿九百四十則成一日，即歸上，成五十五日矣。大餘五十四者，每歲除小月六日，則成三百五十四日，除五甲三百日，猶餘五十四日，爲未滿六十日，故稱「大餘五十四」也。小餘三百四十八者，其大數五十四之外更餘分三百四十八，故稱「小餘三百四十八」也。此大小餘，是月朔甲子日，朔以出閏月之數，一歲則有三百五十四日三百四十八分，每六十日除之，餘爲未滿六十日，故有大小餘也。此是太初元年奇日奇分也。置大餘五十四算，每年加五十四日，滿六十日除之，奇算留之；每至閏後一年加二十九算，亦滿六十日除之，奇算留之；若纔足六十日，明年云無大餘，無小餘也。又明年以置五十四算，如上法，置小餘三百四十八算，每年加三百四十八分，滿九百四十分成一日，歸上，餘算留之；若至閏後一年加八百四十七分，亦滿九百四十分成日，歸大餘，奇留之；明年以加三百四十八算，如上法也。【考證】張文虎曰：索隱「故」下當有「下」字。正義「置大餘五十四算」以下至「如上法也」百四十九字，原錯在上文「日得甲子」下，今移正。

大餘五，〔一〕小餘八；〔二〕

〔一〕【索隱】周天三百六十五度四分度之一，日行一度，去歲十一月朔在牽牛初爲冬至，今歲十一月十二日又至牽牛初爲一周，以六甲除之，六六三十六，除三百六十餘五，故云大餘五也。【正義】冬至甲子日法也。

〔二〕【索隱】即四分之一，小餘滿三十二從大餘一，四八三十二，故云小餘八。明年又加八得十六，故下云小餘十六。次明年又加八得二十四，故下云小餘二十四。又明年加八得三十二爲滿，故下云無小餘。此並依太初法行之也。【正義】未滿日之分數也。其分每滿三十二則成一日，即歸上成六日矣。大餘五者，每歲三百六十五日，除六甲三百六十日，猶餘五日，故稱大餘五日也。小餘八者，每歲三百六十五日四分日之一，則一日三十二分，是一歲三百六十五日八分，故稱小餘八也。此大小餘，是冬至甲子日法，未出閏月之數，每六十日除之，爲未滿六十日，故有大小餘也。此是太初元年奇日奇分也。置大餘五算，每年加五算，滿六十日則除之；後年更置五算，如上法。置小餘八算，每年加八算，滿三十二分爲一日，歸大餘；後年更置八算，如上法。大餘者，日也。小餘者，日之奇分也。【考證】張文虎曰：正義「置大餘五算」至「奇分也」六十九字，原錯在「朔旦冬至」下，今移正。

端蒙單閼二年。〔一〕

〔一〕【集解】徐廣曰：「單閼，一作『亶安』。」【索隱】端蒙，乙也。爾雅作「旃蒙」。單閼，卯也。丹遏二音，又音蟬焉。二年，歲在乙卯也。【正義】單，音丹，又音時連反。閼，音烏葛反，又於連反。【考證】張文虎曰：索隱、正義於每年下注年數，是所見本本文無年數也，今有者蓋又後人所增。盧氏抱經、錢氏溉亭說同。

閏十三。〔一〕

〔一〕【考證】閏十三，是歲有閏，并十二經月，爲十三也。王元啓曰：按漢志云「八章三歲一閏，六歲二閏，九歲三閏，十一歲四閏，十四歲五閏，十七歲六閏，十九歲七閏」，據三統曆太初二年爲八章十四歲，天漢三年爲十九歲之終，今天漢三年無閏，而閏四年，則似以太初二年爲八章三歲。然依法推算，太初二年冬至，在十一月二十三日甲戌，此歲中不應置閏，置閏當在三年，則太初元年，實爲八章之第一歲，此篇所載閏十三，皆先一年言之，蓋爲來歲大小餘加算之地，謂自此歲冬至後，當加閏爲十三月，非謂此年即已加閏也。

大餘四十八，〔一〕小餘六百九十六；〔二〕

〔一〕【考證】王元啓曰：按五十四加五十四，成一百單八日，除去一甲子六十，故云「四十八」。

〔二〕【考證】王元啓曰：按三百四十八又加三百四十八，得此數。

大餘十，〔一〕小餘十六；〔二〕

〔一〕【考證】王元啓曰：按又加五日，合前歲大餘，得此數。

〔二〕【考證】王元啓曰：按又加八分，合前歲小餘得此數。後悉倣此推之。

游兆執徐三年。〔一〕

〔一〕【索隱】游兆，景也。爾雅作「柔兆」。執徐，辰也。三年。【正義】三年丙辰歲也。【考證】游兆，丙也，索隱避唐諱云「景」。

十二

大餘十二，〔一〕小餘六百三；〔二〕

〔一〕【考證】王元啓曰：此係閏後一年，應加二十三算，四十八加二十三，除去一甲子六十，餘十一。又小餘滿一日歸大餘，故云「十二」。

〔二〕【考證】王元啓曰：上年小餘六百九十六，此係閏後一年，應加八百四十七，除去九百四十分滿一日歸大餘，小餘存此數。

大餘十五，小餘二十四；

彊梧大荒落四年。〔一〕

〔一〕【索隱】强梧，丁也。大芒駱，巳也。四年。【正義】梧，音語。四年，丁巳歲也。【考證】宋本、毛本「荒」作「芒」，索隱本作「大芒駱」。

十二

大餘七，〔一〕小餘十一；〔二〕

〔一〕【考證】王元啓曰：按十二加五十四，止得六十六，因下文小餘又滿一日歸大餘，得六十七，除去六十，餘此數。

〔二〕【考證】王元啓曰：按上年六百懸三，加本年三百四十八，共九百五十一，除去九百四十，餘十一。

大餘二十一，〔一〕無小餘；〔二〕

〔一〕【考證】王元啓曰：按十五加五，得二十，因小餘滿三十二分，又成一日，故爲「二十一」。

〔二〕【考證】王元啓曰：按二十四加八，共餘三十二分，成一日歸大餘，故「無小餘」也。

徒維敦牂天漢元年。〔一〕

〔一〕【索隱】徒維，戊也。敦牂，午也。天漢元年。【正義】牂，音作郎反。天漢元年，戊午歲也。

閏十三

大餘一，小餘三百五十九；

大餘二十六，小餘八；

祝犂協洽二年。〔一〕

〔一〕【索隱】祝犂，己也。爾雅作「著雍」。汁洽，未也。二年。【正義】二年，己未歲也。

十二

大餘二十五，〔二〕小餘二百六十六；

〔二〕【考證】閏後加法同前，後不復出。

大餘三十一，小餘十六；

商橫涒灘三年。〔一〕

〔一〕【索隱】商橫，庚也。爾雅作「上章」。赤奮若，丑也。天官書及爾雅申爲汭漢，丑爲赤奮若。今自太初已來計歲次，與天官書不同者有四，蓋後曆術改故也。三年也。【正義】涒，音吐魂反。灘，音吐丹反。又作「涒漢」，字音與上同。三年，庚申歲也。【考證】張文虎曰：索隱本作「商橫赤奮若」，而本始四年作「端蒙汭漢」，蓋小司馬所見本互誤，致與天官書及爾雅釋天違異。張守節與小司馬同時，而所據本作「涒灘」，則知「赤奮若」之誤矣。

十二

大餘十九，小餘六百一十四；

大餘三十六，小餘二十四；

昭陽作鄂四年。〔一〕

〔一〕【索隱】昭陽，辛也。爾雅作「重光」。作鄂，酉也。四年。【正義】四年，辛酉歲也。

閏十三

大餘十四，〔二〕小餘二十二；〔三〕

〔二〕【考證】王元啓曰：下文小餘滿一日歸大餘，故云「十四」。

〔三〕【考證】王元啓曰：滿九百四十分歸大餘，故止存二十二。

大餘四十二，〔一〕無小餘；〔二〕

〔一〕【考證】王元啓曰：并下小餘滿數，得此數。

〔二〕【考證】王元啓曰：滿數歸大餘。

橫艾淹茂太始元年。〔一〕

〔一〕【索隱】橫艾，壬也。爾雅作「玄黓」。淹茂，戌也。太始元年。【正義】太始元年，壬戌歲也。

十二

大餘三十七，小餘八百六十九；

大餘四十七，小餘八；

尚章大淵獻二年。〔一〕

〔一〕【索隱】尚章，癸也。爾雅作「昭陽」也。困敦，亥也。天官書子爲困敦，爾雅同。二年。【正義】二年，癸亥年也。【考證】張文虎曰：索隱本此文「大獻淵」與下年「困敦」互易，亦誤本也。

閏十三

大餘三十二，小餘二百七十七；

大餘五十二，小餘一十六；

焉逢困敦三年。〔一〕

〔一〕【索隱】焉逢，甲也。大淵獻，子也。天官書亥爲大淵獻，與爾雅同。三年也。【正義】敦，音頓。三年甲子歲也。【考證】張文虎曰：索隱本「困敦」誤作「大淵獻」，說見上。

十二

大餘五十六，小餘一百八十四；

大餘五十七，小餘二十四；

端蒙赤奮若四年。〔一〕

〔一〕【索隱】端蒙，乙也。汭漢，丑也。天官書作「赤奮若」，與爾雅同。四年。已後自太始、征和已下訖篇末，其年次甲乙皆準此。並褚先生所續。【正義】四年，乙丑歲也。【考證】索隱本「赤奮若」誤作「汭漢」。

十二

大餘五十，小餘五百三十二；

大餘三，無小餘；

游兆攝提格征和元年。〔一〕

〔一〕【集解】徐廣曰：「作『游桃』。」【正義】李巡注爾雅云：「萬物承陽而起，故曰攝提格。格，起也。」孔文祥云：「以歲在寅正月出東方，爲衆星之紀，以攝提宿，故曰攝提，以其爲歲月之首，起於孟陬，故云格，正也。」【考證】張文虎曰：「『游兆』已見太初三年，此集解疑錯簡。釋『攝提格』正義亦當在前。」

閏十三

大餘四十四，小餘八百八十；

大餘八，小餘八；

彊梧單閼二年。〔一〕

〔一〕【正義】李巡云：「言陽氣推萬物而起，故曰單閼。」單，盡；閼，止也。

十二

大餘八，〔一〕小餘七百八十七；

〔一〕【考證】王元啓曰：此係閏後一年，又小餘滿一日除去六十，正當餘八。

大餘十三，小餘十六；

徒維執徐三年。〔一〕

〔一〕【正義】李巡云：「伏蟄之物皆敷舒而出，故云執徐也。」

十二

大餘三，小餘一百九十五；

大餘十八，小餘二十四；

祝犂大芒落四年。〔一〕

〔一〕【集解】芒，一作「荒」。【正義】姚察云：「言萬物皆熾盛而大出，霍然落之，故云荒落也。」

閏十三

大餘五十七，小餘五百四十三；

大餘二十四，無小餘；

商横敦牂後元元年。〔一〕

〔一〕【正義】爾雅云：「敦，盛也。牂，壯也。言萬物盛壯也。」【考證】張文虎曰：「爾雅」上當脱「孫炎注」三字。

十二

大餘二十一，小餘四百五十；

大餘二十九，小餘八；

昭陽汁洽二年。〔一〕

〔一〕【集解】汁，一作「協」。【正義】李巡云：「言陰陽化生，萬物和合，故曰協洽也。」

閏十三

大餘十五，小餘七百九十八；

大餘三十四，小餘十六；

橫艾涒灘始元元年。〔一〕

〔一〕【集解】涒灘，一作「芮漢」。【正義】孫炎注爾雅云：「涒灘，萬物吐秀傾垂之貌也。」

正西〔一〕

〔一〕【考證】王元啓曰：推得是年冬十一月癸卯加酉冬至，爲第二章之首。

十二

大餘三十九，小餘七百五；

大餘三十九，小餘二十四；

尚章作噩二年。〔一〕

〔一〕【集解】噩，一作「鄂」。【正義】李巡云：「作鄂，萬物皆落枝起之貌也。」

十二

大餘三十四，小餘一百一十三；

大餘四十五，無小餘；

焉逢淹茂三年。〔一〕

〔一〕【集解】淹，一作「閹」。【正義】李巡云：「言萬物皆蔽冒，故曰閹茂。蔽，冒也。」

閏十三

大餘二十八，小餘四百六十一；

大餘五十，小餘八；

端蒙大淵獻四年。〔一〕

〔一〕【正義】孫炎云：「淵獻，深也。獻萬物於天，深于藏蓋也。」

十二

大餘五十二，小餘三百六十八；

大餘五十五，小餘十六；

游兆困敦五年。〔一〕

〔一〕【正義】孫炎云：「困敦，混沌也。言萬物初萌，混沌於黃泉之下也。」

十二

大餘四十六，小餘七百一十六；

無大餘，小餘二十四；

彊梧赤奮若六年。〔一〕

〔一〕【正義】李巡云：「陽氣奮迅萬物而起，無不若其性，故曰赤奮若。赤，陽色；奮，迅也；若，順也。」

閏十三

大餘四十一，小餘一百二十四；

大餘六，無小餘；

徒維攝提格元鳳元年。

十二

大餘五，小餘三十一；

大餘十一，小餘八；

祝犂單閼二年。

十二

大餘五十九，小餘三百七十九；

大餘十六，小餘十六；

商橫執徐三年。

閏十三

大餘五十三，小餘七百二十七；

大餘二十一，小餘二十四；

昭陽大荒落四年。

十二

大餘十七，小餘六百三十四；

大餘二十七，無小餘。

橫艾敦牂五年。

閏十三
大餘十二，小餘四十二；
大餘三十二，小餘八；
尚章汁洽六年。
十二
大餘三十五，小餘八百八十九；
大餘三十七，小餘十六；
焉逢涒灘元平元年。
十二
大餘三十，小餘二百九十七；
大餘四十二，小餘二十四；
端蒙作噩本始元年。
閏十三
大餘二十四，小餘六百四十五；
大餘四十八，無小餘；
游兆閹茂二年。

十二

大餘四十八，小餘五百五十二；

大餘五十三，小餘八；

彊梧大淵獻三年。

十二

大餘四十二，小餘九百；

大餘五十八，小餘十六；

徒維困敦四年。

閏十三

大餘三十七，小餘三百八；

大餘三，小餘二十四；

祝犂赤奮若地節元年。

十二

大餘一，小餘二百一十五；

大餘九，無小餘；

商横攝提格二年。

閏十三

大餘五十五，小餘五百六十三；

大餘十四，小餘八；

昭陽單閼三年。

正南〔一〕

〔一〕【考證】王元啓曰：推得是年冬十一月癸未朔時加午冬至，是爲第三章之首。

十二

大餘十九，小餘四百七十；

大餘十九，小餘十六；

横艾執徐四年。

十二

大餘十三，小餘八百一十八；

大餘二十四，小餘二十四；

尚章大荒落元康元年。

閏十三

大餘八，小餘二百二十六；

大餘三十，無小餘；

焉逢敦牂二年。

十二

大餘三十二，小餘一百三十三；

大餘三十五，小餘八；

端蒙協洽三年。

十二

大餘二十六，小餘四百八十一；

大餘四十，小餘十六；

游兆涒灘四年。

閏十三

大餘二十，小餘八百二十九；

大餘四十五，小餘二十四；

彊梧作噩神雀元年。

十二

大餘四十四，小餘七百三十六；

大餘五十一，無小餘；

徒維淹茂二年。

十二

大餘三十九，小餘一百四十四；

大餘五十六，小餘八；

祝犂大淵獻三年。

閏十三

大餘三十三，小餘四百九十二；

大餘一，小餘十六；

商横困敦四年。

十二

大餘五十七，小餘三百九十九；

大餘六，小餘二十四；

昭陽赤奮若五鳳元年。

閏十三

大餘五十一，小餘七百四十七；

大餘十二，無小餘；

橫艾攝提格二年。

十二

大餘十五，小餘六百五十四；

大餘十七，小餘八；

尚章單閼三年。

十二

大餘十，小餘六十二；

大餘二十二，小餘十六；

焉逢執徐四年。

閏十三

大餘四，小餘四百一十；

大餘二十七，小餘二十四；

端蒙大荒落甘露元年。

十二

大餘二十八，小餘三百一十七；

大餘三十三，無小餘；

游兆敦牂二年。

十二

大餘二十二，小餘六百六十五；

大餘三十八，小餘八；

彊梧協洽三年。

閏十三

大餘十七，小餘七十三；

大餘四十三，小餘十六；

徒維涒灘四年。

十二

大餘四十，小餘九百二十；

大餘四十八，小餘二十四；

祝犂作噩黄龍元年。

閏十三

大餘三十五，小餘三百二十八；

大餘五十四，無小餘；

商横淹茂初元元年。

正東〔一〕

〔一〕【考證】王元啓曰：推得是年冬十一月癸亥朔時加卯冬至，爲第四章之首。

十二

大餘五十九，小餘二百三十五；

大餘五十九，小餘八；

昭陽大淵獻二年。

十二

大餘五十三，小餘五百八十三；

大餘四，小餘十六；

横艾困敦三年。

閏十三

大餘四十七，小餘九百三十一；

大餘九，小餘二十四；

尚章赤奮若四年。

十二
大餘十一，小餘八百三十八；
大餘十五，無小餘；
焉逢攝提格五年。
十二
大餘六，小餘二百四十六；
大餘二十，小餘八；
端蒙單閼永光元年。
閏十三
無大餘，小餘五百九十四；
大餘二十五，小餘十六；
游兆執徐二年。
十二
大餘二十四，小餘五百一；
大餘三十，小餘二十四；
彊梧大荒落三年。

十二
　大餘十八，小餘八百四十九；
　大餘三十六，無小餘；
徒維敦牂四年。
閏十三
　大餘十三，小餘二百五十七；
　大餘四十一，小餘八；
祝犂協洽五年。
十二
　大餘三十七，小餘一百六十四；
　大餘四十六，小餘十六；
商横涒灘建昭元年。
閏十三
　大餘三十一，小餘五百一十二；
　大餘五十一，小餘二十四；
昭陽作噩二年。

十二

大餘五十五，小餘四百一十九；

大餘五十七，無小餘；

橫艾閹茂三年。

十二

大餘四十九，小餘七百六十七；

大餘二，小餘八；

尚章大淵獻四年。

閏十三

大餘四十四，小餘一百七十五；

大餘七，小餘十六；

焉逢困敦五年。

十二

大餘八，小餘八十二；

大餘十二，小餘二十四；

端蒙赤奮若竟寧元年。

十二

大餘二，小餘四百三十；

大餘十八，無小餘；

游兆攝提格建始元年。

閏十三

大餘五十六，小餘七百七十八；

大餘二十三，小餘八；

彊梧單閼二年。

十二

大餘二十，小餘六百八十五；

大餘二十八，小餘十六；

徒維執徐三年。

閏十三

大餘十五，小餘九十三；

大餘三十三，小餘二十四；

祝犂大荒落四年。〔二〕

〔一〕【考證】錢大昕曰：自太初元年至祝犂大荒落四年，凡七十六歲。古術家以十九年爲一章，七十六歲爲一蔀，太初冬至日得甲子，所謂甲子蔀也。至是歲而一蔀終，其明年入癸卯蔀。加時亦在正北，至朔皆無小餘，惟大餘同爲三十九耳。

右曆書：大餘者，日也。小餘者，月也。〔一〕端旃蒙者，年名也。〔二〕支：丑名赤奮若，寅名攝提格。干：丙名游兆。正北，冬至加子時；正西，加酉時；正南，加午時；正東，加卯時。〔三〕

〔一〕【考證】錢大昕曰：案本書自太初元年至建始四年，每年再舉大餘小餘之數，前之大餘小餘推天正經朔所用，後之大餘小餘推冬至所用也。十干十二支相配以紀日，六十而周，不滿六十謂之大餘，故云大餘者，日也。然而中節朔晦不皆當夜半子時，於是分一日爲若干分，謂之日法，不滿法謂之小餘，以課加時之早晚推正朔，以九百四十爲日法，故小餘有多至九百卅一者，推冬至則以卅二爲日法，故小餘多者不過廿四。兩小餘雖有多寡之異，要爲加時而設，則其理不異，依文當云「小餘者時也」，今本作「月」，乃傳寫之誤。小司馬謂十二月餘此三百四十八數，故云「小餘者月」。然天正之小餘，謂生於月可也，冬至之小餘，謂出於月，可乎？蓋唐本已誤，小司馬不能是正，歕曲傅會，不知其終不能合也。張文虎曰：「時」疑當作「分」。愚按：猪飼彥博亦同張說，比錢改爲「時」爲長。分者，下文正義所謂「日之餘分」也。

〔二〕【考證】王念孫曰：爾雅作「端蒙」，後人旁記「旃」字，遂誤入正文。

〔三〕【正義】準前解，小餘是日之餘分也。自「右曆書」已下，小餘又非是，年名復不周備，恐褚先生没後人所加。【考證】張文虎曰：冬至加子時，加酉時，加午時，加卯時，各本皆注文，王氏正譌改大字，今從之。正義三十九字，各本錯在「征和元年冬至大小餘」下，亦依正譌移此。

【索隱述贊】曆數之興，其來尚矣。重黎是司，容成斯紀。推步天象，消息母子。五勝輪環，三正互起。孟陬貞歲，疇人順軌。敬授之方，履端爲美。

史記會注考證卷二十七

天官書第五

史記二十七

【索隱】案天文有五官。官者，星官也。星座有尊卑，若人之官曹列位，故曰天官。【正義】張衡云：「文曜麗乎天，其動者有七，日月五星是也。日者，陽精之宗；月者，陰精之宗；五星，五行之精。衆星列布，體生於地，精成於天，列居錯峙，各有所屬，在野象物，在朝象官，在人象事。其以神著有五列焉，是有三十五名：一居中央，謂之北斗；四布於方各七，爲二十八舍；日月運行，歷示吉凶也。」【考證】史公自序曰：「星氣之書，多雜機祥，不經。推其文考其應，不殊。比集論其行事，驗于軌度以次，作天官書第五。」猪飼彦博曰：天官，謂天之星官也。漢書王鳳傳云「太史公書有天官災異」，谷永傳云「於天官，京氏易傳最密」，太史公自序亦云「學天官于唐都」，張衡靈憲云「中外之官常明者百有二十四」，索隱極是。柯維騏云：掌天文之官，謂之天官，而名其業亦曰天官，非也。愚按：書堯典曰「欽若昊天，曆象日月星辰，敬授民時」，曰「在璿璣玉衡，以齊七政」，專就授時言之。天人相涉之説，發端洪範，其後左傳、國語、國策諸書録之者漸多。韓非飾邪篇云「初時者，魏數年東鄉攻盡陶、衛，數年西鄉以失其國，此非豐隆、五行、太一、王相、攝提、六神、五括、天河、殷搶、歲星數年在西也，又非天缺、弧逆、刑星、熒惑、奎台數年在東也。左右背鄉，不足以專戰，然而恃之，愚莫大焉」。呂覽明理篇云「至亂之化，君臣相賊，長少相殺，父子相忍，弟兄相誣，知交相倒，夫妻相冒，日以相危，失人之紀，心若禽獸，長邪苟利，不知義理。其雲狀有若犬若馬，若白鵠若衆車，有其狀若人蒼衣赤首不動，其名曰天衡，有其狀若懸旍而赤，其名曰雲旍，有其狀若衆鳥以鬬，其名曰滑馬，有其狀若衆植華以長，黄上白下，其名曰蚩尤之旗。其日有鬬蝕，有倍僪，有暈珥，有不光，有反景，有衆日並出，有晝盲，有宵見。其月有薄蝕，有暈珥，有偏盲，有四月並出，有二月並見，有小月承大月，有大月承小月，有月蝕星，有出而無光。其星有熒惑，有彗星，有天棓，有天欃，有天竹，有天英，有天干，有賊星，有鬬星，有賓星。其氣有上不屬天，下不屬地，有豐上殺下，有若水之波，有若山之楫，春則黄，夏則黑，秋則蒼，冬則赤」，可見周末其説盛也。至淮南子天文訓叙述更廣，皆先於史記，史公既世其職，又承唐都之説于其父，宜矣其言之詳也，然亦未免有錯誤，此不獨爲觀測未精，後人妄意勦入者多也。王元啓曰：按書分七章，一經星，二五緯，三二曜，四異星，五雲氣，六候歲，七總論。又曰：此書敘周天列宿，於其句圜隋兑之形，前後向背之勢，縱横指畫，宛列目前，又無一語爲近今人所能道，決其爲史公親筆無疑。中敘五緯，宜備列其行度疾徐，以備後人之攷驗，今顧不爾者，天官書前無所承，史公首創爲之，不能如後代測驗之詳。陳仁錫曰：天官書獨無序，何也？豈後世缺亡之耶？篇末有太史公論「自初生民以來」，至「天官備矣」一章，蓋本書之首序，而錯簡在後耳。唐順之曰：當併漢書及晉書參看。愚按：孫星衍問字堂集卷六有天官書補目。

中宮天極星，〔一〕其一明者，太一常居也；〔二〕旁三星三公，或曰子屬。〔三〕後句四星，末大星正妃，餘三星，後宮之屬也。〔四〕環之匡衛十二星，藩臣。皆曰紫宮。〔五〕

〔一〕【索隱】姚氏案：春秋元命包云「官之爲言宣也，宣氣立精爲神垣」。又文耀鉤曰「中宮大帝，其精北極星。含元出氣，流精生一也」。案：爾雅「北極，謂之北辰」。又春秋合誠圖云「北辰，其星五，在紫微中」。楊泉物理論云「北極，天之中，陽氣之北極也。極南爲太陽，極北爲太陰。日、月、五星，行太陰則無光，行太陽則能照，故爲昏明寒暑之限極也」。【考證】錢大昕曰：此中宮天極星，及東宮蒼龍，南宮朱鳥，西宮咸池，北宮玄武，五「宮」字，皆當作「官」。按下文云「紫宮、房心、權衡、咸池、虚危」，「此天之五官坐位也」，可證史公本文皆作「官」矣。索隱于「中宮」下引春秋元命包「官之爲言宣也」，下文「紫宮」下乃引元命包「宮之言中也」，又可證小司馬元本「中宮」作「中官」矣。小司馬解「天官」云「天文有五官，官者星官也。星座有尊卑，若人之官曹有列位，故曰天官」。張文虎曰：錢説至確。司馬相如傳大人賦正義引此文正作「中官天極星」，則張所見本與小司馬同。柯維騏曰：天極，一名北極，位在中央，四方所取正，故曰「中宮」，故曰「天極」，即孔子所謂「北辰居其所」者也。王元啓曰：按北極五星，所謂天極者第五星，近極而最小者也。今云中宮天極星，乃統指五星言之，故下云「其一明者」云云。豬飼彦博曰：以北極爲中，二十八宿爲四方，蓋周髀蓋天之説也。

〔二〕【索隱】案：春秋合誠圖云「紫微，大帝室，太一之精也」。【正義】泰一，天帝之别名也。劉伯莊云：「泰一，天神之最尊貴者也。」

〔三〕【正義】三公三星在北斗杓東，又三公三星在北斗魁西，並爲太尉、司徒、司空之象，主變出陰陽，主佐機務。占以徙爲不吉，居常則安，金、火守之，並爲咎也。【考證】柯維騏曰：天極星凡五，其一明者，太乙所居，旁三星，或謂三公，或曰子屬，諸家之説不同耳。王元啓曰：疑此所謂三星者，既指大帝前後三星，所謂第一星爲太子，第三星爲庶子，第四星爲后宮屬者是也，故曰「旁三星」，以其在帝左右，故謂之「三公」，或又以爲子屬也。正義於天官書徵引極博，然昧於決擇。其有古今異名，及同名而宮度各殊者，往往移彼釋此，反足迷誤觀者。張照曰：正義「變出」疑「變化」之誤。猪飼彦博曰：當作「變理」。

〔四〕【索隱】句，音鉤。句，曲也。案：援神契云「辰極横，后妃四星從，端大妃光明」。又案：星經以後句四星名爲四輔，其句陳六星爲六宫，亦主六軍，與此不同也。【考證】王元啓曰：句，音鉤，篇内並同。又曰：援神契所指，今所謂句陳。句陳本六星，微似斗形。第三星最光明，今以大星爲末，援神契又以大星爲端，蓋指四星斜指大帝者言之。餘二星類斗口者蓋不數也，若四輔四星，甚微暗無大星。

〔五〕【索隱】案：元命包曰「紫之言此也，宫之言中也，言天神運動，陰陽開閉，皆在此中也」。宋均又以爲十二軍，中外位各定，總謂之紫宫也。【考證】王元啓曰：按晉志，紫宫垣十五星，其西藩七，東藩八，攷之天象，作十五星爲是。王先謙曰：「藩」亦作「蕃」，匡正其内，衛扞其外也。猪飼彦博曰：索隱「十二軍」當作「十二星」。

前列直斗口三星，隋北端兑，〔一〕若見若不，曰陰德，或曰天一。〔二〕紫宫左三星曰天槍，右五星曰天棓，〔三〕後六星絶漢抵營室曰閣道。〔四〕

〔一〕【索隱】劉氏云，直如字，直，當也。又音值也。隋，音湯果反。劉氏云「斗，一作『北』」。案：漢書天文志作「北」，「端」作「耑」，「兑」作「鋭」。鋭，謂星形尖鋭也。【考證】兑、鋭通。王先謙曰：詩破斧釋文「隋，形狹而長也」。愚按：索隱「作北」，當「隋作隨」。

〔二〕【索隱】案：文耀鉤曰「陰德爲天下綱」。宋均以爲陰行德者，道常也。【正義】星經云：「陰德二星在紫微宫内，尚書西，主施德惠者，故贊陰德遺惠，周急賑撫。占以不明爲宜；明，新君踐極也。」又云：「陰德星，中宫女主之象。星動摇，釁起宫掖，貴嬪内妾惡之。」天一一星，疆閶闔外，天帝之神，主戰鬭，知人吉凶。明而有光，則陰陽和，萬物成，人主吉；不然，反是。太一一星，次天一南，亦天帝之神，主使十六神，知風雨、水旱、兵革、饑饉、疾疫。占以不明及移爲災也。星經云：「天一、太一二星主王者即位，令諸立赤子而傳國位者。星不欲微；微則廢立不當其次，宗廟不享食矣。」【考證】漢志「不」下有「見」字。王元啓曰：按晉志，門内東南維五星曰尚書，尚書西二星曰陰德、陽德，今圖但云陰德，又止二星在宮垣内，不與斗口相直，下云「或曰天一」，天一在垣外，與斗近，然止一星，疑史公所謂斗口，即指宮垣南口，非謂斗魁之口也。王先謙曰：陰德二星在垣内，天一一星在垣外。史併三星數之，故謂「陰德，或曰天一也」。張文虎曰：正義「疆」字疑誤。

〔三〕【集解】蘇林曰：「音『榔打』之『榔』。」【索隱】槍，音楚庚反。棓，音皮，韋昭音剖。又詩緯曰：「槍三星、棓五星，在斗杓左右，主槍人棓人。」石氏星讚云「槍棓八星，備非常」也。【正義】棓，龐掌反。天棓五星，在女牀東北，天子先驅，所以禦兵也。占：星不具，國兵起也。【考證】王元啓曰：星象，槍居西垣之外，棓居東垣之外，當云「右槍左棓」，此云左槍右棓者，蓋就星座南向者言之，則右槍左棓，就北向觀星者言之，則槍反居左，棓反居右矣。猶之參星北拱。故其兩肩之色，前漢及晉、宋諸書皆言左青右黃，史就南向觀星者言，獨云左黃右青，即其例也。張文虎曰：棓無皮音，索隱音皮，疑當作「皮項反」。正義「棓，龐掌反」，「掌」字誤，後文作「蒲講反」。梁玉繩曰：漢志言「右四星」，非。

〔四〕【索隱】絶，度也。抵，屬也。又案：樂汁圖徵云「閣道，北斗輔」。石氏云「閣道六星，神所乘也」。【正義】漢，天河也。直度曰絶。抵，至也。營室七星，天子之宮，亦爲玄宮，亦爲清廟，主上公，亦天子離宮別館也。王者道被草木，營室歷九象而可觀，閣道六星，在王良北，飛閣之道，天子欲遊別宮之道。占：一星不見，則輦路不通；動摇，則宮掖之内起兵也。【考證】漢志「六星」作「十七星」，史始皇紀「象天極閣道絶漢抵營室」，索隱引天官書云「天極紫宮後十七星，絶漢抵營室曰閣道」，蓋誤以天文志爲天官書，此索隱引石氏「閣道六星」，正是史文作「六星」之明證。王元啓曰：按今營室二星外，又離宮六星，合之凡八星，正義「營室七星」，未詳。張文虎曰：考證云營室止二星，正義「七」字誤。

北斗七星，〔一〕所謂「旋、璣、玉衡，以齊七政」。〔二〕杓，攜龍角，〔三〕衡，殷南斗，〔四〕魁，枕參首。〔五〕用昏建者杓；杓，自華以西南。〔六〕夜半建者衡；衡，殷中州河、濟之閒。〔七〕平旦建者魁；魁，海岱以東北也。〔八〕斗爲帝車，運于中央，臨制四鄉。分陰陽，建四時，均五行，移節度，定諸紀，皆繫於斗。〔九〕

〔一〕【索隱】案：春秋運斗樞云「斗第一天樞，第二旋，第三璣，第四權，第五衡，第六開陽，第七搖光。第一至第四爲魁，第五至第七爲標，合而爲斗」。文耀鉤云「斗者，天之喉舌。玉衡屬杓，魁爲璇璣。」徐整長曆云「北斗七星，星間相去九千里。其二陰星不見者，相去八千里也」。

〔二〕【索隱】案：尚書「旋」作「璿」。馬融云「璿，美玉也」。機，渾天儀，可轉旋，故曰機。衡，其中橫筩。以璿爲機，以玉爲衡，蓋貴天象也」。鄭玄注大傳云「渾儀中筩爲旋機，外規爲玉衡」也。案：尚書大傳云「七政，謂春、秋、冬、夏、天文、地理、人道，所以爲政也。人道正而萬事順成」。又馬融注尚書云「七政者，北斗七星，各有所主：第一曰主日，法天；第二曰主月，法地；第三曰命火，謂熒惑也；第四曰煞土，謂填星也；第五曰伐水，謂辰星也；第六曰危木，謂歲星也；第七曰罰金，謂太白也。日、月、五星各異，故曰七政也」。【考證】引堯典以解北斗七星。政，七星運行也。張文虎曰：索隱「第一曰正日，第二曰主月法」，各本並作「第一曰主日，法天；第二曰主月，法地」，與單本異。案晉志引石氏云「第一曰，正星；二曰，法星」，又「一主天，二主地」，疑此注有脫字。又曰「命火謂熒惑也」以下五「謂」字皆不可通，疑「法」字之誤。下文集解引孟康曰「傳曰，斗第七星法太白」，又曰「斗第一星法於日」，是其證也。又曰：單本「罰金」作「剽金」。猪飼彥博曰：「各異故」當作「各異政」。

〔三〕【集解】孟康曰：「杓，北斗杓也。龍角，東方宿也。攜，連也。」【正義】案：角星爲天關，其閒天門，其內天庭，黃道所經，七曜所行。左角爲理，主刑，其南爲太陽道；右角爲將，主兵，其北爲太陰道也。蓋天之三門，故其星明大，則天下太平，賢人在位；不然，反是也。

〔四〕【集解】晉灼曰：「衡，斗之中央。殷，中也。」【索隱】案：晉灼云「殷，中也」。宋均云「殷，當也」。

〔五〕【正義】枕，之禁反。衡，斗衡也。魁，斗第一星也。言北方斗，斗衡直當北之魁，枕於參星之首；北斗之杓，連於龍角。南斗六星爲天廟，丞相、大宰之位，主薦賢良，授爵禄，又主兵，一曰天機。南二星，〔魁〕、天梁；中央二星，天相；北二星，天府庭也。占：斗星盛明，王道和平，爵禄行；不然，反是。參主斬刈，又爲天獄，主殺罰。其中三星横列者，三將軍，東北曰左肩，主左將；西北曰右肩，主右將；東南曰左足，主後將；西南曰右足，主偏將：故軒轅氏占參應七將也。中央三小星曰伐，天之都尉也，主戎狄之國。不欲明；若明與參等，大臣謀亂，兵起，夷狄內戰。七將皆明，主天下兵振；芒角張，王道缺；參失色，軍散敗；參芒角動摇，邊候有急；參左足入玉井中，及金、火守，皆爲起兵。【考證】猪飼彥博曰：正義「北方斗斗衡直當」當作「北斗之衡直當南斗」。「北之魁」當作「北斗之魁」。張照曰：正義此條蓋引用天文志，參合星經爲之。歲久傳訛舛錯殊甚，不可讀，今依晉書改正。張文虎曰：案「魁枕參首」四字爲句，與上杓、衡一例，正義似以「衡殷南斗魁」五字爲句，誤。

〔六〕【集解】孟康曰：「傳曰『斗第七星法太白主，杓，斗之尾也』。尾爲陰，又其用昏，昏陰位，在西方，故主西南。」【索隱】用昏建中者杓。説文云「杓，斗柄」。音匹遥反，即招摇。【正義】杓，東北第七星也。華，華山也。言北斗昏建用斗杓，星指寅也。杓，華山西南之地也。【考證】朱一新曰：以下文魁第一星，法爲日主齊例之，集解「太白主」下當有脱文。猪飼彥博曰：當作「法爲太白主秦」。

〔七〕【集解】徐廣曰：「第五星。」孟康曰：「假令杓昏建寅，衡夜半亦建寅。」【索隱】孟康曰：「假令杓昏建寅，衡夜半亦建寅也。」【正義】衡，北斗衡也。言北斗夜半建，用斗衡指寅。殷，當也。斗衡，黄河、濟水之閒地也。【考證】正義「河濟」，各本作「河清」，今從館本。

〔八〕【集解】孟康曰：「傳曰『斗第一星，法於日，主齊也』。魁，斗之首；首，陽也，又其用在明陽與明德，在東方，故主東北，齊分。」【正義】言北斗旦建，用斗魁指寅也。海岱，代郡也。言魁星主海岱之東北地也。隨三時所指，有前三建也。

〔九〕【索隱】斗爲帝車，運于中央。姚氏案：宋均曰「言是大帝乘車巡狩，故無所不紀也」。【考證】猪飼彦博曰：鄉，音向，星經、晉志並作「方」，漢志作「每」。王先謙曰：淮南天文訓「日冬至，則斗北中繩；日夏至，則斗南中繩。帝張四維，運之以斗，月徙一辰，復反其所，正月指寅，十二月指丑，周而復始」。

斗魁戴匡六星，曰文昌宮：〔一〕一曰上將，二曰次將，三曰貴相，四曰司命，五曰司中，六曰司禄。〔二〕在斗魁中，貴人之牢。〔三〕魁下六星，兩兩相比者，名曰三能。〔四〕三能色齊，君臣和；不齊，爲乖戾。輔星明近，輔臣親彊；斥小，疏弱。〔五〕

〔一〕【集解】晉灼曰：「似匡，故曰戴匡也。」【索隱】文耀鉤曰「文昌宮爲天府」。孝經援神契云「文者，精所聚，昌者，揚天紀」。輔拂並居，以成天象，故曰文昌。【考證】漢志「匡」作「筐」，注同。

〔二〕【索隱】春秋元命包曰：「上將建威武，次將正左右，貴相理文緒，司禄賞功進士，司命主災咎，司中主左理也。」【考證】梁玉繩曰：四曰司命，五曰司中，六曰司禄。漢志五司禄，六司災，晉以下志皆作「四曰司禄，五曰司命，六曰司寇」，與此不同。

〔三〕【集解】孟康曰：「傳曰『天理四星，在斗魁中。貴人牢名曰天理』。」【索隱】樂汁圖徵云「天理，理貴人牢」。宋均曰「以理牢獄」也。【正義】占：明，及其中有星，此貴人下獄也。【考證】王念孫曰：索隱本、漢書無

「斗」字，此本疑衍。王元啓曰：「在」上當有「四星」二字。星名天理，與斗魁第三星相近而側立。猪飼彦博曰：「中」下蓋脱「四星曰天理」五字。愚按：王、猪二説略得其意，「魁中」下當有「四星」二字。貴人之牢，四星總稱，又名天理。

〔四〕【集解】蘇林曰：「能，音台。」【索隱】魁下六星，兩兩相比，曰三台。案：漢書東方朔「願陳泰階六符」。孟康曰「泰階，三台也。台星凡六星。六符，六星之符驗也」。應劭引黄帝泰階六符經曰「泰階者，天子之三階：上階，上星爲男主，下星爲女主；中階，上星爲諸侯三公，下星爲卿大夫；下階，上星爲士，下星爲庶人。三階平，則陰陽和，風雨時；不平，則稼穡不成，冬雷，夏霜，天行暴令，好興甲兵。修宫榭，廣苑囿，則上階爲之坼也」。【考證】陳仁錫曰：能，古「台」字。王念孫曰：「名」字，後人所加，此書稱星名，皆言「曰某」，無言「名曰某」。索隱本、太平御覽所引、漢書天文志亦無「名」字。張文虎曰：索隱本并無「者」字。

〔五〕【集解】孟康曰：「輔星，在北斗第六星旁。」蘇林曰：「斥，遠也。」【正義】大臣之象也。占：欲其小而明；若大而明，則臣奪君政；小而不明，則臣不任職；明大與斗合，國兵暴起；暗而遠斗，臣不死則奪；若近臣專賞，排賢用佞，則輔生角；近臣擅國符印，將謀社稷，則輔生翼；不然則死也。【考證】漢志「輔星」上有「柄」字。王先謙曰：上下魁、杓，皆承北斗言，「柄」字當有。晉志「輔星薄乎開陽，所以佐斗成功，丞相之象也」。又曰：言輔星明而近斗，則輔臣親彊；輔星小而遠斗，則輔臣疏弱也。

杓端有兩星：一内爲矛，招摇；〔一〕一外爲盾，天鋒。〔二〕有句圜十五星，屬杓，曰賤人之牢。〔三〕其牢中，星實則囚多；虚則開出。〔四〕

〔一〕【集解】孟康曰：「近北斗者招摇，招摇爲天矛。」晉灼曰：「梗河三星，天矛、天鋒、招摇，一星耳。」【索隱】案：詩記曆樞云「梗河中招摇爲胡兵」。宋均云「招摇星，在梗河内」。又樂汁圖云「梗河天矛」，宋均以爲梗河名天矛，則梗河是星名也。【考證】集解「天鋒」二字恐衍。「梗河」各本作「更河」，館本依晉書改正。

〔二〕【集解】晉灼曰：「外，遠北斗也。在招搖南，一名玄戈。」【正義】星經云：「梗河星爲戟劍之星，若星不見，或進退不定，鋒鏑亂起，將爲邊境之患也。」【考證】漢志「鋒」作「蠭」，注引晉灼「一名玄戈」作「一名天蠭」，當依訂。王先謙曰：蠭同鋒，天鋒亦名盾也。

〔三〕【索隱】句，音鉤。圜，音員。其形如連環，即貫索星也。【正義】屬，音燭。【考證】王元啓曰：按句七星曰七公，圜八星曰貫索，貫索本九星，正北一星常隱不見，見則反以爲變，故與七公並數得十五星也。在招搖南，故曰「屬杓」。舊注專指貫索，則但有圜星，無句星。

〔四〕【索隱】案：詩記曆樞云「賤人牢，一曰天獄」。又樂汁圖云「連營，賤人牢」。宋均以爲連營，貫索也。【正義】貫索九星，在七公前，一曰連索，主法律，禁暴彊，故爲賤人牢也。牢口一星爲門，欲其開也。占：星悉見，則獄事繁；不見，則刑務簡；動摇，則斧鉞用；中虛，則改元；口開，則有赦；人主憂，若閉口，及星入牢中，有自繫死者。常夜候之，一星不見，有小喜；二星不見，則賜祿；三星不見，則人主德令且赦。遠十七日，近十六日。若有客星出，視其小大：大，有大赦；小，亦如之也。【考證】漢志「牢」上無「其」字。

天一、槍、棓、矛、盾動摇，角大，兵起。〔一〕

〔一〕【集解】李奇曰：「角，芒角。」【考證】王先謙曰：此數星或動摇，或有芒角，及大，皆兵起之象。

東宮蒼龍，房、心。〔一〕心爲明堂，〔二〕大星，天王；前後星，子屬。〔三〕不欲直，直則天王失計。房爲府，曰天駟。〔四〕其陰，右驂。〔五〕旁有兩星曰衿；〔六〕北一星曰舝。〔七〕東北曲十二星曰旗。〔八〕旗中四星曰天市；〔九〕中六星曰市樓。〔一〇〕市中星衆者實；其虛則秏。〔一一〕房南衆

星曰騎官。〔一二〕

〔一〕【索隱】案：文耀鉤云「東宮蒼帝，其精爲龍」也。案：爾雅云「大辰，房、心、尾也」。李巡曰「大辰，蒼龍宿，體最明也」。

〔二〕【索隱】春秋説題辭云：「房、心爲明堂，天王布政之宫。」尚書運期授曰：「房，四表之道。」宋均云：「四星間有三道，日、月、五星所從出入也。」

〔三〕【索隱】鴻範五行傳曰：「心之大星，天王也。前星，太子；後星，庶子。」

〔四〕【索隱】房爲天府，曰天駟。爾雅云：「天駟，房。」詩紀曆樞云：「房爲天馬，主車駕。」宋均云：「房既近心，爲明堂，又別爲天府及天駟也。」【考證】張文虎曰：志疑云，索隱及御覽「府」並作「天府」。案漢志亦有「天」字。

〔五〕【正義】房星，君之位，亦主左驂，亦主良馬，故爲駟。王者恒祠之，是馬祖也。【考證】王元啓曰：按陰謂房星之北，「右」上當有「左」字，房星之北，左右各四星，今名東咸、西咸，蓋即房之左右驂也。又按，正義曰「房星，君之位，亦主左驂」，可知不專主右驂也。

〔六〕【索隱】房有兩星曰鈐。一音其炎反。元命包云：「鉤鈐兩星，以閑防，神府闓舒，爲主鉤距，以備非常也。」【正義】占：明而近房，天下同心。鉤、鈐、房、心之間，有客星出及疏坼者，皆地動之祥也。【考證】鈐，漢書作「衿」。館本考證云，監本訛作「衿」，今改正。

〔七〕【集解】徐廣曰：「音轄。」【正義】説文云：「舝，車軸耑鍵也，兩相穿背也。」星經云：「鍵閉一星，在房東北，掌管籥也。」占：不居其所，則津梁不通，宫門不禁；居，則反是也。【考證】漢志「北」上有「衿」字，非是。

〔八〕【正義】兩旗者，左旗九星，在河鼓左也；右旗九星，在河鼓右也。皆天之鼓旗，所以爲旌表。占：欲其明大光潤，將軍吉；不然，爲兵憂；及不居其所，則津梁不通；動搖，則兵起也。【考證】王元啓曰：此所謂旗在房、心東北，蓋天市之左右垣。晉志云「一曰天旗」是也。東西各十一星，凡二十二星，曰「十二」者，十上脱「二」字也。正義以河鼓左右旗當之，不特星數不符，位次隔遠，且彼係北宮玄武之星，何得混入蒼龍之宮？

〔九〕【正義】天市，二十二星，在房、心東北，主國市聚交易之所，一曰天旗。明則市吏急，商人無利；忽然不明，反是。市中星衆則歲實，稀則歲虛。熒惑犯，戮不忠之臣。彗星出，當徙市易都。客星入，兵大起；出之，有貴喪也。

〔一〇〕【考證】天市四星，市樓六星，在天旗二十二星中。王元啓曰：天旗南北門左右各兩星爲天市，市樓六星在市中，臨箕星之上。愚按：漢志奪「中六星曰市樓」六字。王先謙曰：不應删之。

〔一一〕【正義】秏，貧無也。【考證】言市中星聚則貨實，稀則貨虛也。漢志「市」上有「天」字。

〔一二〕【考證】王元啓曰：騎官二十七星，三三相連，在陣車南，天子宿衛之騎士，即虎賁也。

左角，李；右角，將。〔一〕大角者，天王帝廷。〔二〕其兩旁各有三星，鼎足句之，曰攝提。攝提者，直斗杓所指，以建時節，故曰「攝提格」。〔三〕亢爲疏廟，主疾。〔四〕其南北兩大星，曰南門。〔五〕氐爲天根，主疫。〔六〕

〔一〕【索隱】李即理，理，法官也。故元命包云「左角理，物以起；右角將，帥而動」。又石氏云「左角爲天田，右角爲天門」也。【考證】漢志「李」作「理」，李、理通用。管子「臯陶爲李」，注云「李同理」。王元啓曰：角二星，左爲理，右爲將。天田二星，又在理之左；天門二星，又在將之右也。

〔二〕【索隱】大角，天王帝廷。案：援神契云「大角爲坐候」。宋均云「坐，帝坐也」。【正義】大角一星，在兩攝提閒，人君之象也。占：其明盛黄潤，則天下大同也。【考證】晉志「帝」作「坐」，漢志「帝」下有「坐」字。王先謙曰：天王即帝也，無「坐」字則文不成義。猪飼彥博曰：「帝」字衍。

〔三〕【集解】晉灼曰：「如鼎足之句曲。」【索隱】案：元命包云「攝提之爲言，提攜也。言提斗攜角以接於下也」。【正義】攝提六星，夾大角，大臣之象，恒直斗杓所指，紀八節，察萬事者也。占：色温温不明而大者，人君恐；客星入之，聖人受制也。【考證】猪飼彦博曰：「格」字衍。集解各本脱「足」字，依漢志注補。

〔四〕【索隱】元命包曰：「亢四星爲廟廷。」又文耀鉤「爲疏廟」，宋均以爲「疏，外也；廟，或爲朝也」。【正義】聽政之所也。其占：明大，則輔臣忠，天下寧；不然，則反是也。【考證】漢志「疏廟」作「宗廟」。王念孫云：後人不曉「疏」字之義，以意改之耳。

〔五〕【正義】南門二星，在庫樓南，天之外門。占：明則氐、羌貢；暗則諸夷叛；客星守之，外兵且至也。【考證】猪飼彦博曰：「北」字衍。

〔六〕【索隱】爾雅云「天根，氐也」。孫炎以爲角、亢下繫於氐，若木之有根也。宋均云：「疫，病也。三月榆莢落，故主疾疫也。然此時物雖生，而日宿在奎，行毒氣，故有疫也。」【正義】星經云：「氐，四星，爲路寢，聽朝所居。其占：明大，則臣下奉度。」合誠圖云：「氐爲宿宫也。」氐、房、心三宿爲火，於辰在卯，宋之分野。

尾爲九子，曰君臣；斥絶，不和。〔一〕箕爲敖客，曰口舌。〔二〕

〔一〕【索隱】宋均云：「屬後宫場，故得兼子。子必九者，取尾有九星也。」元命包云：「尾九星，箕四星，爲後宫之場也。」【正義】尾，箕。尾爲析木之津，於辰在寅，燕之分野。尾九星爲後宫，亦爲九子。星近心第一星爲后，次三星妃，次三星嬪，末二星妾。占：均明，大小相承，則後宫叙而多子；不然，則不；金、火守之，後宫兵起；若明暗不常，妃嫡乖亂，妾媵失序。【考證】王元啓曰：按「君臣」字，句斷。「尾爲九子」，又「曰君臣」，如前文「房爲府曰天駟」，下文「箕爲敖客曰口舌」，即其例也。斥遠，隔絶大小不相承，則君臣不和，舊讀連「君臣斥絶不和」爲句，非是。

〔二〕【索隱】宋均云：「敖，調弄也。箕以簸揚，調弄象也。箕又受物，有去去來來，客之象也。」詩云「維南有箕，載翕其舌」。又詩緯云「箕爲天口，主出氣」。是箕有舌，象讒言。詩曰「哆兮侈兮，成是南箕」，謂有敖客行謁請之也。【正義】敖，音傲。箕主八風，亦后妃之府也。移徙入河，國人相食；金、火入守，天下亂；月宿其野，爲風起。【考證】漢志「敖客」下有「后妃之府」四字。

火犯守角，則有戰。房、心，王者惡之也。〔一〕

〔一〕【索隱】案：韋昭曰：「火，熒惑也。」【正義】熒惑犯守箕、尾，氐星自生芒角，則有戰陣之事。若熒惑守房、心，及房、心自生芒角，則王者惡之也。【考證】漢志無「也」字。張照曰：正義以角爲「芒角」之「角」，竊謂馬遷之意，指角宿而言，謂熒惑犯角星，或守角星，當有戰鬬，若犯房、心，則災及人君也。考之星占，亦復如此。

南宮朱鳥，權、衡。〔一〕衡，太微，三光之廷。〔二〕匡衛十二星，藩臣：西，將；東，相；南四星，執法；中，端門；門左右，掖門。〔三〕門内六星，諸侯。〔四〕其内五星，五帝坐。〔五〕後聚一十五星，蔚然，曰郎位；〔六〕傍一大星，將位也。〔七〕月、五星順入，軌道，〔八〕司其出，所守，天子所誅也。〔九〕其逆入，若不軌道，以所犯命之；中坐，成形，皆羣下從謀也。〔一〇〕金、火尤甚。〔一一〕廷藩西有隋星五，曰少微，士大夫。〔一二〕權，軒轅。軒轅，黃龍體。前大星，女主象；旁小星，御者，後宮屬。〔一三〕月、五星守犯者，如衡占。〔一四〕

〔一〕【集解】孟康曰：「軒轅爲權，太微爲衡。」【索隱】案：文耀鉤云「南宮赤帝，其精爲朱鳥」。孟康曰「軒轅爲權，太微爲衡」也。【正義】柳八星爲朱鳥咮，天之廚宰，主尚食，和滋味。權四星，在軒轅尾西，主烽火，備警急。占：以明爲安靜；不則警急；動搖芒角亦如之。衡，太微之庭也。【考證】王元啓曰：軒轅十七星，在七星北，一曰權星，正義以軒轅西四星主烽火者當之，此爟也，非權也。豬飼彥博曰：權，軒轅，下有明文。

〔二〕【索隱】宋均曰：「太微，天帝南宮也。三光，日、月、五星也。」

〔三〕【索隱】十二星，蕃臣。春秋合誠圖曰：「太微主法式，陳星十二，以備武急也。」【正義】太微宮垣十星，在翼、軫地，天子之宮庭，五帝之坐，十二諸侯之府也。其外藩，九卿也。南藩中二星間爲端門。次東第一星爲左執法，廷尉之象；第二星爲上相；第三星爲次相；第四星爲次將；第五星爲上將。端門西第一星爲右執法，御史大夫之象也；第二星爲上將；第三星爲次將；第四星爲次相；第五星爲上相。其東垣北左執法、上相兩星間名曰左掖門；上相兩星間名曰東華門；上相、次相、上將、次將間名曰太陽門。其西垣右執法、上將間名曰右掖門；上將間名曰西華門；次將、次相間名曰中華門；次相兩星間名曰太陰門。各依其名，是其職也。占與紫宮垣同也。【考證】漢志「匡」作「筐」，誤。「端」下不重「門」字。王元啓曰：太微十星，此云十二星，殆兼郎將、虎賁二星言。郎將在東垣北，虎賁在西垣北。又曰：按星圖，東垣左執法、上相兩星間爲左掖門，左掖門之北爲東太陽門，又北爲中華東門，又北爲東太陰門；又北爲中華西門，又北爲西太陰門。舊本正義自「左掖門」以下，語多舛錯。

〔四〕【正義】內五諸侯五星，列在帝庭。其星並欲光明潤澤；若枯燥，則各於其處受其災變，大至誅戮，小至流亡；若動搖，則擅命以干主者。審其分以占之，則無惑也。又云諸侯五星，在東井北河，主刺舉，戒不虞。又曰理陰陽，察得失。一曰帝師，二曰帝友，三曰三公，四曰博士，五曰太史。此五者爲天子定疑議也。占：明大潤澤，大小齊等，則國之福；不然，則上下相猜，忠臣不用。【考證】漢志「門」上有「掖」字。王元啓曰：按星書，太微垣五諸侯，五黑星；東井北河五諸侯，五紅星。二星同名異處，色亦不同。又諸侯星五，史、漢俱云六者，或「六」字誤，或古今星數隱見不同。

〔五〕【索隱】詩含神霧云：五精星坐，其東蒼帝坐，神名靈威仰，精爲青龍之類是也。【正義】黃帝坐一星，在太微宮中，含樞紐之神。四星夾黃帝坐：蒼帝，東方靈威仰之神；赤帝，南方赤熛怒之神；白帝，西方白昭矩之神；黑帝，北方叶光紀之神。五帝並設，神靈集謀者也。占：五座明而光，則天子得天地之心；不然，則失位；金、火來守，入太微，若順入，軌道，司其出之所守，則爲天子所誅也；其逆入，若不軌道，以所犯命之，中坐成形。羣下從謀也。

〔六〕【集解】徐廣曰：「蔚然，一云『哀烏』。」【索隱】徐廣云：「一云『哀烏』。」案：漢書作「哀烏」，則「哀烏」「蔚然」，皆星之貌狀。其星爲郎位。【正義】郎位十五星，在太微中帝坐東北。周之元士，漢之光祿、中散、諫議，此三署郎中，是今之尚書郎。占：欲其大小均耀，光潤有常，吉也。【考證】漢志「曰」字在「星」下，史文爲長。王念孫曰：郎位爲星名。王引之曰：漢志「烏」疑當作「焉」。哀焉，猶依然也；依然，猶蔚然也。

〔七〕【索隱】案：宋均云爲羣郎之將帥，是也。【正義】將，子象反。郎將一星在郎位東北，所以爲武備，今之左右中郎將。占：大而明，角，將恣不可當也。

〔八〕【索隱】韋昭云：「謂循軌道不邪逆也。順入，從西入之也。」【正義】謂月、五星順入軌道，入太微庭也。【考證】王念孫曰：順入一事也，軌道又一事也。順入者韋氏以爲從西入，是也。軌道者，軌猶循也，謂月、五星皆循道而行，不旁出也。下文曰「其逆入，若不軌道」，逆入爲一事，不軌道又一事，此尤其明證矣。

〔九〕【索隱】宋均云：「司察日、月、五星所守列宿，若請官屬不去十日者，於是天子命使誅討之也。」【考證】錢大昕曰：司，古「伺」字。王元啓曰：「司其出」三字爲句，「所守」又別爲句，謂順入軌道，雖無凶咎之占，然又必伺察其出，苟其守而不出，則所守之宿必遭誅戮之凶，如守垣西東，則將相當之，其他諸侯郎將各以所守爲占。索隱「請官屬」當作「諸官屬」。王先謙曰：誅，責也。

〔一〇〕【集解】晉灼曰：「中坐，犯帝坐也。成形，禍福之形見也。」【索隱】宋均云：「逆入，從東入；不軌道，不由康衢而入者也。以其所犯命之者，亦謂隨所犯之位，天子命誅其人也。」【正義】命，名也。謂月、五星逆入，不依軌道，司察其所犯太微中帝坐，帝坐必成其刑戮，皆是羣下相從而謀上也。【考證】漢志「命」作「名」，「下」下有「不」字。王先謙曰：名、命，字通。朱一新曰：正義「皆是羣下，相從而謀上也」，則無「不」字是。猪飼彦博曰：晉志「形」作「刑」，謂刑罰。

〔一〕【索隱】案：火主銷物，而金爲兵，故尤急。然則木、水、土爲小變也。【正義】若金、火逆入，不軌道，犯帝坐，尤甚於月及水、土、木也。

〔二〕【集解】隋，音他果反。【索隱】宋均云「南北爲隋」。又他果反，隋爲垂下。春秋合誠圖云「少微，處士位」。又天官占云「少微，一名處士星」也。【正義】廷，太微廷；藩，衛也。少微四星，在太微西，南北列：第一星處士也，第二星議士也，第三星博士也，第四星大夫也。占以明大黄潤，則賢士舉；不明，反是；月、五星犯守，處士憂，宰相易也。【考證】漢志「五」作「四」。邵泰衡曰：隋者垣西四星，南北列曰少微，非五星也。

〔三〕【集解】孟康曰：「形如騰龍。」【索隱】援神契曰「軒轅十二星，后宮所居」。石氏星讚以軒轅龍體，主后妃也。【正義】軒轅十七星，在七星北，黄龍之體，主雷雨之神，後宮之象也。陰陽交感，激爲雷電，和爲雨，怒爲風，亂爲霧，凝爲霜，散爲露，聚爲雲氣，立爲虹蜺，離爲背璚，分爲抱珥。二十四變，皆軒轅主之。其大星，女主也；次北一星，夫人也；次北一星，妃也；其次諸星，皆次妃之屬。女主南一小星，女御也；左一星，少民，后宗也；右一星，大民，太后宗也。占：欲其小黄而明，吉；大明，則爲後宮争競；移徙，則國人流迸東西；角大張而振，后族敗；水、火、金守軒轅，女主惡也。【考證】漢志不重「軒轅」二字。

〔四〕【索隱】宋均云：「責在后黨嬉，讒賊興，招此祥。」案：亦當天子命誅也。【考證】王先謙曰：逆入，不軌道，權、衡占同也。

東井爲水事。〔一〕其西曲星曰鉞。〔二〕鉞北，北河；南，南河；〔三〕兩河、天闕閒，爲關梁。〔四〕輿鬼，鬼祠事；中白者爲質。〔五〕火守南北河，兵起，穀不登。故德成衡，觀成潢，〔六〕傷成鉞，〔七〕禍成井，〔八〕誅成質。〔九〕

〔一〕【索隱】元命包云：「東井八星，主水衡也。」【考證】漢志此下有「火入之一星居其左右天子且以火爲敗」十六字。沈欽韓曰：十六字本下文晉灼解「禍成井」語而錯入之。

〔二〕【正義】東井八星，鉞一星，輿鬼四星，一星爲質，爲鶉首，於辰在未，皆秦之分野。一大星，黃道之所經，爲天之亭候，主水衡事，法令所取平也。王者用法平，則井星明而端列。鉞一星附井之前，主伺奢淫而斬之。占：不欲其明；明與井齊，或搖動，則天子用鉞於大臣；月宿井，有風雨之變也。【考證】鉞，漢志作「戉」，晉、宋、隋志作「鉞」。

〔三〕【正義】南河三星，北河三星，分夾東井，南北置而爲戒。南河南戒，一曰陽門，亦曰越門；北河北戒，一曰陰門，亦爲胡門。兩戒閒，三光之常道也。占：以南星不見，則南道不通，北亦如之；動搖及火守，中國兵起也。又云，動則胡、越爲變，或連近臣以結之。【考證】漢志刪「鉞」字，語欠分明。

〔四〕【索隱】宋均云：「兩河六星，知逆邪。言關梁之限，知邪僞也。」【正義】闕丘二星在南河南，天子之雙闕，諸侯之兩觀，亦象魏縣書之府。金、火守之，主兵戰闕下也。【考證】王先謙曰：晉志，南河、北河各三星，夾東井。一曰天高，天之關門也，主關梁，日、月、五星之常道也。天闕者，晉志「南河南二星曰闕丘，主宮門外象魏也」，正義以爲即天闕。猪飼彥博曰：正義以天闕爲闕丘，非也。王元啓曰：索隱「言」字衍。

〔五〕【集解】晉灼曰：「輿鬼五星，其中白者爲質。」【正義】輿鬼四星，主祠事，天目也，主視明察姦謀。東北星，主積馬；東南星，主積兵；西南星，主積布帛；西北星，主積金玉；隨其變占之。中一星爲積屍，一名質，主喪死祠祀。占：鬼星明大，穀成；不明，百姓散。質，欲其没不明；明則兵起，大臣誅，下人死之。【考證】

梁玉繩曰：以下文「主急事」等例之，疑是「主祠事」之誤。古「主」字作「丶」，轉相傳寫，認爲上「鬼」字省文，遂重作「鬼」爾。王先謙曰：以上東井爲水事例之，下「鬼」字是「爲」字之誤。質同鑕。愚按：王說是。陳子龍曰：舊傳鬼宿中積屍氣如雲耳，近測得二大星，中間實有三十六小星，此皆古人儀器未精之故。

〔六〕【集解】晉灼曰：「日、月、五星不軌道也。衡，太微廷也。觀，占也。潢，五帝車舍。」【考證】索隱解「觀」爲游觀，是。王元啓曰：按天五潢在畢東北，西宮咸池之舍，又天潢八星，即天津在虛危北，北宮玄武之舍，皆非本宮之宿。或云，井南有四瀆星，此「潢」字蓋係「瀆」字之譌。

〔七〕【集解】晉灼曰：「賊傷之占，先成形於鉞。」【索隱】案：德成衡，衡則能平物，故有德公平者，先成形於衡。觀成潢，爲帝車舍，言王者遊觀，亦先成形於潢也。傷成鉞者，傷，敗也，言王者敗德，亦先成形於鉞，以言有敗亂，則有鉞誅之。然案文耀鉤則云「德成潢，敗成鉞」，其意異也。又此下文「禍成井，誅成質」，皆是東井下義。總列於此也。

〔八〕【集解】晉灼曰：「東井主水事，火入一星居其旁，天子且以火敗，故曰禍也。」

〔九〕【集解】晉灼曰：「熒惑入輿鬼、天質，占曰大臣有誅。」【考證】張照曰：上文云「白者爲質」，此云「誅成質」，晉書天文志「鬼中一星名鈇鑕」，蓋質即鑕也。

柳爲鳥注，主木草。〔一〕七星，頸，爲員官，主急事。〔二〕張，素，爲廚，主觴客。〔三〕翼爲羽翮，主遠客。〔四〕

〔一〕【索隱】案：漢書天文志「注」作「喙」。爾雅云「鳥喙謂之柳」。孫炎云「喙，朱鳥之口，柳其星聚也」。以注爲柳星，故主草木。【正義】喙，丁救反，一作「注」。柳八星，星七星，張六星，爲鶉火，於辰在午，皆周之分野。柳爲朱鳥咮，天之廚宰，主尚食和滋味。占以順明爲吉；金、火守之，國兵大起。【考證】漢志「注」作「喙」。

王念孫曰：「喙」當作「啄」，字之誤也。啄，音晝，字本作「咮」，或作「噣」，通作「啄」，又通作「注」，天官書作「柳爲鳥注」。注、啄，古同聲而通用，爾雅「咮謂之柳」，柳，鶉火也，襄九年左傳「咮爲鶉火，心爲大火」，是柳星謂之「咮」。愚按：據王説，索隱、正義「喙」當作「啄」，啄與咮、注聲遠。

〔二〕【索隱】七星，頸爲員宮，主急事。案：宋均云「頸，朱鳥頸也。員宮，喉也。物在喉嚨，終不久留，故主急事也」。【正義】七星爲頸，一名天都，主衣裳文繡，主急事。以明爲吉，暗爲凶；金、火守之，國兵大起。【考證】梁玉繩曰：案「宮」字譌作「官」，索隱本作「宮」，漢以後志皆然。王先謙曰：辰星下云七星爲員官，則作「官」者是。查慎行曰：「頸嗉羽翮」四字，多從鳥取義。

〔三〕【索隱】素，嗉也。爾雅云「鳥張嗉」。郭璞云「嗉，鳥受食之處也」。【正義】張六星，六爲嗉，主天廚飲食賞賚觴客。占以明爲吉，暗爲凶。金、火守之，國兵大起。【考證】漢志「素」作「嗉」。豬飼彦博曰：正義「星」下「六」字衍。

〔四〕【正義】翼二十二星，軫四星，長沙一星，轄二星，合軫七星，皆爲鶉尾，於辰在巳，楚之分野。翼二十二星，爲天樂府，又主夷狄，亦主遠客。占：明大，禮樂興，四夷服；徙，則天子舉兵以罰亂者。

軫爲車，主風。〔一〕其旁有一小星，曰長沙星。〔二〕星不欲明；明與四星等，若五星入軫中，兵大起。〔三〕軫南衆星曰天庫樓；庫有五車。〔四〕車星角若益衆，及不具，無處車馬。〔五〕

〔一〕【索隱】宋均云：「軫，四星居中，又有二星，爲左右轄，車之象也。軫與巽同位，爲風，車動行疾似之也。」【正義】軫四星，主冢宰輔臣，又主車騎，亦主風。占：明大，則車騎用；太白守之，天下學校散，文儒失業，兵戈大興；熒惑守之，南方有不用命之國，當發兵伐之；辰星守之，徐、泗有戮之者。

〔二〕【正義】長沙一星，在軫中，主壽命。占：明，主長壽，子孫昌也。【考證】依文例，「星」字疑衍，王氏漢書補注以「長沙」斷句，「星」字屬下讀，云星星者白微有光，以狀不欲明之象，非是。

〔三〕【索隱】宋均云：「五星主行使，使動，兵車亦動也。」【考證】若，及也。王先謙曰：五星，謂水、火、木、金、土星。張照曰：五星入軫，即五星聚軫矣，乃大吉也。若五星不拘何星入軫，則無歲無之，又安得兵大起？張文虎曰：「軫」下各本衍「星」字，索隱本無，與漢志合，今刪。

〔四〕【正義】天庫一星，主太白，秦地，在五車中。【考證】漢志脫「樓」字。晉志「庫樓十星，其六大星爲庫，南四星爲樓。一曰天庫，兵甲之府也。旁十五星，三三而聚者，柱也，中央四小星，衡也，主陳兵」。猪飼彥博曰：正義以爲五車中之天庫，非也。

〔五〕【考證】朱一新曰：言五車星或生芒角，或益衆，或不具，則其占將當無以處車馬也。

西宮咸池，〔一〕曰天五潢。五潢，五帝車舍。〔二〕火入，旱；金，兵；水，水。〔三〕中有三柱；柱不具，兵起。〔四〕

〔一〕【索隱】文耀鉤云：「西宮白帝，其精白虎。」【正義】咸池三星，在五車中，天潢南，魚鳥之所託也。金犯守之，兵起；火守之，有災也。【考證】吳仁傑曰：天文志「東宮蒼龍，南宮朱鳥，西宮咸池，北宮玄武」，仁傑案：蒼龍總東方七宿言之，朱鳥、玄武亦各總其方七宿而言之，至咸池，則別一星名，自在二十八舍之外，晉天文志所謂天潢南三星曰咸池，魚囿者是已。此豈所以總西方七宿者哉？今以咸池與蒼龍、朱鳥、玄武並稱，又列參白虎於昴、畢之後，何其類例之駁也？錢大昕曰：淮南天文訓「斗柄爲小歲，正月建寅月，從左行十二辰，咸池爲大歲，從右行四仲，終而復始」，蓋斗爲帝車，有連轉之象，咸池以五車爲匡衛，亦有運行之象，故古人指其所建，以定四時。古書言咸池者，皆兼五潢、五車、三柱言之，故史公以咸池爲五帝車舍。春秋元命包云「咸池主五穀，其星五者各有所職」，然則五車即咸池也。後人析爲數名，僅以三小星當咸池，而淮南、太史公書遂不能通矣。史公以紫宫、房心、權衡、咸池、虚危爲天之五官坐位，豈專指三小星而言哉？王元啓曰：咸池者，西宫諸宿之總名，與前後蒼龍、朱鳥、玄武一例。五車中又有咸池，猶北宫斗南之有龜鼈，室上之有螣蛇，不得竟指龜蛇爲玄武也，正義注非。

〔二〕【索隱】案：元命包云「咸池主五穀，其星五者各有所職。咸池言穀生於水，含秀含實，主秋垂，故一名『五帝車舍』，以車載穀而販也」。【正義】五車五星，三柱九星，在畢東北，天子五兵車舍也。西北大星曰天庫，主太白，秦也。次東北曰天獄，主辰，燕、趙也。次東曰天倉，主歲，衛、魯也。次東南曰司空，主鎮，楚也。次西南曰卿，主熒惑，魏也。占：五車均明，柱皆見，則倉庫實；不見，其國絶食，兵見起。五車、三柱有變，各以其國占之。三柱入出一月，米貴三倍，期二年；出三月，貴十倍，期三年；柱出，不與天倉相近，軍出，米貴，轉粟千里；柱倒出，尤甚。火入，天下旱；金入，兵；水入，水也。【考證】張文虎曰：索隱「含秀含實秋垂」有脱誤。正義「三柱入出一月」，「入」字疑衍。

〔三〕【索隱】謂火、金、水入五潢，則各致此災也。案：宋均云「不言木、土者，木、土德星，於此不爲害故也」。【考證】陳仁錫曰：金，兵；水，水。言金星入五潢則有兵戈，水星入五潢則有水潦，不言入者，承上句「火入」省文也。

〔四〕【考證】王念孫曰：中有三柱者，謂五潢中有三柱也。

奎曰封豕，爲溝瀆。〔一〕婁爲聚衆。〔二〕胃爲天倉。〔三〕其南衆星曰廥積。〔四〕

〔一〕【正義】奎，苦圭反，十六星。婁三星爲降婁，於辰在戌，魯之分野。奎，天之府庫，一曰天豕，亦曰封豕，主溝瀆。西南大星，所謂天豕目。占以明爲吉。星不欲團圓，團圓則兵起。暗則臣干命之咎。亦不欲開闔無常，當有白衣稱命於山谷者。五星犯奎，人主爽德，權臣擅命，不可禁者。王者宗祀不潔，則奎動摇。若𦧲𦧲有光，則近臣謀上之應，亦庶人饑饉之厄。太白守奎，胡、貊之憂，可以伐之。熒惑星守之，則有水之憂，連以三年。填星、歲星守之，中國之利，外國不利，可以興師動衆，斬斷無道。【考證】漢志作「封豨」，封，大也。張文虎曰：正義「則有水之憂」，「水」疑當作「火」。

〔二〕【正義】婁三星爲苑，牧養犧牲以共祭祀，亦曰聚衆。占：動搖則衆兵聚，金、火守之，兵起也。【考證】張文虎曰：正義「祭祀」，柯、凌作「郊祀」，柯本「兵起」上有「國死」二字，「死」疑「危」字之譌。

〔三〕【正義】胃三星，昴七星，畢八星，爲大梁，於辰在酉，趙之分野。胃主倉廩，五穀之府也。占：明則天下和平，五穀豐稔；不然，反是也。

〔四〕【集解】如淳曰：「芻藁積爲廥也。」【正義】芻藁六星，在天苑西，主積藁草者。不見，則牛馬暴死；火守，災起也。

昴曰髦頭，胡星也，爲白衣會。〔一〕畢曰罕車，爲邊兵，主弋獵。〔二〕其大星旁小星爲附耳。附耳搖動，有讒亂臣在側。〔三〕昴、畢閒爲天街。〔四〕其陰，陰國；陽，陽國。〔五〕

〔一〕【正義】昴七星爲髦頭，胡星亦爲獄事。明，天下獄訟平；暗，爲刑罰濫。六星明與大星等，大水且至，其兵大起；搖動若跳躍者，胡兵大起；一星不見，皆兵之憂也。【考證】漢志「髦」作「旄」，晉志「昴七星」，「六星皆明，與大星等，大水；七星黃，兵大起；一星亡，爲兵喪；搖動，有大臣下獄及白衣之會」。王元啓曰：主喪，故又爲白衣會。陳子龍曰：昴七星，或曰六星，近測之，實三十六星。猪飼彦博曰：依晉志，正義「其兵」當作「黃兵」，黃，星色黃也。

〔二〕【索隱】爾雅云「濁謂之畢」，孫炎以爲掩兔之畢，或呼爲濁，因名星云。【正義】畢八星，曰罕車，爲邊兵，主弋獵。其大星曰天高，一曰邊將，主四夷之尉也。星明大，天下安，遠夷入貢；失色，邊亂。畢動，兵起；月宿則多雨。毛萇云「畢所以掩兔也」。【考證】錢大昭曰：後漢書蘇竟傳云「畢爲天網，主網羅無道之君，故武王將伐紂，上祭於畢，求助天也」。王元啓曰：天高四星，宋志云在畢口東北，正義以畢大星爲天高，恐「大星」下有脱文。

〔三〕【正義】附耳一星屬畢大星之下，次天高東南隅，主爲人主聽得失，伺愆過。星明，則中國微，邊寇警；移動，則讒佞行；入畢，國起兵。

〔四〕【索隱】元命包云：「畢爲天階。」爾雅云：「大梁，昴。」孫炎云：「昴、畢之閒，日、月、五星出入要道，若津梁也。」【正義】天街二星，在畢、昴閒，主國界也。街南爲華夏之國，街北爲夷狄之國。土、金守，胡兵入也。【考證】豬飼彦博曰：昴、畢之閒，日、月、五星之所由也，故曰天街，猶晉志角星中閒曰天門，房星中閒曰天衢也。晉、隋志所謂「天街二星」者，以其在昴、畢之閒，後人因天官書名之耳。此星甚微，不足以表陰陽兩界，正義誤。

〔五〕【集解】孟康曰：「陰，西南，象坤維，河山已北國；陽，河山已南國。」

參爲白虎。〔一〕三星直者，是爲衡石。〔二〕下有三星，兑，曰罰，爲斬艾事。〔三〕其外四星，左右肩股也。〔四〕小三星隅置，曰觜觿，爲虎首，主葆旅事。〔五〕其南有四星，曰天廁。〔六〕廁下一星，曰天矢。〔七〕矢黄則吉；青、白、黑，凶。其西有句曲九星，三處羅：〔八〕一曰天旗，〔九〕二曰天苑，〔一〇〕三曰九斿。〔一一〕其東有大星，曰狼。狼角變色，多盜賊。〔一二〕下有四星，曰弧，直狼。〔一三〕狼比地有大星，曰南極老人。〔一四〕老人見，治安；不見，兵起。常以秋分時候之于南郊。

〔一〕【正義】觜三星，參三星，外四星爲實沈，於辰在申，魏之分野，爲白虎形也。參，色林反，下同。【考證】沈欽韓曰：晉志「參十星」。陳氏啓源稽古編，古以爲三星，攷工記數伐而爲六星，丹元子不數伐而數左右肩股爲七星。天官家各有師承，古今多不相同。

〔二〕【集解】孟康曰：「參三星者，白虎宿中，東西直，似稱衡。」

〔三〕【集解】孟康曰：「在參間。上小下大，故曰鋭。」晉灼曰：「三星少斜列，無鋭形。」【正義】罰，亦作「伐」。春秋運斗樞云「參伐事主斬艾」也。

〔四〕【考證】王元啓曰：晉志云「中三星横列，三將也，東北曰左肩，主左將；西北曰右肩，主右將；東南曰左足，主後將軍；西南曰右足，主偏將軍。故黄帝占參應七將。」

〔五〕【集解】如淳曰：「關中俗謂桑榆孽生爲葆。」晉灼曰：「葆，菜也。禾野生曰旅，今之飢民采旅也。」【索隱】姚氏案：「宋均云，葆，守也；旅，猶軍旅也。言佐參伐以斬艾除凶也。」【正義】觜，子思反。觽，胡規反。葆，音保。觜觽爲虎首，主收斂葆旅事也。葆旅，野生之可食者。占：金、水來守，國易政，災起也。【考證】王元啓曰：葆，障也。旅，次也，舍也。保障軍旅次舍，採取荆榛，編爲儲胥，以護軍之營壘，防閑周密，以禦寇敵之具也。按此即宋均葆守軍旅之意。徐鴻鈞曰：宋注是也，上文「參爲白虎，三星直者，是爲衡石，下有三星鋭曰罰，爲斬艾事」，下文各星，曰天矢，曰天旗、天苑、九斿，皆不外軍事，則觜觽一星宜亦一律。「葆」與「堡」通。

〔六〕【正義】天廁四星，在屏東，主溷也。占：色黄，吉；青與白，皆凶；不見，則人寢疾。【考證】陳子龍曰：舊傳觜南四星，共天矢爲五星，近測之，實二十一星。

〔七〕【正義】天矢一星，在廁南。占與天廁同也。

〔八〕【正義】句，音鉤。【考證】漢志「羅」下有「列」字。

〔九〕【正義】參旗九星，在參西，天旗也，指麾遠近以從命者。王者斬伐當理，則天旗曲直順理；不然，則兵動於外，可以憂之。若明而稀，則邊寇動；不然，則不。【考證】猪飼彦博曰：正義「邊寇」下脱「不」字。

〔一〇〕【正義】天苑十六星，如環狀，在畢南，天子養禽獸所。稀暗，則多死也。【考證】猪飼彦博曰：天苑十六星，其數不合。王元啓曰：按十六星云九星者，蓋指自東斜轉西南九星類旗者言之，其下七星，微似斗形，或古時别有名也。

〔一一〕【集解】徐廣曰：「音流。」【正義】九斿九星，在玉井西南，天子之兵旗，所以導軍進退，亦領州列邦。並不欲摇動，摇動，則九州分散，人民失業，信命一不通，於中國憂。以金、火守之，亂起也。【考證】正義「信命」以下疑有脱誤。

〔一二〕【正義】狼一星，參東南。狼爲野將，主侵掠。占：非其處，則人相食；色黄白而明，吉；赤、角，兵起；金、木、火守，亦如之。【考證】陳子龍曰：近測云，星大者莫過於狼與織女，其體大於地。

〔一三〕【正義】弧九星，在狼東南，天之弓也。以伐叛懷遠，又主備賊盜之知姦邪者。弧矢向狼動移，多盜；明大變色，亦如之。矢不直狼，又多盜，引滿，則天下盡兵也。【考證】王元啓曰：按六星彎者爲弧，中三星直者爲矢，今云「四星曰弧」，「四」字誤。猪飼彦博曰：四，當作「九」。

〔一四〕【集解】晉灼曰：「比地，近地也。」【正義】老人一星，在弧南，一曰南極，爲人主占壽命延長之應。常以秋分之曙見於景，春分之夕見於丁。見，國長命，故謂之壽昌，天下安寧；不見，人主憂也。【考證】梁玉繩曰：「狼」字衍，漢志無之。晉志，弧九星在狼東南，老人一星在弧南，則豈與狼比地哉？南極星中原常不見，愚按：正義「於景」之「景」當讀爲「丙」，唐諱易字。

附耳入畢中，兵起。〔一〕

〔一〕【考證】漢志無「附耳入畢中兵起」七字。王元啓曰：後人增入者。猪飼彦博曰：當在上文「附耳摇動」之上。張文虎曰：中官天一、槍、棓、矛、盾動摇，角大，兵起。東官，火犯守角，則有戰。房、心，王者惡之也。皆書在末，此亦其例，乃文法之變，非錯簡也。

北宮、玄武，〔一〕虛、危。〔二〕危爲蓋屋；〔三〕虛爲哭泣之事。〔四〕

〔一〕【索隱】文耀鉤云：「北宮黑帝，其精玄武。」【正義】南斗六星，牽牛六星，並北宮玄武之宿。

〔二〕【索隱】爾雅云「玄枵，虛也」。又云「北陸，虛也」。解者以陸爲道。孫炎曰「陸，中也；北方之宿中也」。【正義】虛二星，危三星，爲玄枵，於辰在子，齊之分野。虛主死喪哭泣事，又爲邑居廟堂祭祀禱祝之事；亦天之冢宰，主平理天下，覆藏萬物。占：動，則有死喪哭泣之應；火守，則天子將兵；水守，則人饑饉；金守，臣下兵起。危爲宗廟祀事，主天市架屋。占：動，則有土功；火守，天下兵；水守，下謀上也。

〔三〕【索隱】宋均云：「危上一星高，旁兩星隋下，似乎蓋屋也。」【正義】蓋屋二星，在危南，主天子所居宮室之官也。占：金、火守入，國兵起；孛、彗尤甚。危爲架屋，蓋屋自有星，恐文誤也。【考證】王元啓曰：宋志云「危三星，在天津東南，主天府、天市、架屋、受藏之事」，此所謂「危爲蓋屋」是也。又晉志天壘城南二星曰蓋屋，宋志云在危宿南九度，此則別又二星，非此所云蓋屋也。猪飼彥博曰：屋棟曰危，危三星似蓋屋，故名危。

〔四〕【索隱】虛爲哭泣事。姚氏案荊州占，以爲其宿二星，南星主哭泣。虛中六星，不欲明，明則有大喪也。【考證】猪飼彥博曰：晉志「虛南二星曰哭，哭東二星曰泣」，亦後人因此文而名之者也。索隱虛宿中六星，謂司危、司祿、司命各二星。王元啓曰：索隱「主哭」下脫「北星主」三字。

其南有衆星，曰羽林天軍。〔一〕軍西爲壘，或曰鉞。〔二〕旁有一大星，爲北落。北落若微亡，軍星動角益希，及五星犯北落，入軍，軍起。〔三〕火、金、水尤甚：〔四〕火，軍憂；水，患；〔五〕木、土，軍吉。〔六〕危東六星，兩兩相比，曰司空。〔七〕

〔一〕【正義】羽林四十五星，三三而聚，散在壘壁南，天軍也。亦天宿衛之兵革，出不見，則天下亂；金、火、水入，軍起也。【考證】顧炎武曰：今天官家所傳星名，皆起於甘石。如郎將、羽林，三代以下之官；左更、右更，三代以下之爵；王良、造父，三代以下之人；巴蜀、河南，三代以下之國，春秋時無此名也。張文虎曰：正義四十五星，官本與晉、隋二志及御覽六引大象列星圖合，各本「四」誤「三」。

〔二〕【正義】壘壁陳十二星，横列在營室南，天軍之垣壘。占：五星入，皆兵起，將軍死也。【考證】漢志「鉞」作「戉」，同。王元啓曰：軍南有鈇鉞三星，在八魁西北，又西即北落師門，今云「軍西爲壘」，壘蓋鉞之異名，正義以壘壁陳當之，壘壁在軍北，且與北落隔遠，下文不得云旁一星爲北落也。

〔三〕【正義】北落師門一星，在羽林西南。天軍之門也。長安城北落門，以象此也。主非常，以候兵。占：明，則軍安；微弱，則兵起；金、火守，有兵，爲虜犯塞；土、水則吉。【考證】漢志「希」作「稀」。王元啓曰：「北落若微亡」，句。「軍星動角益希」，句。按：微，謂不光明。亡，謂伏匿不見。軍星，謂羽林天軍之四十五星。動摇芒角，或星不備而益希，謂軍星强弱不齊，皆有害也。入軍，謂五星入犯天軍也。此四句，北落天軍皆舉言之，舊本句讀皆誤。王先謙曰：星動角益希，與上文「車星角若益衆」同一句例。

〔四〕【考證】王元啓曰：晉志云「五星有在天軍中者，皆爲兵起，熒惑、太白、辰星尤甚」。

〔五〕【考證】漢志作「火入，軍憂；水，水患」。王元啓曰：「火，軍憂」，謂火星入，軍則有憂也。「水」下當複「水」字。「水，水患」，謂水星入，軍有水患也。張文虎曰：既云火、金、水尤甚，下祇言火、水，不及金，蓋脱文，疑「火軍憂」，「火」下當有「金」字。

〔六〕【集解】漢書音義曰：「木星、土星入北落，則吉也。」【考證】猪飼彦博曰：集解「入北落」當作「犯北落入軍」。

〔七〕【正義】比，音鼻。比，近也。危東兩兩相比者，是司命等星也。司空唯一星耳，又不在危東，恐「命」字誤爲「空」也。司命二星，在虚北，主喪送；司禄二星，在司命北，主官司；危二星，在司禄北，主危亡；司非二星，在危北，主愆過：皆宦司之職。占：大，爲君憂；常則吉也。【考證】漢志「司空」作「司寇」。梁玉繩曰：「司空、司寇皆不在危東，亦非六星也。正義疑「命」字誤「空」，然虛東危西兩兩相比者，乃司命、司祿、司危、司非八星，無所謂危東六星，亦不專指司命二星爲説也，恐本文有誤。

營室爲清廟，曰離宮、閣道。〔一〕漢中四星，曰天駟。〔二〕旁一星，曰王良。〔三〕王良策馬，車騎滿野。〔四〕旁有八星，絶漢，曰天潢。〔五〕天潢旁，江星。江星動，人涉水。〔六〕

〔一〕【索隱】元命包云：「營室十星，埏陶精類，始立紀綱，包物爲室。」又爾雅云：「營室謂之定。」郭璞云：「定，正也。天下作宮室，皆以營室中爲正也。」案：荆州占云「閣道，王良旗也，有六星」。【考證】王先謙曰：晉志，營室二星，天子之宮也。宋志營室，一星爲天子宮，一星爲太廟，故置羽林以衛，又爲離宮、閣道，與抵營室之閣道相距遥遠。晉志「閣道六星」下云「天子遊別宮之道」，此足以當之。豬飼彦博曰：此有脱文，宜言旁六星兩兩相比曰離宮。閣道已見中宮，此爲衍文。愚按：豬説得之。梁玉繩曰：此下宜列東壁一宿。蓋二十八宿爲經星，史及漢志于他宿備載無遺，獨缺東壁，何歟？王氏史記正譌從晉志補十五字云「東壁二星，主文章，天下圖書之秘府也」。

〔二〕【索隱】案：元命包云「漢中四星曰騎，一曰天駟也」。

〔三〕【索隱】春秋合誠圖云：「王良主天馬也。」【正義】王良五星，在奎北河中，天子奉御官也。其動策馬，則兵騎滿野；客星守之，津橋不通；金、火守入，皆兵之憂。【考證】漢志「良」作「梁」。正義「兵」當作「車」。

〔四〕【正義】策一星，在王良前，主天子僕也。占以動摇移在王良前，或居馬後，別爲策馬，策馬而兵動也。案：豫章周騰字叔達，南昌人，爲侍御史。桓帝當南郊，平明應出，騰仰觀，曰：「夫王者象星，今宮中星及策馬星悉不動，上明日必不出。」至四更，皇太子卒，遂止也。

〔五〕【索隱】元命包曰：「潢主河渠，所以度神，通四方。」宋均云：「天潢，天津也。津，湊也，故主計度也。」【考證】漢志「潢」作「横」。

〔六〕【正義】天江四星，在尾北，主太陰也。不欲明；明而動，水暴出；其星明，大水不禁也。【考證】王元啓曰：尾北四星，東方蒼龍之宿，與此無涉。此所謂江，即在天潢旁，據星經；天津九星，在虛危北，横漢中，一曰天江，太史公分江旁一星曰江，故謂天潢八星，星經合而言之，故謂天津九星。天潢，宋均以爲即天津者是也。

杵、臼四星，在危南。〔一〕匏瓜，有青黑星守之，魚鹽貴。〔二〕

〔一〕【正義】杵、臼三星，在丈人星旁，主軍糧。占：正下直臼，吉；與臼不相當，軍糧絶也。臼星在南，主春。其占：覆則歲大饑，仰則大熟也。【考證】梁玉繩曰：星經臼四星，杵三星，在人星旁，蓋危星之北。此云危南四星，恐誤也。猪飼彦博曰：「杵」下蓋脱「三星」二字。「南」當作「北」。正義「杵臼三星丈人星」，「丈」字衍，臼星在南。「星」上脱「四」字。

〔二〕【索隱】案：荆州占云「匏瓜，一名天雞，在河鼓東。匏瓜明，歲則大熟也」。【正義】匏，音白包反。匏瓜五星，在離珠北，天子果園。占：明大光潤，歲熟；不，則包果之實不登；客守，魚鹽貴也。【考證】猪飼彦博曰：「匏瓜」下蓋脱「五星在虛北」五字。王先謙曰：青黑星，客星也。猪飼彦博曰：正義「客」下脱「星」字。

南斗爲廟，〔一〕其北建星。建星者，旗也。〔二〕牽牛爲犧牲。〔三〕其北河鼓。河鼓大星，上將；左右，左右將。〔四〕婺女，〔五〕其北織女。織女，天女孫也。〔六〕

〔一〕【正義】南斗六星，在南也。【考證】晉志「北方南斗六星，天廟也。南二星，魁、天梁也。中央二星，天相也。北二星，天府庭也，亦爲壽命之期也」。柯維騏曰：斗，北宫之宿，以夏秋之閒見于南方，故謂之南斗也。

〔二〕【正義】建六星在斗北，臨黄道，天之都關也。斗建之間，七耀之道，亦主旗輅。占：動揺，則人勞；不然，則不；月暈，蛟龍見，牛馬疫；月、五星犯守，大臣相謀，爲關梁不通及大水也。

〔三〕【正義】牽牛爲犧牲，亦爲關梁。其北二星，一曰即路，一曰聚火。又上一星，主道路；次二星，主關梁；次三星，主南越。占：明大，關梁通；不明，不通，天下牛疫死；移入漢中，天下乃亂。【考證】張文虎曰：正義「聚火」，晉志作「聚久」。「次二星主關梁次二星主南越」十五字，館本與晉志合，各本脫。

〔四〕【索隱】爾雅云：「河鼓謂之牽牛。」孫炎曰：「河鼓之旗十二星，在牽牛北，或名河鼓爲牽牛也。」【正義】河鼓三星，在牽牛北，主軍鼓。蓋天子三將軍，中央大星，大將軍；其南左星，左將軍；其北右星，右將軍；所以備關梁而拒難也。占：明大光潤，將軍吉；動搖差戾，亂兵起；直，將有功；曲，則將失計也。自昔傳牽牛織女七月七日相見，此星也。【考證】猪飼彦博曰：爾雅「河」作「何」。郭注「今荊楚人呼牽牛星爲擔鼓，擔者荷也」。晉志云「河鼓三星，旗九星，在牽牛北」，爾雅謂何鼓爲牽牛，非也。孫炎併河鼓及旗云「河鼓之旗十二星」，誤也。正義「潤」、「戾」、「直」下皆脫「則」字。

〔五〕【索隱】務女。爾雅云「須女謂之務女」，是也。一作「婺」。【正義】須女四星，亦婺女，天少府也。南斗、牽牛、須女，皆爲星紀，於辰在丑，越之分野，而斗牛爲吳之分野也。須女，賤妾之稱，婦職之卑者，主布帛裁製嫁娶。占：水守之，萬物不成；火守，布帛貴，人多死；土守，有女喪；金守，兵起也。【考證】猪飼彦博曰：索隱「爾雅」當作「廣雅」。

〔六〕【集解】徐廣曰：「孫，一作『名』。」【索隱】織女，天孫也。案：荊州占云「織女，一名天女，天子女也」。【正義】織女三星，在河北天紀東，天女也，主果蓏絲帛珍寶。占：王者至孝於神明，則三星俱明；不然，則暗而微，天下女工廢；明，則理；大星怒而角，布帛涌貴；不見，則兵起。晉書天文志云：「晉太史令陳卓總甘、石、巫咸三家所著星圖，大凡二百八十三官，一千四百六十四星，以爲定紀。今略其昭昭者，以備天官云。」

【考證】以上天官總叙。

察日、月之行，以揆歲星順逆。〔一〕曰東方木，主春，日甲乙。義失者，罰出歲星。〔二〕歲星贏縮，以其舍命國。所在國不可伐，可以罰人。〔三〕其趨舍而前曰贏，退舍曰縮。〔四〕贏，其國有兵不復；縮，其國有憂，將亡，國傾敗。〔五〕其所在，五星皆從而聚於一舍，其下之國，可以義致天下。〔六〕

〔一〕【索隱】姚氏案：天官占云「歲星，一曰應星，一曰經星，一曰紀星」。物理論云「歲行一次，謂之歲星，則十二歲而星一周天也」。【正義】晉灼云：「太歲在四仲，則歲行三宿；太歲在四孟四季，則歲行二宿。二八十六，三四十二，而行二十八宿，十二歲而周天。」天官占云：「歲星者，東方木之精，蒼帝之象也。其色明而內黃，天下安寧。夫歲星欲春不動，動則農廢。歲星盈縮，所在之國不可伐，可以罰人；失次，則民多病；見，則喜。其所居國，人主有福，不可以搖動。人主怒，無光，仁道失。歲星順行，仁德加也。歲星，農官，主五穀。」天文志云：「春日，甲乙；四時，春也。五常，仁；五事，貌也。人主仁虧，貌失，逆時令，傷木氣，則罰見歲星。」【考證】史下文云「歲行三十度十六分度之七，率日行十二分度之一，十二歲而周天」，淮南子天文訓亦云「十二歲而行二十八宿，日行十二分度之一，歲行三十度十六分度之七，十二歲而周」，其言全同。此以周天爲三百六十五度四分度之一量之也，後人見其有錯誤，遂謂歲星之行，時有遲疾逆順，而其實未曾變易。至漢劉歆，始有超辰之說，見于漢律曆志。左傳昭九年孔疏云「曆家以周天十二次，次別爲百四十四分，歲星每年行百四十五分，是歲星行一次外剩行一分，積一百四十四年乃剩一次，此超辰之說也」。盛百二曰：歲星歲移一辰，亦就大略言之，實則歲行一辰有餘。據今法，分一辰爲十萬八千秒，歲星每年平行十萬九千三百零三秒有奇，八十三年即超一辰。授時法亦然。三統法謂百四十四年超一辰，與今不合。愚按：歲星一年運行三十度有奇，一一·八五六五年而周天，每八二·六年超一辰，盛氏概說之耳。說詳見于新城新藏東洋天文學研究。愚又按：當時觀測未精，下文四星舒疾隱見，往往不免少異，今不一一述之。

〔二〕【考證】出，猶見也。淮南子天文訓云「東方木也，其帝太皞，其佐句芒，執規而治春。其神爲歲星，其獸蒼龍，其音角，其日甲乙」。漢志云「逆春令傷木氣，罰見歲星」。

〔三〕【索隱】案：天文志曰「凡五星早出爲贏，贏爲客；晚出爲縮，縮爲主人。五星贏縮，必有天應，見杓也」。【正義】舍，所止宿也。命，名也。【考證】漢志「罰」作「伐」，爲是。王先謙曰：占經引荆州占云，歲星居次順常，其國不可以加兵，可以伐無道之國，伐之必剋。王元啓曰：贏縮之義，詳後文總論五星條下。索隱引漢志爲證，蓋忘其爲史記本語也。

〔四〕【索隱】趨，音聚，謂促。【考證】漢志「趨」作「超」。王先謙曰：占經引七曜云「超舍而前，過其所當舍之宿。以上一舍、二舍、三舍，謂之贏；退舍，以下一舍、二舍、三舍，謂之縮」。張文虎曰：索隱「音聚」疑當作「音趣」。

〔五〕【正義】將，音子匠反。【考證】漢志「將亡」作「其將死」。王先謙曰：兵不復，謂敗散不還也。

〔六〕【索隱】案：漢高帝元年，五星皆聚于東井，是也。據天文志，其年歲星在東井，故四星從而聚之也。【考證】從，從歲星也。

以攝提格歲：歲陰左行在寅，歲星右轉居丑。〔一〕正月，與斗、牽牛晨出東方，名曰監德。〔二〕色蒼蒼有光。其失次，有應見柳。歲早，水；晚，旱。

〔一〕【索隱】太歲在寅，歲星正月晨出東方。案：爾雅「歲在寅爲攝提格」。李巡云「言萬物承陽起，故曰攝提格。格，起也」。【考證】王元啓曰：此章所述歲星行度，如某月與某星晨出等語，皆出石氏星經。攷之漢志、甘氏及太初曆，與此又有不同。然其大率如歲陰在寅，歲星居丑云云，則固太初曆術也。錢大昕曰：歲陰者太陰也，淮南子天文訓「天神之貴者，莫貴於青龍，或曰天一，或曰太陰。太陰所居，不可背，而可鄉」，又云「太陰所建，蟄蟲首穴而處，鵲巢鄉而爲户」。太陰在寅，寅爲建，卯爲除，辰爲滿，巳爲平，午爲定，未爲執，申爲破，酉爲危，戌爲成，亥爲收，子爲開，主太歲，丑爲閉，此太陰與太歲之别也。古法，太歲與歲星相應，歲星居丑，則太歲當在子，而稱「攝提格歲」者，史公以太陰紀歲，不以太歲紀歲，與淮南天文訓同也。貨殖傳「太陰在卯，穰，明歲衰惡。至午，旱，明歲美。至酉，穰，明歲衰惡。至子，大旱，明歲美，有水」，此亦以太陰紀歲之證。新城新藏曰：歲星右行，與十二辰相反，故曆家假設太歲左行，以與十二辰相應。又曰：歲陰、太陰、太歲，名異，其實一也，錢氏分爲二物，非是。

〔三〕【索隱】歲星正月晨見東方之名。已下，出石氏星經文，乃云「星在斗牽牛，失次應見杓」也。漢書天文志則載甘氏及太初星曆，所在之宿不同也。【考證】錢大昕曰：淮南天文訓「太歲在寅，歲名曰攝提格，其雄爲歲星，舍斗、牽牛，以十一月與之晨出東方」，此云「正月」者，史公據石氏星經，較淮南書每後兩月。王引之曰：後人以太初曆太歲在子，歲星十一月出在建星牽牛，故改淮南正月爲十一月，以合太初之法，而自此以下皆遞改其所出之月。愚按：説詳于王氏太歲考、新城氏東洋天文學史研究，孫星衍問字堂集亦有太陰考。

歲星出，東行十二度，百日而止，反逆行；逆行八度，百日，復東行。歲行三十度十六分度之七，率日行十二分度之一，十二歲而周天。〔一〕出常東方，以晨；入於西方，用昏。

〔一〕【考證】當時無超辰之説，故有此言，其實一一・八五六五年而周天，説見上。

單閼歲：〔一〕歲陰在卯，星居子。以二月與婺女、虚、危晨出，曰降入。〔二〕大有光。其失次，有應見張。名曰降入，其歲大水。〔三〕

〔一〕【索隱】在卯也。歲星二月晨出東方。爾雅云「卯爲單閼」。李巡云：「陽氣推萬物而起，故曰單閼。單，盡也。閼，止也。」

〔三〕【索隱】即歲星二月晨見東方之名。其餘並準此。【考證】錢大昕曰：淮南「二月」作「十二月」。

〔三〕【考證】陳仁錫曰：「名曰降入」四字衍。

執徐歲：〔一〕歲陰在辰，星居亥。以三月居與營室、東壁晨出，曰青章。青青甚章。〔二〕其失次，有應見軫。曰青章。歲早，旱；晚，水。〔三〕

〔一〕【索隱】爾雅「辰爲執徐」。李巡云：「伏蟄之物，皆敦舒而出，故曰執徐。執，蟄；徐，舒也。」【考證】王元啓曰：「執」讀爲「蟄」。

〔二〕【考證】錢大昕曰：淮南「三月」作「正月」，「月」下「居」字衍。

〔三〕【考證】陳仁錫曰：「曰青章」三字衍。

大荒駱歲：〔一〕歲陰在巳，星居戌。以四月與奎、婁、胃、昴晨出，曰跰踵。熊熊赤色，有光。其失次，有應見亢。〔二〕

〔一〕【索隱】爾雅云「在巳爲大荒駱」。姚氏云：「言萬物皆熾盛而大出，霍然落落，故曰荒駱也。」【考證】漢志、淮南「大荒駱」作「大荒落」。

〔二〕【集解】徐廣曰：「一曰『路嵷』。」【索隱】天文志作「路嵷」。字詁云，嵷，今作「踵」也。【正義】跰，白邊反。踵，之勇反。【考證】錢大昕曰：淮南「四月」作「二月」。「胃昴」二字衍，漢志、淮南俱無。

敦牂歲：〔一〕歲陰在午，星居酉。以五月與胃、昴、畢晨出，曰開明。〔二〕炎炎有光。偃兵；唯利公王，不利治兵。其失次，有應見房。歲早，旱；晚，水。〔三〕

〔一〕【索隱】爾雅云「在午爲敦牂」。孫炎云「敦，盛；牂，壯也。言萬物盛壯」。韋昭云「敦音頓」也。

〔三〕【集解】徐廣曰：「一曰『天津』。」【索隱】天文志作「啓明」。【考證】淮南「五月」作「三月」。

〔三〕【正義】炎，鹽驗反。

叶洽歲：〔二〕歲陰在未，星居申。以六月與觜觿、參晨出，曰長列。昭昭有光。利行兵。其失次，有應見箕。〔三〕

〔二〕【索隱】爾雅云「在未爲叶洽」。李巡云：「陽氣欲化萬物，故曰。協，和；洽，合也。」【考證】漢志、爾雅「叶洽」作「協洽」。

〔三〕【正義】觜，子斯反。觿，胡規反。【考證】淮南「六月」作「四月」。漢志「長列」作「長烈」。

涒灘歲：〔二〕歲陰在申，星居未。以七月與東井、輿鬼晨出，曰大音。昭昭白。其失次，有應見牽牛。〔三〕

〔二〕【索隱】涒灘歲。爾雅云「在申爲涒灘」。李巡曰：「涒灘，物吐秀傾垂之貌也。」涒，音他昆反；灘，音他丹反。

〔三〕【考證】淮南「七月」作「五月」。漢志「大音」作「大晉」。

作鄂歲：〔二〕歲陰在酉，星居午。以八月與柳、七星、張晨出，曰爲長王。作作有芒。國其昌，熟穀。其失次，有應見危。曰大章，有旱而昌，有女喪，民疾。〔三〕

〔二〕【索隱】爾雅「在酉爲作鄂」。李巡云「作咢，皆物芒枝起之貌」。咢，音愕。今案：下文云「作鄂有芒」，則李巡解亦近得。天文志云「作詻」，音五格反，與史記及爾雅並異也。

〔三〕【考證】淮南「八月」作「六月」。王元啓曰：「曰」下「爲」字衍。漢志「長王」作「長壬」。「曰大章」三字，「大淵獻」節語，錯衍於此。「有旱」上當有「其歲」二字。

閹茂歲：〔一〕歲陰在戌，星居巳。以九月與翼、軫晨出，曰天睢。白色大明。其失次，有應見東壁。歲水，女喪。〔二〕

〔一〕【索隱】爾雅云「在戌曰閹茂」。孫炎云「萬物皆蔽冒，故曰。閹，蔽；茂，冒也」。天文志作「掩茂」也。

〔二〕【索隱】睢，劉氏音吁唯反也。【考證】淮南「九月」作「七月」。

大淵獻歲：〔一〕歲陰在亥，星居辰。以十月與角、亢晨出，曰大章。蒼蒼然，星若躍而陰出旦，是謂「正平」。起師旅，其率必武；其國有德，將有四海。其失次，有應見婁。〔二〕

〔一〕【索隱】爾雅云「在亥爲大淵獻」。孫炎云：「淵，深也。大獻萬物於深，謂蓋藏之於外耳。」

〔二〕【集解】徐廣曰：「大章，一曰『天皇』。」【索隱】徐廣云，一作「天皇」。案：天文志亦作「天皇」也。【考證】淮南「十月」作「八月」。

困敦歲：〔一〕歲陰在子，星居卯。以十一月與氐、房、心晨出，曰天泉。玄色甚明。江池其昌，不利起兵。其失次，有應在昴。〔二〕

〔一〕【索隱】爾雅「在子爲困敦」。孫炎云：「困敦，混沌也。言萬物初萌，混沌於黃泉之下也。」

〔二〕【考證】淮南「十一月」作「九月」。漢志「天泉」作「天宗」。「在昴」之「在」當作「見」，前後並「見」，此獨作「在」，誤。

赤奮若歲：〔一〕歲陰在丑，星居寅。以十二月與尾、箕晨出，曰天晧。黫然黑色甚明。其失次，有應見參。〔二〕

〔一〕【索隱】爾雅「在丑爲赤奮若」。李巡云：「言陽氣奮迅。若，順也。」

〔三〕【索隱】晧，音昊。漢志作「昊」。黫，於閑反。【考證】淮南「十二月」作「十月」。楊慎曰：「黫」即左傳「左輪朱殷」之「殷」。王元啓曰：按他歲，皆有歲星失次之應及水旱之占，獨其在巳、未、申、亥、子、丑者，但言「失次」，不言水旱。攷之漢志，他歲但云「失次」，杓無見柳、見張等語，其在巳、未等六辰者，并不著失次之語，未詳其義云何。

當居不居，居之又左右摇，未當去去之，與他星會，其國凶。所居久，國有德厚。其角動，乍小乍大，若色數變，人主有憂。

其失次舍以下，進而東北，三月生天棓，長四尺，末兑。〔一〕進而東南，三月生彗星，長二丈，類彗。〔二〕退而西北，三月生天欃，長四丈，末兑。〔三〕退而西南，三月生天槍，長數丈，兩頭兑。〔四〕謹視其所見之國，不可舉事用兵。其出如浮如沈，其國有土功；如沈如浮，其野亡。色赤而有角，其所居國昌。迎角而戰者，不勝。星色赤黄而沈，所居野大穰。〔五〕色青白而赤灰，所居野有憂。歲星入月，其野有逐相；與太白闘，其野有破軍。〔六〕

〔一〕【索隱】案天文志，此皆甘氏星經文，而志又兼載石氏，此不取。石氏名申夫，甘氏名德。【正義】棓，音蒲講反。歲星之精，散而爲天槍、天棓、天衝、天猾、國皇、天欃，及登天、荆真，若天猿、天垣、蒼彗，皆以應凶災也。天棓者，一名覺星，本類星，而末鋭，長四丈，出東北方、西方，其出，則天下兵争也。【考證】岡白駒曰：舍以下，一舍以下。王元啓曰：「東北」字絶句，舊連「三月」爲句，非。三月者，漢志云「不出三月」也。愚按：長四尺，北宋本作「四丈」，與晉、隋志及正義合。漢志作「四尺」，與各本合。

〔二〕【正義】天彗者，一名掃星，本類星，末類彗，小者數寸長，長或竟天，而體無光，假日之光，故夕見則東指，晨見則西指，若日南北，皆隨日光而指。光芒所及爲災變，見則兵起；除舊布新，彗所指之處弱也。【考證】各本「彗」下衍「星」字，今從館本，漢志亦無。

〔三〕【集解】韋昭曰：「欃，音『參差』之『參』。」【正義】欃，楚咸反。天欃者，在西南，長四丈，銳。京房云「天欃爲兵，赤地千里，枯骨籍籍」。天文志云，天欃主兵亂也。【考證】方苞曰：天棓、天槍、天欃名，見恒星中，今曰歲星所生，則非恒星也。又皆定以丈尺，不知所據。吴肅曰：歲星所變妖星，非紫宫中天棓、天槍。

〔四〕【正義】槍，楚行反。天槍者，長數丈，兩頭銳，出西南方。其見，不過三月，必有破國亂君，伏死其辜。天文志云「孝文時，天槍夕出西南，占曰爲兵喪亂，其六年十一月，匈奴入上郡、雲中，漢起兵以衛京師」也。

〔五〕【集解】徐廣曰：「迎，一作『御』。」【正義】穰，人羊反，豐熟也。【考證】岡白駒曰：星云野，分野之國也。

〔六〕【集解】韋昭曰：「星相擊爲鬭。」

歲星一曰攝提，曰重華，曰應星，曰紀星。營室爲清廟，歲星廟也。〔一〕

〔一〕【考證】以上敘歲星。猪飼彥博曰：晉志云「五星行至其廟，謹候其命」，以熒惑推之，此下脱「謹候此」三字。

察剛氣以處熒惑。〔一〕曰南方火，主夏，日丙、丁。禮失，罰出熒惑，熒惑失行是也。〔二〕出則有兵，入則兵散。以其舍命國熒惑。熒惑爲勃亂，殘賊、疾、喪、饑、兵。〔三〕反道二舍以上，〔四〕居之，三月有殃，五月受兵，七月半亡地，九月太半亡地。因與俱出入，國絶祀。〔五〕居之，殃還至，雖大當小；〔六〕久而至，當小反大。〔七〕其南爲丈夫，北爲女子喪。〔八〕若角，動，繞環之，及乍前乍後，左、右，殃益大。〔九〕與他星鬭，光相逮，爲害；不相逮，不害。〔一〇〕五星皆

從而聚于一舍，其下國可以禮致天下。〔一一〕

〔一〕【集解】徐廣曰：「剛，一作『罰』。」【索隱】徐廣云：剛，一作「罰」。案：姚氏引廣雅「熒惑謂之執法」。天官占云「熒惑，方伯象，司察妖孽」。則此文「察罰氣」爲是。春秋緯文耀鉤云：「赤帝熛怒之神，爲熒惑焉，位在南方，禮失則罰出。」晉灼云：「常以十月入太微，受制而出行列宿，司無道，出入無常。」【考證】岡白駒曰：處，居也。言定熒惑所居之位也。

〔二〕【考證】王元啓曰：「熒〔惑〕失行是也」六字係注語。

〔三〕【集解】徐廣曰：「以下云『熒惑爲理，外則理兵，内則理政』。」【正義】天官占云：「熒惑爲執法之星，其行無常，以其舍命國：爲殘賊，爲疾，爲喪，爲饑，爲兵。環繞句己，芒角動摇，乍前乍後，其殃逾甚。熒惑主死喪，大鴻臚之象；主甲兵，大司馬之義；伺驕奢亂孽，執法官也。其精爲風伯，惑童兒歌謡嬉戲也。」【考證】岡白駒曰：舍，二十八舍也，以其分野命其國也，某舍則爲某國之分野。陳仁錫曰：「國」下衍「熒惑」二字。錢大昕曰：「勃」即「悖」字。張文虎曰：晉志云「營惑降爲童兒歌謡嬉戲」，正義疑有脱誤。

〔四〕【考證】漢志作「逆行一舍，二舍爲不祥」。

〔五〕【考證】王先謙曰：因俱出入者，至九月後，因止不去，與俱出入也。占經引春秋緯云「反道若二舍以上，居之三月，有淫佚，五月受夷狄之兵，七月半亡地，九月大半亡地，因與宿俱入俱出，國絶祀」。

〔六〕【索隱】案：還，音旋。旋，疾也。若熒惑反道居其舍，所致殃禍速至，則雖大反小。

〔七〕【索隱】案：久，謂行遲也。如此，禍小反大，言久腊毒也。【考證】久，旋之反，言殃來遲也。索隱非。

〔八〕【索隱】案：宋均云「熒惑守輿鬼南，爲丈夫受其咎；北，則女子受其凶也」。【考證】漢志「丈夫」下有「喪」字。

〔九〕【考證】王先謙曰：角與動及繞環爲三，晉、隋志「環繞鉤己」，漢志「左右」作「乍左乍右」。

〔一〇〕【正義】凡五星鬭，皆爲戰鬭。兵不在外，則爲内亂。鬭，謂光芒相及。【考證】下文云「相陵爲鬭」，宋史天文志云「兩體俱動而直曰觸，離復合，合復離曰鬭」，以其往復離合，有鬭之象，故曰鬭。

〔一一〕【正義】三星若合，是謂驚立絶行，其國外内有兵與喪，人民饑乏，改立侯王。四星若合，是爲大陽，其國兵喪暴起，君子憂，小人流。五星若合，是謂易行，有德者受慶，掩有四方；無德者受殃，乃以死亡也。【考證】正義「大陽」，一本作「大王」。張文虎曰：漢志作「大湯」，晉灼云「湯者，猶蕩滌也」。則「陽」字字誤。柯、凌本「死亡」作「滅亡」。

法，出東行十六舍而止；逆行二舍；六旬，復東行，自所止數十舍，十月而入西方；伏行五月，出東方。〔一〕其出西方曰「反明」，主命者惡之。〔二〕東行急，一日行一度半。〔三〕

〔一〕【集解】晉灼曰：「伏行，伏不見。」

〔二〕【考證】方苞曰：命令之所從出者，天下則天子，一國則諸侯。

〔三〕【考證】漢志云「東行九十二分度之五十三」，與此異。

其行，東、西、南、北疾也。兵各聚其下；〔一〕用戰，順之勝，逆之敗。〔二〕熒惑從太白，軍憂；離之，軍卻。〔三〕出太白陰，有分軍；行其陽，有偏將戰。〔四〕當其行，太白逮之，破軍殺將。〔五〕其入守犯太微、軒轅、營室，主命惡之。〔六〕心爲明堂，熒惑廟也。謹候此。〔七〕

〔一〕【考證】漢志云「東行疾，則兵聚於東方；西行疾，則兵聚於西方」。

〔二〕【考證】「之」字承「行」字。王元啓曰：漢志云「在其野者亡地，以戰不勝」，與此異義。

〔三〕【考證】王先謙曰：相隨曰從。愚按：漢志「卻」作「舒」，蓋誤。

〔四〕【考證】西北爲陰，東南爲陽。

〔五〕【索隱】宋均云：「太白宿，主軍來衡拒也。」【考證】漢志「逮」作「還」。王念孫曰：逮，及也，言熒惑行，而太白及之，則主破軍殺將也，作「還」誤。

〔六〕【集解】孟康曰：「犯，七寸已內，光芒相及也。」韋昭曰：「自下觸之曰『犯』，居其宿曰『守』。」【考證】漢志無「入守犯」以下語。

〔七〕【考證】以上敘熒惑，漢志云「熒惑，天子理也」。故曰，雖有明天子必視熒惑所在」。愚按：下文論贊「熒惑爲索外則理兵內則理政故曰雖有明天子必視熒惑所在」二十五字，當在「熒惑廟」下。

曆斗之會，以定填星之位。〔一〕曰中央土，主季夏，日戊、己，黃帝，主德，女主象也。〔二〕歲填一宿，其所居國吉。未當居而居，若已去而復還，還居之，其國得土，不乃得女。〔三〕若當居而不居，既已居之，又西東去，其國失土，不乃失女，不可舉事用兵。其居久，其國福厚；易，福薄。〔四〕

〔一〕【索隱】曆斗之會以定鎮星之位。晉灼曰：「常以甲辰之元始建斗，歲鎮一宿，二十八歲而周天。」廣雅曰：「鎮星，一名地侯。」文耀鉤云：「鎮，黃帝含樞紐之精，其體旋璣，中宿之分也。」【考證】「曆」讀如「歷象」之「歷」，或云「曆」上疑脱「察」字。曆斗之會，謂填星歷天與南斗會也，亦通。淮南天文訓，鎮星以甲寅元始建斗，歲鎮星行一宿，二十八歲而周天，許慎云「甲寅元始曆起之年也，建斗，填星起于斗也」，晉灼云「甲辰」者誤。王元啓曰：「填」讀如「鎮壓」之「鎮」，亦作「鎮」，讀「田」者非是。

〔二〕【考證】淮南天文訓「中央，土也，其帝黃帝，其佐后土，執繩而治四方。其神爲鎮星，其獸黃龍，其音宮，其日戊、己」。

〔三〕【考證】漢志「而居」下有「之」字，不重「還」字。淮南天文訓「未可居而居之，其國增地歲熟」。王元啓曰：不音否，下同。

〔四〕【集解】徐廣曰：「易，猶輕速也。」

其一名曰地侯，主歲。〔一〕歲行十二度百十二分度之五，日行二十八分度之一，二十八歲周天。〔二〕其所居，五星皆從而聚于一舍，其下之國，可重致天下。〔三〕禮、德、義、殺、刑盡失，而填星乃爲之動搖。

〔一〕【考證】王元啓曰：廣雅云「填星一名地侯」。

〔二〕【考證】王元啓曰：按填星日行不及二十八分度之一，故今法三十歲周天。漢志亦云「壹見行十二度有奇」。然此文所步，與漢志殊，以日行分度計之，「十二度」當作「十三度」。

〔三〕【正義】重，音逐隴反。言五星皆從填星，其下之國倚重而致天下，以填主土故也。【考證】王念孫曰：「可」下當有「以」字，開元占經引石氏曰「可以重德致天下」，與歲星、熒惑、太白、辰星句法一例。又曰：重，猶厚也。土德重厚，故五星從填星，則其下之國可以厚重之德致天下也。

贏，爲王不寧；其縮，有軍不復。填星其色黃，九芒，音曰黃鍾宮。〔一〕其失次上二三宿曰贏，有主命不成，不乃大水。〔二〕失次下二三宿曰縮，有后戚，其歲不復，不乃天裂若地動。〔三〕

〔一〕【考證】王元啓曰：太白五芒，填星九芒，「五」、「九」皆數也。一作「光芒」，非是。猪飼彥博曰：此以五音配當，猶漢志以五常五事配五星也，然他星不言。梁玉繩曰：案此文上下俱論填星之盈縮，無緣夾入「填星其色黃」以下十二字，必是錯簡，王氏正譌移在前文「其一名曰地侯主歲」之上。

〔二〕【考證】漢志「主」作「王」。王先謙曰：王命不成，下不奉命也。愚按：「不」讀爲「否」，下同。

〔三〕【考證】葉德輝曰：易復卦「先王以至日閉關」，王弼注「冬至，陰之復；夏至，陽之復。其歲不復，即陰陽失和之謂」。愚按：漢志「戚」作「慼」。

斗爲文太室，填星廟，天子之星也。〔一〕

〔一〕【考證】叙填星。

木星與土合，爲內亂，饑，主勿用，戰敗；〔一〕水，則變謀而更事；火，爲旱；金，爲白衣會若水。〔二〕金在南曰牝牡，年穀熟。金在北，歲偏無。〔三〕火與水合，爲焠；與金合，爲鑠，爲喪，皆不可舉事，用兵大敗。〔四〕土爲憂，主孽卿；〔五〕大饑，戰敗，爲北軍，軍困，舉事大敗。〔六〕土與水合，穰而擁閼，有覆軍，其國不可舉事。出，亡地；入，得地。〔七〕金爲疾，爲內兵，亡地。〔八〕三星若合，其宿地國外內有兵與喪，改立公王。〔九〕四星合，兵喪並起，君子憂，小人流。〔一〇〕五星合，是爲易行，有德，受慶，改立大人，掩有四方，子孫蕃昌；無德，受殃若亡。〔一一〕五星皆大，其事亦大；皆小，事亦小。

〔一〕【正義】星經云：「凡五星，木與土合爲內亂，饑；與水合爲變謀，更事；與火合爲旱；與金合爲白衣會也。」【考證】王元啓曰：按漢志「凡五星歲與填合」云云，晉志及正義所引星經「凡五星木與土合」云云，皆有「凡五星」三字。梁玉繩曰：此下總論五星，當別爲一條。漢志列辰星後，是也。此誤連填星之後，又「木星與土合」五字，當作「凡五星木與土合」。岡白駒曰：土即填星。

〔二〕【考證】白衣會，又見咸池，言喪也。陳仁錫曰：若，及也，言木與火合，則爲旱；木與金合，則爲國家喪及水滂也。

〔三〕【索隱】晉灼曰：「歲，陽也，太白，陰也，故曰牝牡也。」【正義】星經云：「金在南，木在北，名曰牝牡，年穀大熟；金在北，木在南，其年或有或無。」【考證】漢志「金在南曰牝牡年穀孰」作「太白在南歲在北名曰牝牡年穀大孰」，「金在北歲偏無」作「太白在北歲在南年或有或亡」。王元啓曰：金在南，謂在歲星之南，在北亦然，索隱是。張文虎曰：據索隱及正義，史文「金在南」句或上或下，當有「下在北」三字；「金在北」句或上或下，當有「木在南」三字，今本失之。

〔四〕【集解】晉灼曰：「火入水，故曰焠。」【索隱】火與水合曰焠。案：謂火與水俱從填星合也。【正義】焠，忽內反。星經云：「凡五星，火與水合爲焠，用兵舉事大敗；與金合爲鑠，爲喪，不可舉事，用兵從軍，爲憂；離之，軍卻；與土合爲憂，主孽卿；與木合，饑，戰敗也。」【考證】王元啓曰：晉說是，索隱誤。

〔五〕【索隱】案：文耀鉤云「水土合則成鑪冶，鑪冶成則火興，火興則土之子焠，金成消爍，消爍則土無子輔父，無子輔父則益妖孽，故子憂」。【考證】主，各本作「生」，今從毛本、凌所引一本、館本。豬飼彥博曰：漢志作「與填合，則爲憂，主孽卿」，索隱以爲土憂，非也。王元啓曰：「卿」字之義未詳。岡白駒曰：孽卿，妖害之卿。

〔六〕【正義】爲北，軍北也。凡軍敗曰北。【考證】木，各本作「大」。豬飼彥博曰：古本「大饑」作「木饑」。梁玉繩曰：上文正義引星經云「火與木合，饑」，漢志亦然，則「大」字乃「木」之譌。張文虎曰：依上下文例，當作「木爲饑」。

〔七〕【集解】徐廣曰：「或云，木、火、土三星若合，是謂驚立絶行。」【正義】擁，於拱反。閼，烏葛反。【考證】漢志云「土與水合爲雍沮，不可舉事用兵」，晉灼注「沮，音沮溼之沮。水性雍而潛土，故曰雍沮。一曰，雍，填也」。愚按：「雍」讀爲「壅」，雍沮即雍閼。王元啓曰：按集解「三星若合」云云，自在下文，或本誤衍於此。

〔八〕【考證】以上言木、火、土三星相合之應，其特不詳金、木二星者，太白、辰星二條已言之，故不復說。

〔九〕【考證】漢志作「三星若合，是謂驚立絶行，其國外内有兵與喪，民人乏飢，改立王公」。

〔一〇〕【考證】漢志「四星」下有「若」字，「合」下有「是謂大湯」四字。

〔一一〕【考證】漢志「星」下有「若」字。「大人」作「王者」。「受殃」作「受罰離其國家，滅其宗廟，百姓離去，被滿四方」。

蚤出者爲贏，贏者爲客。晚出者爲縮，縮者爲主人。必有天應，見於杓〔一〕星。同舍爲合。相陵爲鬬，七寸以内必之矣。〔二〕

〔一〕【考證】王先謙曰：斗杓居中而運，歷指十二辰，五星失行，則天應隨之而見。王元啓曰：漢志於天官書所云失次有水旱之應者，必曰「失次杓」。

〔二〕【集解】孟康曰：「陵，相冒占過也。」韋昭曰：「突掩爲陵。」【索隱】案：韋昭云，必有禍也。【考證】王元啓曰：漢志「七寸」上有「二星相近者其殃大，二星相遠者殃無傷也」二句，然則「七寸」者，所以別合鬬之遠近，七寸以内則近矣，故必有禍。依索隱，集解「占過」當作「有禍」。

五星色白圜，爲喪旱；赤圜，則中不平，爲兵；〔一〕青圜，爲憂水；〔二〕黑圜，爲疾，多死；黄圜，則吉。赤角，犯我城；黄角，地之爭；白角，哭泣之聲；青角，有兵憂；黑角，則水。意，行窮兵之所終。〔三〕五星同色，天下偃兵，百姓寧昌。春風秋雨，冬寒夏暑，〔四〕動揺常以此。〔五〕

〔一〕【考證】漢志無「則」字，此疑衍。

〔二〕【考證】憂、水，二事，漢志作「爲憂爲水」。

〔三〕【集解】徐廣曰：「意，一作『志』。」【考證】漢志無「意行窮兵之所終」七字。張文虎、猪飼彦博以「意」字爲「患」字譌，屬上讀。王元啓以爲「赤」字譌，屬下讀。云辰星條下「意」作「赤」，屬下句。蓋「赤」譌「志」，又譌爲「意」也。然赤角之應，上文已見，不當複出，亦此七字義亦未詳，攷之漢志無之，當直定爲衍文。愚按：後説是。

〔四〕【考證】以上總論五星。

〔五〕【考證】五字疑他章錯簡。

填星出百二十日，而逆西行，西行百二十日，反東行。見三百三十日而入，入三十日，復出東方。〔一〕太歲在甲寅，鎮星在東壁，故在營室。〔二〕

〔一〕【考證】王元啓曰：西行百二十日，當作「西行百三十日」。又曰：據漢志，晨始見，順行五度八分，八十七日始留，三十四日旋逆行六度四分有奇，百一日復留，三十三日有奇，旋復順行五度九分度之六，八十五日而伏，凡見三百四十日有奇，除逆定行星五度有奇，伏三十七日，行星七度有奇，壹見三百七十七日有奇，行星十二度有奇。

〔二〕【考證】以上叙填星。「填星出百二十日」以下錯簡，當在上文填星條「其一名曰地侯主歲」下。王元啓曰：按太初曆，以甲寅爲曆元，故又特書起算之年填星所在之宿，然「故在營室」一語，前無所承，知此書殘缺多矣。

察日行以處位太白。〔一〕曰，西方，秋，司兵，月行及天矢，〔二〕日庚、辛，主殺。殺失者，罰出太白。〔三〕太白失行，以其舍命國。其出行十八舍，二百四十日而入。入東方，伏行十一舍，百三十日；〔四〕其入西方，伏行三舍，十六日而出。〔五〕當出不出，當入不入，是謂失舍，不有破軍，必有國君之篡。〔六〕

〔一〕【索隱】案：太白晨出東方曰啓明，故察日行以處太白之位也。韓詩云「太白晨出東方爲啓明，昏見西方爲長庚」。又孫炎注爾雅，以爲晨出東方，高三丈，命曰啓明；昏見西方，高三舍，命曰太白。【正義】晉灼云：「常以正月甲寅與熒惑晨出東方，二百四十日而入，入四十日又出西方，二百四十日而入，入三十五日而復出東方。出以寅、戌，入以丑、未。」天官占云：「太白者，西方，金之精，白帝之子，上公大將軍之象也。一名殷星，一名大正，一名熒星，一名官星，一名梁星，一名滅星，一名大囂，一名大衰，一名大爽。徑一百里。」天文志云：「其日庚辛；四時，秋也；五常，義也；五事，言也。人主義虧言失，逆時令，傷金氣，罰見太白：春見東方，以晨；秋見西方，以夕。【考證】方苞曰：太白平行距冬至與日同度，一歲行度，比日行度，故察日行以處其距限之位。猪飼彦博曰：「位」字衍。正義晉灼說，出淮南子天文訓。愚按：淮南子「甲寅」作「建寅」，「入四十日」作「入百四十日」，「又」作「夕」，「寅戌」作「辰戌」。

〔二〕【正義】太白五芒出，早爲月蝕，晚爲天矢及彗。其精散爲天杵、天柎、伏靈、大敗、司姦、天狗、賊星、天殘、卒起星，是古曆星；若竹彗、牆星、猿星、白藿，皆以示變也。【考證】依文例，「西方」下脱「金主」二字。王念孫曰：「司兵月行及天矢」七字衍。王元啓曰：此即後文所謂「出蚤爲月蝕，晚爲天矢及彗也」，誤衍于此，又逸其半而加譌舛焉。

〔三〕【考證】依文例，「主殺」二字衍。

〔四〕【考證】猪飼彦博曰：「入東方」上脱「其」字。王元啓曰：據漢志，晨始見，去日半次，逆行三度，六日始留，八日旋。順行三十三度，四十六日，順疾行二百一十四度，百八十餘日而伏。凡見二百四十四日，除逆，定行星二百四十四度，伏八十三日，行星百十三度有奇。

〔五〕【考證】王元啓曰：據漢志，夕始見，去日半次，順行二百一十一度，百八十一日有奇，順遲行三十三度，四十六日始留，七日有奇，旋，逆行三度，六日而伏，凡見二百四十一日，除逆定，行星二百四十一度，伏十六日，逆行十四度有奇。

〔六〕【考證】漢志作「必有死王之墓，有亡國」，與此異。占經引石氏作「必有死王亡國」。

其紀上元，〔一〕以攝提格之歲，與營室晨出東方，至角而入；與營室夕出西方，至角而入；〔二〕與角晨出，入畢；與角夕出，入畢；〔三〕與畢晨出，入箕；與畢夕出，入箕；〔四〕與箕晨出，入柳；與箕夕出，入柳；〔五〕與柳晨出，入營室；與柳夕出，入營室。〔六〕凡出入東西各五，爲八歲，二百二十日，〔七〕復與營室晨出東方。其大率歲一周天。〔八〕其始出東方，行遲，率日半度，〔九〕一百二十日，必逆行一二舍；上極而反，東行，行日一度半。〔一〇〕一百二十日入。其庳，近日，曰明星，柔；高，遠日，曰大囂，剛。〔一一〕其始出西行，疾，率日一度半，〔一二〕百二十日；上極而行遲，日半度，〔一三〕百二十日，旦入，必逆行一二舍而入。其庳，近日，曰大白，柔；高，遠日，曰大相，剛。出以辰、戌，入以丑、未。

〔一〕【索隱】案：上元是古曆之名，言用上元紀曆法，則攝提歲而太白與營室晨出東方，至角而入；與營室夕出西方，至角而入。凡出入東西各五，爲八歲二百三十日，復與營室晨出東方。大率歲一周天也。【正義】其紀上元，是星古曆初起上元之法也。

〔二〕【考證】王元啓曰：按營室至角，歷十七宿。

〔三〕【考證】王元啓曰：角至畢，歷十九宿。

〔四〕【考證】王元啓曰：畢至箕，十七宿。

〔五〕【考證】王元啓曰：箕至柳，十八宿。

〔六〕【考證】王元啓曰：柳至營室，十八宿。

〔七〕【集解】徐廣曰：「一云『三十二日』。」【考證】凌稚隆曰：一本作「二百三十日」。張文虎曰：上文索隱正作「三十日」。

〔八〕【考證】王元啓曰：按太白行度，凡歷八歲又千四百六十一分之九百二十，而復於原位。計每歲之行，雖或贏縮各異，合數歲而總計之，大率歲一周天，漢志亦云「日行一度」。

〔九〕【考證】王元啓曰：據漢志，日半度者，太白逆行度，非遲行度，遲行日四十六分度之三十三。

〔一〇〕【考證】王元啓曰：據漢志，順疾日行一度九十二分度之十五，云一度半者，立法未精，姑取整數言之。

〔一一〕【集解】徐廣曰：「一作『變』。」

〔一二〕【考證】王元啓曰：「西」下脱「方」字。漢志疾行度見前。

〔一三〕【考證】王元啓曰：按日半度，亦取整數言之。據漢志，行十二分度之七有餘。

當出不出，未當入而入，天下偃兵，兵在外，入。未當出而出，當入而不入，下起兵，有破國。〔一〕其當期出也，其國昌。其出東爲東，入東爲北方；出西爲西，入西爲南方。〔二〕所居久，其鄉利；疾，其鄉凶。〔三〕

〔一〕【考證】陳仁錫曰：「下」上缺「天」字。愚按：漢志有。

〔二〕【考證】岡白駒曰：出東，其占在東。愚按：下倣之。又按：漢志「爲東」、「爲西」下並有「方」字，占經引石氏同。

〔三〕【集解】蘇林曰：「疾過也。」【考證】王念孫曰：疾，本作「易」，故蘇林訓爲「疾過」。張文虎曰：漢志作「易」，注引蘇林云「疾過也」。一説，易向而出入也，是本作「易」可知。岡白駒曰：鄉，嚮通。

出西逆行至東，正西國吉。出東至西，正東國吉。〔一〕其出不經天；經天，天下革政。〔二〕

〔一〕【考證】王元啓曰：按出東至西爲逆行，出西至東乃順行也，「逆行」二字衍。

〔二〕【索隱】孟康曰：「謂出東入西，出西入東也。太白，陰星，出東當伏東，出西當伏西，過午爲經天。」又晉灼曰：「日，陽也，日出則星没。太白晝見午上，爲經天。」【考證】漢志「革政」作「革民更王」。

小以角動，兵起。始出大，後小，兵弱；出小，後大，兵强。出高，用兵。深，吉；淺，凶。痺淺，吉；深，凶。日方南，金居其南；日方北，金居其北；曰贏，侯王不寧，用兵進吉退凶。〔一〕日方南，金居其北；日方北，金居其南；曰縮，侯王有憂，用兵退吉進凶。用兵象太白：太白行疾，疾行；遲，遲行。角，敢戰。動摇躁，躁。圜以静，静。〔二〕順角所指，吉；反之，皆凶。〔三〕出則出兵，入則入兵。赤角，有戰；白角，有喪；黑圜角，憂，有水事；青圜小角，憂，有木事；黄圜和角，有土事，有年。〔四〕其已出三日而復，有微入，入三日乃復盛出，是謂耎，其下國有軍敗將北。〔五〕其已入三日，又復微出，出三日而復盛入，其下國有憂；師有糧食兵革，遺人用之；卒雖衆，將爲人虜。〔六〕其出西失行，外國敗；其出東失行，中國敗。其色大圜黄滜，可爲好事；其圜大赤，兵盛不戰。〔七〕

〔一〕【正義】鄭玄云：「方，猶向也。謂晝漏半而置土圭表陰陽，審其南北也。影短於土圭，謂之日南，是地於日爲近南也；長於土圭，謂之日北，是地於日爲近北也。凡日影於地，千里而差一寸。」周禮云：「日南則影短多暑，日北則影長多寒。」孟康云：「金，謂太白也。影，日中之影也。」【考證】猪飼彦博曰：宋志云，夏至後，日方南行，而金居其南；冬至後，日方北行，而金居其北：曰盈。王元啓曰：日南，謂日躔朱鳥七宿；日北，謂日躔玄武七宿。

〔二〕【考證】圜，各本作「國」，今從毛本。漢志亦作「圜」。行疾，行遲，角動搖躁，圜以靜，皆太白之狀。疾行，遲行，敢戰，躁，靜，皆用兵之道。漢志云「太白，兵象也。行疾，用兵疾；行遲，用兵遲。角，敢戰，進退左右，用兵進退左右。圜以靜，用兵靜，出則兵出，入則兵入」。

〔三〕【考證】漢志「順」作「擊」。

〔四〕【正義】太白星圜，天下和平；若芒角，有土事。有年，謂豐熟也。【考證】「黑圜」以下疑有譌誤。王元啓曰：圜則不角，角則不圜。兩「圜」字、一「小」字皆衍。「圜和」二字當在「有土事」下。和，謂色不怒，正義不得其讀而誤解也，參存。

〔五〕【集解】晉灼曰：「耎，退之不進。」【索隱】是謂需。又作「耎」，音奴亂反。【考證】漢志「其出三日」上有「入七日復出將軍戰死入十日復出相死之入又復出人君惡之」二十五字，「耎」下有「而伏」二字。注，晉灼曰「耎，退也，不進而伏，伏不見也」。

〔六〕【正義】遺，唯季反。【考證】漢志云「帥師雖衆，敵食其糧，用其兵，虜其帥」。

〔七〕【集解】滜，音澤。【考證】王元啓曰：按好事，和好之事，如通使、會盟皆是，音去聲。前云赤角有戰，今圜大而不角，故兵雖盛不戰。梁玉繩曰：「其色大圜」以下十八字當在上文「有年」句下，錯簡于此。上文言赤角有戰，黃角有土事，圜和有年，則此所占當類從。參存。

太白，白比狼，赤比心，黃比參左肩，蒼比參右肩，黑比奎大星。〔一〕五星皆從太白而聚乎一舍，其下之國可以兵從天下。居實，有得也；居虛，無得也。〔二〕行勝色，色勝位，〔三〕有位勝無位，有色勝無色，行得盡勝之。〔四〕出而留桑榆閒，疾其下國。〔五〕上而疾，未盡其日，過參天，疾其對國。〔六〕上復下，下復上，有反將。其入月，將僇。金、木星合，光，其下戰不合，兵雖起而不鬭；合相毀，野有破軍。〔七〕出西方，昏而出陰，陰兵彊；暮食出，小弱；夜半出，中弱；雞鳴出，大弱：是謂陰陷於陽。其在東方，乘明而出陽，陽兵之彊；雞鳴出，小弱；夜半出，中弱；昏出，大弱：是謂陽陷於陰。〔八〕太白伏也，以出兵，兵有殃。〔九〕其出卯南，南勝北方；出卯北，北勝南方；正在卯，東國利。出西北，北勝南方；出西南，南勝北方；正在西，西國勝。

〔一〕【正義】比，卑耳反，下同。比，類也。晉書天文志云：「凡五星有色，大小不同，各依其行而應時節。色變有類：凡青，比參左肩；赤，比心大星；黃，比參右肩；白，比狼星；黑，比奎大星。不失本色，而應其四時者，吉；色害其行，凶也。」【考證】漢志作「右肩青比參左肩黑比奎大星」，亦以太白言，依晉志，五星色比同，不獨太白。王元啓：梁玉繩諸人欲改「太白」爲「五星」，移其下二十三字於總論五星條內，未必然。

〔二〕【索隱】按：實，謂星所合居之宿；虛，謂贏縮也。

〔三〕【集解】晉灼曰：「太白行得度者，勝色也。」【正義】勝，音升剩反，下同。

〔四〕【集解】晉灼曰：「行應天度，唯有色得位；行盡勝之，行重而色位輕。」星經「得」字作「德」。【正義】晉書天文志云：「凡五星所出所直之辰，其國爲得位者，歲星以德，熒惑爲禮，鎮星有福，太白兵强，辰陰陽和。所直之辰，順其色而角者勝，其色害者敗；居實有得，居虛無得也。色勝位，行勝色，行得盡勝之。」【考證】集解「唯有」，漢志注作「雖有」。張文虎曰：正義、館本與漢、晉志及上史文合，各本「也」下脫「色」字，「位」下脫「行」字，「之」誤作「也」。

〔五〕【集解】晉灼曰：「行遲而下也。正出，舉目平正，出桑榆上者，餘二千里。」【正義】疾，漢書作「病」也。【考證】王先謙曰：御覽天部引淮南天文訓云「日西垂，景在樹端，謂之桑虞」，注云「其光在桑榆上」，今淮南子無之。張文虎曰：集解「平出舉目平正」，北宋本、舊刻、毛本並同，它本「舉目」二字誤作「氣言」。案：「平正」疑當作「平望」。

〔六〕【集解】晉灼曰：「三分天過其一，此在戌酉之間。」孟康曰：「謂出東入西，出西入東。」【考證】陳仁錫曰：漢志「其」作「期」。今本「日」作「曰」，誤。梁玉繩曰：漢、晉志作「期日」，是也。方苞曰：當作「其日」，蓋疾而未盡其當行之日而遽過也。顧炎武曰：對國謂所對之國，漢書五行志所謂「歲在壽星，其衝降婁」，左傳襄二十八年，「歲棄其次，而旅於明年之次，以害鳥帑，周楚惡之」，杜氏所謂「失次於北，禍衝在南者」也。猪飼彥博曰：集解孟康注誤重出，當删。

〔七〕【考證】王元啓曰：按「金木」之「木」當作「水」。總論五星，凡木、火、土與諸星相合，各有應，獨不言金、水相合之應者，以其已見於此也。又後文辰星條下，言辰星「出而與太白不相從，野雖有軍不戰」，即此所謂「戰不合」也。合光者，雖合而光不相毁也。同舍爲合，相凌爲鬬，雖合而不揜其光，則同舍而相遠，所謂殃無傷也。若至突揜而爲凌，則必至於毁其光矣，故曰「野有破軍」。

〔八〕【考證】猪飼彥博曰：「陽兵」下「之」字衍。

〔九〕【考證】王元啓曰：「也」字當加「土」作「地」，謂入地不見也。

其與列星相犯，小戰；五星，大戰。其相犯，太白出其南，南國敗；出其北，北國敗。行疾，武；不行，文。色白五芒，出蚤爲月蝕，晚爲天矢及彗星，〔一〕將發其國。出東爲德，舉事，左之迎之，吉。出西，爲刑，舉事，右之背之，吉。反之，皆凶。〔二〕太白光見景，戰勝。晝見而經天，是謂爭明，彊國弱，小國彊，女主昌。〔三〕

〔一〕【考證】漢志「天矢」作「天祅」。張文虎曰：各本作「天矢」，王氏讀書雜志云宋本作「天」，「天」與「祅」同，亦作「妖」。漢志作「天祅」，占經引甘氏作「天妖」。當依改。

〔二〕【考證】漢志「將發其國」作「將發於亡道之國」，屬上句，與此異義。

〔三〕【考證】漢志云「晝見，與日爭光」。

亢爲疏廟，太白廟也。太白，大臣也，其號上公。其他名殷星、太正、營星、觀星、宮星、明星、大衰、大澤、終星、大相、天浩、序星、月緯。大司馬位。謹候此。〔一〕

〔一〕【考證】猪飼彥博曰：上文「司兵」二字，及「亢爲疏廟，太白廟也」二句，當在「謹候此」句上。愚按：以上叙太白。

察日辰之會，以治辰星之位。〔一〕曰，北方，水，太陰之精，主冬，日壬、癸。刑失者，罰出辰星，〔二〕以其宿命國。

〔一〕【索隱】案：下文「正四時及星辰之會」是也。皇甫謐曰「辰星，一名毚星，或曰鉤星」。元命包曰「北方，辰星，水，生物布其紀，故辰星理四時」。宋均曰「辰星正四時之位，得與北辰同名也」。【正義】晉灼云：「常以二月春分見奎、婁，五月夏至見東井，八月秋分見角、亢，十一月冬至見牽牛。出以辰、戌，入以丑、未，二旬而入。晨候之東方，夕候之西方也。」

〔二〕【正義】天官占云：「辰星，北水之精，黑帝之子，宰相之祥也。一名細極，一名鉤星，一名爨星，一名伺祠。徑一百里。亦偏將，廷尉象也。」天文志云：「其日壬、癸，四時冬也，五常智也，五事聽也。人主智虧聽失，逆時令，傷水氣，則罰見辰星也。」【考證】漢志「出」作「見」。

是正四時：仲春春分，夕出郊奎、婁、胃東五舍，爲齊；仲夏夏至，夕出郊東井、輿鬼、柳東七舍，爲楚；仲秋秋分，夕出郊角、亢、氐、房東四舍，爲漢；仲冬冬至，晨出郊東方，與尾、箕、斗、牽牛俱西，爲中國。〔一〕其出入常以辰、戌、丑、未。

〔一〕【考證】錢大昕曰：四「郊」字皆「效」字之譌。淮南天文訓「辰星正四時，常以二月春分効奎、婁，以五月夏至効東井、輿鬼，以十一月冬至効斗、牽牛」，高誘云「効，見也」，予謂説文無「効」字，當作「效」。梁玉繩曰：以後文「效不效」句觀之，此「郊」字乃「效」之譌。正義云「效，見也」。

其蚤，爲月蝕；晚，爲彗星及天夭。〔一〕其時宜效不效爲失，〔二〕追兵在外不戰。〔三〕一時不出，其時不和；四時不出，天下大饑。其當效而出也，色白爲旱，黄爲五穀熟，赤爲兵，黑爲水。出東方，大而白，有兵於外，解。〔四〕常在東方，其赤，中國勝；其西而赤，外國利。〔五〕無兵於外而赤，兵起。〔六〕其與太白俱出東方，皆赤而角，外國大敗，中國勝；其與太白俱出西方，皆赤而角，外國利。五星分天之中，積于東方，中國利；積于西方，外國用者利。〔七〕五星皆從辰星而聚于一舍，其所舍之國可以法致天下。辰星不出，太白爲客；其出，太白爲主。出而與太白不相從，野雖有軍不戰。出東方，太白出西方；若出西方，太白出東方，爲格，野雖有兵不戰。〔八〕失其時而出，爲當寒反温，當温反寒。當出不出，是謂擊卒，兵大起。其入太白中而上出，破軍殺將，客軍勝；下出，客亡地。〔九〕辰星來抵太白，太白不去，將死。〔一〇〕正旗上出，破軍殺將，客勝；下出，客亡地。〔一一〕視旗所指，以命破軍。〔一二〕其繞環太白，若與鬭，大戰客勝。〔一三〕(免)〔兔〕過太白，閒可椷劒，小戰客勝。〔一四〕(免)〔兔〕居太白前，軍罷；〔一五〕出太白左，小戰；摩太白，有數萬人戰，主人吏死；〔一六〕出太白右，去三尺，軍急約

戰。青角，兵憂；黑角，水。赤，行窮兵之所終。〔一七〕

〔一〕【集解】孟康曰：「辰星、月相淩不見者，則所蝕也。」張晏曰：「彗，所以除舊布新。」【索隱】案：宋均云「辰星與月同精，月爲大臣，先期而出，是躁也。失則當誅，故月蝕見祥」。又云「辰星，陰也，彗亦陰，陰謀未成，故晚出也」。【考證】張文虎曰：各本「天夭」作「天矢」，王氏雜志云天文志作「天祅」，「矢」亦「夭」之譌。今依改。

〔二〕【正義】效，見也。言宜見不見，爲失罰之也。

〔三〕【考證】五字屬上句，漢志無。

〔四〕【考證】猪飼彦博曰：宋志「解」上有「兵」字。

〔五〕【考證】猪飼彦博曰：宋志「其西」作「在西方」。

〔六〕【考證】猪飼彦博曰：此句當在「有兵於外解」下。

〔七〕【考證】猪飼彦博曰：積，聚也。漢志「外國用者利」作「夷狄用兵者利」。

〔八〕【索隱】謂辰星出西方。辰，水也。太白出東方。太白，金也。水生金，母子不相從，故上有軍不戰。今母子各出一方，故爲格。格謂不和同，故野雖有兵不戰然也。【考證】猪飼彦博曰：宋志「爲格」作「爲格對」。張文虎曰：索隱「水生金」，「水」、「金」當互易，或「生」下有「於」字。「上有軍」當爲「主有軍」。

〔九〕【考證】漢志「中」下「而」上，有「五日乃出及入」六字。王元啓曰：按辰星出，太白爲主人，出於主人之上，是客勝之象也；下出，則主人勝，故曰「客亡地」。

〔一〇〕【考證】漢志無「太白」二字。

〔一一〕【索隱】正旗出。案：旗，蓋太白芒角，似旌旗。【正義】旗，星名，有九星。言辰星上，則破軍殺將，客勝也。【考證】漢志「旗」作「其」。梁玉繩曰：「旗上出」十五字與上文複衍。愚按：「正」字亦衍。

〔一二〕【考證】「旗」當作「其」，漢志「正」作「其」，謂辰星。

〔一三〕【考證】漢志「其」作「辰星」，「勝」下有「主人吏死」四字。

〔一四〕【集解】蘇林曰：「楲，音函。函，容也。其閒可容一劍。」【索隱】(免)〔兔〕過太白。案：廣雅云「辰星謂之兔星」，則辰星之別名兔，或作「㲲」也。楲，音函。函，容也。言中閒可容一劍。則「函」字本有咸音，故字從咸。劍，古作「劒」也。【正義】漢書云「辰星過太白，閒可楲劒」，明廣雅是也。

〔一五〕【考證】漢志「前」下有「旬三日」三字。

〔一六〕【考證】漢志作「歷太白右」，宋志云「摩者光明相及也」。張文虎曰：毛本有作「右」，案下文云「出太白右」，則此文非「右」字矣。占經引荊州占云「辰星從太白，光芒相及，若摩之，其下有數萬人戰」，正作「有」。

〔一七〕【考證】陳仁錫曰：「青角兵憂」以下十四字，當在下文「白角號泣之聲」下。

兔七命，曰小正、辰星、天欃、安周星、細爽、能星、鉤星。〔一〕其色黃而小，出而易處，天下之文變而不善矣。兔五色，青圜，憂；白圜，喪；赤圜，中不平；黑圜，吉。赤角，犯我城；黃角，地之爭；白角，號泣之聲。

〔一〕【索隱】謂星凡有七名。命者，名也。小正一也，辰星二也，天欃三也，安周星四也，細爽五也，能星六也，鉤星七也。

其出東方，行四舍四十八日，其數二十日，而反入于東方；其出西方，行四舍四十八日，其數二十日，而反入于西方。其一候之營室、角、畢、箕、柳。出房、心閒，地動。辰星之色：春青黃，夏赤白，秋青白而歲熟，冬黃而不明。即變其色，其時不昌。春不見，大風，秋則不實。夏不見，有六十日之旱，月蝕。秋不見，有兵，春則不生。冬不見，陰雨

六十日，有流邑，夏則不長。〔一〕

〔一〕【考證】以上叙辰星。

角、亢、氐，兖州。房、心，豫州。尾、箕，幽州。斗，江、湖。牽牛、婺女，楊州。虛、危，青州。營室至東壁，并州。奎、婁、胃，徐州。昴、畢，冀州。觜觿、參，益州。東井、輿鬼，雍州。柳、七星、張，三河。翼、軫，荆州。〔一〕

〔一〕【正義】括地志云：「漢武帝置十三州，改梁州爲益州廣漢。廣漢，今益州咎縣是也。分今河内、上黨、雲中。」然案星經，益州，魏地，畢、觜、參之分，今河内、上黨、雲中是。未詳也。【考證】王先謙曰：九江、廬江、豫章、丹楊諸地，皆襟帶江湖，故曰「江湖」。漢志「營室」下無「至」字。王元啓曰：「至」字衍，因上文「室」字而誤。三河，河内、河東、河(内)〔南〕。梁玉繩曰：本書于中宫條内，謂「用昏建者杓，杓，自華以西南。夜半建者衡，衡，殷中州河、濟之間。平旦建者魁，魁，海岱以東北」。是以北斗言分野也。此云「角、亢、氐，兖州」等，是以二十八宿言分野也。下文甲、乙、丙、丁之占，是以日時言分野也。「秦候太白」諸語，是以五星言分野也。「界華、夷爲陰陽」，是以畢、昴、天街言分野也。夫列宿主十二州，而斗之七星亦各有屬，奚獨杓、衡、魁三星而已乎？天街分國陰陽，理固有之，即上文所稱「昴畢間爲天街，其陰陰國，陽陽國」也。然謂畢、昴二星主華、夷，實所未聞。若五星占候以及干支日時之配合，並與二十八宿言分野同義。周禮保章氏以星土辨九州，則分野之法，自古傳之，左氏内、外傳載伶州鳩、董因、士弱、子産、裨竈、梓慎諸人所論，確然可證。但竊有疑者，二十八宿俱主中國，故漢藝文志曆家有海中二十八宿國分、臣分二十八卷，豈日星只在中國而不臨四夷哉！疑一。以宿配州，或多或少，地廣多者星反少，地狹者星反多，疑二。淮南天文訓、漢書地理志以郡國配二十八宿，嗣後言分野者，雖有異同，遞爲祖述，唐李淳風、僧一行更闡發無遺，而獨不宗史記，疑三。占地于天，必天應乎地而始驗，乃楊州在南，而牛、女在北，青州在東，而虛、危在北，冀州在北，而昴、畢在西，雍州在西，而井、鬼在南，往往相反而不相應，疑四。故宋周密癸辛雜識以分野爲疏誕也。蓋州郡有廢置，封國有變遷，安得以屢改之地占不改之星？而星一日移一度，一月移一次，又安得以無定之星占常定之地？愚按：分野之説，疑之者甚多，齊顔之推家訓歸心篇云「天地初開，便有星宿。列國未分，翦疆區野，若爲躔次，封建已來，誰所制割？國有增減，星無進退，災祥禍福，就中不差。乾象之大，列星之夥，何爲分野，止繫中國？昴爲旄頭，匈奴之次，西胡東越，彫題、交阯，獨棄之乎」。至明蘇伯衡著分野論，其説最詳，見于平仲集及明文在。

七星爲員官，辰星廟，蠻夷星也。〔一〕

〔一〕**【考證】**以上叙諸星分野。陳仁錫曰：「七星」以下十二字當在上文「辰星出房心間地動」之下，蓋與歲星廟、熒惑廟、填星廟、太白廟相類，而錯簡在此。梁玉繩曰：當在辰星條末「夏則不長」之下。愚按：梁説是。

兩軍相當，日暈；〔一〕暈等，力鈞；〔二〕厚長大，有勝；薄短小，無勝。〔三〕重抱，大破無。抱爲和，背不和，爲分離相去。〔四〕直爲自立，立侯王；指暈若曰殺將。〔五〕負且戴，有喜。〔六〕圍在中，中勝；在外，外勝。〔七〕青外赤中，以和相去；赤外青中，以惡相去。氣暈先至而後去，居軍勝。先至先去，前利後病；後至後去，前病後利；後至先去，前後皆病，居軍不勝。見而去，其發疾，雖勝無功。〔八〕見半日以上，功大。白虹屈短，上下兑，有者下大流血。〔九〕日暈制勝，近期三十日，遠期六十日。

〔二〕【集解】如淳曰：「暈讀曰運。」【考證】猪飼彦博曰：兩軍相當將戰，會有日暈。王先謙曰：晉、隋志並云「日旁有氣，員而周匝，内赤外青者爲暈」。

〔三〕【考證】猪飼彦博曰：厚薄、大小齊等，則敵與我軍勢相均。

〔三〕【考證】厚在東，東軍勝；在西，西軍勝。下句反之。

〔四〕【考證】漢志「無」作「亡」，屬上句，與此義異。「背」下有「爲」字，當依補。漢志序云「暈適背穴抱珥」，注孟康云「皆日旁氣也，背形如背字也。抱，氣向日也」。如淳云「凡氣向日爲抱，向外爲背」。王念孫曰：孟注當作「背形如北字」，韋注國語云「北，古之『背』字」，説文「北，乖也，從二人相背」。然則日兩旁氣外向者爲背，形與「北」字相似。

〔五〕【考證】「指暈曰」三字疑衍。漢志作「直爲自立，立兵破軍」，若曰「殺將」，義異。

〔六〕【考證】氣在日背爲負，在日上爲戴。

〔七〕【考證】圍，一作「圜」。王元啓曰：此論圍城之師，圜在中者，外暈有芒也；在外，謂中暈有芒也。中勝，被圍者勝；外勝，圍人者勝。

〔八〕【考證】王念孫曰：疾，速也，言氣暈既見而速去也。漢志「其」下有「後」字，衍。

〔九〕【集解】李奇曰：「屈，或爲『尾』也。」韋昭曰：「短而直。」【考證】猪飼彦博曰：「有」字疑衍。王元啓曰：兑，音鋭。

其食，食所不利；復生，生所利；而食益盡，爲主位。〔一〕以其直及日所宿，加以日時，用命其國也。〔二〕

〔一〕【考證】王元啓曰：食，謂日食；生，謂復吐。王念孫曰：「益」即「盡」之譌衍。漢志無「益」字，是也。如食盡則咎在主位也。漢志引夏氏日月傳曰「日食盡，主位也；不盡，臣位也」五字，語乃明白。

〔三〕【考證】以上叙日暈日食。猪飼彥博曰：占以其直日之甲子。王元啓曰：漢志「宿」作「躔」，「命」作「名」。按日所宿，角、亢、氐，兖州是也。日，謂「甲乙」、「海外」，及「甲齊」、「乙東夷」之類是也。時，謂「子周」、「丑翟」之類是也。

月行中道，安寧和平。〔一〕陰閒，多水，陰事。外北三尺，陰星。北三尺，太陰，大水，兵。〔二〕陽閒，驕恣。陽星，多暴獄。太陽，大旱喪也。〔三〕角、天門，十月爲四月，十一月爲五月，十二月爲六月，水發，近三尺，遠五尺。〔四〕犯四輔，輔臣誅。〔五〕行南北河，以陰陽言，旱水兵喪。〔六〕

〔一〕【索隱】案：中道，房星之中閒也。房有四星，若人之房三閒有四表然，故曰房。南爲陽閒，北爲陰閒，則中道房星之中閒也。故房是日、月、五星之行道，然黄道亦經房、心。若月行得中道，故陰陽和平；若行陰閒，多陰事；陽閒，則人主驕恣；若歷陰星、陽星之南北，太陰、太陽之道，即有大水若兵，及大旱若喪也。【考證】王元啓曰：按漢志，月有九行，黑、赤、白、青各二道，與黄而九，然用之，一決房中道，故史公首以房之南北爲候。

〔二〕【索隱】案：謂陰閒外北三尺曰陰星，又北三尺曰太陰道，則下陽星及太陽亦在陽閒之南，各三尺也。【考證】陳仁錫曰：「陰星」下缺「多亂」二字，衍「北三尺」三字，下文「陽星多暴」上又缺「南三尺」三字，彼是互誤。王元啓曰：漢志云「月失節度而妄行，出陽道則旱風，出陰道則陰」。又云「月出房北，爲雨爲亂爲兵；出房南，爲旱爲天喪，水旱至衝而應」。按陳氏「多亂」二字，蓋據漢志增入，對下「多暴獄」言之，理當增此二字。

〔三〕【索隱】太陰、太陽，皆道也。月行近之，故有水旱兵喪也。【考證】「驕恣」下可補「南三尺」三字，說見上。

〔四〕【索隱】角閒天門。謂月行入角與天門，若十月犯之，當爲來年四月成災；十一月，則主五月也。【考證】索隱本「角」下有「閒」字，晉志云「角二星，其閒天門也，其南爲太陽道，其北爲太陰道」。據此則史文當有「閒」字，言月犯角閒天門也，索隱以天門爲別一座，非是。王元啓曰：「水發」二字當置「天門」之下，與前「太陰大水」、「太陽大旱」一例。猪飼彥博曰：近三尺，遠五尺，謂近則平地水三尺，遠則水五尺也。

〔五〕【索隱】案：謂月犯房星也。四輔，房四星也。房以輔心，故曰「四輔」。

〔六〕【正義】南河三星，北河三星，若月行北河以陰，則水、兵；南河以陽，則旱、喪也。【考證】張文虎曰：各本「水」字錯在「旱」上，「兵」字錯在「喪」上，館本不誤。

月蝕歲星，其宿地，饑若亡。〔一〕熒惑也，亂；〔二〕填星也，下犯上；太白也，彊國以戰敗；辰星也，女亂。食大角，主命者惡之；〔三〕心，則爲內賊亂也；〔四〕列星，其宿地憂。〔五〕

〔一〕【正義】孟康云：「凡星入月，見月中，爲星蝕月；月掩星，星滅，爲月蝕星也。」【考證】猪飼彥博曰：月天最卑，故常掩五星。正義云「星蝕月」，非也。

〔二〕【考證】猪飼彥博曰：月掩火星，則有亂，土、金、水倣此。

〔三〕【集解】徐廣曰：「一云『食于大角』。」【正義】大角一星，在兩攝提閒，人君之象也。【考證】亦掩大角也。漢志作「月食大角王者惡之」。昭和八年十二月二十日夜，句讀至此，月方蝕金、土二星，測星家云，數千年閒一有此象也。

〔四〕【考證】王元啓曰：謂月蝕心也。

〔五〕【索隱】謂月蝕列星二十八宿，當其分地有憂。憂，謂兵及喪也。

月食始日，五月者六，六月者五，五月復六，六月者一，而五月者五，凡百一十三月而復始。〔一〕故月蝕，常也；日蝕，爲不臧也。〔二〕甲、乙，四海之外，日月不占。〔三〕丙、丁，江、淮海岱也。戊、己，中州、河、濟也。庚、辛，華山以西。壬、癸，恒山以北。日蝕，國君；月蝕，將相當之。〔四〕

〔一〕【索隱】始日，謂食始起之日也。依此文計，唯有一百二十一月，與元數甚爲懸校，既無太初曆術，不可得而推定。今以漢志三統曆法計，則六月者七，五月者一，又六月者一，五月者一，凡一百三十五月而復始耳。或術家各異，或傳寫錯謬，故此不同，無以明知也。【考證】錢大昕曰：按本文傳寫固有錯謬，小司馬所引三統法亦誤也。今攷三統四分術，並以五月二十三分之二十而一食，依次推之，則五月者一，六月者六；又五月者一，六月者七；又五月者一，六月者七；凡百三十五月而復始也。張文虎曰：依術當云「六月者七，五月者一；又六月者七，五月者一；又六月者六，五月者一」。錢氏考異所推，亦前後失次。

〔二〕【考證】往時唯推月食，而未能推日食，故有此言。詩小雅十月之交篇「彼月而食，則維其常。此日而食，于何不臧」。

〔三〕【集解】晉灼曰：「海外遠，甲乙日時，不以占候。」【考證】俞樾曰：甲乙主東方，天地左海，中國之地，東至於海而止，故甲乙在海外也。云四海之外，概言之耳。漢書止作「海外」。

〔四〕【考證】以上叙月行月食。

國皇星，大而赤，〔一〕狀類南極。〔二〕所出，其下起兵，兵彊；其衝不利。〔三〕

〔二〕【集解】孟康曰：「歲星之精散所爲也。五星之精，散爲六十四變，記不盡。」【正義】國皇星者，大而赤，類南極老人，去地三丈，如炬火。見則内外有兵喪之難。

〔三〕【集解】徐廣曰：「老人星也。」

〔三〕【考證】朱一新曰：當其衝則不利也。

昭明星，大而白，無角，乍上乍下。所出國，起兵，多變。〔一〕

〔一〕【集解】孟康曰：「形如三足机，机上有九彗上向，熒惑之精。」【索隱】案：春秋合誠圖云「赤帝之精，象如太白，七芒」。釋名爲「筆星，氣有一枝，末鋭似筆」，亦曰筆星也。

五殘星，出正東東方之野。其星狀類辰星，〔二〕去地可六丈。

〔一〕【索隱】孟康云：「星表有青氣，如暈有毛，填星之精也。」【正義】五殘，一名五鋒，出正東東方之分野。狀類辰星，去地可六七丈。見則五分毀敗之徵，大臣誅亡之象。

大〔二〕賊星，出正南南方之野。星去地可六丈，大而赤，數動，有光。〔三〕

〔二〕【集解】徐廣曰：「大，一作『六』。」【考證】漢志「大」下有「而黄」二字。陳仁錫曰：史缺此二字。

〔三〕【集解】孟康曰：「形如彗，九尺，太白之精。」【正義】大賊星者，一名六賊，出正南南方之野。星去地可六丈，大而赤，數動有光，出則禍合天下。【考證】正義以上「大」字屬下讀，漢志作「六賊星」。

司危星，出正西西方之野。星去地可六丈，大而白，類太白。〔一〕

〔一〕【集解】孟康曰：「星大而有尾，兩角，熒惑之精也。」【正義】司危者，出正西西方分野也。大如太白，去地可六丈，見則天子以不義失國，而豪傑起。

獄漢星，出正北北方之野。星去地可六丈，大而赤，數動，察之中青。〔二〕此四野星所出，

出非其方，其下有兵，衝不利。〔二〕

〔二〕【集解】孟康曰：「青中赤表，下有二彗縱橫，亦填星之精。」漢書天文志，獄漢，一名咸漢。【考證】正義「二彗」，漢志注作「三彗」。

〔三〕【考證】漢志無「野」字，此疑衍。

四填星，所出四隅，去地可四丈。〔一〕

〔一〕【考證】漢志無「所」字。

地維、咸光，亦出四隅，去地可三丈，若月始出。所見，下有亂；亂者亡，有德者昌。〔一〕

〔一〕【考證】豬飼彥博曰：漢志「咸」作「臧」，晉志作「藏」，云大而赤。漢志不重「亂」字，此衍。各本「地維咸光」下有正義一條云「四鎮星出四隅，去地可四丈，地維、咸光星，亦出四隅，去地可三丈，若月始出。所見，下有亂者亡，有德者昌也」。此上填星及此條全文，今删。其「四鎮星」下無「所」字，下「有」下不重「亂」字，與漢志合。

燭星，狀如太白，其出也不行。見則滅。所燭者，城邑亂。〔一〕

〔一〕【集解】孟康曰：「星上有三彗上出，亦填星之精。」【考證】豬飼彥博曰：晉志作「見則不久而滅」，漢志無「者」字。

如星非星，如雲非雲，命曰歸邪。歸邪出，必有歸國者。〔一〕

〔一〕【集解】李奇曰：「邪，音虵」。孟康曰：「星有兩赤彗上向，上有蓋狀如氣，下連星。」【考證】張文虎曰：漢志注無「如」字。案集解「蓋」與「氣」疑當互易。

星者，金之散氣，本曰火。星衆，國吉；少，則凶。〔一〕

〔一〕【集解】孟康曰：「星，石也。」【考證】漢志「本曰火」作「其本曰人」。注，孟康曰「星，石也。金石相生，人與星氣相應」也。張文虎曰：史文脱「其」字，疑漢志「人」字即「火」字壞文。孟康承誤本，强爲之説。

漢者，亦金之散氣，其本曰水。〔一〕漢，星多，多水，少則旱，其大經也。〔二〕

〔一〕【索隱】案：水生金，散氣即水氣。河圖括地象曰「河精爲天漢」也。【考證】陳子龍曰：舊以雲漢爲氣，近測之，微星積聚耳。張文虎曰：索隱「水」、「金」當互易，或「生」下脱「於」字。

〔二〕【集解】孟康曰：「漢，河漢也。水生於金。多、少，謂漢中星。」

天鼓，有音如雷非雷，音在地，而下及地。〔一〕其所往者，兵發其下。〔二〕

〔一〕【考證】張文虎曰：志疑云「下」乃「不」之譌。案漢志亦作「下」，疑當作「音在天而下及地」，觀下文可見。

〔二〕【考證】漢志「往」作「住」。

天狗，狀如大奔星，有聲，其下止地，類狗。〔一〕所墮及，望之如火光，炎炎衝天。〔二〕其下圜如數頃田處，上兑者則有黄色，千里破軍殺將。〔三〕

〔一〕【集解】孟康曰：「星有尾，旁有短彗，下有如狗形者，亦太白之精。」【考證】漢志「奔」作「流」。

〔二〕【索隱】炎火星。豔音也。【考證】張文虎曰：各本「及」字下衍「炎火」二字，毛本無。單本、索隱本出「炎火星」三字，亦誤。漢志并無「及」字。御覽七、又八百七十五引天官書皆無，疑亦衍文。

〔三〕【考證】王元啓曰：按「者」誤，漢志作「見」。又按「見則」二字當著「黄色」之下，今本史記、漢書並誤。豬飼彦博曰：晉志作「色黄有聲」云云，「其上兑，其下圓」云云，見則千里破軍殺將。

格澤星者，如炎火之狀。黄白，起地而上。下大，上兑。其見也，不種而穫；不有土功，必有大害。〔一〕

〔一〕【索隱】格澤，一音鶴鐸，又音格宅。格，胡客反。【考證】梁玉繩曰：漢、晉諸志「害」作「客」，是也。

蚩尤之旗，類彗而後曲，象旗。見則王者征伐四方。〔一〕

〔一〕【集解】孟康曰：「熒惑之精也。」晉灼曰：「呂氏春秋曰，『其色黃上白下』。」

旬始，出於北斗旁，狀如雄雞。〔一〕其怒，青黑，象伏鼈。〔二〕

〔一〕【集解】徐廣曰：「蚩尤也。旬，一作『營』。」

〔二〕【集解】李奇曰：「怒，當音帑。」晉灼曰：「帑，雌也。或曰，怒則色青。」【考證】宋均曰：怒謂芒角刺出。愚按：與或說合。

枉矢，類大流星，虵行而倉黑，望之如有毛羽然。〔一〕

〔一〕【考證】王元啓曰：虵行，謂屈曲行也。梁玉繩曰：漢、晉、隋志「毛羽」作「毛目」。

長庚，如一匹布著天。此星見，兵起。〔一〕

〔一〕【正義】著，音直略反。

星墜至地，則石也。河、濟之閒，時有墜星。〔一〕

〔一〕【正義】春秋云「星隕如雨」是也。今吴郡西鄉，見有落星石，其石天下多有也。

天精而見景星。景星者，德星也。其狀無常，常出於有道之國。〔一〕

〔一〕【集解】孟康曰：「精，明也。有赤方氣與青方氣相連，赤方中有兩黃星，青方中一黃星，凡三星，合爲景星。」【索隱】韋昭云「精，謂清朗」。漢書作「甠」，亦作「暒」。郭璞注三蒼云「暒，雨止無雲也」。【正義】景星，狀如半月，生於晦朔，助月爲明。見則人君有德，明聖之慶也。【考證】以上叙瑞星、妖星。張文虎曰：「出」上「常」字，館本有，與漢志合。凌舉一本同，各本脫。志疑云類聚一引有。按御覽七引亦有。

凡望雲氣，〔一〕仰而望之，三四百里；平望，在桑榆上，千餘里二千里；〔二〕登高而望之，下屬地者三千里。雲氣，有獸居上者，勝。〔三〕

〔一〕【正義】春秋元命包云：「陰陽聚爲雲氣也。」釋名云：「雲猶云，衆盛也。氣猶餼然也。有聲即無形也。」【考證】張文虎曰：案釋名云「雲猶『云』，云，衆盛也。氣，愾也，愾然有聲而無形也」。此正義有脱誤，文不成義。

〔二〕【考證】張文虎曰：千餘里，宋本與漢志合，毛脱「里」字，佗本脱「千里」二字。

〔三〕【正義】勝，音升剩反。雲雨氣相敵也。兵書云：「雲或如雄雞臨城，有城必降。」【考證】猪飼彦博曰：勝，勝負之勝。張文虎曰：正義各本「雲」下衍「雄」字，館本無。

自華以南，氣下黑上赤。嵩高、三河之郊，氣正赤。恒山之北，氣下黑上青，勃、碣、海、岱之閒，氣皆黑。江、淮之閒，氣皆白。〔一〕

〔一〕【考證】王元啓曰：此氣之因地而殊者。

徒氣白。土功氣黃。車氣乍高乍下，往往而聚。騎氣卑而布。卒氣摶。〔一〕前卑而後高者，疾；前方而高，後兑而卑者卻。〔二〕其氣平者，其行徐。前高而後卑者，不止而反。〔三〕氣相遇者，卑勝高，兑勝方。〔四〕氣來卑而循車通者，不過三四日，去之五六里見。〔五〕氣來高七八尺者，不過五六日，去之十餘里見。〔六〕氣來高丈餘二丈者，不過三四十日，去之五六十里見。

〔一〕【集解】如淳曰：「摶，專也。或曰，摶，徒端反。」【考證】王元啓曰：此氣之隨時而變者。

〔二〕【考證】「前方而高」二句，從凌本，與晉、隋志合。北宋本作「前方而後高者，兑；後兑而卑者，卻」，與漢志合，今不取。卻，退也。

〔三〕【考證】王元啓曰：止，止軍也，不止而反，即所謂卻也。

〔四〕【索隱】遇，音偶。漢書作「禺」。【考證】王念孫曰：遇，本作「禺」，「禺」讀爲「偶」，謂兩氣相敵偶也。

〔五〕【集解】車通，車轍也。避漢武諱，故曰通。【考證】漢書「通」作「道」。梁玉繩曰：「通」乃「道」字之譌。

〔六〕【考證】張文虎曰：凌舉一本「十餘」下有「二十餘」三字。志疑云與漢志合。

稍雲精白者，其將悍，其士怯。〔一〕其大根而前絶遠者，當戰。青白，其前低者，戰勝；其前赤而仰者，戰不勝。〔二〕陣雲如立垣。杼雲類杼。〔三〕軸雲摶，兩端兑。〔四〕杓雲如繩者，居前亘天，其半半天。〔五〕其蛪者類闕旗故。〔六〕鉤雲句曲。〔七〕諸此雲見，以五色合占。而澤摶宓，〔八〕其見動人，乃有占；兵必起，合鬬其直。〔九〕

〔一〕【考證】漢書「稍」作「捎」。晉灼云「捎音霄」。韋昭云「音鬌」。王元啓曰：摇捎，動貌，此處恐當從摇捎之義。精，當作「青」，以下文「青白低」及「赤仰」等句例之可見。

〔二〕【考證】猪飼彦博曰：當戰，當作「戰當」，謂殺傷相當。愚按：漢志「前」作「芒」，非是。

〔三〕【索隱】姚氏案：兵書云「營上雲氣如織，勿與戰也」。

〔四〕【考證】張文虎曰：案杼、軸，二物也，各本以「軸」字上屬，誤，今正。「摶」字，北宋本、舊刻同，它本譌「搏」。漢志「兩」作「而」，晉志作「杼軸雲類軸摶而端兑」，史與二志並有脱誤。

〔五〕【索隱】杓，劉氏音時酌反。説文音丁了反。許慎注淮南云「杓，引也」。

〔六〕【索隱】天蛪，五結反。亦作「蜺」，音同。【考證】此亦一雲，但文有譌脱，不可解。張文虎曰：各本及字類引並同。晉志亦同。索隱本出「天蚃」二字，疑誤。漢志作「蜺雲者類鬬旗」，疑「鬬」字亦誤也，故下漢志有「銳」字。

〔七〕【正義】句，音古侯反。

〔八〕【正義】崔豹古今注云：「黄帝與蚩尤戰於涿鹿之野，常有五色雲氣，金枝玉葉，止於帝上，有花蘤之象，故因作華蓋也。」京房易飛候云：「視四方，常有大雲，五色具，其下賢人隱也。青雲潤澤蔽日在西北，爲舉賢良也。」【考證】按此句兼承上文「稍雲」以下諸雲言之。漢志、晉志皆無「合」字。王元啓曰：占之誤複。王先謙曰：澤，謂雲氣潤澤。張文虎曰：北宋本、舊刻、毛本「搏」字，與漢志合，它本譌「摶」。

〔九〕【考證】張文虎曰：各本「乃」作「及」，凌引一本作「乃」，案漢志作「迺」，則「乃」字是。沈欽韓引通典雜占云「凡氣不積不結，散漫一方，不能〔爲〕災，必須和雜殺氣，森森然疾起，乃可論占」，此史所謂「見動人」也。合鬬其直，合鬬其所直之地也。漢志「合」作「占」，非是。

王朔所候，決於日旁。〔一〕日旁雲氣，人主象。皆如其形以占。〔二〕

〔一〕【考證】下文云「氣則王朔」，又見封禪書、李將軍傳。王先謙曰：藝文志有漢日旁氣行事占驗，殆朔撰邪？占經日占中多引朔說。

〔二〕【正義】洛書云：「有雲象人，青衣無手，在日西，天子之氣。」【考證】張文虎曰：正義「無手」，館本與晉志及御覽十五引洛書合，各本「手」譌「乎」。

故北夷之氣如羣畜穹閭，〔一〕南夷之氣類舟船幡旗。〔二〕大水處，敗軍場，破國之虚，下有積錢，金寶之上，皆有氣，不可不察。〔三〕海旁蜄氣象樓臺；廣野氣成宮闕然。〔四〕雲氣各象其山川人民所聚積。〔五〕

〔一〕【索隱】鄒云：一作「弓閭」。天文志作「弓」字，音穹。蓋謂以氈爲閭，崇穹然。又宋均云「穹，獸名」，亦異說也。【考證】北夷牧羣畜，居穹閭，穹閭即穹廬。

〔二〕【考證】南夷居舟船，樹幡旗。

〔三〕【集解】徐廣曰：「錢，古作『泉』字。」

〔四〕【考證】然猶焉，語詞。

〔五〕【正義】淮南子云：「土地各以類生人，是故山氣多勇，澤氣多瘖，風氣多聾，林氣多躄，水氣多傴，石氣多力，險阻氣多壽，谷氣多痺，丘氣多狂，廟氣多仁，陵氣多貪，輕土多利足，重土多遲，清水音小，濁水音大，湍水人重，中土多聖人。皆象其氣，皆應其類也。」【考證】上文「自華以南」云云，下文「入國邑」云云，即其義。猪飼彥博曰：正義引淮南子，大乖文義。愚按：淮南子地形訓文，與正義小異。

故候息耗者，入國邑，視封疆田疇之正治，城郭室屋門户之潤澤，次至車服畜産精華。實息者，吉；虚耗者，凶。〔一〕

〔一〕【集解】如淳曰：「蔡邕云：麻田曰疇。」【考證】王先謙曰：息耗即盈虚消息之謂。息，生長也；耗，虛損也。漢志「正」作「整」。

若煙非煙，若雲非雲，郁郁紛紛，蕭索輪囷，是謂卿雲。卿雲見，喜氣也。〔一〕若霧非霧，衣冠而不濡，見則其域被甲而趨。〔二〕

〔一〕【正義】卿，音慶。【考證】張文虎曰：輪，它本作「輸」，毛本作「輪」，與漢志、晉志及御覽八引合。王念孫曰：「見」字衍。凡言「某星見」、「某氣見」者，其下必有吉凶之事，此是以喜氣釋卿雲，猶言「卿雲者，喜氣也」。初學記、御覽引史記皆無「見」字。

〔三〕【索隱】霧，音如字，一音蒙，一音亡遘反。爾雅云「天氣下地，不應曰霧」，言蒙昧不明之意也。【考證】「而」字衍，漢志無。漢志「域」作「城」，譌。愚按：此與「卿雲」別，句下當有「是謂某」數字。

天雷電、蝦虹、辟歷、夜明者，陽氣之動者也。〔一〕春夏則發，秋冬則藏，故候者無不司之。〔二〕

〔一〕【考證】漢志「天」作「夫」，此譌。蝦與「霞」同，漢志作「赮」，謂其色赤也。「辟歷」即「霹靂」。「夜明」未詳。猪飼彦博曰：左傳「恒星不見，夜明也」。

〔二〕【考證】王先謙曰：「司」讀曰「伺」。

天開縣物，地動坼絕。〔一〕山崩及徙，川塞谿垘；〔二〕水澹澤竭，地長見象。〔三〕城郭門閭，閨臬枯槀，〔四〕宮廟邸第，人民所次。謠俗車服，觀民飲食。〔五〕五穀草木，觀其所屬。倉府廄庫，四通之路。六畜禽獸，所產去就；魚鼈鳥鼠，觀其所處。鬼哭若呼，其人逢俉。化言，誠然。〔六〕

〔一〕【集解】孟康曰：「謂天裂而見物象，天開示縣象。」【正義】趙世家幽繆王遷（立）〔五〕年，「代地動，自樂徐以西，北至平陰，臺屋墻垣太半壞，地坼東西百三十步」。

〔二〕【集解】徐廣曰：「土雍曰垘，音服。」駰案：孟康曰「谿，谷也。垘，崩也。」蘇林曰「伏，流也」。【考證】漢志「徙」作「阤」。梁玉繩曰：案此段皆用韻語，而「徙」、「垘」獨不叶，疑「徙」字有譌。

〔三〕【考證】錢大昕曰：漢志云「水澹地長，澤竭見象」，蓋以長、象爲韻，與上下文同例。澹古「贍」字，「水澹」與「澤竭」，意亦相對，此顛倒兩字，蓋傳寫之譌。

〔四〕【考證】漢志「閨臬」作「潤息」。王先謙云，「潤息」二字連文見義，孟子「是其日夜之所息，雨露之所潤」。錢大昕曰：枯稾，當作「稾枯」，「枯」與「閭」韻也。潤息於義爲長。張照曰：此節多訛謬，不可强解。

〔五〕【考證】「謡俗」二字，又見貨殖傳，猶言習俗也。

〔六〕【集解】俉，迎也。伯莊曰：「音五故反。」【索隱】俉，音五故反。逢俉，謂相逢而驚也。亦作「迕」，音同。「化」當爲「訛」字之誤耳。【考證】以上叙雲氣。漢志「俉」作「遻」，玉篇「遇也」。朱一新曰：化，「訛」借字，謂訛言之興，其後必誠有此事，明訛言非徒興也。愚按：「化」疑「此」字之壞。此言斥「天開縣物」以下八十八字，蓋引古語也。諸解以「化」爲「訛」，辭費理塞。

凡候歲美惡，謹候歲始。歲始，或冬至日，産氣始萌。臘明日，人衆卒歲，一會飲食，發陽氣，故曰初歲。〔一〕正月旦，王者歲首；立春日，四時之卒始也。〔二〕四始者，候之日。〔三〕

〔一〕【考證】「臘」字上添「或」字看。王先謙曰：産，生氣也。大宗伯注「生其種曰産」。沈欽韓曰：荆楚歲時記「十二月八日爲臘日，諺曰『臘鼓鳴，春草生』」。四民月令云「過臘一日，謂之小歲，拜賀君親，進椒酒」。

〔二〕【索隱】謂立春日是去年四時之終卒，今年之始也。【考證】漢志無「卒」字，此衍。

〔三〕【正義】謂正月旦歲之始，時之始，日之始，月之始，故云「四始」。言以四時之日候歲吉凶也。【考證】顧炎武曰：「四始者，候之日」，謂歲始也，冬至日也，臘明日也，立春也。正義專指正月旦，非也。

而漢魏鮮，集臘明正月旦決八風。〔一〕風從南方來，大旱；西南，小旱；西方，有兵；西北，戎菽爲，〔二〕小雨，趣兵；〔三〕北方，爲中歲；東北，爲上歲；〔四〕東方，大水；東南，民有疾疫，歲惡。故八風各與其衝對，課多者爲勝。多勝少，久勝亟，疾勝徐。〔五〕旦至食，爲麥；食至日昳，爲稷；昳至餔，爲黍；餔至下餔，爲菽；下餔至日入，爲麻。〔六〕欲終日有雨，有雲，有風，有日，日當其時者，深而多實；〔七〕無雲有風日，當其時，淺而多實；〔八〕有雲風，無日，當其時，深而少實；有日，無雲，不風，當其時者，稼有敗。如食頃，小敗；熟五斗米頃，大敗。〔九〕則風復起，有雲，其稼復起。〔一〇〕各以其時用雲色占種其所宜。〔一一〕其雨雪若寒，歲惡。

〔一〕【集解】孟康曰：「魏野，人姓名，作占候者。」【考證】朱一新曰：臘明，謂臘明日也。

〔二〕【集解】孟康曰：「戎菽，胡豆也。爲，成也。」【索隱】戎叔爲。韋昭云「戎叔，大豆也。爲，成也」。又郭璞注爾雅亦云「戎叔，胡豆」。孟康同也。【考證】漢志「菽」作「叔」。沈欽韓曰：通卦驗「清明風當至，不至菽豆不爲」，與此「爲」字義同。淮南天文「禾不爲」、董子五行順逆「魚大爲」並同也。

〔三〕【集解】徐廣曰：「一無此上兩字。」【索隱】趣，音促。謂風從西北來，則戎叔成。而又有小雨，則國兵趣起也。【考證】梁玉繩曰：徐廣謂一無「小雨」二字，是也。漢志蓋仍史譌。正譌云「前後皆言占風，不當于此獨兼言占雨」。王先謙曰：八風占云「西北來，有邊兵，野豆成」。野豆成，即「戎叔爲」也。有邊兵，即「趣兵」也。似無「小雨」二字是。

〔四〕【集解】韋昭曰：「歲大穰。」

〔五〕【考證】王先謙曰：課，第也。以八方相衝之風對，次第其多少久亟疾徐，以定勝負。

〔六〕【考證】漢志「昳」作「跌」，「餔」作「晡」。王先謙曰：占風者，以其時知五穀之善惡。岡白駒曰：食，辰時。日昳，未時。餔，申時。

〔七〕【正義】正月旦，欲其終一日有風有日，則一歲之中，五穀豐熟，無災害也。【考證】漢志「有雨」二字無，不重「日」字。王元啓曰：「有雨」二字衍，下文「但以雲風日占」，「日」字複衍。

〔八〕【考證】漢志「多」作「少」。王元啓曰：占歲以風、日爲主，有風、日，宜乎「多實」，惟無雲，故云「淺」也，漢志恐非。

〔九〕【考證】王元啓曰：謂食頃無風雲則小敗，或更久至熟五斗米頃，無風雲，則大敗也。岡白駒曰：炊熟五斗米之頃。

〔一〇〕【考證】王念孫曰：「則」猶即也、若也。

〔一一〕【考證】漢志「種」下無「其」字。王元啓曰：種，謂五種，上文麥、稷、黍、菽、麻是也。各以其時，言自旦至日入六時也。

是日光明，聽都邑人民之聲。聲宮，則歲善，吉；商，則有兵；徵，旱；羽，水；角，歲惡。〔一〕

或從正月旦比數雨。〔二〕率日食一升，至七升而極；過之，不占。〔三〕數至十二日，日直其月，占水旱。〔三〕爲其環城千里內占，則其爲天下候，竟正月。〔四〕月所離列宿，日、風、雲，占其國。〔五〕然必察太歲所在。在金，穰；水，毁；木，饑；火，旱。此其大經也。〔六〕

〔一〕【考證】漢志「善」作「美」。王元啓曰：此又占之於聲。

〔二〕【索隱】比，音鼻律反。數，音疏矩反。謂以次數日，以候一歲之雨，以知豐穰也。【考證】此下又占之於雨。王元啓曰：此猶排也，從正月旦排日數雨，以知此歲之豐歉，至初七日，則其分數可見矣。

〔三〕【集解】孟康曰：「正月一日雨，民有一升之食；二日雨，民有二升之食；如此至七日。」【考證】姚範曰：一升、七升未詳。

〔三〕【集解】孟康曰：「月一日雨，正月水。」【考證】此言爲國占者。岡白駒曰：一日爲正月，二日爲二月，餘倣此。漢志不重「日」字。

〔四〕【集解】孟康曰：「月三十日周天，歷二十八宿，然後可占天下。」【正義】案：月列宿，日、風、雲有變，占其國，并太歲所在，則知其歲豐稔、水旱、饑饉也。【考證】漢志「城」作「域」，「則」作「即」，無「其」字，爲是。環域千里，言大國也。即猶若也。言爲大國占，若爲天下候，則疆域既廣，豐凶不能皆一，故不以日直月，用正月三十日，以知其得失也。

〔五〕【索隱】月離于畢。案：韋昭云「離，歷也」。【考證】岡白駒曰：月，正月也，以列宿知分野。

〔六〕【考證】王元啓曰：按此所謂金、水、木、火，蓋以歲陰言之，申、酉、戌爲金，亥、子、丑爲水，卯、辰爲木，巳、午、未爲火，又必緯之以雲風日雨，而後其占乃驗，故曰「此其大經」。愚按：貨殖傳云「太陰在卯，穰，明歲衰惡。至午，旱，明歲美。至酉，穰，明歲衰惡。至(于)〔子〕，大旱，明歲美，有水」，與此異。

正月上甲，風從東方，宜蠶；風從西方，若旦黃雲，惡。〔一〕

〔一〕【考證】漢志二「方」字下有「來」字，「旦」下有「有」字。王先謙曰：惡，歲惡也。

冬至短極，縣土炭，〔一〕炭動，鹿解角，蘭根出，泉水躍，〔二〕略以知日至，要決晷景。〔三〕歲星所在，五穀逢昌。其對爲衝，歲乃有殃。〔四〕

〔一〕【集解】孟康曰：「先冬至三日，縣土炭於衡兩端，輕重適均，冬至日陽氣至則炭重，夏至日陰氣至則土重。」晉灼曰：「蔡邕律曆記『候鍾律權土炭，冬至陽氣應黃鍾通，土炭輕而衡仰，夏至陰氣應蕤賓通，土炭重而衡低。進退先後，五日之中』。」【考證】淮南子天文訓「陽氣爲火，陰氣爲水。水勝，故夏至溼；火勝，故冬至燥。燥故炭輕，溼故炭重」。愚按：炭易燥易溼，土則不然，故縣以候氣也。淮南爲是，集解諸說皆非也。

〔二〕【考證】漢志「鹿」作「麋」。方苞曰：炭，當作「灰」。張文虎曰：「灰」上脫「葭」字。愚按：此承上文，炭動，所縣炭燥而輕也。禮記月令云仲冬之月「芸始生，荔挺出，蚯蚓結，麋角解，水泉動」。王念孫曰：御覽時令部引史記，「鹿」作「麋」，與漢志合，當從之。夏至鹿解角，冬至麋解角，諸書皆然。楊慎曰：泉出躍，即月令

「水泉動」。張文虎曰：泉水躍，各本作「泉出動」，今從北宋、毛本。

〔三〕【考證】以上叙候歲。凌稚隆曰：按冬至日，古人以土圭測日之晷景以觀長短，正義與歲星並注，誤。王念孫曰：「晷景」上屬爲句，言日至測晷景之事也。愚按：晷景長短，即日去極遠近，事詳漢志。

〔四〕【正義】言晷景歲星行不失次，則無災異，五穀逢其昌盛；若晷景歲星行而失舍有所衝，則歲乃有殃禍災變也。【考證】王念孫曰：自「歲星所在」以下別爲一事，與晷景無涉。「歲星所在」者，謂歲星所居之地。「五穀逢昌」者，「逢」與「豐」古字通，「逢昌」即「豐昌」。「其對爲衝」者，言與歲星所居之地相對爲衝，假歲在壽星，則降婁爲衝，歲在大火，則大梁爲衝，地在歲星之衝，則有殃。襄二十八年左傳「歲棄其次而旅於明年之次，以害鳥帑」，杜注「失次於北，禍衝在南」，淮南天文訓曰「歲星之所居，五穀豐昌；其對爲衝，歲乃有殃」，是其明證矣。猪飼彦博曰：四句錯簡，當在歲星章之末，正義所解皆誤。

太史公曰：自初生民以來，世主曷嘗不曆日月星辰？及至五家、三代，紹而明之，〔一〕内冠帶，外夷狄，分中國爲十有二州，仰則觀象於天，俯則法類於地。天則有日月，地則有陰陽。天有五星，地有五行。天則有列宿，地則有州域。三光者，陰陽之精，氣本在地，而聖人統理之。

〔一〕【索隱】案：謂五紀，歲、月、日、星辰、曆數，各有一家，顓學習之，故曰「五家」也。【正義】五家，黄帝、高陽、高辛、唐虞堯舜也。三代，夏、殷、周也。言生民以來，何曾不歷日、月、星辰，及至五帝、三王，亦於紹繼而明天數陰陽也。【考證】書堯典「曆象日月星辰，敬授民時」。五家，正義是。

幽厲以往，尚矣。所見天變，皆國殊窟穴，家占物怪，以合時應，其文圖籍禨祥不法。〔二〕

是以孔子論六經，紀異而說不書。〔一〕至天道命不傳；〔二〕傳其人，不待告；〔三〕告非其人，雖言不著。〔四〕〔五〕

〔一〕【正義】禨，音機。顧野王云「禨祥，吉凶之先見也」。案：自古以來，所見天變，國皆異具，所説不同，及家占物怪，用合時應者書，其文并圖籍，凶吉並不可法則。故孔子論六經，記異事，而説其所應，不書變見之蹤也。

〔二〕【考證】方苞曰：直記災異，而所應之説則不書也。

〔三〕【考證】論語公冶長篇，子貢曰「夫子之文章，可得而聞也，夫子之言性與天道，不可得而聞也」。子罕篇「子罕言利與命與仁」。王念孫曰：「命」上當有「性」字，正義兩言天道性命，是其證。

〔四〕【正義】待，須也。言天道性命，忽有志事，可傳授之則傳。其大指微妙，自在天性，不須深告語也。【考證】豬飼彦博曰：「傳」當作「得」，明達之人，自知其説，不待告之。張文虎曰：正義「忽有志事」疑當作「或有志士」。

〔五〕【正義】著，作慮反。著，明也。言天道性命，告非其人，雖爲言説，不得著明微妙，曉其意也。

昔之傳天數者：高辛之前，重、黎；〔一〕於唐、虞，羲、和；〔二〕有夏，昆吾；〔三〕殷商，巫咸；〔四〕周室，史佚、萇弘；〔五〕於宋，子韋；〔六〕鄭則裨竈；〔七〕在齊，甘公；〔八〕楚，唐眛；〔九〕趙，尹皋；魏，石申。〔一〇〕

〔一〕【正義】左傳云，蔡墨曰「少昊氏之子曰黎，爲火正，號祝融」，即火行之官，知天數。【考證】豬飼彦博曰：正義引左傳不言「南正重」，蓋傳寫之失。愚按：説又見太史公自序。

〔二〕【正義】羲氏、和氏，掌天地四時之官也。

〔三〕【正義】昆吾，陸終之子。虞翻云「昆吾名樊，爲己姓，封昆吾」。世本云，「昆吾衛者也」。

〔四〕【正義】巫咸，殷賢臣也，本吳人，冢在蘇州常熟海隅山上。子賢亦在此也。

〔五〕【正義】史佚，周武王時太史尹佚也。萇弘，周靈王時大夫也。

〔六〕【考證】猪飼彥博曰：漢書藝文志陰陽家有宋司星子韋三篇，注云「景公之史」。

〔七〕【正義】裨竈，鄭大夫也。

〔八〕【集解】徐廣曰：「或曰甘公名德也，本是魯人。」【正義】七録云「楚人，戰國時作天文星占八卷」。【考證】梁玉繩曰：案續天文志及晉、隋志並以甘德爲齊人，而正義引七録謂楚人，蓋本漢藝文「楚有甘公」之語也。徐廣又云「一本是魯人」，未詳其孰實。

〔九〕【正義】莫葛反。【考證】梁玉繩曰：案眛爲楚將，非掌天文之官，亦不聞其傳天數，豈別有一唐眛歟？眛譌刻「昧」。

〔一〇〕【正義】七録云，「石申，魏人，戰國時作天文八卷」也。

夫天運，三十歲一小變，百年中變，五百載大變；三大變一紀，三紀而大備：此其大數也。爲國者，必貴三五。上下各千歲，然后天人之際續備。〔一〕

〔一〕【索隱】三五，謂三十歲一小變，五百歲一大變。【考證】張文虎曰：「貴」疑「貫」之譌，後文「必通三五」，貫、通義相因。王元啓曰：五，謂五百載一大變，三五即三大變之謂，三大變凡千五百年，故曰「上下各千歲」，後文「三五」俱同此解，索隱非是。

太史公推古天變，未有可考于今者。蓋略以春秋二百四十二年之閒，〔一〕日蝕三十六，〔二〕彗星三見，〔三〕宋襄公時，星隕如雨。〔四〕天子微，諸侯力政，五伯代興，更爲主命。〔五〕自是之後，衆暴寡，大并小。秦、楚、吳、越，夷狄也，爲彊伯。〔六〕田氏簒齊，〔七〕三家分晉，〔八〕並爲戰國。爭於攻取，兵革更起，城邑數屠，因以饑饉疾疫焦苦，臣主共憂患，〔九〕其察禨祥候星氣尤急。〔一〇〕近世十二諸侯，七國相王，言從衡者繼踵，〔一一〕而皋、唐、甘、石因時務論其書傳，故其占驗淩雜米鹽。〔一二〕

〔一〕【正義】謂從隱公元年至哀公十四年獲麟也。隱公十一年，桓公十八年，莊公三十二年，閔公二年，僖公三十三年，文公十八年，宣公十八年，成公十八年，襄公三十一年，昭公三十二年，定公十五年，哀公十四年：凡二百四十二年也。

〔二〕【正義】謂隱公三年二月乙巳；桓公三年七月壬辰朔，十七年十月朔；莊公十八年三月朔，二十五年六月辛未朔，二十六年十二月癸亥朔，三十年九月庚午朔；僖公五年九月戊申朔，十二年三月庚午朔，十五年五月朔；文公元年二月癸亥朔，十五年六月辛卯朔；宣公八年七月庚子朔，十年四月丙辰朔，十七年六月癸卯朔；成公十六年六月丙辰朔，十七年十二月丁巳朔；襄公十四年二月乙未朔，十五年八月丁巳朔，二十年十月丙辰朔，二十一年九月庚戌朔，十月庚辰朔，二十三年二月癸酉朔，二十四年七月甲子朔，八月癸巳朔，二十七年十二月乙亥朔；昭公七年四月甲辰朔，十五年六月丁巳朔，十七年六月甲戌朔，二十一年七月壬午朔，二十二年十二月癸酉朔，二十四年五月乙未朔，三十年十二月辛亥朔；定公五年三月辛亥朔，十二年十一月丙寅朔，十五年八月庚辰朔：凡蝕三十六也。

〔三〕【正義】謂文公十四年七月有星入于北斗，昭公十七年冬有星孛于大辰，哀公十三年有星孛于東方。【考證】柯維騏曰：春秋無彗星之書，太史公所引，蓋指星孛也。公羊傳曰「孛者何，彗星也」。郭璞亦釋彗爲孛，其實彗、孛二星，占不同。

〔四〕【正義】謂僖公十六年正月戊申朔，隕石于宋五也。【考證】楊慎曰：春秋「星隕如雨」，魯莊七年，非宋襄時，正義以隕石於宋當之，時雖當，事不當。

〔五〕【集解】徐廣曰：「政，一作『征』。」【正義】趙岐注孟子云「齊桓、晉文、秦穆、宋襄、楚莊」也。【考證】漢志「天子微」作「周室微弱」。梁玉繩曰：徐廣「政」作「征」，是也。淮南要略云「諸侯力征」，後書襄楷傳「諸侯以力征相尚」。

〔六〕【正義】秦祖非子，初邑於秦，地在西戎。楚子鬻熊，始封丹陽，荆蠻。吳太伯居吳，周章因封吳，號句吳。越祖，少康之子，初封於越，以守禹祀，地稱東越。皆戎夷之地，故言夷狄也。後秦穆、楚莊、吳闔閭、越句踐皆得封爲伯也。

〔七〕【正義】周安王二十三年，齊康公卒，田和并齊，而立爲齊侯。

〔八〕【正義】周安王二十六年，魏武侯、韓文侯、趙敬侯共滅晉静，而三分其地。

〔九〕【考證】漢志「更起」作「遞起」。因，如論語「因之以饑饉」之「因」。

〔一〇〕【考證】如淳曰，吕氏春秋「荆人鬼，越人禨」，今之巫祝禱祠淫祀之比也。

〔一一〕【正義】王，于放反。謂漢孝景帝三年，吳王濞、楚王戊、趙王遂、濟南王辟光、淄川王賢、膠東王雄渠也。【考證】近世，言周末也。王先謙曰：十二諸侯，史記所表十二諸侯。七國，言七雄也，正義謬。

〔一二〕【正義】淩雜，交亂也。米鹽，細碎也。言皋、唐、甘、石等因時務論其書傳中災異所記録者，故其占驗交亂細碎。其語在漢書五行志中也。【考證】漢志「淩雜」作「鱗雜」，韓非子説難「米鹽博辯，則以爲多而交之」。

二十八舍主十二州，〔一〕斗秉兼之，所從來久矣。〔二〕秦之疆也，候在太白，占於狼、弧。〔三〕吳、楚之疆，候在熒惑，占於鳥、衡。〔四〕燕、齊之疆，候在辰星，占於虚、危。〔五〕宋、鄭之疆，候

在歲星。占於房、心。〔六〕晉之疆，亦候在辰星，占於參、罰。〔七〕

〔一〕【正義】二十八舍，謂東方角、亢、氐、房、心、尾、箕；北方斗、牛、女、虛、危、室、壁；西方奎、婁、胃、昴、畢、觜、參；南方井、鬼、柳、星、張、翼、軫。星經云：「角、亢，鄭之分野，兗州；氐、房、心，宋之分野，豫州；尾、箕，燕之分野，幽州；南斗、牽牛，吳、越之分野，揚州；須女、虛，齊之分野，青州；危、室、壁，衛之分野，并州；奎、婁，魯之分野，徐州；胃、昴，趙之分野，冀州；畢、觜、參，魏之分野，益州；東井、輿鬼，秦之分野，雍州；柳、星、張，周之分野，三河；翼、軫，楚之分野，荊州也。」

〔二〕【正義】言北斗所建秉十二辰，兼十二州，二十八宿，自古所用，從來久遠矣。【考證】錢大昕曰：秉，即「柄」字。晉志云「北斗七星，一主秦，二主楚，三主梁，四主吳，五主燕，六主趙，七主齊」，是北斗兼之也。

〔三〕【正義】太白、狼、弧皆西方之星，故秦占候也。

〔四〕【正義】熒惑、鳥衡皆南方之星，故吳、楚之占候也。鳥衡，柳星也。一本作「注張」也。【考證】鳥，朱雀。衡，太微。

〔五〕【正義】辰星、虛、危皆北方之星，故燕、齊占候也。

〔六〕【正義】歲星、房、心皆東方之星，故宋、鄭占候也。

〔七〕【正義】辰星、參、罰皆北方、西方之星，故晉占候也。

及秦并吞三晉、燕、代，自河山以南者中國。〔一〕中國於四海內則在東南，爲陽；〔二〕陽則日、歲星、熒惑、填星；〔三〕占於街南，畢主之。〔四〕其西北則胡、貉、月氏諸衣旃裘引弓之民，爲陰；〔五〕陰則月、太白、辰星；〔六〕占於街北，昴主之。〔七〕故中國山川東北流，其維，首在隴、蜀，尾没于勃、碣。〔八〕是以秦、晉好用兵，復占太白，太白主中國；〔九〕而胡、貉數侵掠，獨占辰星，〔一〇〕辰星出入躁疾，常主夷狄；〔一一〕其大經也。此更爲客主人。〔一二〕熒惑爲孛，外則理兵，内則理政。故曰「雖有明天子，必視熒惑所在」。〔一三〕諸侯更彊，時、菑異記，無可録者。

〔二〕【正義】河，黄河也。山，華山也。從華山及黄河以南爲中國也。

〔三〕【正義】爾雅云「九夷、八狄、七戎、六蠻，謂之四海之内」。中國，從河山東南爲陽也。

〔三〕【正義】日，人質反。填，音鎮。日，陽也。歲星屬東方，熒惑屬南方，填星屬中央，皆在南及東，爲陽也。

〔四〕【正義】天街二星，主畢、昴，主國界也。街南爲華夏之國，街北爲夷狄之國，則畢星主陽。【考證】猪飼彦博曰：上云「昴、畢閒爲天街」。其陰，陰國；陽，陽國」。街南，即天街之南陽國也。正義「主畢昴」當作「昴畢閒」。

〔五〕【正義】貉，音陌。氏，音支。從河山西北及秦、晉爲陰也。

〔六〕【正義】月，陰也。太白屬西方，辰星屬北方，皆在北及西，爲陰也。

〔七〕【正義】天街星北爲夷狄之國，則昴星主之，陰也。

〔八〕【正義】言中國山及川東北流行，若南山，首在崑崙蔥嶺，東北行，連隴山，至南山、華山，渡河，東北盡碣石山。黄河，首起崑崙山；渭水、岷江，發源出隴山；皆東北，東入渤海也。【考證】猪飼彦博曰：此唯言中國山川，正義言崑崙蔥嶺，非也。

〔九〕【集解】韋昭曰：「秦晉西南維之北爲陰，猶與胡、貉引弓之民同，故好用兵。」

〔一〇〕【正義】主，猶領也，入也。星經云「太白在北，月在南，中國敗；太白在南，月在北，中國不敗也」。是胡、貉數侵掠之也。【考證】此説太白主中國。王元啓曰：上文太白占胡、貉，不主中國，因秦、晉好用兵，與胡、貉無殊，故復占太白，主中國之秦、晉，而胡、貉則獨占辰星，不更占太白也。愚按：王説得之，正義以「胡、貉數侵略」句屬上，非是。

〔一〕【考證】此説辰星主夷狄。

〔二〕【正義】更，格行反，下同。星經云：「辰星不出，太白爲客；辰星出，太白爲主人。辰星、太白不相從，雖有軍不戰。辰星出東方，太白出西方，若辰星出西方，太白出東方，爲格，野雖有兵不戰；合宿乃戰。辰星入太白中五日，及入而上出，破軍殺將，客勝；不出，客亡地。視旗所指。」【考證】此結太白、辰星，太白主中國，辰星主夷狄，是更爲客爲主人也。

〔三〕【索隱】必視熒惑之所在。此據春秋緯文耀鉤，故言「故曰」。【考證】張文虎曰：前「熒惑」文下，徐廣引此文，「孛」作「理」，志疑謂「理」亦作「李」，因譌「孛」耳。案如梁説，與下「理兵」、「理政」爲合，然今惟凌本作「孛」，各本皆作「勃」，蓋又因彼文「熒惑爲勃亂殘（亂）〔賊〕」而誤也。猪飼彦博曰：此語見管子，「熒惑」以下二十五字錯簡也，當在熒惑章之末。愚按：説已見前章。

秦始皇之時，十五年彗星四見，久者八十日，長或竟天。〔一〕其後秦遂以兵滅六王，并中國，外攘四夷，死人如亂麻，因以張楚並起，三十年之閒，兵相駘藉，不可勝數。自蚩尤以來，未嘗若斯也。〔二〕

〔一〕【考證】漢志「年」下有「閒」字。

〔二〕【集解】蘇林曰：「駘，音臺，登躡也。」【正義】謂從秦始皇十六年起兵滅韓，至漢高祖五年滅項羽，則三十六年矣。【考證】周壽昌曰：張楚，陳涉之號。並興，兼項羽而言。正義下「六」字衍。

項羽救鉅鹿，枉矢西流，山東遂合從諸侯，西坑秦人，誅屠咸陽。〔一〕

〔一〕【考證】漢志云「項羽救鉅鹿，枉矢西流」，枉矢所觸天下所伐射，滅亡象也。物莫直於矢，今蛇行不能直而枉者，執矢者亦不正，以象項羽執政亂也。愚按：此班氏依史文敷演耳。

漢之興，五星聚于東井。〔一〕平城之圍，月暈參、畢七重。〔二〕諸呂作亂，日蝕，晝晦。〔三〕吳、楚七國叛逆，彗星數丈，天狗過梁野；及兵起，遂伏尸流血其下。〔四〕元光、元狩，蚩尤之旗再見，長則半天。其後京師師四出，誅夷狄者數十年，而伐胡尤甚。〔五〕越之亡，熒惑守斗；〔六〕朝鮮之拔，星茀于河戒；〔七〕兵征大宛，星茀招摇：〔八〕此其犖犖大者。若至委曲小變，不可勝道。〔九〕由是觀之，未有不先形見而應隨之者也。

〔一〕**【考證】**班書、荀紀皆云，漢元年冬十月，五星聚于東井，史公于天官書、張耳傳皆言星聚事，而不書月日，本紀亦不載。漢志云以曆推之，從歲星也。劉敞曰，案歷太白辰星，去日率不能一兩次，今十月而從歲星于東井，非其理也。然則五星以秦之十月聚東井耳，秦之十月，今七月，日當在鶉尾，故太白、辰星得從歲星也。梁玉繩曰：漢元年冬十月，五星聚于東井，其實在漢前三年七月，即秦胡亥三年七月，紀事者欲明漢瑞，移書于元年十月耳。王引之曰：是從魏書高允傳崔浩「前三月聚東井」之説，其實非也。漢志客謂張耳曰「東井秦地，漢王入秦，五星從歲星聚，當以義取天下」，是五星聚東井，在入秦之月。高紀曰「秦三年九月，趙高立二世兄子子嬰爲秦王」，下遂云「元年冬十月，五星聚于東井。沛公至霸上，秦王子嬰封皇帝符璽節，降軹道旁」。是入秦在十月，上與九月相接，非建亥之月而何？若七月，則沛公猶未入秦，不足受命之符矣。史記張蒼傳「蒼爲計相時，緒正律曆。以高祖十月始至霸上，以十月爲歲首弗革」。若以十月爲今七月，則非秦之歲首矣。愚按：王説爲是。

〔二〕**【索隱】**漢高祖之七年。案：天文志「其占者畢、昴間天街也。街北，胡也。街南，中國也。昴爲匈奴；參爲趙，畢爲邊兵。是歲高祖自將兵擊匈奴，至平城，爲冒頓所圍，七日乃解」。則天象有若符契。七重，主七日也。

〔三〕【考證】漢書五行志「高后七年正月己丑晦，日有食之，既」。

〔四〕【考證】孝景本紀「二年八月，彗星出東北」。漢志「孝景二年，天狗下，占爲破軍殺將」。

〔五〕【正義】元光元年，太中大夫衛青等伐匈奴；元狩二年，冠軍侯霍去病等擊胡；元鼎五年，衛尉路博德等破南越；及韓説破東越，并破西南夷，開十餘郡；元年，樓船將軍楊僕擊朝鮮也。【考證】梁玉繩曰：漢書元光、元狩之間，無蚩尤旗見事，正義「元」下缺「封二二」字。

〔六〕【正義】南斗爲吴、越之分野。【考證】漢志「元鼎中，熒惑守南斗，占曰其國絶祀。南斗，越分也」。

〔七〕【索隱】茀，音佩，即孛星也。案：天文志「武帝元封之中，星孛于河戒，其占曰『南戒爲越門，北戒爲胡門』。其後漢兵擊拔朝鮮，以爲樂浪、玄菟郡。朝鮮在海中，越之象，居北方，胡之域」也。其河戒，即南河、北河也。【考證】漢志作「星孛于河戍」。錢大昕云：「戒」當作「弌」，東井西曲星曰弌，弌北三星爲北河，南三星爲南河，所謂南戍、北戍也。漢志作「戍」，亦誤。猪飼彦博、王引之諸人駁之云，當從漢志作「戍」，天象戍在井西，兩河在井之東南、東北，坐位異方。説文「戍，守邊也」，戍訓守邊，故南戍爲越門，北戍爲胡門。晉、隋志並云「南河曰南戍，北河曰北戍」。占經南、北「戍」字，前後百餘見，皆作「戍」，不作「戒」，説詳于猪氏三書管窺、王氏讀書雜志。

〔八〕【正義】招揺一星，次北斗杓端，主胡兵也。占：角變，則兵革大行。【考證】漢志云「太初中，星孛于招揺，傳曰『客星守招揺，蠻夷有亂，民死君』。其後漢兵擊大宛，斬其王。招揺，遠夷之分也」。

〔九〕【索隱】犖，力角反。犖犖，大事分明也。

夫自漢之爲天數者，星則唐都，氣則王朔，占歲則魏鮮。故甘、石曆五星法，唯獨熒惑有

反逆行；逆行所守，及他星逆行，日、月薄蝕，皆以爲占。〔一〕

〔一〕【集解】孟康曰：「日月無光曰薄。京房易傳曰『日赤黄爲薄』。或曰，不交而蝕曰薄。」韋昭曰：「氣往迫之爲薄，虧毁爲蝕。」【考證】逆行所守，承熒惑。猪飼彦博曰：言甘、石曆法，五星唯火星有逆行，至漢爲天數者，其法詳備，於是火星逆行所守，及土、木、金、水逆行，日月薄蝕，皆有占也。王元啓曰：薄，「薄迫」之「薄」，非「厚薄」之「薄」，韋説是。

余觀史記，考行事，〔一〕百年之中，五星無出而不反逆行，反逆行，嘗盛大而變色；〔二〕日月薄蝕，行南北有時：此其大度也。〔三〕故紫宮，房、心，權、衡，咸池，虚、危〔四〕列宿部星，此天之五官坐位也，〔五〕爲經，不移徙，大小有差，闊狹有常。〔六〕水、火、金、木、填星，此五星者，天之五佐，爲經緯，〔七〕見伏有時，所過行，贏縮有度。

〔一〕【考證】猪飼彦博曰：史記，史官所記。行事，往事也。

〔二〕【考證】嘗、常通。盛百二曰：逆行時，在本天最卑，故盛大。

〔三〕【考證】猪飼彦博曰：月食在日之衝，冬在北，夏在南。

〔四〕【正義】紫宮，中宮也。房、心，東宮也。權、衡，南宮也。咸池，西宮也。虚、危，北宮也。

〔五〕【正義】五官，列宿部内之星也。【考證】猪飼彦博曰：篇中唯此字未訛。方苞云「官」當作「宫」，首所列五宫也。不知五官爲正，五佐爲副，於文義亦不可易「官」爲「宫」也。

〔六〕【集解】孟康曰：「闊狹，若三台星相去遠近。」

〔七〕【集解】徐廣曰：「木、火、土三星若合，是謂驚位絶行。」【正義】言水、火、金、木、土五星，佐天行德也。五星行南北爲經，東西爲緯也。【考證】何焯曰：「經」字衍。猪飼彦博曰：五佐爲緯，與五官爲經對。王元啓曰：五星皆東行，逆則西行，無所謂南北行，正義不知「經」字爲衍文，强爲之説。

日變脩德，月變省刑，星變結和。凡天變過度，乃占。國君彊大，有德者昌；弱小，飾詐者亡。太上脩德，其次脩政，其次脩救，其次脩禳，正下無之。〔一〕夫常星之變希見，而三光之占亟用。〔二〕日月暈適，雲風，此天之客氣，其發見亦有大運。〔三〕然其與政事俯仰，最近大人之符。〔四〕此五者，天之感動。爲天數者，必通三五。終始古今，深觀時變，察其精粗，則天官備矣。〔五〕

〔一〕【考證】猪飼彦博曰：正下，猶言最下。愚按：「正」當作「最」，貨殖傳「善者因之，其次利道之，其次教誨之，其次整齊之，最下與之爭」。無之，不以爲意也。

〔二〕【考證】亟，屢也。

〔三〕【集解】徐廣曰：「適者，災變咎徵也。」李斐曰：「適，見災于天。劉向以爲日、月蝕及星逆行，非太平之常。自周衰以來，人事多亂，故天文應之，遂變耳。」駰案：孟康曰「暈，日旁氣也。適，日之將食，先有黑氣之變」。【考證】適、謫同，謂蝕也。

〔四〕【考證】王元啓曰：「大」字誤，當作「天」。

〔五〕【索隱】案：三，謂三辰；五，謂五星。【考證】「五者」二字，上無所承，疑有脱文。三五即三大變，索隱誤，説既見上。猪飼彦博曰：太史公本書止此，「蒼帝行德」以下恐是後人附益。

蒼帝行德，天門爲之開。〔一〕赤帝行德，天牢爲之空。〔二〕黄帝行德，天矢爲之起。〔三〕

風從西北來，必以庚、辛。一秋中，五至，大赦；三至，小赦。白帝行德，以正月二十日、二十一日，月暈圍，常大赦載，謂有太陽也。〔四〕一曰：〔五〕白帝行德，畢、昴爲之圍。圍三暮，德乃成；〔六〕不三暮，及圍不合，德不成。二曰：以辰，圍不出其旬。黑帝行德，天關爲之動。〔七〕天行德，天子更立年；不德，風雨破石。〔八〕三能、三衡者，天廷也。〔九〕客星出天廷，有奇令。〔一〇〕

〔一〕【索隱】案：謂王者行春令，布德澤，被天下，應靈威仰之帝，而天門爲之開，以發德化也。天門即左右角閒也。

【正義】爲，于僞反，下同。蒼帝，東方靈威仰之帝也。春萬物開發，東作起，則天發其德化，天門爲之開也。

〔二〕【索隱】亦謂王者行德，以應火精之帝。謂舉大禮封諸侯之地，則是赤帝行德。夏陽主舒散，故天牢爲之空，則人主當赦宥也。【正義】赤帝，南方赤熛怒之帝也。夏萬物茂盛，功作大興，則天施德惠，天牢爲之空虛也。天牢六星，在北斗魁下，不對中台，主秉禁暴，亦貴人之牢也。

〔三〕【正義】黄帝，中央含樞紐之帝，季夏萬物盛大，則當大赦，含養羣品也。【考證】張文虎曰：中統、游、毛並作「天夭」，北宋、柯、凌本作「天矢」，疑皆誤。御覽八百七十二引作「天爲之起」，蓋脱一字。

〔四〕【考證】王元啓曰：「常」爲「當」字之譌。「載」字誤，前文無所謂載也。張文虎曰：「謂有大陽也」，有脱誤。

〔五〕【索隱】一曰，二曰，案謂星家之異説，太史公兼記之耳。

〔六〕【正義】白帝，西方白招矩之帝也。秋萬物咸成，則暈圍畢、昴三暮，帝德乃成也。

〔七〕【正義】黑帝，北方叶光紀之帝也。冬萬物閉藏，爲之動，爲之開閉也。天關一星，在五車南，畢西北，爲天門，日、月、五星所道，主邊事，亦爲限隔内外，障絶往來，禁道之作違者。占：芒，角，有兵起，五星守之，主貴人多死也。

〔八〕**【索隱】**案：天，謂北極，紫微宫也。言王者當天心，則北辰有光耀，是行德也。北辰光耀，則天子更立年也。**【考證】**猪飼彦博曰：「天行德」一句疑當作「天子行德，天更立年」，言天子行德，風雨順，大有年，不德，則風雨不順。

〔九〕**【索隱】**上云「南宫朱鳥，權衡，衡，太微，三光之廷」，則三衡者即太微也。其謂之三者，爲日、月、五星也。然斗第六第五星亦名衡，又參三星亦名衡，然並不爲天廷也。**【正義】**晉書天文志云：「三台，主開德宣符也，所以和陰陽，而理萬物也。三衡者，北斗魁四星爲璇璣，杓三星爲玉衡，人君之象，號令主也。又太微，天子宫庭也。太微爲衡，衡主平也，爲天庭理，法平辭理也。」案：言三台、三衡者，皆天帝之庭，號令舒散平理也，故言三台、三衡。言若有客星，出三台、三衡之廷，必有奇異教令也。**【考證】**猪飼彦博曰：三衡未詳。

〔一〇〕**【考證】**梁玉繩曰：「三能」三句有闕文，索隱、正義解費而義晦。

【索隱述贊】在天成象，有同影響。觀文察變，其來自往。天官既書，太史攸掌。雲物必記，星辰可仰。盈縮匪僭，應驗無爽。至哉玄監，云誰欲謟！

史記會注考證卷二十八

封禪書第六　史記二十八

【正義】此泰山上築土爲壇以祭天，報天之功，故曰封。泰山下小山上除地，報地之功，故曰禪。言禪者，神之也。白虎通云：「或曰封者，金泥銀繩，或曰石泥金繩，封之印璽也。」五經通義云：「易姓而王，致太平，必封泰山，禪梁父，荷天命以爲王，使理羣生，告太平於天，報羣神之功。」【考證】史公自序云：「受命而王，封禪之符罕用，用則萬靈罔不禋祀，追本諸神名山大川禮，作封禪書第六。」梁玉繩曰：三代以前無封禪，乃燕、齊方士所僞造，昉于秦始，侈于漢武。此書先雜引鬼神之事，比類見義，遂因其傅會，備録于篇，政以著其妄，用意微矣。惟牽引郊社、巡狩諸典禮，未免黷經。馬端臨云，西漢郊祀，襲秦制，而雜以方士之説，曰太乙，曰五帝，叢雜而祀之，皆謂之郊天。史公所序者，秦漢不經之祠，而以舜類上帝，三代郊祀之禮先之。至孟堅直名郊祀志，于是以祀六帝爲郊，自遷、固以來議論相襲而然已。或問封禪雖禮，經不載，然管子、莊子、韓詩外傳皆言之。路史前紀六九謂封禪乃易姓告代之大禮，一姓惟一行，本袁宏後漢紀、續後書祭祀志，豈俱不足信歟？曰：管子雜篇多後人附竄，非其本書，而管、莊于諸子中最顯，因並竄焉，故封禪篇管仲諫桓公語，與此書無異，蓋作僞者造爲成文，史全録之爾。梁許懋封禪議謂管仲設言以屈桓公，又取夷吾所記七十二君，細數而辨駁之，得毋錯認爲真乎？韓嬰生當其時，更無足怪，託諸孔氏，其誕益明。袁宏諸人之説並無據。洪邁曰：東坡作趙德麟字説云「漢武帝獲白麟，司馬遷、班固書曰『獲一角獸，蓋麟云』，『蓋』之爲言疑之也」。予觀史、漢所記事，或曰「若」，或曰「云」，或曰「焉」，或曰「蓋」，其語舒緩含深意。姑以封禪書、郊祀志考之，漫記于此。「雍州好時，自古諸神祠皆聚云。蓋黄帝時嘗用事，雖晚周亦郊焉」。「三神山蓋嘗有至者，諸僊人及不死之藥皆在焉」。「未能至，望見之焉」。「新垣平望氣，言有神氣成五采，若人冠絻焉」。「權火舉而祠，若光輝然屬天焉」。「出長安門，若見五人於道北」。「蓋夜致王夫人之貌云，天子自帷中望見焉」。「登中嶽太室，從官在山下，聞若言『萬歲』云」。「祭封禪祠，其夜若有光」。封欒大詔：「天若遺朕士而大通焉」。河東迎鼎：「有黄雲蓋焉」。「見神人東萊山，若云欲見天子」。方士言：「蓬萊諸神若將可得。」「天子爲塞河，興通天臺，若見有光云」。「獲若石于陳倉」。此外如所謂「及羣臣有言老父，則大以爲僊人也」。「可爲觀如緱城，神人宜可致」。「天旱，意乾封乎」。「然其效可睹矣」。詞旨亦相似。凌稚隆曰：按此書直書其事，而其失自見，有諷意，無貶辭，可爲作史紀時事者之法。又曰：此書以「命」字、「德」字、「符瑞」字爲關鍵，又連用「蓋」字、「若」字、「云」字、「焉」字、「矣」字，皆極有意。又曰：書中多用「皆」字、「如」字、「各」字，俱省文也。

自古受命帝王，曷嘗不封禪？〔一〕蓋有無其應而用事者矣，〔二〕未有睹符瑞見而不臻乎泰山者也。〔三〕雖受命而功不至，至梁父矣而德不洽，洽矣而日有不暇給，是以即事用希。〔四〕傳曰：「三年不爲禮，禮必廢；三年不爲樂，樂必壞。」每世之隆，則封禪荅焉，及衰而息。厥曠遠者千有餘載，近者數百載，故其儀闕然堙滅，其詳不可得而記聞云。〔五〕

〔一〕【考證】楊慎曰：與後所引管仲對齊桓公曰「七十二君皆受命然後得封禪」相應。方苞曰：言特不以爲不死之術也。

〔二〕【考證】楊慎曰：與後所論秦始皇云「豈所謂無其德而用其事者邪」相應。

〔三〕【考證】楊慎曰：與後言「符瑞如黃龍寶鼎」相應。

〔四〕【考證】「梁父」二字衍。數句與下文「文王受命，政不及泰山，武王克殷，天下未寧而崩，周德之洽維成王」相應。

〔五〕【考證】傳曰，論語陽貨篇引宰我言。「廢」作「壞」，「壞」作「崩」。廢、壞，韻。數句與下文「上與公卿諸生議封禪，封禪用希，曠絶莫知其儀」相應。

尚書曰，舜在璇璣玉衡，以齊七政。遂類于上帝，禋于六宗，望山川，徧羣神。輯五瑞，擇吉月日，見四嶽諸牧，還瑞。〔一〕歲二月，東巡狩，至于岱宗。岱宗，泰山也。〔二〕柴，望秩于山川。遂覲東后。東后者，諸侯也。〔三〕合時月，正日，同律度量衡，修五禮，五玉三帛二生一死贄。五月，巡狩至南嶽。南嶽，衡山也。〔四〕八月，巡狩至西嶽。西嶽，華山也。〔五〕十一月，巡狩至北嶽。北嶽，恒山也。〔六〕皆如岱宗之禮。中嶽，嵩高也。〔七〕五載一巡狩。〔八〕

〔一〕【集解】徐廣曰：「還，一作『班』。」【考證】五帝本紀「望」下、「徧」下有「于」字，「徧」作「辯」，「輯」作「揖」，「還」作「班」。

〔二〕【正義】括地志云：「泰山，一曰岱宗，東岳也，在兗州博城縣西北三十里。周禮云兗州鎮曰岱宗。」【考證】岱宗，泰山也，史公釋書文，將敘泰山封禪事，不可無此注。下文衡山也，華山也，恒山也，嵩高也，亦史公以所傳釋之也，尚書不載。

〔三〕【考證】五帝本紀「柴」作「祡」，「覲」作「見」。徐孚遠曰：上古封禪無明文，以尚書所載柴岱宗之事當之，雖非寔然，其於諸説較近，故先敘舜事，後及黄帝。凌稚隆曰：是言巡狩，以附會封禪之始。中井積德曰：舜之柴望，只是祭山川而已，猶旅之類，與後世封禪迥然異科。

〔四〕【正義】括地志云：「衡山，一名岣嶁山，在衡州湘潭縣西四十里。」

〔五〕【正義】括地志云：「華山，在華州華陰縣南八里，古文以爲敦物。周禮云豫州鎮曰華山。」

〔六〕【正義】括地志云：「恒山，在定州恒陽縣西北百四十里。周禮云并州鎮曰恒山。」【考證】梁玉繩曰：「恒」字宜避，下文「恒」字倣之。

〔七〕【索隱】獨不言「至」者，蓋以天子所都也。【正義】括地志云：「嵩山亦名曰太室，亦名曰外方也，在洛州陽城縣西北二十三里。」【考證】尚書、五帝本紀並無中嶽事。中井積德曰：「中嶽」句以上列四嶽附記耳，非巡狩所至，索隱非也。

〔八〕【考證】以上史公補修今文堯典文。

禹遵之。〔一〕後十四世，至帝孔甲，淫德好神，神瀆，二龍去之。〔二〕其後三世，湯伐桀，欲遷夏社，不可，作夏社。〔三〕後八世，至帝太戊，有桑穀生於廷，一暮大拱，懼。伊陟曰：「妖不勝德。」〔四〕太戊修德，桑穀死。伊陟贊巫咸，巫咸之興，自此始。〔五〕後十四世，帝武丁得傅説爲相，殷復興焉，稱高宗。有雉登鼎耳雊，〔六〕武丁懼。祖己曰：「修德。」武丁從之，位以永寧。〔七〕後五世，帝武乙慢神而震死。〔八〕後三世，帝紂淫亂，武王伐之。〔九〕由此觀之，始未嘗不肅祗，後稍怠慢也。〔一〇〕

〔一〕【考證】凌稚隆曰：大禹歷盡山川，有事山岳，而太史公止括之以一言，曰「禹遵之」，短長各有其度，類如此。

〔二〕【索隱】如淳按：國語「二龍嫠于夏庭」，是也。【考證】國語鄭語。徐孚遠曰：孔甲之事，不爲封禪也，蓋祀神所自始矣，後乃雜叙焉。漢書郊祀志「十四世」作「十三世」。張文虎曰：三代世表自禹訖孔甲共十四世。

〔三〕【考證】「湯伐桀」以下采尚書夏社序。顔師古曰：「夏社」，尚書篇名，今則序在，而書亡逸。

〔四〕【集解】徐廣曰：「陟，古作『敕』。」

〔五〕【索隱】案尚書，巫咸，殷臣名，伊陟贊告巫咸。今此云「巫咸之興自此始」，則以巫咸爲巫覡。然楚詞亦以巫咸主神。蓋太史公以巫咸是殷臣，以巫接神事，太戊使禳桑穀之災，所以伊陟贊巫咸，故云「巫咸之興自此始」也。【考證】桑穀生廷，吕覽制樂篇、韓詩外傳爲湯時，説苑敬慎篇爲武丁時，史記據書序。愚按：下「咸」字疑衍，或云當作「覡」，或云當作「祝」。當時巫家假巫咸爲説，史公下文欲言神巫事，故著此語。

〔六〕【集解】徐廣曰：「一作『鷮』，音嬌。」

〔七〕【考證】以上采尚書高宗肜日篇及序。凌稚隆曰：此言禨祥以附符瑞之始。

〔八〕【索隱】謂武乙射天，後獵於河渭而震死也。

〔九〕【考證】尚書微子篇云「今殷民乃攘竊神祇之犧牷牲用」，墨子非命篇引太誓云「紂夷之居，不肯事上帝，棄闕其先神而不祀也」，是紂亦慢神者。

〔一〇〕【考證】田汝成曰：與功臣表「始未嘗不欲固其根本，而枝葉稍陵夷衰微也」同一句法。

周官曰，冬日至，祀天於南郊，迎長日之至；夏日至，祭地祇。皆用樂舞，而神乃可得而禮也。〔一〕天子祭天下名山大川，五嶽視三公，四瀆視諸侯，諸侯祭其疆内名山大川。〔二〕四瀆

者，江、河、淮、濟也。〔三〕天子曰明堂、辟雍，〔四〕諸侯曰泮宮。〔五〕

〔一〕【考證】漢書郊祀志删「周官曰」以下三十一字。愚按：周官即周禮，周禮春官大司樂云「凡樂，圜鍾爲宮，黄鍾爲角，大簇爲徵，姑洗爲羽，靁鼓靁鼗，孤竹之管，雲和之琴瑟，雲門之舞。冬日至，於地上之圜丘奏之，若樂六變，則天神皆降，可得而禮矣。凡樂，函鍾爲宮，大簇爲角，姑洗爲徵，南吕爲羽，靈鼓靈鼗孫竹之管，空桑之琴瑟，咸池之舞。夏日至，於澤中之方丘奏之，若樂八變，則地示皆出，可得而禮矣」。史公蓋約是文。

〔二〕【考證】取禮記王制文。顔師古曰：瀆者，發源而注海者也。視，謂其禮物之數也。

〔三〕【考證】五嶽見上，故不釋。

〔四〕【集解】韋昭曰：「水外四周，圓如辟雍，蓋以節觀者也。」

〔五〕【集解】張晏曰：「制度半於天子之辟雍。」【索隱】按：服虔云「天子水匝，爲辟雍。諸侯水不匝，至半，爲泮宮」。禮統又云「半有水，半有宮」，是也。【考證】禮記王制無「明堂」二字，「泮」作「頖」。鄭玄曰「辟，明也；雍，和也，所以明和天下。頖之言班也，所以班政教也」。中井積德曰：辟雍、泮宮，元是離宮别館已，漢儒以爲學宮也，蓋起于緯書之妄。

周公既相成王，郊祀后稷以配天，〔一〕宗祀文王於明堂，以配上帝。〔二〕自禹興而修社祀，后稷稼穡，故有稷祠，郊社所從來尚矣。

〔一〕【集解】王肅曰：「配天，於南郊祀之。」

〔二〕【集解】鄭玄曰：「上帝者，天之别名也。神無二主，故異其處，避后稷也。」

自周克殷後十四世，世益衰，禮樂廢，諸侯恣行，而幽王爲犬戎所敗，〔一〕周東徙〈額〉〔雒〕邑。秦襄公攻戎救周，始列爲諸侯。〔二〕秦襄公既侯，居西垂，〔三〕自以爲主少暤之神，作西時，祠白帝，其牲用騮駒、〔四〕黄牛、羝羊各一云。〔五〕其後十六年，秦文公東獵汧、渭之閒，卜居之而吉。〔六〕文公夢黄蛇自天下屬地，其口止於鄜衍。〔七〕文公問史敦，敦曰：「此上帝之徵，君其祠之。」於是作鄜畤，用三牲郊祭白帝焉。

〔一〕【集解】徐廣曰：「犬，一作『畎』。」【考證】張文虎曰：三代世表武王至幽王十二世。

〔二〕【正義】秦襄公，周平王元年封也。【考證】徐孚遠曰：神靈之祠，多秦所興，故敍周室東遷，以啓其事。

〔三〕【正義】漢隴西郡西縣也。今在秦州上邽縣西南九十里也。【考證】中井積德曰：西垂，猶西邊也。

〔四〕【索隱】赤馬黑鬣曰騮也。【考證】沈欽韓曰：周禮正祭皆無用馬牲之事。大司馬職，喪祭奉詔馬牲。校人職，凡將事於四海山川，則飾黄駒。古禮僅用之，沈辜祈禳，或以盟誓。高帝刑白馬而盟，漢武帝幸瓠子決河，湛白馬璧，是也。至匈奴殺馬以祭天，戎狄皆然，則秦乃循西戎之俗也。

〔五〕【索隱】詩傳云：「羝，牡羊。」【考證】畤，蓋秦人語。凌稚隆曰：是作壇畤之始。

〔六〕【索隱】按：地理志汧水出汧縣西北，入渭。皇甫謐云「文公徙都汧」者也。【正義】括地志云：「郿縣故城，在岐州郿縣東北十五里，即此城也。」【考證】漢志「十六」年作「十四年」，據年表、秦紀，襄公八年立西畤，後八年，文公四年，至汧、渭之會，後又六年，文公十四年作鄜畤。

〔七〕【集解】李奇曰：「鄜，音孚。山阪曰衍。」【索隱】鄜，地名，後爲縣，屬馮翊。衍者，鄭衆注周禮云「下平曰衍」；又李奇三輔記云「三輔謂山阪閒爲衍」也。

自未作鄜畤也，而雍旁故有吴陽武畤，〔一〕雍東有好畤，皆廢無祠。或曰：「自古以雍州積高，神明之隩，故立畤，郊上帝，諸神祠皆聚云。〔二〕蓋黄帝時嘗用事，雖晚周亦郊焉。」其語不經見，縉紳者不道。〔三〕

〔一〕【集解】李奇曰：「於旁有吳陽地。」【考證】王先謙曰：吳陽，吳山之陽，吳山見下。

〔二〕【考證】顏師古曰：土之可居者曰隩。

〔三〕【集解】李奇曰：「縉，插也，插笏於紳。紳，大帶。」【索隱】姚氏云：「縉，當作『搢』。」鄭衆注周禮云「縉讀爲『薦』，謂薦之於紳帶之閒」。今按：鄭意以縉爲薦，則薦亦是進，進而置於紳帶之閒，故史記亦多作「薦」字也。

作鄜畤後九年，文公獲若石云，于陳倉北阪城祠之。〔一〕其神或歲不至，或歲數來，來也常以夜，光輝若流星，從東南來，集于祠城，則若雄雞，其聲殷云，〔二〕野雞夜雊。〔三〕以一牢祠，命曰陳寶。〔四〕

〔一〕【集解】蘇林曰：「質如石也。」服虔曰：「在北，或曰在陳倉北。」【索隱】蘇林云：「質如石，似肺。」【正義】三秦記云：「太白山西有陳倉山，山有石雞，與山雞不別。趙高燒山，山雞飛去。而石雞不去，晨鳴山頭，聲聞三里。或言是玉雞。」括地志云：「陳倉山，在今岐州陳倉縣南。」又云：「寶雞神祠，在漢陳倉縣故城中，今陳倉縣東。石雞在陳倉山上。」祠在陳倉城，故言獲若石于陳倉北阪城祠之。【考證】劉敞曰：蓋於陳倉北阪上築城作祠祠之。下文云「集於祠城」是也。

〔二〕【考證】漢志「雞」作「雉」。愚按：聲如雄雞，故野雞聞之和應也，作「雉」非是。漢志重「殷」字。愚按：殷云云者，其聲殷然也。周本紀云「其色赤，其聲魄云」，魄云云者，其聲魄然也，與此同例，「殷」字不必重。

〔三〕【集解】如淳曰：「野雞，雉也。呂后名雉，故曰野雞。」瓚曰：「殷，聲也。云，足句之詞。」【考證】顧炎武曰：野雞者，野中之雞耳，注拘於荀悅云諱「雉」之字曰「野雞」。夫諱「恒」曰「常」，諱「啓」曰「開」，史固有；言「常」言「開」者，豈必其皆爲「恒」與「啓」乎？上文曰「有雉登鼎耳雊」，下文云「公孫卿言見仙人迹緱氏城上，有物如雉，往來城上」，又云「縱遠方奇獸飛禽及白雉」，並無所諱。漢書地理志南陽郡有雉縣，江夏郡有下雉縣，五行志「王音等上言，雉者聽察，先聞雷聲」，則漢時未嘗諱「雉」也。

〔四〕【集解】瓚曰：「陳倉縣有寶夫人祠，或一歲二歲與葉君合。葉君神來時，天爲之殷殷雷鳴，雉爲之雊也。在長安正西五百里。」韋昭曰：「在陳倉縣。寶而祠之，故曰陳寶。」【索隱】案：列異傳云「陳倉人得異物以獻之，道遇二童子，云：『此名爲媦，在地下食死人腦。』媦乃言云：『彼二童子名陳寶，得雄者王，得雌者伯。』乃逐童子，化爲雉。秦穆公大獵，果獲其雌，爲立祠。祭，有光，雷電之聲。雄止南陽，有赤光，長十餘丈，來入陳倉祠中」。所以代俗謂之寶夫人祠，抑有由也。葉，縣名，在南陽。葉君即雄雉之神，故時與寶夫人神合也。

作鄜畤後七十八年，秦德公既立，卜居雍，「後子孫飲馬於河」，遂都雍。雍之諸祠自此興。用三百牢於鄜畤。〔一〕作伏祠。〔二〕磔狗邑四門，以禦蠱菑。〔三〕

〔一〕【索隱】案：秦本紀德公元年，以犧三百祠鄜畤。今案：「百」當爲「白」，秦君西祀少昊時，牲尚白。秦，諸侯也，雖奢侈，祭郊本特牲，不可用三百牢以祭天，蓋字誤耳。【考證】漢志「七十八年」作「七十一年」。雍故城在今陝西鳳翔縣南。「後子孫飲馬於河」，卜人之辭。

〔二〕【索隱】案：服虔云「周時無伏，磔犬以禦災，秦始作之」。漢舊儀云「伏者，萬鬼行日，故閉不干求也」，故東觀漢記「和帝初令伏閉晝日」是也。又厤忌釋曰「伏者何？金氣伏藏之名。四時代謝，皆以相生。而春木代水，水生木也。夏火代木，木生火也。冬水代金，金生水也。至秋，則以金代火，金畏於火，故至庚日必伏。庚者，金日也」。【考證】中井積德曰：「『伏』字義未詳，索隱引漢舊儀，非也，當時未嘗有五行生尅之說。柯維騏曰：伏者，禳邪氣使退伏。

〔三〕【索隱】案：左傳云「皿蟲爲蠱」，梟磔之鬼亦爲蠱。故月令云「大儺，旁磔」，注云「磔，禳也。厲鬼爲蠱，將出害人，旁磔於四方之門」。故此亦磔狗邑四門也。風俗通云「殺犬磔禳也」。

德公立二年卒。其後六年，秦宣公作密畤於渭南，祭青帝。〔一〕

〔一〕【考證】漢志「六年」作「四年」，此誤。

其後十四年，秦繆公立，〔一〕病臥五日不寤；寤，乃言夢見上帝，上帝命繆公平晉亂。史書而記藏之府。而後世皆曰秦繆公上天。〔二〕

〔一〕【考證】漢志「十四」年作「十三年」，此誤。

〔二〕【考證】梁玉繩曰：趙世家及扁鵲傳備載此事。宋葉適習學記言曰「此醫師語也，遷載之，蕪妄甚矣。西京賦有天帝饗穆公一段，即上天之說」。明陶宗儀說郛載，尚書中候言穆公出狩，天大雷，有火化白雀，銜綠丹書，集于車。書言穆公之霸訖胡亥事，尤爲詭異。

秦繆公即位九年，齊桓公既霸，會諸侯於葵丘，〔一〕而欲封禪。〔二〕管仲曰：〔三〕「古者封泰山禪梁父者七十二家，〔四〕而夷吾所記者十有二焉。〔五〕昔無懷氏〔六〕封泰山，禪云云；〔七〕虙羲封泰山，禪云云；神農封泰山，禪云云；炎帝封泰山，禪云云；〔八〕黃帝封泰山，禪亭亭；〔九〕顓頊封泰山，禪云云；帝告封泰山，禪云云；〔一〇〕堯封泰山，禪云云；舜封泰山，禪云云；禹封泰山，禪會稽；〔一一〕湯封泰山，禪云云；周成王封泰山，禪社首：〔一二〕皆受命然後得封禪。」桓公曰：「寡人北伐山戎，〔一三〕過孤竹；〔一四〕西伐大夏，涉流沙，〔一五〕束馬懸車，上卑耳之山；〔一六〕南伐至召陵，〔一七〕登熊耳山，以望江、漢。〔一八〕兵車之會三，〔一九〕而乘車之會六，〔二〇〕九合諸侯，一匡天下，諸侯莫違我。昔三代受命，亦何以異乎？」於是管仲睹桓公不可窮以辭，因設之以事，曰：「古之封禪，鄗上之黍，北里之禾，所以爲盛；〔二一〕江、淮之間，一茅三脊，所以爲藉也。〔二二〕東海致比目之魚，〔二三〕西海致比翼之鳥，〔二四〕然后物有不召而自至者十有五焉。今鳳皇麒麟不來，嘉穀不生，而蓬蒿藜莠茂，鴟梟數至，而欲封禪，毋乃不可乎？」於是桓公乃止。〔二五〕是歲，秦繆公内晉君夷吾。其後三置晉國之君，平其亂。〔二六〕繆公立三十九年而卒。

〔一〕【正義】括地志云：「葵丘，在曹州考城縣東南一里五十步郭内，即桓公所會處也。」【考證】葵丘會在僖九年。

〔二〕【考證】中井積德曰：封禪之説蓋昉於秦皇之時，前此無有也，所謂怪迂之徒所稱述耳。齊桓之時豈有此等説，管子書多係僞撰，焉足據哉？愚按：梁玉繩説同，見上。

〔三〕【索隱】案：今管子書其封禪篇亡。【考證】今本管子有封禪篇。尹知章云元篇亡，今以司馬遷封禪書所載管子言以補之。

〔四〕【正義】括地志云：「梁父山，在兗州泗水縣北八十里。」

〔五〕【正義】韓詩外傳云：「孔子升泰山，觀易姓而王可得而數者七十餘人，不得而數者萬數也。」案：管仲所記，自無懷氏以下十二家，其六十家無紀録也。

〔六〕【集解】服虔曰：「古之王者在伏羲前，見莊子。」

〔七〕【集解】李奇曰：「云云山在梁父東。」【索隱】晉灼云：「山在蒙陰縣故城東北，下有云云亭也。」【正義】括地志云：「云云山，在兗州博城縣西南三十里也。」

〔八〕【索隱】鄧展云「神農後子孫亦稱炎帝，而登封者」，律曆志「黄帝與炎帝戰於阪泉」，豈黄帝與神農身戰乎？皇甫謐云炎帝傳位八代也。

〔九〕【集解】徐廣曰：「在鉅平。」駰案：服虔曰亭亭山在牟陰。【索隱】應劭云在鉅平北十餘里。服虔云在牟陰，非也。【正義】括地志云：「亭亭山，在兖州博城縣西南三十里也。」

〔一〇〕【考證】管子、藝文類聚「佶」作「嚳」，與漢志合。

〔一一〕【索隱】晉灼云「本名茅山」。吴越春秋云「禹巡天下，登茅山，羣臣乃大會計，更名茅山爲會稽」。亦曰苗山也。【正義】括地志云：「會稽山，一名衡山，在越州會稽縣東南一十二里也。」【考證】徐孚遠曰：以上帝王封泰山，禪不過其域，今禹乃禪會稽，其地遠不相應也，蓋以禹朝諸侯於是山，故假其説以實之。

〔一二〕【集解】應劭曰：「山名，在博縣。」晉灼曰：「在鉅平南十三里。」

〔一三〕【索隱】服虔云：「蓋今鮮卑是。」

〔一四〕【正義】括地志云：「孤竹故城，在平州盧龍縣南一十里，殷時孤竹國也。」

〔一五〕【考證】中井積德曰：齊桓足跡不能踰秦而西矣，安能望大夏流沙哉？斯言之妄，亦可以知矣。愚按：漢志無「大夏涉流沙」五字。

〔一六〕【集解】韋昭曰：「將上山，纏束其馬，懸鉤其車也。卑耳，即齊語所謂『辟耳』。」【索隱】案：山名，在河東大陽。卑讀如字也。齊語，即春秋外傳國語之書也。辟，音僻。賈逵云「山險也」。

〔一七〕【正義】召，音邵。括地志云：「召陵故城，在豫州郾城縣東四十五里也。」

〔一八〕【索隱】登熊耳。案：荆州記耒陽、益陽二縣東北有熊耳，東西各一峯，狀如熊耳，因以爲名。齊桓公並登之。或云弘農熊耳，下云「望江漢」，知非也。

〔一九〕【索隱】案左傳，三，謂魯莊十三年會北杏，平宋亂；僖四年侵蔡，遂伐楚；六年，伐鄭圍新城，是也。

〔二〇〕【索隱】據左氏傳云，謂莊十四年會于鄄，十五年又會鄄，十六年盟于幽，僖五年會于首止，八年盟于洮，九年會葵丘也。【考證】齊世家同，國語齊語、管子小匡亦有此語。莊二十七年穀梁傳云「衣裳之會十一，兵車之會四」。愚按：春秋傳桓公之會諸侯不止於此。

〔二一〕【集解】應劭曰：「鄗上，山也。鄗，音臛。」蘇林曰：「鄗上、北里皆地名。」【索隱】韋昭云：「設以不可得之物。」鄗，音霍。應劭云：「光武改高邑曰鄗。」姚氏云：「鄗縣屬常山。」一云，鄗上，山名。【考證】顏師古曰：盛，謂以實簠簋。

〔二二〕【集解】孟康曰：「所謂靈茅也。」【考證】顏師古曰：藉，以藉地也。

〔二三〕【集解】韋昭曰：「各有一目，不比不行，其名曰鰈。」【索隱】鰈，音荅。郭璞云：「如牛脾，身薄，細鱗，紫黑色，只一眼，兩片合乃得行，今江東呼爲王餘，亦曰版魚。」

〔二四〕【集解】韋昭曰：「各有一翼，不比不飛，其名曰鶼鶼。」【索隱】案：山海經云「崇吾之山有鳥，狀如鳧，一翼一目，相得乃飛，名云蠻」。郭璞注爾雅亦作「鶼鶼」。

〔二五〕【考證】漢志「數至」作「羣翔」。余有丁曰：此所謂睹符瑞而臻太山者也。楊慎曰：管仲之言，是謂無其應而事焉不可也，應前。

〔二六〕【索隱】三置晉君。案：謂惠公、懷公、文公也。

其後百有餘年，而孔子論述六蓺，傳略言易姓而王，封泰山，禪乎梁父者七十餘王矣，〔一〕其俎豆之禮不章，蓋難言之。〔二〕或問禘之說，孔子曰：「不知。知禘之說，其於天下也視其掌。」〔三〕詩云，紂在位，文王受命，政不及泰山。〔四〕武王克殷二年，天下未寧而崩。〔五〕

爰周德之洽維成王，成王之封禪則近之矣。及後陪臣執政，季氏旅於泰山，仲尼譏之。〔六〕

〔一〕【考證】梁玉繩曰：秦繆公卒後至孔子論述六經幾百四十年，而孔子又安得有易姓封禪之言哉？託諸孔子，猶之嫁名管仲也。

〔二〕【考證】與上文「封禪遠者千有餘載，近者數百載，其儀闕然湮滅」，下文「上議封禪，封禪用希，曠絶莫知其儀」相應。

〔三〕【集解】孔安國曰：「爲魯諱也。」包氏曰：「孔子謂或人言知禘之説者，於天下之事如指視以掌中之物，言其易了。」【考證】論語八佾篇。

〔四〕【考證】王若虛曰：指其掌，孔自指其掌而言耳，直云「其于治天下也視其掌」，不已疏乎。程一枝曰：「詩」當作「書」。張照曰：「詩云」二字不審所謂，注家皆略，蓋唐時無此文也。「視其掌云」爲句，衍「詩」字。盧文弨曰：説詩者以虞芮質成爲文王受命之年，史公所引即此。愚按：張説最確。「其于天下也」，夫子之言也；「視其掌云」，夫子自示其掌，狀其甚易也。又按：與上文「雖受命功不至」句相應。

〔五〕【考證】與上文「德洽矣而日有不暇給」相應。武王崩年，諸書所記不同，詳于周本紀。

〔六〕【集解】馬融曰：「旅，祭名。禮，諸侯祭山川在封内者。陪臣祭泰山，非禮也。」【考證】論語八佾篇。

是時萇弘以方事周靈王，諸侯莫朝周，周力少，萇弘乃明鬼神事，設射貍首。貍首者，諸侯之不來者。依物怪欲以致諸侯。〔一〕諸侯不從，而晉人執殺萇弘。周人之言方怪者自萇弘。〔二〕

〔一〕【集解】徐廣曰：「貍一名『不來』。」【考證】凌稚隆曰：大射儀「奏貍首」，鄭玄云「貍之言不來也，其詩有『射諸侯首不朝者』之言，因以名篇」。故萇弘因諸侯不朝，設射貍首，而太史公釋其義曰「諸侯之不來」也。錢大昕曰：萇弘所行乃是古禮，戰國後禮廢，乃疑其神怪爾。愚按：「貍」讀爲「埋」，不來反。

〔三〕【集解】皇覽曰：「萇弘冢在河南洛陽東北山上。」【考證】梁玉繩曰：左傳昭十一年，萇弘始見，魯昭十一爲周景王十四，恐未逮事靈王也，而以爲事靈王，誤一。弘之見殺，當敬王二十八年、魯哀公三年，而以爲殺於靈王時，誤二。弘與于范、中行之難，周人殺之以說於晉，固非爲致諸侯，亦非晉執而殺之，誤三。又曰：漢志「晉人殺萇弘」上有「周室愈微後二世至敬王時」十一字，疑此或脱。

其後百餘年，秦靈公作吴陽上畤，祭黄帝；作下畤，祭炎帝。〔一〕

〔一〕【集解】徐廣曰：「凡距作密畤二百五十年。」【索隱】吴陽，地名，蓋在岳之南。又上云「雍旁有故吴陽武畤」，今蓋因武畤又作上、下畤，以祭黄帝、炎帝。【考證】梁玉繩曰：敬王廿八年弘見殺，威烈王四年秦靈作畤，首尾七十一年，安得百餘年哉？愚按：史公自靈王時言之。

後四十八年，周太史儋〔一〕見秦獻公曰：「秦始與周合，合而離，五百歲當復合，〔二〕合十七年而霸王出焉。」〔三〕櫟陽雨金，秦獻公自以爲得金瑞，故作畦畤櫟陽而祀白帝。〔四〕

〔一〕【索隱】音丁甘反。孟康云即老子也。韋昭案年表，儋在孔子後百餘年，非老聃也。

〔二〕【索隱】案：大顏歷評諸家，而云周平王封襄公爲諸侯，至昭王五十二年西周君獻邑，凡五百一十六年爲合，亦舉全數。

〔三〕【索隱】合十七年伯王出。自昭王滅周之後至始皇元年誅嫪毐，正一十七年。孟康云：「謂周封秦爲別，秦并周爲合。此襄公爲霸，始皇爲王也。」【正義】王，于放反。秦周俱黄帝之後，至非子未别封，是合也。合而離者，謂非子末年，周封非子爲附庸，邑之秦，是離也。五百歲當復合者，謂從非子邑秦後二十九君，至秦孝公二年五百歲，周顯王致文武胙於秦孝公，復與之親，是復合也。十七年霸王出焉者，謂從秦孝公三年至十九年，周顯王致伯於秦孝公，是霸出也；至惠王稱王，王者出焉。然五百歲者，非子生秦侯已下二十八君，至孝公二年，合四百八十六年，兼非子邑秦之後十四年，則五百歲矣。諸家解皆非也。【考證】此事又見於周、秦本紀、老子傳。中井積德曰：霸王，謂雄于天下者，非謂霸與王。愚按：是斥始皇，說詳于周本紀。

〔四〕【集解】晉灼曰：「漢注在隴西西縣人先祠山下，形如種韭畦，畦各一土封。」【索隱】漢舊儀云：「祭人先於隴西西縣人先山，山上皆有土人，山下有時，埒如菜畦，時中各有一土封，故云時。」三蒼云：「時，埒也。」【考證】漢志「櫟陽」上有「儋見後七年」五字。

其後百二十歲而秦滅周，〔一〕周之九鼎入于秦。或曰，宋太丘社亡〔二〕而鼎沒于泗水彭城下。〔三〕

〔一〕【集解】徐廣曰：「去太史儋言時百二十年。」【考證】梁玉繩曰：秦獻十八年作畦時，爲顯王二年，至赧王五十九年滅，凡百十一年，若數至滅東周，則百十八歲，即依徐注亦不合。

〔二〕【集解】爾雅曰：「左陵太丘。」【索隱】應劭云：「亡，淪入地也。」案：亡，社主亡也。爾雅云「左陵太丘」。郭璞云「宋有太丘」。【考證】六國表周顯王三十三年，秦惠文王二年格「宋太丘社亡」。呂氏大事記云，「古者立社，植木以表之，因謂其木爲社。所謂亡者，震風凌雨，此社之樹摧損散落，不見蹤迹也」。

〔三〕【考證】曰「或曰」者，史公記異聞，以爲下文汾陰出鼎之地，又與始皇紀泗水求鼎之事相應。宋、殷之後，其社主亦殷之物，與周鼎並重，同年同亡，所以爲異。俞樾曰：秦取九鼎著於周本紀，九鼎入秦著於秦本紀，史公之辭固甚明也。始皇二十六年，使人沒泗水求周鼎。鼎不言九，非禹鼎也，禹鼎自在秦，而後世不見者，燬於咸陽三月之火矣。封禪書云「周之九鼎入於秦」，又云「或曰，宋太丘社亡而鼎沒於泗水彭城下」，乃方士新垣平輩之妄說也。夫周鼎自在雒邑，何緣而入泗水乎？宋之社亡，又與周鼎何預乎？且年表載宋人太丘社亡於周顯王之三十三年，則秦惠文王之二年也，後此二十年爲惠文王之後九年，張儀欲伐韓，尚有「周自知不救，九鼎寶器必出」之言，安得已亡於周顯王之三十三年也。漢郊祀志曰「周德衰，鼎遷於秦。秦德衰，宋之社亡，鼎乃淪伏而不見」，尤爲無據。當秦之時，豈復有宋哉？故知九鼎入秦，史公之實録；九鼎没泗，方士之空談。秦所求泗水之鼎，漢所出汾陰之鼎，均非禹鼎也。沈欽韓曰：九鼎之亡，周自亡之，虞大國之數甘心也，爲宗社之殃。又當困乏之時，銷毀爲貨，謬云鼎亡耳。王先謙曰：秦之滅周取鼎，自由時人揣度之詞，而鼎實未入秦。淪没泗水，則係秦人傳聞如此，故有始皇有禱祠出鼎之事。鼎早不見，周自亡之，沈説可謂推見至隱。愚按：沈、王二説似得情事。

其後百一十五年，而秦并天下。

秦始皇既并天下而帝，或曰：「黄帝得土德，黄龍地螾見。〔一〕夏得木德，青龍止於郊，草木暢茂。殷得金德，銀自山溢。〔二〕周得火德，有赤烏之符。〔三〕今秦變周，水德之時。〔四〕昔秦文公出獵，獲黑龍，此其水德之瑞。」於是秦更命河曰「德水」，以冬十月爲年首，色上黑，度以六爲名，〔五〕音上大呂，〔六〕事統上法。〔七〕

〔一〕**【集解】**應劭曰：「螾，丘蚓也。黄帝土德，故地見其神。蚓，大五六圍，長十餘丈。」韋昭曰：「黄者地色，螾亦地物，故以爲瑞。」**【索隱】**出呂氏春秋。音引。

〔二〕**【集解】**蘇林曰：「流出也。」

〔三〕**【索隱】**中候及呂氏春秋皆云「有火自天，止于王屋，流爲赤烏，五至，以穀俱來」。

〔四〕**【考證】**「或曰」以下本呂氏春秋應同篇。

〔五〕【正義】張晏云：「水，北方，黑。水終數六，故以方六寸爲符，六尺爲步。」【考證】始皇本紀「數以六爲紀，符法冠皆六寸，而輿六尺，六尺爲步，乘六馬」。

〔六〕【考證】顏師古曰：大呂，陰律之始也。

〔七〕【集解】服虔曰：「政尚法令也。」瓚曰：「水陰，陰主刑殺，故尚法。」

即帝位三年，東巡郡縣，祠騶嶧山，〔一〕頌秦功業。於是徵從齊、魯之儒生博士七十人，至乎泰山下。諸儒生或議曰：「古者封禪爲蒲車，〔二〕惡傷山之土石草木；埽地而祭，席用葅稭，〔三〕言其易遵也。」始皇聞此議各乖異，難施用，由此絀儒生。〔四〕而遂除車道，上自泰山陽至巔，立石頌秦始皇帝德，明其得封也。〔五〕從陰道下，禪於梁父。其禮頗采太祝之祀雍上帝所用，而封藏皆祕之，世不得而記也。

〔一〕【索隱】騶縣之嶧山。騶縣本邾國，魯穆公改作「鄒」。從征記北巖有秦始皇所勒銘。

〔二〕【索隱】謂蒲裹車輪，惡傷草木。

〔三〕【集解】應劭曰：「稭，禾稾也。去其皮以爲席。」如淳曰：「葅讀曰租，稭讀曰戛。」晉灼曰：「葅，藉也。」【索隱】上音租，下音戛。周禮「祭祀供茅葅」。說文云：「葅，茅藉也。稭，禾稾去其皮，祭天以此。」

〔四〕【考證】中井積德曰：封禪實昉於此，宜乎其無典禮故事也，儒者惷愚，尚欲討論故事，絀之固宜。

〔五〕【考證】漢志删「秦始皇帝」四字。

始皇之上泰山，中阪遇暴風雨，休於大樹下。諸儒生既絀，不得與用於封事之禮，聞始皇遇風雨，則譏之。〔一〕

〔一〕【考證】漢志「與」下無「用」字。徐孚遠曰：始皇遇風雨不得上者，非是時所傳語也，蓋因武帝上封之後，方士誇大之詞耳。

於是始皇遂東遊海上，行禮祠名山大川及八神，求僊人羨門之屬。八神將自古而有之，或曰太公以來作之。齊所以爲齊，以天齊也。〔一〕其祀絶，莫知起時。八神：一曰天主，祠天齊。〔二〕天齊，淵水，居臨菑南郊山下者。〔三〕二曰地主，祠泰山、梁父。蓋天好陰，祠之必於高山之下，小山之上，命曰「畤」；〔四〕地貴陽，祭之，必於澤中圜丘云。〔五〕三曰兵主，祠蚩尤。蚩尤在東平陸監鄉，齊之西境也。〔六〕四曰陰主，祠三山。〔七〕五曰陽主，祠之罘。〔八〕六曰月主，祠之萊山。〔九〕皆在齊北，並勃海。七曰日主，祠成山。成山斗入海，〔一〇〕最居齊東北隅，以迎日出云。八曰四時主，祠琅邪。〔一一〕琅邪在齊東方，蓋歲之所始。皆各用一牢具祠，而巫祝所損益，珪幣雜異焉。〔一二〕

〔一〕【集解】蘇林曰：「當天中央齊。」

〔二〕【索隱】謂主祠天。【考證】程一枝曰：天主，句。天、地、兵、日、月、陰、陽、四時者，八神名也。「主」字舊屬下句讀，據後武帝至梁父禮祠地主，則此八神名當在「主」字句絶也。

〔三〕【索隱】顧氏案：解道彪齊記云「臨菑城南有天齊泉，五泉並出，有異於常，言如天之腹齊也」。下下者，小顏云：「下下謂最下也。」【考證】漢志重「下」字。張文虎曰：索隱本重「下」字，與漢志合，各本脫。

〔四〕【集解】徐廣曰：「一云『之下(上)畤命曰畤』。」【索隱】此之「一云」，與漢書郊祀志文同也。【考證】今本漢志作「必於高山之下畤，命曰畤」，「下」下多「畤」字，無「小山之上」四字。梁玉繩曰：集解「上」字衍。

〔五〕【考證】梁玉繩曰：下文亦云「祠后土宜于澤中圜丘」，祠地圜丘不知出何禮經，豈非方士之談乎？

〔六〕【集解】徐廣曰：「屬東平郡。」【索隱】監，音闞。韋昭云：「縣名，屬東平。」皇覽云：「蚩尤冢在東平郡壽張縣闞鄉城中。」

〔七〕【索隱】小顏以爲下所謂三神山。顧氏案：地理志東萊曲成有參山，即此三山也，非海中三神山也。

〔八〕【正義】括地志云：「之罘山在萊州文登縣西北九十里。」

〔九〕【集解】韋昭曰：「在東萊長廣縣。」【考證】王先謙曰：「之」字緣上文而衍。地理志長廣有萊山萊王祠。

〔一〇〕【集解】韋昭曰：「成山在東萊不夜，斗入海。不夜，古縣名。」【索隱】不夜，縣名，屬東萊。案：解道彪齊記云「不夜城，蓋古有日夜出見於境，故萊子立城，以不夜爲名」。斗入海，謂斗絶曲入海也。【考證】顧炎武曰：成山斗入海，謂斜曲入之如斗柄然。匈奴傳「匈奴有斗入漢地，直張掖郡」。

〔一一〕【索隱】案：山海經云「琅邪臺在勃海閒」。案：是山如臺。地理志琅邪縣有四時祠也。

〔一二〕【考證】顔師古曰：言八神牲牢皆同，而圭幣各異也。

自齊威、宣之時，騶子之徒，論著終始五德之運，〔一〕及秦帝，而齊人奏之，故始皇采用之。而宋毋忌、〔二〕正伯僑、〔三〕充尚、〔四〕羨門高〔五〕最後皆燕人，〔六〕爲方僊道，〔七〕形解銷化，依於鬼神之事。〔八〕騶衍以陰陽主運顯於諸侯，〔九〕而燕、齊海上之方士，傳其術不能通，然則怪迂阿諛苟合之徒自此興，不可勝數也。〔一〇〕

〔一〕【集解】韋昭曰：「騶子，名衍。」如淳曰：「今其書有五德終始。五德各以所勝爲行。秦謂周爲火德，滅火者水，故自謂水德。」【索隱】威、宣，威王、宣王也。

〔二〕【索隱】案：樂彦引老子戒經云「月中仙人宋無忌」。白澤圖云「火之精曰宋無忌」。蓋其人火仙也。

〔三〕【索隱】樂彥案：馬相如云「正伯僑，古仙人」。顧氏案：裴秀冀州記云「緱山仙人廟者，昔有王喬，犍爲武陽人，爲柏人令，於此得仙，非王子喬也」。【考證】梁玉繩曰：相如大人賦、楊雄甘泉賦「正」作「征」，古字通。

〔四〕【索隱】無别所見。【考證】充尚，漢志作「元尚」。沈濤曰：當作「元谷」，即列仙傳之「元俗」，「谷」與「尚」相近，傳寫遂誤以爲「尚」，史記又誤「元」爲「充」。

〔五〕【索隱】案：秦始皇求羨門子高是也。【考證】諸本「門」下有「子」字，索隱本無，與漢志合，今從之。

〔六〕【索隱】案：最後，猶言甚後也。服虔説止有四人，是也。小顏云，自宋無忌至最後凡五人，劉伯莊亦同，此説非也。【考證】中井積德曰：「最後」二字專係羨門高。王念孫曰：「最」疑「冣」字之誤，高唐賦「有方之士，羨門高谿、上成鬱林、公樂聚穀」，「聚」與「冣」古字通。穀有轂音，與「後」相近，疑史記之「最後」，高唐賦之「聚穀」也。愚按：王説爲長。

〔七〕【集解】韋昭曰：「皆慕古人名效神仙者。」

〔八〕【集解】服虔曰：「尸解也。」張晏曰：「人老而解去，故骨如變化也。今山中有龍骨，世人謂之龍解骨化去也。」

〔九〕【集解】如淳曰：「今其書有主運。五行相次，轉用事，隨方面爲服。」【索隱】案：主運是鄒子書篇名也。

〔一〇〕【考證】王念孫曰：「迂」讀爲「訏」，説文「訏，譌詭也」。孟荀列傳曰「作怪迂之變」，義同。

自威、宣、燕昭使人入海求蓬萊、方丈、瀛洲。此三神山者，其傅在勃海中，〔一〕去人不遠，患且至，則船風引而去。〔二〕蓋嘗有至者，諸僊人及不死之藥皆在焉。其物禽獸盡白，而黄金銀爲宮闕。〔三〕未至，望之如雲；及到，三神山反居水下。臨之，風輒引去，終莫能至云。世主莫不甘心焉。〔四〕及至秦始皇并天下，至海上，則方士言之，不可勝數。始皇自以爲至海上而恐不及矣，使人乃齎童男女入海求之。船交海中，皆以風爲解，〔五〕曰未能至，望見之焉。〔六〕其明年，始皇復游海上，至琅邪，過恒山，從上黨歸。〔七〕後三年，游碣石，考入海方士，〔八〕從上郡歸。〔九〕後五年，始皇南至湘山，遂登會稽，並海上，冀遇海中三神山之奇藥。不得，還至沙丘崩。〔一〇〕

〔一〕【集解】服虔曰：「傅，音附。或曰其傅書云爾。」瓚曰：「世人相傳之。」【考證】沈欽韓曰：列子湯問篇，夏革曰「渤海之東幾億萬里有五山，岱輿、員嶠、方壺、瀛洲、蓬萊。五山之根無所連著，常隨潮波上下。帝恐流於四極，失仙聖之居，乃命禺强使巨鼇十五舉首而戴之。龍伯之國有大人，一釣而連六鼇，於是岱輿、員嶠二山流於北極，沈於大海，仙聖之播遷巨億計」。岱輿、員嶠已失，故但三神山也。

〔二〕【考證】蓋望海上蜃氣，以爲神山也。

〔三〕【考證】王念孫曰：世說、文選注、藝文類聚、初學記、太平御覽引此「銀」上有「白」字。陳瞿安曰：鄒子四十九篇，鄒子終始五十六篇，漢志並著録在陰陽家，而燕齊方士傳其術，則方士與陰陽家之關係可以推知。劉向別録述方士傳鄒衍在燕吹律事，則陰陽家與方士是一是二，尤難區別。史記孟荀列傳稱鄒衍「深觀陰陽消息，而作怪迂之變，終始、大聖之篇十餘萬言」，又云「稱引天地剖判以來，五德轉移，治各有宜，而符應若茲」，又云「先序今以上至黄帝，學者所共術，大並世盛衰，因載其禨祥度制」，是陰陽家著書，固注重五德終始、禨祥度制及符應之說，與神仙一流，因緣不淺矣。且陰陽家鄒子之書及春秋類鄒子十一篇，今雖並佚，其詳不可得聞，而史記封禪書集解引如淳説「今其書有主運。五行相次，轉用事，隨方面爲服」。文選魏都賦引七略曰「鄒子五德終始，從所不勝，木德繼之，金德次之，火德次之，水德次之」，文選齊故安陸昭王碑文注又引鄒子云「五德從所不勝，虞土，夏木，殷金，周火」，與漢書嚴安傳安所引論「政教文質」語大抵相符，此史記所謂「五德轉移各有宜也」。周禮春官鐘師疏引五經異義云「謹按古山海經、鄒子書云鄒虞獸說，與毛詩同」，蓋衍書有記騶虞語，以爲王者符應之徵也。又周禮夏官司權先鄭注引鄒子取火說，賈公彦疏謂其出於周書，蓋以取火之事傅會五行者也。凡此雖非方士說經之辭，而儒生之引用其言以傅會經指者衆矣。

〔四〕【索隱】謂心甘羨也。

〔五〕【索隱】顧野王云：「皆自解說，遇風不至也。」

〔六〕【考證】據始皇二十八年紀，齊童男童女入海者即徐市，曰「恐不及」，曰「以風爲解」，曰「未能至」，與上文「風輒引去，終莫能至」相應。

〔七〕【考證】始皇二十九年。梁玉繩曰：「『恒』字宜避。」

〔八〕【集解】服虔曰：「疑詐，故考之。」瓚曰：「考，校其虛實也。」

〔九〕【考證】始皇三十二年。

〔一〇〕【正義】括地志云：「沙丘臺，在邢州平鄉東北二十里。」【考證】始皇三十七年。

二世元年，東巡碣石，並海南，歷泰山，至會稽，皆禮祠之，而刻勒始皇所立石書旁，以章始皇之功德。〔一〕其秋，諸侯畔秦。三年而二世弑死。

〔一〕【索隱】小顏云：「今諸山皆有始皇所刻石，及胡亥重刻，其文具存也。」【考證】齊召南曰：始皇紀二世元年春，「東行郡縣，到碣石，並海，南至會稽，而盡刻始皇所立刻石，石旁著大臣從者名，以章先帝成功盛德」。按碣石、之罘、琅邪、泰山、鄒嶧、會稽，始皇皆有刻石，二世東行，則盡刻其石旁也。封禪書「刻勒」是「盡刻」之訛。愚按：「刻勒」二字成義，不必誤。

始皇封禪之後十二歲，秦亡。諸儒生疾秦焚詩書，誅僇文學，百姓怨其法，天下畔之，皆

謫曰：「始皇上泰山爲暴風雨所擊，不得封禪。」此豈所謂無其德而用事者邪？〔一〕

〔一〕【索隱】即封禪書序云「蓋有無其應而用事者矣」。此當有所本，太史公再引以爲說。【考證】漢志「禪」下「此」上有「云」字。

昔三代之君，皆在河、洛之閒，〔一〕故嵩高爲中嶽，而四嶽各如其方，四瀆咸在山東。至秦稱帝，都咸陽，則五嶽、四瀆皆并在東方。自五帝以至秦，軼興軼衰，〔二〕名山大川，或在諸侯，或在天子，其禮損益世殊，不可勝記。及秦并天下，令祠官所常奉天地名山大川鬼神可得而序也。

〔一〕【正義】世本云：「夏禹都陽城，避商均也。又都平陽，或在安邑，或在晉陽。」帝王世紀云：「殷湯都亳，在梁，又都偃師，至盤庚徙河北，又徙偃師也。周文、武都豐、鄗，至平王徙都河南。」案：三代之君皆在河洛之閒也。【考證】梁玉繩曰：「君」乃「居」之譌，漢志作「居」。張文虎曰：正義、王本亦作「居」。

〔二〕【考證】漢志「軼」作「迭」。顏師古曰：互也。

於是自殽以東，〔一〕名山五，大川祠二。曰太室。太室，嵩高也。恒山、泰山、會稽、湘山。〔二〕水曰濟，曰淮。〔三〕春，以脯酒爲歲祠，因泮凍，〔四〕秋涸凍，〔五〕冬塞禱祠。〔六〕其牲用牛犢各一，牢具珪幣各異。

〔一〕【索隱】案：殽即崤山。杜預云「崤在弘農澠池縣西南」，即今之崤山是也。亦音豪。

〔二〕【索隱】湘山。地理志在長沙。

〔三〕【索隱】案：風俗通云「濟廟在臨邑，淮廟在平氏也」。
〔四〕【集解】服虔曰：「解凍。」【索隱】爲，于僞反。
〔五〕【索隱】案：字林「涸，竭也，下各反」。小顔云「涸，讀與『沍』同。沍，凝也，下故反。春則解，秋則凝」。
〔六〕【索隱】塞，先代反，與「賽」同。賽，今報神福也。

自華以西，名山七，名川四。曰華山、薄山。〔一〕薄山者，衰山也。〔二〕岳山、〔三〕岐山、〔四〕吴岳、〔五〕鴻冢、〔六〕瀆山。瀆山，蜀之汶山也。〔七〕水曰河，祠臨晉；〔八〕沔，祠漢中；〔九〕湫淵，祠朝那；〔一〇〕江水，祠蜀。〔一一〕亦春秋泮涸禱塞，如東方名山川；而牲牛犢牢具珪幣各異。而四大冢鴻、岐、吴、岳，皆有嘗禾。〔一二〕

〔一〕【正義】括地志云：「華山，在華州華陰縣南八里，古文以爲敦物也。注云『華、嶽本一山，當河水過而行，河神巨靈手盪腳蹋，開而爲兩，今腳跡在東首陽下，手掌在華山，今呼爲仙掌，河流於二山之閒也』。關山圖云巨靈胡者，偏得神仙之道，能造山川，出江河也』。」【考證】正義「注」上疑脱「水經」二字，水經河水注引爲左丘明國語。
〔二〕【集解】徐廣曰：「蒲阪縣有襄山，或字誤也。」【索隱】薄山者，襄山也。應劭云「在潼關北十餘里」。穆天子傳云「自河首襄山」。酈元水經云「薄山統目，與襄山不殊，在今芮城北。與中條山相連」。是薄、襄一山也。【正義】薄，音白落反。衰，音色眉反。括地志云：「薄山亦名衰山，一名寸棘山，一名渠山，一名雷首山，一名獨頭山，一名首陽山，一名吴山，一名條山，在陝州芮縣城北十里。」此山西起雷山，東至吴阪，凡十名，以州縣分之，多在蒲州。今史文云「自華以西」，未詳也。【考證】漢志「衰」作「襄」。何焯曰：「『襄』當作『衰』，楊雄河東賦「爪華蹈衰」。張文虎曰：據集解、正義，其所據本作「衰山」。姚範説同。

〔三〕【集解】徐廣曰：「武功縣有大壺山，又有岳山。」

〔四〕【索隱】地理志在美陽縣西北也。

〔五〕【集解】徐廣曰：「在汧也。」【索隱】徐廣云「在汧」。

〔六〕【索隱】黃帝臣大鴻葬雍，鴻冢蓋因大鴻葬爲名也。

〔七〕【索隱】地理志蜀郡湔氐道，湣山在西。郭璞注云「山在汶陽郡廣陽縣，一名瀆山也。」【考證】漢志「岳」作「山」，「汶」作「岷」。梁玉繩曰：「岳」乃「垂」字誤，今本徐注「太壹」作爲「大壺」，「垂山」爲「岳山」，並誤。張文虎曰：吳岳，漢志作「吳山」，注「吳山，在今隴州吳山縣」。案周禮「雍州嶽山」，鄭注「吳嶽也」。續漢郡國志「右扶風有五嶽山」，郭璞曰「別名吳山，周禮所謂嶽山者」。郡縣志隴州吳山縣吳山，秦都咸陽，以爲西岳。然則吳山亦名吳嶽，亦名嶽山，非二山矣。岳、嶽字古同。陳仁錫曰：「汶山」下蘇本缺「也」字。愚按：漢志亦有「也」字。

〔八〕【索隱】韋昭云：「馮翊縣。」地理志臨晉有河水祠。【正義】即同州馮翊縣，本漢臨晉縣，收大荔，秦獲之更名。括地志云「大河祠，在同州朝邑縣南三十里。山海經云『水夷，人面，乘兩龍也』。太公金匱云『馮脩也』。龍魚河圖云『河伯姓呂，名公子，夫人姓馮，名夷。河伯，字也。華陰潼鄉隄首人，水死，化爲河伯』。應劭云『夷，馮夷，乃水仙也』」。

〔九〕【索隱】水經云「沔水出武都沮縣」，注云「東南注漢。謂漢水」，故祠之漢中。樂產云「漢女，漢神也」。

〔一〇〕【集解】蘇林曰：「秋淵在安定朝那縣，方四十里，停不流，冬夏不增減，不生草木。音將蓼反。」【索隱】湫，音子小反，又子由反，即龍之所處也。【正義】括地志云：「朝那湫祠，在原州平高縣東南二十里。湫谷，水源出寧州安定縣。」

〔一一〕【索隱】案：風俗通云「江出嶓山，嶓山廟在江都」。地理志江都有江水祠。蓋漢初祠之於源，後祠之於委也。又廣雅云「江神謂之奇相」。江記云「帝女也，卒爲江神」。華陽國志云「蜀守李冰於彭門闕立江神祠三所」。漢舊儀云「祭四瀆，用三正牲，沈圭，有車馬紺蓋也」。【正義】括地志云：「江瀆祠，在益州成都縣南八里。秦并天下，江水祠蜀。」

〔三〕【集解】孟康曰：「以新穀祭。」【索隱】案：謂四山爲大冢也。又爾雅云「山頂曰冢」，蓋亦因鴻冢而爲號也。

陳寶，節來祠。〔一〕其河加有嘗醪。此皆在雍州之域，近天子之都，故加車一乘，騮駒四。

〔一〕【集解】服虔曰：「陳寶神應節來也。」

灞、產、〔一〕長水、〔二〕灃、〔三〕澇、〔四〕涇、渭皆非大川，以近咸陽，盡得比山川祠，而無諸加。〔五〕

〔一〕【正義】括地志云：「灞水，古滋水也，亦名藍谷水，即秦嶺水之下流，在雍州藍田縣。滻水，即荆溪狗枷之下流也，在雍州萬年縣。」

〔二〕【索隱】案：百官表有長水校尉。沈約宋書云「營近長水，因以爲名」。水經云「長水出白鹿原」，今之荆溪水是也。

〔三〕【索隱】十三州記：「灃水出鄠縣南。」【正義】括地志云：「灃水，源在雍州長安縣西南山灃谷。」

〔四〕【集解】徐廣曰：「音勞。」駰案：漢書音義「水名，在鄠縣界」。

〔五〕【集解】韋昭曰：「無車駟之屬。」

汧、洛〔一〕二淵，〔二〕鳴澤、〔三〕蒲山、嶽壻山之屬，爲小山川，亦皆歲禱塞泮涸祠，禮不必同。〔四〕

〔一〕【正義】括地志云：「汧水源出隴州汧源縣西南汧山，東入渭。洛水源出慶州洛源縣白於山，南流入渭。」又云：「洛水，商州洛南縣西冢嶺山東，北流入河。」案：有二洛水，未知祠何者。

〔二〕【正義】地理志云，二川源在慶州華池縣西子午嶺東，二川合，因名也。

〔三〕【索隱】案：服虔云「鳴澤，澤名，在涿郡遒縣也」。【正義】括地志云：「鳴澤，在幽州范陽縣西十五里。」案：遒縣在易州淶水縣北一里，故遒城是也。澤在遒南。【考證】沈欽韓曰：漢書武紀「北出蕭關，歷獨鹿、鳴澤，自代而還」，彼鳴澤固在涿郡遒縣，此以近咸陽，則非涿郡之鳴澤也。

〔四〕【集解】徐廣曰：「嵎，音先許反。」

而雍有日、月、參、辰、〔一〕南北斗、熒惑、太白、歲星、填星、二十八宿、風伯、雨師、四海、九臣、十四臣、〔二〕諸布、〔三〕諸嚴、諸逑之屬，百有餘廟。〔四〕西亦有數十祠。〔五〕於湖有周天子祠。〔六〕於下邽有天神。灃、滈有昭明、〔七〕天子辟池。〔八〕於社、亳有三社主之祠、〔九〕壽星祠；〔一〇〕而雍菅廟亦有杜主。〔一一〕杜主，故周之右將軍，〔一二〕其在秦中，最小鬼之神者。〔一三〕各以歲時奉祠。

〔一〕【索隱】案：漢舊儀云「祭參、辰星於池陽谷口，夾道左右爲壇也」。【考證】何焯曰：參，謂三辰也。非參、昴。

〔二〕【集解】晉灼曰：「自此以下星至天淵玉女，凡二十六，小神不説。」【索隱】九臣、十四臣，並不見其名數所出，故昔賢不論之也。【考證】漢志「填星」下有「辰星」二字。沈家本曰：上已言辰，恐漢志誤。皮錫瑞曰：九臣十四臣，疑「九臣六十四臣」之脱誤。九皇、六十四民見小宗伯、都宗人注，又漢舊儀「祭九皇、六十四民，皆古帝王」，是在漢時嘗列祀典。九臣，當是九皇之臣；六十四民，當是六十四民之臣，漢時亦列祀典，故史著之。

〔三〕【索隱】案：爾雅「祭星曰布」，或諸布是祭星之處。

〔四〕【索隱】述亦未詳，漢書作「遂」。【考證】葉德輝曰：諸嚴，當作「諸莊」，避漢明帝諱改字爾。爾雅釋宮「六達謂之莊」，釋名釋道「六達曰莊」，即此義。述，漢志作「遂」，周禮稻人注「遂，田首受水小溝」，考工記匠人注「遂者，夫間小溝」，地官序官注「遂，謂(謂)王國百里外」，皆主道路言之。諸嚴，諸遂，謂路神耳。愚按：述、術通，亦道路之義。

〔五〕【索隱】西即隴西之西縣，秦之舊都，故有祠焉。【考證】王先謙曰：索隱非也，西者長安之西。數十，統詞，對上「百有餘廟」言之，漢地理志「西縣」下並無一祠也。

〔六〕【索隱】地理志湖縣屬京兆，有周天子祠二所。

〔七〕【索隱】案：樂産引河圖云「熒惑星散爲昭明」。

〔八〕【索隱】樂産云〔未〕聞。顧氏以爲璧池即滈池，所謂「華陰平舒道逢使者，持璧以遺滈池君」，故曰璧池。今謂天子辟地，即周天子辟雍之地。故周文王都酆，武王都滈，既立靈臺，則亦有辟雍耳。張衡亦以辟池爲雍。【考證】沈欽韓曰：周辟雍故地，故曰辟池，所祀者滈池君也。

〔九〕【集解】韋昭曰：「亳，音薄，湯所都。」瓚曰：「濟陰薄縣是。」【索隱】徐廣云：「京兆杜縣有亳亭，則『社』字誤，合作『於杜亳』。且據文列於下，皆是地邑，則杜是縣。」案：秦寧公與亳王戰，亳王奔戎，遂滅湯社。皇甫謐亦云「周桓王時自有亳王，號湯，非殷也」。而臣瓚以亳爲成湯之邑，故云在濟陰，非也。案：謂杜、亳二邑，有三社主之祠也。【考證】梁玉繩曰：「於社亳有三社主之祠」，漢郊祀志作「杜亳有五杜主之祠」，此誤「杜」爲「社」。漢志「五」乃「三」之譌。攷地理志云「杜陵有杜主祠四所」，乃合杜、亳三祠，乃下雍菅廟言之，安得有五？

〔一〇〕【索隱】壽星蓋南極老人星也，見則天下理安，故祠之以祈福壽。【正義】角、亢在辰爲壽星。三月之時，萬物始生，建於春氣布養，各盡其性，不罹災夭，故壽。

〔一一〕【集解】李奇曰：「菅，茅也。」

〔一二〕【索隱】案：地理志杜陵故杜伯國，有杜主祠四。墨子云「周宣王殺杜伯不以罪，後宣王田於圃，見杜伯執弓矢射，宣王伏弢而死也」。【正義】括地志云：「杜祠，雍州長安縣西南二十五里。」【考證】梁玉繩曰：周宣王殺杜伯，事見國語、墨子。然杜伯是國君，非將軍也，且宣王時安得有右將軍哉？蓋杜伯爲最小鬼之神者，朱衣冠而操弓矢，厥狀甚武，因以將軍目之。右將軍者，以右尊故也。

〔一三〕【索隱】謂其鬼雖小而有神靈。

唯雍四畤，上帝爲尊，〔一〕其光景動人民唯陳寶。故雍四畤，春以爲歲禱，因泮凍，秋涸凍，冬塞祠，五月嘗駒，及四仲之月祠若月祠，陳寶節來一祠。〔二〕春夏用騂，秋冬用騮。畤，駒四匹，木禺龍、〔三〕欒車一駟，〔四〕木禺車馬一駟，各如其帝色。黄犢羔各四，珪幣各有數，皆生瘞埋，無俎豆之具。〔五〕三年一郊。秦以冬十月爲歲首，故常以十月上宿郊見，〔六〕通權火，〔七〕拜於咸陽之旁，而衣上白，其用如經祠云。〔八〕西畤、畦畤，祠如其故，〔九〕上不親往。

〔一〕【索隱】雍有五畤，而言四者，顧氏以爲兼下文「上帝」爲五，非也。案：四畤，據秦舊而言也。【正義】括地志云：「鄜畤、吴陽上下畤是。言秦用四畤祠上帝，青、黄、赤、白，最尊貴之也。」【考證】梁玉繩曰：秦舊有六畤，而言四者，索隱謂是密畤、上下畤、畦畤。西、鄜二畤不在雍，故別祀不數，則正義引括地志，以鄜畤、吴陽上下畤爲四，固非。而下文「西畤、畦畤，祠如其故」語，必西畤、鄜畤也，「畦」字誤。畦畤在櫟陽，亦不在雍，而列于四畤之内者，以白帝合于炎、黄、青爲四，故高帝增黑帝而五也。

〔二〕【考證】顔師古曰：四仲，謂四時之仲月。梁玉繩曰：漢志云「四仲之月月祠，若陳寶節來一祠」，此當衍上

「祠」字，移「若」字於「陳寶」上。

〔三〕【集解】漢書音義曰：「禺，寄也，寄生龍形於木也。」【索隱】禺，一音寓，寄也。寄龍形於木，寓車馬亦然。一音偶，亦謂偶其形於木也。【考證】顧炎武曰：古文偶、寓通用。木寓，木偶也。補武帝紀作「木偶馬」。

〔四〕【索隱】謂車有鈴，鈴乃有鑾和之節，故取名也。

〔五〕【正義】豆以木爲之，受四升，高尺二寸，漆其中。大夫以上赤雲氣畫，諸侯加象飾口足，天子以玉飾之也。

〔六〕【集解】李奇曰：「宿，猶齋戒也。」

〔七〕【集解】張晏曰：「權火，烽火也，狀若井絜皋矣。其法類稱，故謂之權。欲令光明遠照通祀所也。漢祠五時於雍，五里一烽火。」如淳曰：「權，舉也。」【索隱】「權」如字解，如張晏。一音爟，周禮有司爟。爟，火官，非也。【考證】「權」讀爲「爟」。索隱一音是。中井積德曰：夜中行事，執事者往來，故舉火燭之。惠士奇曰：通權火，蓋燔柴之遺法。

〔八〕【集解】服虔曰：「經，常也。」

〔九〕【考證】畦祠，當作「鄜畤」，說已見上。

諸此祠皆太祝常主，以歲時奉祠之。至如他名山川諸鬼及八神之屬，上過則祠，去則已。〔一〕郡縣遠方神祠者，民各自奉祠，不領於天子之祝官。祝官有祕祝，即有菑祥，輒祝祠，移過於下。〔二〕

〔一〕【考證】漢志「諸鬼」作「諸神」。

〔二〕【正義】謂有災祥，輒令祝官祠祭，移其咎惡於衆官及百姓也。【考證】祕祝，祝祠，漢文帝時除之，事見下文。徐孚遠曰：以上敘秦諸祠，或經，或不經，皆無貶詞，以漢所仍者多也。

漢興，高祖之微時，嘗殺大蛇。有物曰：「蛇，白帝子也，而殺者赤帝子。」高祖初起，禱豐枌榆社。〔一〕徇沛，爲沛公，則祠蚩尤，釁鼓旗。〔二〕遂以十月至灞上，與諸侯平咸陽，立爲漢王。因以十月爲年首，而色上赤。〔三〕

〔一〕【集解】張晏曰：「枌，白榆也。社在豐東北十五里。或曰枌榆，鄉名，高祖里社也。」

〔二〕【考證】梁玉繩曰：釁鼓，經有明文，而釁旗不見于經，以高紀校之，「旗」下似脱「幟皆赤」三字，「釁鼓」句絶。然孫侍御云「漢志亦作『釁鼓旗』，疑古有釁旗之典，吕氏春秋慎大篇有『釁鼓旗甲兵』語」。愚按：若改作「旗幟皆赤」，則與下文「色上赤」複。

〔三〕【考證】中井積德曰：漢初以十月爲歲首者，只沿秦制耳，未嘗有意義也。其十月至灞上，是偶然耳，後人乃附會。

二年，東擊項籍而還入關，問：「故秦時上帝祠何帝也？」對曰：「四帝，有白、青、黄、赤帝之祠。」〔一〕高祖曰：「吾聞天有五帝，而有四，何也？」莫知其説。於是高祖曰：「吾知之矣，乃待我而具五也。」乃立黑帝祠，命曰北時。有司進祠，上不親往。悉召故秦祝官，復置太祝、太宰，如其故儀禮。因令縣爲公社。〔二〕下詔曰：「吾甚重祠而敬祭。今上帝之祭及山川諸神當祠者，各以其時，禮祠之如故。」〔三〕

〔一〕【考證】何焯曰：無黑帝者，秦自以水德當其一也。

〔二〕【集解】李奇曰：「猶官社。」

〔三〕【集解】徐廣曰：「高祖本紀曰『二年六月，令祠官祀天地四方上帝山川，以時祀之』。」

後四歲，天下已定，詔御史，令豐謹治枌榆社，常以四時春，以羊彘祠之。〔一〕令祝官立蚩尤之祠於長安。長安置祠祝官、女巫。其梁巫，祠天、地、天社、天水、房中、堂上之屬；〔二〕晉巫，祠五帝、東君、雲中、司命、巫社、巫祠、族人、先炊之屬；〔三〕秦巫，祠社主、巫保、族纍之屬；〔四〕荊巫，祠堂下、巫先、〔五〕司命、〔六〕施糜之屬；〔七〕九天巫，祠九天：〔八〕皆以歲時祠宮中。其河巫祠河於臨晉，而南山巫祠南山秦中。秦中者，二世皇帝。〔九〕各有時月。〔一〇〕

〔一〕【考證】漢志「豐」下無「謹」字，「以」下無「時」字。

〔二〕【索隱】案：禮樂志有安世房中歌，皆謂祭時室中堂上歌先祖功德也。【考證】中井積德曰：房中、堂上、堂下，皆指其神，索隱舛。

〔三〕【索隱】廣雅曰：「東君，日也。」王逸注楚詞「雲中，雲也」。東君、雲中，亦見歸藏易也。【正義】先炊，古炊母神也。【考證】漢志「雲中」下有「君」字，無「司命」二字，「族」上有「祠」字，「炊」上無「先」字。梁玉繩曰：司命是荊巫所祠，非晉巫之祠也，故漢志無之，索隱釋司命在下文，則唐初尚無，不知何時妄增。「雲中」下宜有「君」字，「族人」上脫「祠」字，當依漢志補。顏師古云「巫社、巫祠，皆古巫之神也」。沈欽韓曰：巫祠者，詛楚文云，「有秦嗣王告於不顯大神巫咸」，此秦舊典也。族人者，祭法有族厲。炊者，禮器注「老婦先炊者也」。愚按：東君、雲中君，皆見楚辭九歌，漢志「炊」上失「先」字。

〔四〕【索隱】社主即上文三社主也。巫保、族纍，二神名。纍，力追反。【考證】漢志「社」作「杜」，是，即上文「杜主」。

〔五〕【集解】應劭曰：「先人所在之國，及有靈施化民人，又貴，悉置祠巫祝，博求神靈之意。」文穎曰：「巫，掌神之位次者也。范氏世仕於晉，故祠祝有晉巫。范會支庶留秦爲劉氏，故有秦巫。劉氏隨魏都大梁，故有梁巫。後徙豐，豐屬荆，故有荆巫。」【索隱】巫先，謂古巫之先有靈者，蓋巫咸之類也。【考證】中井積德曰：巫所掌，豈特位次，文穎注謬。

〔六〕【索隱】案：周禮「以樵燎祠司命」。鄭衆云「司命，文昌四星也」。【考證】索隱所引，周禮大宗伯文。楚辭九歌亦有大司命、少司命。

〔七〕【索隱】鄭氏云：「主施糜粥之神。」

〔八〕【索隱】案：孝武本紀云「立九天廟於甘泉」。三輔故事云「胡巫事九天於神明臺」。淮南子云「中央曰鈞天、東方曰蒼天，東北旻天，北方玄天，西北幽天，西方皓天，西南朱天，南方炎天，東南陽天」也。【正義】太玄經云，一，中天；二，羨天；三，徒天；四，罰更天；五，睟天；六，郭天；七，咸天；八，治天；九，成天也。

〔九〕【集解】張晏曰：「子産云，匹夫匹婦强死者，魂魄能依人爲厲也。」【考證】漢志注「張晏曰，以其彊死，魂魄爲厲，故祠之。成帝時匡衡奏罷之」。

〔一〇〕【考證】漢志「月」作「日」。

其後二歲，或曰周興而邑邰，立后稷之祠，至今血食天下。〔一〕於是高祖制詔御史：「其令郡國縣立靈星祠，〔二〕常以歲時祠以牛。」

〔一〕【正義】顔師古云：「祭有牲牢，故言血食。」

〔二〕【集解】張晏曰：「龍星左角曰天田，則農祥也，晨見而祭。」【正義】漢舊儀云：「五年，脩復周家舊祠，祀后稷於東南，爲民祈農報厥功。夏則龍星見而始雩。龍星左角爲天田，右角爲天庭。天田爲司馬，教人種百穀爲稷。靈者，神也。辰之神爲靈星，故以壬辰日祠靈星於東南，金勝爲土相也。」廟記云：「靈星祠在長安城東十里。」【考證】中井積德曰：靈星祠即祀后稷也，上文可據。

高祖十年春，有司請令縣常以春三月及時臘祀社稷以羊豕，〔一〕民里社各自財以祠。〔二〕制曰：「可。」

〔一〕【考證】王念孫曰：漢志「三月」作「二月」，「臘」上無「時」字，可從。

〔二〕【考證】漢志「財」作「裁」。顔師古曰「隨其祠具之豐儉也」。沈欽韓曰：祭法「大夫以下，成羣立社」，注云「大夫不得立社，與民族居百家以上，則共立一社，今時里社是也」。又有二十五家爲社，則書社是也。各自逐便置社耳，顔注非。

其後十八年，孝文帝即位。即位十三年，下詔曰：「今祕祝移過于下，朕甚不取。自今除之。」〔一〕

〔一〕【考證】凌稚隆曰：應前「祝官有秘祝」。洪亮吉曰：祕祝，蓋周禮甸師代王受災眚遺意。事又見文紀。

始名山大川在諸侯，諸侯祝各自奉祠，天子官不領。及齊、淮南國廢，〔一〕令太祝盡以歲時致禮如故。

〔一〕【正義】齊有泰山，淮南有天柱山，二山初天子祝官不領，遂廢其祀，令諸侯奉祠。今令太祝盡以歲時致禮，如秦故儀。

是歲，制曰：「朕即位十三年于今，〔一〕賴宗廟之靈、社稷之福，方内艾安，民人靡疾。閒者比年登，朕之不德，何以饗此？皆上帝諸神之賜也。蓋聞古者饗其德，必報其功，欲有增諸神祠。有司議增雍五畤路車各一乘，駕被具；〔二〕西畤、畦畤禺車各一乘，禺馬四匹，駕被具；其河、湫、漢水〔三〕加玉各二；〔四〕及諸祠，各增廣壇場，珪幣俎豆，以差加之。而祝釐者，歸福於朕，百姓不與焉。自今祝致敬，毋有所祈。」〔五〕

〔一〕【考證】漢志是年作「明年」，史、漢文紀亦繫是詔於十四年，「十三年于今」作「十四年于今」，此疑誤。

〔二〕【正義】顏師古云：「駕車被馬之飾皆具也。」【考證】艾，讀爲「乂」，治也。下同。梁玉繩曰：雍五畤祠，白、青、黄、赤、黑五帝。攷秦襄公西畤、文公鄜畤，獻公畦畤俱祠白帝，宣公密畤祠青帝，靈公上畤祠黄帝，下畤祠炎帝，高祖北畤祠黑帝。則西、鄜二畤當與吳陽武畤、好畤均不在五畤之數。蓋白帝不應有三畤，且西畤、鄜畤非雍也，而此載有司議加五畤禺車馬，更言西、畤二畤，豈其畤取鄜畤而充五畤之數，而以西畤與畦畤作別祠乎？疑與上文言畦畤同誤。

〔三〕【正義】河、湫，黄河及湫泉。

〔四〕【正義】言二水，祭畤各加玉璧二枚。

〔五〕【考證】如淳曰：釐，福也。顏師古曰：釐，本字作「禧」，假借用耳。

魯人公孫臣上書曰：「始秦得水德，今漢受之，推終始傳，則漢當土德，土德之應，黄龍見。宜改正朔，易服色，色上黄。」〔一〕是時丞相張蒼好律曆，以爲漢乃水德之始，〔二〕故河決金隄，〔三〕其符也。〔四〕年始冬十月，色外黑内赤，〔五〕與德相應。如公孫臣言，非也。罷之。〔六〕後三歲，黄龍見成紀。〔七〕文帝乃召公孫臣，拜爲博士，與諸生草改曆服色事。〔八〕其夏，下詔曰：「異物之神，見于成紀，〔九〕無害於民，歲以有年。朕祈郊上帝諸神，禮官議，無諱以勞朕。」〔一〇〕有司皆曰「古者天子夏親郊，祀上帝於郊，故曰郊」。〔一一〕於是夏四月，文帝始郊，見

雍五時祠，衣皆上赤。〔一二〕

〔一〕【考證】上文云「齊威、宣之時，騶子之徒論著終始五德之運」，「終始傳」即是。

〔二〕【考證】漢志「始」作「時」。梁玉繩曰：「始」字誤。

〔三〕【集解】漢書音義曰：「在東郡界。」

〔四〕【索隱】謂河決，乃水德之符應也。【考證】河渠書云：「漢興三十九年，文帝時，河決酸棗，東潰金隄，於是東郡大興卒塞之。」陳子龍曰：殷爲金德，而河何以屢決耶？以河決爲水德，誣甚矣。

〔五〕【集解】服虔曰：「十月陰氣在外，故外黑；陽氣尚伏在地，故内赤。」

〔六〕【考證】事又見文帝十四年紀、張丞相傳。

〔七〕【集解】徐廣曰：「在文帝十五年春。」【正義】案：成紀，今秦州縣也。【考證】梁玉繩曰：後三歲，當依漢志作「明年」。

〔八〕【考證】顔師古曰：草，謂創造之。

〔九〕【考證】史文紀、漢志「異」上有「有」字。

〔一〇〕【考證】文紀「祈郊」作「郊祀」，漢志「祈」作「幾」，「郊」下有「祀」字。顔師古曰：幾，冀也。

〔一一〕【考證】文紀「郊祀」作「禮祀」。

〔一二〕【考證】又見文紀十五年。

其明年，〔一〕趙人新垣平以望氣見上，言「長安東北有神氣，成五采，若人冠絻焉。〔二〕或曰，東北，神明之舍；西方，神明之墓也。〔三〕天瑞下，宜立祠上帝，以合符應」。於是作渭陽五帝廟，同宇，〔四〕帝一殿，面各五門，各如其帝色。祠所用及儀，亦如雍五時。

〔一〕【考證】梁玉繩曰：「其明年」三字當依漢志移下文「夏四月文帝親拜霸渭」上。

〔二〕【考證】漢志「絻」作「冕」，二字通。

〔三〕【集解】張晏曰：「神明，日也。日出東北舍，謂陽谷；日没於西墓，謂濛谷也。」【考證】顏師古曰：張説非也，蓋總言凡神明以東北爲居，西方爲冢墓之所，故立廟於渭陽者也。

〔四〕【集解】韋昭曰：「宇，謂上同下異，禮所謂『複廟重屋』也。」瓚曰：「一營宇之中立五廟。」【正義】括地志云：「渭陽五帝廟在雍州咸陽縣東三十里。宮殿疏云『五帝廟，一宇五殿也』。」按：一宇之内而設五帝，各依其方，帝别爲一殿，而門各如帝色也。【考證】中井積德曰：「立」下疑脱「廟」字。顏師古曰：廟記云五帝廟在長安東北也。

夏四月，文帝親拜霸、渭之會，〔一〕以郊見渭陽五帝。五帝廟，南臨渭，北穿蒲池溝水，〔二〕權火舉而祠，若光煇然屬天焉。於是貴平上大夫，賜累千金。而使博士諸生刺六經中作王制，〔三〕謀議巡狩封禪事。

〔一〕【集解】如淳曰：「二水之會。」【正義】渭陽五廟在二水之合北岸。

〔二〕【正義】顏師古云：「蒲池，爲池而種蒲也。『蒲』字或作『滿』，言其水滿。」恐顏説非。按：括地志云「渭北咸陽縣有蘭池，始皇逢盜蘭池者也」。言穿溝引渭水入蘭池也。疑「滿」字誤作「蒲」，重更錯失。【考證】各本正義有譌缺，今從梁玉繩校訂。

〔三〕【索隱】小顏云「刺，謂采取之也」。劉向七録云「文帝所造書，有本制、兵制、服制篇」。刺，音七賜反。【考證】漢志「平」下有「至」字。王鳴盛曰：索隱引劉向七録云：「文帝所造書有本制、兵制、服制篇。」案即封禪書所謂王制也，非今禮記所有王制。盧植妄以當之，彼疏引鄭目録云「名曰王制者，以其記先王班爵授禄、祭祀養老之法度，此於別録屬制度」。又鄭答臨碩云「孟子當赧王之際，王制之作，復在其後」。鄭意不以王制爲文帝作，明矣。藝文志「禮記百三十一篇，七十子後學者所記也」。大小戴删取之，今存四十九篇，王制在此内，與文帝所作何涉？許慎説文自序云「壁中書者，魯恭王壞孔子宅而得禮記、尚書、春秋、論語、孝經」，禮記亦孔壁中所得，其非漢儒作甚明。下文「武帝得寶鼎，命羣臣采封禪尚書、周官、王制事」，此王制則是文帝所作，蓋文帝原爲封禪作之，武帝亦以議封禪采之也。愚按：禮記王制非文帝所造，説又見何焯讀書記、孫志祖讀書脞録、臧庸拜經日記、左暄三餘續筆、姚範援鶉堂筆記諸書。

文帝出長門，〔一〕若見五人於道北，遂因其直北立五帝壇，祠以五牢具。〔二〕

〔一〕【集解】徐廣曰：「在霸陵。」駰按：如淳曰「亭名」。【索隱】徐云「在霸陵」也。【正義】括地志云：「長門故亭，在雍州萬年縣東北苑中，後館陶公主長門園，武帝以長門名宫，即此。」【考證】一本「長」下有「安」字。錢大昕曰：「『安』字衍，下文云『長門五帝』，可證也，漢志亦作『長門』。」愚按：索隱本亦作「長門」。

〔二〕【集解】孟康曰：「直，值也。值其立處以作壇。」【考證】漢志「直」下無「北」字。

其明年，新垣平使人持玉杯，上書闕下獻之。平言上曰：「闕下有寶玉氣來者。」已視之，果有獻玉杯者，刻曰「人主延壽」。平又言「臣候日再中」。〔一〕居頃之，日卻復中。於是始更以十七年爲元年，令天下大酺。〔二〕

〔一〕【索隱】晉灼云：「淮南子云『魯陽公與韓構，戰酣日暮，援戈麾之，日爲卻三舍』。豈其然乎？」

〔二〕【考證】何焯曰：此人主自改元之始，不祥莫大焉。

平言曰：「周鼎亡在泗水中，今河溢通泗，臣望東北，汾陰直有金寶氣，意周鼎其出乎？兆見不迎則不至。」〔一〕於是上使使治廟汾陰南，臨河，欲祠出周鼎。〔二〕

〔二〕【考證】王念孫曰：「直有金寶氣」五字連讀。直猶特也，言東北汾陰之地特有金寶氣也。直、特，古字通。史記「直墮其履(氾)〔圯〕下」，義正同。中井積德曰：無端言有金氣，可知平既作鼎而埋焉。盧舜治曰：後來得寶鼎之端，微見于此。

〔三〕【集解】徐廣曰：「後三十七年，鼎出汾陰。」

人有上書告新垣平所言氣神事皆詐也。下平吏治，誅夷新垣平。〔一〕自是之後，文帝怠於改正朔服色神明之事，〔二〕而渭陽、長門五帝，使祠官領，以時致禮，不往焉。

〔一〕【考證】又見文紀。誅夷，誅夷三族也。

〔二〕【考證】漢志無「朔色」二字。愚按：文紀贊云「漢興至孝文四十有餘載，德至盛也，廩廩鄉改正服封禪矣，謙讓未成於今」，亦此事。

明年，匈奴數入邊，興兵守禦。後歲少不登。數年而孝景即位。十六年，祠官各以歲時祠如故，無有所興，至今天子。〔一〕

〔一〕【集解】自此後武帝事，褚先生取爲武帝本紀，注解已在第十二卷，今直載徐義。【考證】淩本移置補武帝本紀集解、索隱、正義於是篇云「此以下録封禪書文，注釋並入原書，此不載」，蓋淩氏以意改易也。今悉復其舊第，但録其要義於各條下，以便讀者，其不悉揭注家姓名者，從簡也。

今天子初即位，尤敬鬼神之祀。

元年，漢興已六十餘歲矣，天下艾安，搢紳之屬皆望天子封禪改正度也，而上鄉儒術，招賢良，趙綰、王臧等以文學爲公卿，欲議古立明堂城南，以朝諸侯。草巡狩封禪改曆服色事，未就。會竇太后治黃、老言，不好儒術，使人微伺得趙綰等姦利事，召案綰、臧，綰、臧自殺，諸所興爲皆廢。〔一〕

〔一〕【考證】徐孚遠曰：如史所言，尊天子之義也，不爲姦利，蓋有司以太后旨坐之耳。

後六年，竇太后崩。〔一〕其明年，徵文學之士公孫弘等。〔二〕

〔一〕【考證】建元六年。

〔二〕【考證】元光元年。

明年，今上初至雍，郊見五畤。後常三歲一郊。〔一〕是時上求神君，舍之上林中蹏氏觀。〔二〕神君者，長陵女子，以子死，見神於先後宛若。〔三〕宛若祠之其室，民多往祠。平原君往祠，其後子孫以尊顯。〔四〕及今上即位，則厚禮置祠之内中。聞其言，不見其人云。〔五〕

〔一〕【索隱】案：漢舊儀云「元年祭天，二年祭地，三年祭五畤。三歲一遍，皇帝自行也」。

〔二〕【考證】漢志「觀」作「館」。

〔三〕【考證】子死，當作「字死」，漢志作「乳死」，産乳而死也。兄弟妻相謂先後，古之娣姒。宛若，其字也。

〔四〕【考證】平原君，武帝外祖母也。

〔五〕【考證】内中，即蹏氏觀内中也。

是時李少君亦以祠竈、穀道、卻老方見上，上尊之。少君者，故深澤侯舍人，主方。〔一〕匿其年及其生長，〔二〕常自謂七十，能使物，卻老。〔三〕其游以方徧諸侯。無妻子。人聞其能使物及不死，更饋遺之，常餘金錢衣食。人皆以爲不治生業而饒給，又不知其何所人，愈信，争事之。少君資好方，善爲巧發奇中。〔四〕嘗從武安侯飲，〔五〕坐中有九十餘老人，少君乃言與其大父游射處，老人爲兒時，從其大父，識其處，一坐盡驚。少君見上，上有故銅器，問少君。少君曰：「此器齊桓公十年陳於柏寢。」〔六〕已而案其刻，果齊桓公器。一宮盡駭，以爲少君神，數百歲人也。

〔一〕【索隱】案表，深澤侯趙將夕，孫夷侯胡紹封。【考證】藝文類聚引史「穀道」作「辟穀」，王充論衡道虛篇亦作「辟穀」。

〔二〕【考證】漢志「其」作「所」。生長，謂其郡縣所屬，及居止處。

〔三〕【考證】物，鬼物也。

〔四〕【考證】資，藉也。巧發奇中，時時發言有所中。

〔五〕【索隱】案：是田蚡也。

〔六〕【索隱】案：韓子云「齊景公與晏子遊於少海，登柏寢之臺而望其國」。【考證】梁玉繩曰：齊景公新成柏寢之臺，見晏子春秋雜下篇。桓公時安得此臺乎？少君甚妄。

少君言上曰：「祠竈則致物，致物而丹沙可化爲黄金，黄金成，以爲飲食器，則益壽，益壽而海中蓬萊僊者乃可見，見之以封禪則不死，黄帝是也。〔一〕臣嘗游海上，見安期生，安期生食巨棗，大如瓜。〔二〕安期生僊者，通蓬萊中，合則見人，不合則隱。」於是天子始親祠竈，遣

方士入海求蓬萊安期生之屬，而事化丹沙諸藥齊爲黄金矣。〔三〕

〔一〕【考證】茅坤曰：至是始以封禪爲不死之術。

〔二〕【索隱】案：包愷云「巨，或作『臣』」。【考證】沈濤曰：作「臣」者是也。臣，少君自稱，謂安期生以棗飴耳。張文虎曰：北宋本、舊刻本作「臣」，與郊祀志合。愚按：索隱本已譌「巨」。趙翼曰：史記樂毅傳河上丈人以黄老教安期生，數傳至蓋公，爲曹相國師，教相國以清浄爲治，而齊國大治。蒯通傳安其生嘗以策干項羽，項羽不能用，授以官，不受而去。則安期蓋隱君子也。梁玉繩曰：考田儋傳論，安期生，辨士之流，即其時見存，不過八九十歲人，安得以爲古之真仙哉？

〔三〕【考證】齊，音劑。

居久之，李少君病死。天子以爲化去不死，而使黄、錘史寬舒受其方。〔一〕求蓬萊安期生，莫能得，而海上燕、齊怪迂之方士多更來言神事矣。

〔一〕【集解】徐廣曰：「錘，音才恚反。錘縣、黄縣皆在東萊。」【考證】黄錘之史，其名寬舒。徐孚遠曰：少君已死，何所從受？當是修其遺方。

亳人謬忌奏祠太一方，〔一〕曰：「天神貴者太一，〔二〕太一佐曰五帝。古者天子以春秋祭太一東南郊，用太牢，七日，爲壇，開八通之鬼道。」〔三〕於是天子令太祝立其祠長安東南郊，常奉祠如忌方。其後人有上書言「古者天子，三年壹用太牢祠神三一：天一、地一、太一」。〔四〕天子許之，令太祝領祠之於忌太一壇上，如其方。後人復有上書言「古者天子常以春解祠，〔五〕祠黃帝用一梟破鏡；〔六〕冥羊用羊；祠馬行用一青牡馬；太一、澤山君地長用牛；〔七〕武夷君用乾魚；〔八〕陰陽使者以一牛」。〔九〕令祠官領之如其方，而祠於忌太一壇旁。

〔二〕【考證】補武紀、漢志「太一」並作「泰一」。

〔二〕【索隱】樂汁徵圖曰：「天宮，紫微。北極，天一、太一。」宋均云：「天一、太一，北極神之別名。」春秋佐助期曰：「紫宮，天皇曜魄，寶之所理也。」石氏云：「天一、太一，各一星，在紫宮門外，立承事天皇大帝。」

〔三〕【索隱】開八通鬼道。案：司馬彪續漢書祭祀志云「壇有八陛，通道以爲門」。又三輔黃圖云「上帝壇八觚，神道八通，廣三十步」。

〔四〕【考證】補武紀、漢志「壹」作「一」，漢志無「神」字。姚範曰：「『三一』句絕。」王先謙曰：天一、地一、泰一爲「神三一」，郊祀歌云「天地並況，維予有慕」也。

〔五〕【索隱】謂祠祭以解殃咎，求福祥也。【考證】沈欽韓曰：論衡解除篇「祭祀之禮，解除之法，衆多非一，且以一事效其非也」。「世間繕治宅舍，鑿池掘土，功成作畢，解除土神，名曰解土，爲土偶人以象鬼形，令巫祝延以解土神，已祭之後，心快意喜，謂鬼神解謝，殃禍除去」。案此則解祠者，祓除之祭也。

〔六〕【考證】梟，鳥名，食母。破鏡，獸名，食父。皆惡逆之物，祠用之者，欲絕其類也。

〔七〕【集解】徐廣曰：「澤，一作『皋』。」【索隱】此則人上書言古天子祭太一。太一，天神也。澤山，本紀作「皋山」。皋山君地長，謂祭地於皋山。同用太牢，故云「用」，蓋是異代之法也。【考證】漢志「澤山君地長」作「皋山山君」。李慈銘曰：皋、睪、澤，古書多相亂，此蓋本作「睪山君」，謂睪山之神也，與下武夷君同。太一者，上所祠之太一。太一與睪山君皆用牛也。漢志及史武紀「君」字皆誤重，志下卷同，其下文云「祠太一於忌太一壇旁」者，王氏鳴盛謂史孝武紀、封禪書「祠」下皆無「太一」二字，郊祀志誤衍者是也。蓋自黃帝、冥羊、馬行及皋山君、武夷君，皆祠於亳人謬忌所奏，立之太一壇旁，以此是春日解祠，或用羊，或用馬，或用牛，或用乾魚，所祭各異，而太一亦有春日解祠之祭，與忌所奏祠太一之方春秋各祭七日者異，故並令祠官領之，而皆祠太一壇旁也。史記之地長，疑當時嶧山君之別稱，以嶧山君爲地長，故班志以繁文去之。史記正義謂皋山、山君、地長三並神者，非也。武帝時太一之祀凡四：一，謬忌所奏立長安城東南郊者，所謂忌太一壇也；一，此春解祠之太一用牛者也；一，神君所下之太一，祠於甘泉北宮之壽宮者也；一，祠官寬舒等所立之太一，祠壇在雲陽甘泉宮之南，所謂太時，三年一郊見者。以祀之時禮皆別，故各爲祭，蓋漢以祀太一當祀天，而皆用方士之説，故雜出不經。

〔八〕【索隱】顧氏案：地理志云建安有武夷山，溪有仙人葬處，即漢書所謂武夷君。是時既用越巫勇之，疑即此神。今案：其祀用乾魚，不饗牲牢，或如顧説也。

〔九〕【考證】冥羊、馬行、太一、澤山君地長、武夷君、陰陽使者，皆神名。

其後，天子苑有白鹿，以其皮爲幣，以發瑞應，造白金焉。〔一〕

〔一〕【索隱】案：樂彥云「謂龍、馬、龜」。

其明年，郊雍，〔二〕獲一角獸，若麟然。〔三〕有司曰：「陛下肅祇郊祀，上帝報享，錫一角獸，蓋麟云。」於是以薦五時，時加一牛以燎。錫諸侯白金，風符應合于天也。

〔二〕【集解】徐廣曰：「武帝立已十九年。」【考證】漢武紀「元狩元年冬十月幸雍，祠五時，獲白麟，作白麟之歌」。郊祀志「其明年」作「後二年」。

〔三〕【考證】補武紀、漢志「麟」作「麃」，注「麃，鹿屬，音蒲交反」。張文虎曰：北宋本作「麃」。凌稚隆曰：與管仲言麒麟來暗應。梁玉繩曰：獲麟在元狩元年，而造白金及皮幣在元狩四年，此誤也。漢志刪「其後天子」廿一字，改「其明年」爲「後二年」。

於是濟北王以爲天子且封禪，乃上書獻太山及其旁邑，天子以他縣償之。常山王有罪，遷，天子封其弟於真定，以續先王祀，〔一〕而以常山爲郡，然后五岳皆在天子之邦。〔二〕

〔一〕【集解】徐廣曰：「元鼎四年時。」【考證】王先謙曰：據表，濟北成王胡。又曰：據紀、表，元鼎三年常山憲王舜子勃有罪，徙房陵，上更封憲王子平爲真定王。

〔二〕【考證】王觀國曰：漢高祖名邦，史記爲諱之，悉代以「國」字，然封禪書曰「五岳皆天子之邦」；漢文帝名恒，改恒山爲常山，故封禪書曰「以常山爲郡」，然又曰「至琅邪過恒山」；呂后名雉，改雉爲野雞，故封禪書曰「野雞夜呴」，然又曰「縱遠奇飛禽及白雉」。凡此用字不一如此，何耶？梁玉繩曰：漢志及補今上紀並作「天子之郡」，疑「邦」乃「郡」之譌。愚按：野雞非雉，説既見上。

其明年，齊人少翁以鬼神方見上。〔一〕上有所幸王夫人，〔二〕夫人卒，少翁以方蓋夜致王夫人及竈鬼之貌云，天子自帷中望見焉。〔三〕於是乃拜少翁爲文成將軍，賞賜甚多，以客禮禮之。文成言曰：「上即欲與神通，宮室被服非象神，神物不至。」乃作畫雲氣車，及各以勝日駕車辟惡鬼。〔四〕又作甘泉宮，中爲臺室，畫天、地、太一諸鬼神，而置祭具，以致天神。居歲餘，其方益衰，神不至。乃爲帛書以飯牛，詳不知，言曰，此牛腹中有奇。殺視得書，書言甚怪。天子識其手書，問其人，果是僞書，〔五〕於是誅文成將軍，隱之。〔六〕

〔一〕【考證】凌稚隆曰：篇中凡「其明年」、「其後某年」、「其來年」、「其春」、「其冬」，並是歲等語，俱略不詳。王先謙曰：通鑑誅文成在元狩四年。下云「居歲餘」云云，是「見上」或在元狩三年。

〔二〕【集解】徐廣曰：「外戚傳曰，趙之王夫人幸，有子，封爲齊王。」

〔三〕【索隱】漢書作「李夫人卒，帝悼之，李少翁致其形，帝爲作賦」。此云「王夫人」，新論亦同，未詳。【考證】陳仁錫曰：李夫人卒時，少翁死久矣。沈欽韓曰：論衡自然篇「武帝幸王夫人，王夫人死，思見其形，道士以方術作王夫人形，形成出入宮門，武帝大驚，立而迎之，忽不復見」，本史記而附益之。

〔四〕【索隱】案：樂彥云「謂畫青車以甲乙，畫赤車丙丁，畫玄車壬癸，畫白車庚辛，畫黄車戊己。將有水事，則乘黄車，故下云『駕車辟惡鬼』，是也」。【考證】勝日，謂甲乙五行相克之日也，例如庚辛日駕赤車，丙丁日駕黑車也。林伯桐曰：作畫雲車，此一事；各以勝日駕辟惡鬼，此又一事。索隱似誤。

〔五〕【正義】上音于僞反。或人果爲文成書帛飯牛。【考證】補武紀作「天子疑之，有識其手書，問之人，果爲書」，郊祀志作「天子識其手，問之，果爲書」。愚按：手書，手迹，言人之所書也。其人，養牛之人。正義本「僞」作「爲」，爲、僞古通。

〔六〕【考證】補武紀「隱」上有「而」字。

其後則又作柏梁、銅柱、承露仙人掌之屬矣。〔一〕

〔一〕【集解】徐廣曰：「元鼎二年時。」

文成死明年，天子病鼎湖甚，〔一〕巫醫無所不致，不愈。游水發根言，上郡有巫，病而鬼神下之。〔二〕上召置祠之甘泉。及病，使人問神君。神君言曰：「天子無憂病。病少愈，彊與我會甘泉。」於是病愈，遂起，幸甘泉，病良已。〔三〕大赦，置壽宮神君。壽宮神君最貴者太一，〔四〕其佐曰大禁、司命之屬，皆從之。非可得見，聞其言，言與人音等。時去時來，來則風肅然。居室帷中。時晝言，然常以夜。天子祓，然后入。因巫爲主人，關飲食。所以言，行下。〔五〕又置壽宫、北宫，張羽旗，設供具，以禮神君。神君所言，上使人受書其言，命之曰「畫法」。〔六〕其所語，世俗之所知也，無絶殊者，而天子心獨喜。其事祕，世莫知也。

〔一〕【索隱】案：三輔黃圖「鼎湖，宫名，在藍田」。韋昭云「地名，近宜春」。案：湖本屬京兆，後分屬弘農，恐非鼎湖之處也。【正義】郊祀志云，黄帝采首山之銅，鑄鼎荆山之下，有龍垂胡髯下迎黄帝，後人名其處曰鼎湖。【考證】顧炎武曰：「湖」當作「胡」，鼎胡，宫名。漢書楊雄傳「南至宜春、鼎胡、御宿、昆吾」是也，故卒起幸甘泉，而行右内史界。王先謙曰：通鑑在元狩五年。

〔二〕【考證】游水，地名。發根，人名。

〔三〕【正義】善也。已，止也。病善止也。

〔四〕【考證】補武紀、漢志無下「壽宫」二字。何焯曰：小字宋本不重「壽宫神君」四字。張文虎曰：置壽宫神君，從北宋本，與補武紀、郊祀志合，各本「置」下衍「酒」字。又疑此文當作「神君壽宫」。愚按：下「壽宫」二字疑衍。補武紀「太一」作「大夫」。俞樾曰：神君乃巫之神，以巫爲主人，居帷幄中，與人言。即所謂「上郡有巫，病而鬼神降之」者也。太一乃天神之最貴者，漢祀太一有二，其一則天子三年親郊祠，如雍郊之禮；其一則亳人謬忌所奏祠，謂之薄忌太一，是二者均與神君無涉也。太一之佐曰五帝，亦非太禁、司命之屬也，然則此「太一」當作「大夫」。大夫蓋巫神之貴者，曰大夫耳。秦時民俗相稱，尊之則曰大夫，若蕭何稱沛中吏是也。巫覡鄙俚，亦沿此稱，非謂太一也。當以紀爲長。參存。

〔五〕【考證】王先謙曰：「關」猶「通」也，所欲飲食，巫關白之。愚按：以，用也。補紀作「所欲者言行下」，漢志作

「所欲言行下」。

〔六〕【考證】策畫之法。

其後三年，有司言，元宜以天瑞命，不宜以一二數。一元曰「建」，二元以長星曰「光」，三元以郊得一角獸曰「狩」云。〔一〕

〔一〕【考證】漢志改「三元」作「今」。中井積德曰：「一二」者，是元之一二，下文所謂「一元」、「二元」、「三元」是也。當初時未制年號，但以一元、二元、三元稱之，猶文帝、景帝有中元、後元也。錢大昕曰：元光之後，尚有元朔，則元狩乃四元，非三元，班史改以爲「今」，無「三元」字，蓋得之矣。言建元、元光而不言元朔者，「建」以斗建爲名，「光」以長星爲名，皆取天象，若元朔紀年，應劭解朔爲蘇，取「品物蘇息」之義，不主天瑞，故不及之耳。劉攽曰：所謂「其後三年」者，蓋盡元狩六年至元鼎三年也，然元鼎四年方得寶鼎，又無緣先三年而稱之，以此而言，自元鼎以前之元，皆有司所追命，其實年號之始在元鼎耳。故元封改元，則始有詔書矣。吳仁傑刊誤云「年號之起，在元鼎耳」。通鑑考異云「元鼎年號，亦如建元、元光，皆後來追改」。案：魏司空王朗曰，古者有年數，無年號，漢初猶然，其後乃有中元、後元。元改彌數，中後之號不足，故更假取美名。蓋文帝凡兩改元，故以前、後別之。景帝凡三改元，故以前、中、後別之。武帝即位以來，大率六年一改元，二十七年之間，改元者五，當時但以一元、二元、三元、四元、五元爲別。五元之三年，有司言「元宜以天瑞，不宜以一二數」蓋爲是也。時雖從有司之議，改一元爲建元，二元爲元光，三元爲元朔，四元爲元狩，至五元則未有以名，帝意將有所待也。明年寶鼎出，遂改五元爲元鼎，而以是年爲元鼎四年。然則謂年號起於元鼎固然，謂元鼎爲後來追改者，亦不誤也。趙翼曰：武帝自建元至元封，每六年一改元，太初至征和，每四年一改元，征和四年後改爲後元年，而無復年號，蓋帝亦將終矣。

其明年冬，天子郊雍，議曰：「今上帝朕親郊，而后土無祀，則禮不荅也。」〔一〕有司與太史公、祠官寬舒議：〔二〕「天地，牲角繭栗。〔三〕今陛下親祠后土，后土宜於澤中圜丘爲五壇，壇一黄犢太牢具，〔四〕已祠盡瘞，而從祠衣上黄。」〔五〕於是天子遂東，始立后土祠汾陰脽丘，如寬舒等議。〔六〕上親望拜，如上帝禮。禮畢，天子遂至滎陽而還。過雒陽，下詔曰：「三代邈絶，遠矣難存。其以三十里地封周後爲周子南君，以奉其先祀焉。」〔七〕是歲，天子始巡郡縣，侵尋於泰山矣。〔八〕

〔一〕【考證】漢志無「議」字。

〔二〕【考證】中井積德曰：太史公者，遷所以稱其父，以爲其私史耳。愚按：漢志改作「太史令談」。

〔三〕【考證】牛角之形，或如繭，或如栗，言其小。

〔四〕【考證】漢志無「太」字。

〔五〕【考證】侍祠之人皆著黄衣。

〔六〕【集解】徐廣曰：「元鼎四年。」【考證】補武紀、漢紀、志「丘」作「上」。漢志云「天子東幸汾陰，汾陰男子公孫滂洋等見汾旁有光如絳，上遂立后土祠於汾陰脽上」。

〔七〕【考證】漢書武紀元鼎四年十一月甲子，立后土祠于汾陰脽上，禮畢，行幸滎陽，還至洛陽，詔曰「祭地冀州，瞻望河洛，巡省豫州，觀于周室，邈而無祀。詢問耆老，迺得孽子嘉。其封嘉爲周子南君，以奉周祀」。事同文異，蓋班録全文，馬從删略也。

〔八〕【考證】張文虎曰：毛本「侵」，與補武紀合，各本作「浸」，郊祀志作「寖」。愚按：「侵尋」即「浸淫」。

其春，樂成侯上書言欒大。〔一〕欒大，膠東宫人，故嘗與文成將軍同師，已而爲膠東王尚方。而樂成侯姊爲康王后，〔二〕無子。康王死，他姬子立爲王。〔三〕而康后有淫行，與王不相中，〔四〕相危以法。康后聞文成已死，而欲自媚於上，乃遣欒大因樂成侯求見言方。天子既誅文成，後悔其蚤死，惜其方不盡，及見欒大，大説。大爲人長美，言多方略，而敢爲大言，處之不疑。大言曰：「臣常往來海中，見安期、羨門之屬。顧以臣爲賤，不信臣。又以爲康王諸侯耳，不足與方。臣數言康王，康王又不用臣。臣之師曰：『黄金可成，而河決可塞，不死之藥可得，僊人可致也。』然臣恐效文成，則方士皆奄口，惡敢言方哉！」上曰：「文成食馬肝死耳。〔五〕子誠能脩其方，我何愛乎！」〔六〕大曰：「臣師非有求人，人者求之。陛下必欲致之，則貴其使者，令有親屬，以客禮待之，勿卑，使各佩其信印，乃可使通言於神人。神人尚肯邪不邪。〔七〕致尊其使，然后可致也。」〔八〕於是上使驗小方，鬭棊，棊自相觸擊。〔九〕

〔一〕【考證】樂成侯丁義，後與欒大同誅，漢志「侯」下有「登」字，非是。

〔二〕【索隱】康王，名寄也。

〔三〕【集解】徐廣曰：「以元狩二年薨。」

〔四〕【索隱】案：三蒼云「中，得也」。

〔五〕【索隱】案：論衡云「氣熱而毒盛，故食走馬肝殺人」。儒林傳云「食肉無食馬肝」是也。
〔六〕【索隱】上語欒大，言子誠能脩文成方，我更何所愛惜乎！謂不悋金寶及禄位也。
〔七〕【考證】「令」下「有」，漢志作「爲」，凌本引一本同。王先謙曰：尚，未敢定之詞。
〔八〕【考證】漢志「尊」上無「致」字。
〔九〕【索隱】顧氏案：萬畢術云「取雞血雜磨鍼鐵杵，和磁石棊頭，置局上，即自相抵擊也」。【考證】梁玉繩曰：（棊）〔此〕與漢志作「棊」，補紀作「旗」，張守節謂「旗」本或作「棊」，故索隱引萬畢術、正義引高誘淮南子注並作「棊」解，而通鑑獨作「旗」，攷異引漢武故事證之云「欒大嘗于殿前樹旍數百枚，令旍自相擊，繙繙竟庭中，去地十餘丈，觀者皆駭」。兩解均有據，存參。

是時上方憂河決，而黄金不就，乃拜大爲五利將軍。居月餘，得四印，〔一〕佩天士將軍、地士將軍、大通將軍印。制詔御史：「昔禹疏九江，決四瀆。閒者河溢皋陸，隄繇不息。〔二〕朕臨天下二十有八年，〔三〕天若遺朕士而大通焉。乾稱『蜚龍』，『鴻漸于般』，〔四〕朕意庶幾與焉。其以二千户封地士將軍大爲樂通侯。」賜列侯甲第，僮千人。乘轝斥車馬、帷幄器物以充其家。又以衛長公主妻之，〔五〕齎金萬斤，更命其邑曰當利公主。〔六〕天子親如五利之第，使者存問供給，相屬於道。自大主將相以下，皆置酒其家，獻遺之。〔七〕於是天子又刻玉印曰「天道將軍」，使使衣羽衣，夜立白茅上，〔八〕五利將軍亦衣羽衣，夜立白茅上受印，以示不臣也。〔九〕而佩「天道」者，且爲天子道天神也。〔一〇〕於是五利常夜祠其家，欲以下神。神未至，而百鬼集矣，然頗能使之。其後裝治行，東入海求其師云。大見數月，佩六印，〔一一〕貴震天

下，而海上燕、齊之閒，莫不搤捥而自言有禁方，能神僊矣。〔一二〕

〔一〕【索隱】謂五利將軍、天士將軍、地士將軍、大通將軍爲四也。

〔二〕【考證】漢志「九江」作「九河」，是。 繇，役也。

〔三〕【集解】徐廣曰：「元鼎四年也。」

〔四〕【考證】顏師古曰：「飛龍在天」，乾卦九五爻辭，「鴻漸于般」，漸卦六二爻辭。 方苞曰：「飛龍在天，利見大人」，言君之得臣也。「鴻漸于磐，飲食衎衎」，言臣之遇君也。 武帝以欒大爲天所遺士，故引此。

〔五〕【索隱】案：衛子夫之子曰衛太子，女曰衛長公主。 是衛后長女，故曰長公主，非如帝姊曰長公主之例。 【正義】劉伯莊云：「衛后女三人，以最長妻欒大也。 非天子姊妹也。」漢書外戚傳云：「衛子夫生三女，元朔三年生男。」據此則是太子之姊。 【考證】斥，不用也。 梁玉繩曰：索隱甚通，若劉敬傳稱魯元公主爲長公主，外戚世家稱文帝女嫖爲長公主矣。 中井積德曰：帝姊妹曰長公主者，蓋昉於昭帝時鄂邑公主也。 武帝以上未有此例，此但以其長幼稱焉耳，如魯元公主未嘗稱長公主也。 何焯曰：以衛公主妻大者，令爲親屬，如大所言也。

〔六〕【索隱】案：地理志東萊有當利縣。 【考證】漢志「萬斤」作「十萬斤」。

〔七〕【集解】徐廣曰：「大主，武帝姑。」

〔八〕【正義】喻有潔白之德。 【考證】顏師古曰：羽衣以羽爲衣，取其神仙飛翔之意。

〔九〕【考證】紀、志無「夜」字，此衍。

〔一〇〕【考證】中井積德曰：當初立天道將軍之號，未必導天神之意，後乃附會作此說耳。

〔一一〕【索隱】更加樂通侯及天道將軍印，爲六印。

〔一二〕【正義】搤捥，猶執手也。 言海上燕、齊之閒方術之士見少君、欒大貴振天下，皆自言有禁方，服之能令人神仙矣，冀武帝召之。

其夏六月中，汾陰巫錦爲民祠魏脽后土，營旁見地如鉤狀，掊視得鼎。〔一〕鼎大異於衆。鼎文鏤無款識，〔二〕怪之，言吏。吏告河東太守勝，勝以聞。天子使使驗問巫得鼎，無姦詐，乃以禮祠，迎鼎至甘泉，從行，上薦之。至中山，〔三〕曣㬈，有黃雲蓋焉。〔四〕有麃過，上自射之，因以祭云。〔五〕至長安，公卿大夫皆議，請尊寶鼎。天子曰：「閒者河溢，歲數不登，故巡祭后土，祈爲百姓育穀。今歲豐廡未報，鼎曷爲出哉？」〔六〕有司皆曰：「聞昔泰帝興神鼎一，〔七〕一者壹統天地，萬物所繫終也。〔八〕黃帝作寶鼎三，象天地人。禹收九牧之金，鑄九鼎。皆嘗亨鬺上帝鬼神。〔九〕遭聖則興，〔一〇〕鼎遷于夏、商。周德衰，宋之社亡，鼎乃淪沒，伏而不見。〔一一〕頌云『自堂徂基，自羊徂牛；鼐鼎及鼒，不吳不驁，胡考之休』。〔一二〕今鼎至甘泉，光潤龍變，承休無疆。合茲中山，〔一三〕有黃白雲降蓋，〔一四〕若獸爲符，路弓乘矢，集獲壇下，〔一五〕報祠大享。〔一六〕唯受命而帝者，心知其意而合德焉。〔一七〕鼎宜見於祖禰，藏於帝廷，以合明應。」制曰：「可。」〔一八〕

〔一〕【正義】掊，音白侯反。師古曰：掊，手把土也。【考證】營，祠之兆域。

〔二〕【正義】劉伯莊曰：「自古諸鼎皆有銘記識其事，此鼎能無款識也？」【考證】陰文曰款，陽文曰識。中井積德曰：是鼎係新垣平僞造，蓋平作鼎埋之，欲待其鏽壞，祠而出之，而身先死，至此鼎自出也。

〔三〕【集解】徐廣曰：「河渠書曰『鑿涇水自中山西』。」【考證】顔師古曰：「中」讀曰「仲」。沈欽韓曰：長安志仲山在雲陽縣西北四十里。漢志「行上」作「上行」。

〔四〕【考證】補武紀、漢志「曣嘔」作「晏温」，藝文類聚引史亦作「晏温」。如淳曰日出清濟爲晏。錢大昕曰：説文「晏，天清也」。中井積德曰：曣嘔，蓋鼎微煖發光彩也，下文「光潤龍變」指此。愚按：後説近是。

〔五〕【集解】徐廣曰：「上言『從行，上薦之』，或者祭鼎也。」

〔六〕【考證】「廡」讀爲「膴」，詩大雅緜篇「周原膴膴，堇荼如飴」，傳「膴，美也」。

〔七〕【索隱】案：孔文祥云「泰帝，太昊也」。

〔八〕【考證】漢志「終」作「象」。

〔九〕【集解】徐廣曰：「亨，煑也。鬺，音殤。皆嘗以亨牲牢而祭祀。」【考證】亨鬺，補武紀作「鬺烹」，漢志作「鬺亨」。顔師古曰：鬺、亨一也，鬺亨，煮而祀也。韓詩采蘋曰「于以鬺之，唯錡及釜」。何焯曰：鬺，古烹飪字；下「亨」，乃古亨祀字也，一之者非也。中井積德曰：史記「亨」、「鬺」二字倒，亨、享通，言皆曾鬺而饗上帝鬼神也。愚按：錢大昕、張文虎説同。

〔一〇〕【考證】方苞曰：遭聖則興，承上文言。中井積德曰：遭聖，論古昔，非指漢，漢志無「遭聖」一句，而別有數句，其末曰「周德衰，鼎遷于秦，秦德衰，宋之社亡」。

〔一一〕【考證】梁玉繩曰：史公述有司議，缺略不具，當以漢志校之，得失自見。然「周德衰」下有「鼎遷于秦，秦德衰」二語，社亡鼎没，不在秦衰之時，議者未免失詞。

〔一二〕【考證】漢志「頌」上有「周」字。補武紀「吴」作「虞」。漢志「驁」作「敖」，此周頌絲衣之詩。基，門塾之基也。吴讙譁也。驁，讀爲敖慢也。胡考，壽也。休，美也。言執祭事者，或升堂，或之門塾，視羊牛之牲，及舉大小之鼎，不讙不慢，神降之福，故獲壽考之美也。

〔一三〕【集解】徐廣曰：「關中亦復有中山也，非魯中山。」【考證】適在中山有此事也。

〔一四〕【考證】「蓋」字屬上句，即上文所謂「黄雲蓋焉」者。

〔一五〕【考證】若，如此也。獸指麃。符，符瑞。路，大。四矢曰乘，言以大弓四矢獲之於壇下也。

〔一六〕【集解】徐廣曰：「一云『大報祠享』。」【考證】享，補武紀作「饗」，漢志作「享」。

〔一七〕【考證】此謂武帝，非謂高祖。

〔一八〕【考證】漢志「見」作「視」，示也。

入海求蓬萊者，言蓬萊不遠，而不能至者，殆不見其氣。〔一〕上乃遣望氣佐候其氣云。〔二〕

〔一〕【考證】凌稚隆曰：接上「東入海求其神」。

〔二〕【考證】高祖紀「秦始皇帝常曰『東南有天子氣』，於是因東游以厭之」，高祖亡匿隱於「山澤巖石之間，呂后與人俱求，常得之」。「曰『李所居，上常有雲氣』」，是漢高假望氣之名，以駭愚夫愚婦也。其後新垣平以望氣見文帝。

其秋，上幸雍且郊。〔一〕或曰「五帝，太一之佐也，宜立太一而上親郊之」。上疑未定。齊人公孫卿曰：「今年得寶鼎，其冬辛巳朔旦冬至，與黃帝時等。」卿有札書曰：「黃帝得寶鼎宛朐，問於鬼臾區。〔二〕鬼臾區對曰：『黃帝得寶鼎神策，是歲己酉朔旦冬至，得天之紀，終而復始。』於是黃帝迎日推策，後率二十歲復朔旦冬至，凡二十推，三百八十年，黃帝僊登于天。」〔三〕卿因所忠欲奏之。所忠視其書不經，疑其妄書，謝曰：「寶鼎事已決矣，尚何以爲！」〔四〕卿因嬖人奏之。上大說，乃召問卿。對曰：「受此書申公，申公已死。」上曰：「申公何人也？」卿曰：「申公，齊人。與安期生通，受黃帝言，無書，獨有此鼎書。曰『漢興，復當黃帝之時』。曰『漢之聖者，在高祖之孫且曾孫也。寶鼎出，而與神通，封禪。封禪七十二王，唯黄帝得上泰山封』。申公曰『漢主亦當上封，上封則能僊登天矣。黄帝時萬諸侯，而神靈之封居七千。〔五〕天下名山八，而三在蠻夷，五在中國。中國華山、首山、太室、泰山、東萊，〔六〕此五山，黄帝之所常游與神會。黄帝且戰且學僊。患百姓非其道者，乃斷斬非鬼神者。〔七〕百餘歲，然後得與神通。〔八〕黄帝郊雍上帝，宿三月。鬼臾區號大鴻，死葬雍，故鴻冢是也。其後黄帝接萬靈明廷。明廷者，甘泉也。所謂寒門者，谷口也。〔九〕黄帝采首山銅，鑄鼎於荆山下。鼎既成，有龍垂胡顊，下迎黄帝。〔一〇〕黄帝上騎，羣臣後宫從上者七十餘人，龍乃上去。餘小臣不得上，乃悉持龍顊，龍顊拔，墮，墮黄帝之弓。百姓仰望，黄帝既上天，乃抱其弓與胡顊號，〔一一〕故後世因名其處曰鼎湖，其弓曰烏號。』」於是天子曰：「嗟乎！吾誠得如黄帝，吾視去妻子如脱躧耳。」〔一二〕乃拜卿爲郎，東使候神於太室。

〔一〕【考證】上，天子也。

〔二〕【考證】札，木之薄小者。宛朐，補紀作「宛侯」，漢志作「冕侯」，蓋地名，濟陰郡冤句縣是。

〔三〕【考證】補武紀「歲」下「復」作「得」，日月朔望未來而推之，故曰「迎日」。

〔四〕【正義】所以謝公孫卿，言寶鼎已決知矣，不須上此書。【考證】所忠，武帝幸臣姓名，又見平準書、五宗世家、司馬相如傳、萬石君傳。

〔五〕【索隱】韋昭云：「黄帝時萬國，其以脩神靈得封者七千國，或爲七十國。」樂彦云：「以舜爲神明之後，封嬀滿於陳之類是也。」顧氏案：國語仲尼云「山川之守足以紀綱天下者，其守爲神。汪芒氏之君，守封禺之山也」。【考證】漢志「居」作「君」，訛。余有丁曰：神靈之封居七千，謂封守之中，神靈當祭告者居七千也。

〔六〕【正義】首山，一名雷首山，亦名申修山，名歷山，亦名蒲山，亦名襄山，又名甘棗山，亦名獨頭山。泰室，嵩高。泰山，岱宗。

〔七〕【索隱】謂有非毀鬼神之人，乃斷理而誅斬之。【考證】淩稚隆曰：卿見武帝好征伐、好神仙，則曰「黄帝且戰且學仙」，懼人攻其邪妄，則曰「斷斬非鬼神者」。此小人極意逢迎之態，專權固寵之術也。

〔八〕【考證】何焯曰：恐其言不驗被誅，故遠其期於百餘歲，即後言「非少寬假神不來」之意。

〔九〕【集解】徐廣曰：「寒，一作『塞』。」

〔一〇〕【索隱】説文曰：「胡，牛垂頷也。」釋名云「胡，在咽下垂」者，即所謂嚨胡也。

〔一一〕【考證】論衡道虚篇「號」上有「呼」字。

〔一二〕【考證】漢志「躧」作「屣」。

上遂郊雍，至隴西，西登崆峒，幸甘泉。〔一〕令祠官寬舒等具太一祠壇，祠壇放薄忌太一壇，壇三垓。〔二〕五帝壇環居其下，各如其方，黄帝西南，除八通鬼道。太一，其所用，如雍一時物，而加醴棗脯之屬，〔三〕殺一貍牛以爲俎豆牢具。〔四〕而五帝獨有俎豆醴進。〔五〕其下四方地，爲醊，食羣神從者及北斗云。〔六〕已祠，胙餘皆燎之。其牛色白，鹿居其中，彘在鹿中，水而洎之。〔七〕祭日以牛，祭月以羊彘特。〔八〕太一祝宰則衣紫及繡。五帝各如其色，日赤，月白。

〔一〕【考證】元鼎五年。

〔二〕【集解】徐廣曰：「垓，次也。」【考證】漢志「垓」作「陔」，三垓，三重壇也。

〔三〕【考證】補武紀、漢志「所」上無「其」字，此衍。

〔四〕【考證】貍，補武紀作「犛」，漢志作「氂」。李奇云「音狸」，則「犛」字爲是。

〔五〕【考證】顔師古曰：具俎豆酒醴而進之。中井積德曰：進，羞也。唯有庶羞，無牢具。

〔六〕【考證】醊，補武紀作「餟」，漢志作「腏」。王肇釗曰：說文「餟，祭酹也」。字林「餟，以酒沃地祭也」。「餟」字本爲祭酹義，餟食者，蓋羣臣從者其位尚卑，不必設壇，且莫可主名，故但于四方之地酹酒祭之，以申其誠敬耳。沈欽韓曰：腏與綴同。樂記「其舞行綴遠」，注作「酇」，正義「綴，謂酇也，酇聚舞人行位之處，立表酇以識之」。說文「酇，聚也」。神位亦立表酇依四方。愚按：爲餟，句。餟，王說是。食，讀爲「飤」，猶饗也。

〔七〕【集解】徐廣曰：「洎，一作『酒』」。灌水於釜中曰洎，音冀。」【正義】又以水合肉汁，內鹿中也。晉灼曰，此說合牲物燎之也。【考證】漢志重「白」字及「鹿中」三字，「洎」作「酒」。胙，謂祭餘酒肉。

〔八〕【索隱】案：樂彥云「祭日以太牢，月以少牢。特，不用牝也」。小顔云「牛羊若彘止一牲，故云特也」。

十一月辛巳朔旦冬至，昧爽，天子始郊拜太一。朝朝日，夕夕月，則揖；〔一〕而見太一如雍郊禮。其贊饗曰：〔二〕「天始以寶鼎神策授皇帝，朔而又朔，終而復始，皇帝敬拜見焉。」〔三〕而衣上黄。其祠列火滿壇，壇旁亨炊具。有司云「祠上有光焉」。公卿言「皇帝始郊見太一雲陽，有司奉瑄玉嘉牲薦饗。是夜有美光，及晝，黄氣上屬天」。〔四〕太史公、祠官寬舒等曰：〔五〕「神靈之休，祐福兆祥，宜因此地光域立太畤壇，以明應。〔六〕令太祝領，秋及臘閒祠。三歲天子一郊見。」〔七〕

〔一〕【考證】中井積德曰：「始」字主泰一也，不然嘗屢郊矣，此何稱始郊也。劉敞曰：「則揖」二字屬上句。

〔二〕【索隱】案：顧氏云「饗，祀祠也」。漢舊儀云「贊饗一人，秩六百石」也。

〔三〕【考證】沈欽韓曰：春秋繁露郊祀篇郊祝曰「皇皇上帝，照臨下土。集地之靈，降甘風雨。庶物羣生，各得其所。靡今靡古，惟予一人，某敬拜皇天之祜」。亦見大戴公冠。案此古祝辭，漢所用也，今以得寶鼎，故別爲辭。中井積德曰：神策是公孫卿所上，武帝乃以爲天授，妄哉。

〔四〕【考證】雲陽，宮名，祭天之處。璧大六寸謂之瑄。李光縉曰：天子始郊拜太一，而有司云「祠上有光」，又云「是夜有美光」，及畫黃氣上屬天，於是諸方士遂争神奇怪，得其似以爲真矣。以後凡曰「山下聞若有言萬歲」，曰「其夜若有光」，曰「若有象景光」，曰「蓬萊諸神若將可得」，曰「神人若云欲見天子」，曰「若見有光云」，皆用「若」字描寫。

〔五〕【考證】漢志「太史公」作「太史令談」。錢大昕曰：封禪書兩稱太史公，與祠官寬舒連文，而不著名，爲父諱也。是年郊雍，爲元鼎四年，其明年冬至郊拜泰一，皆談爲太史公時。談以元封元年卒，卒後遷始繼之，漢史稱談名，得其實矣。

〔六〕【考證】淩本「宜」下衍「此」字。

〔七〕【考證】方苞曰：三歲天子一郊見，其二歲則祠以秋，或以臘，故曰間。

其秋，爲伐南越，告禱太一。以牡荊畫幡日月北斗登龍，以象天一三星，爲太一鋒，命曰「靈旗」。爲兵禱，則太史奉以指所伐國。〔一〕而五利將軍使，不敢入海，之泰山祠。上使人隨驗，實毋所見。五利妄言見其師，其方盡，多不讎。上乃誅五利。〔二〕

〔一〕【集解】徐廣曰：「天官書曰，天極星明者，太一常居也。斗口三星曰太一。」【考證】晉灼曰：牡荊，節間不相當者。顏師古曰：牡荊爲幡竿，而畫幡爲日月龍及星也。

〔二〕【索隱】案：鄭德云「相應爲讎，謂其言語不相應無驗也」。【考證】遥承上文「五利治裝入海」。補武紀正義引漢武故事云「東方朔言欒大無狀，上發怒乃斬之」。

其冬，公孫卿候神河南，言見僊人跡緱氏城上，〔一〕有物如雉，往來城上。天子親幸緱氏城視跡。問卿：「得毋效文成、五利乎？」卿曰：「僊者非有求人主，人主者求之。其道非少寬假，神不來。言神事，事如迂誕，積以歲，乃可致也。」於是郡國各除道，繕治宮觀名山神祠所，以望幸也。〔二〕

〔一〕【考證】王先謙曰：據漢書武紀，則元鼎六年冬也，當云「明年冬」。

〔二〕【考證】姚範曰：所，句。

其春，既滅南越，上有嬖臣李延年以好音見。上善之，下公卿議，曰：「民閒祠尚有鼓舞樂，〔一〕今郊祀而無樂，豈稱乎？」公卿曰：「古者祠天地皆有樂，而神祇可得而禮。」或曰：「太帝使素女鼓五十弦瑟，悲，帝禁不止，故破其瑟爲二十五弦。」於是塞南越，禱祠太一、后土，始用樂舞，〔二〕益召歌兒，作二十五弦〔三〕及空侯，〔四〕琴瑟自此起。〔五〕

〔一〕【考證】補武紀「舞」下有「之」字。

〔二〕【考證】不止，謂鼓瑟不止也。「塞」讀爲「賽」。胡三省曰：爲伐南越告禱泰一，故今賽祠。

〔三〕【集解】徐廣曰：「瑟。」

〔四〕【集解】徐廣曰：「應劭云，武帝令樂人侯調始造此器。」【正義】釋名云：「箜篌，師延所作靡靡樂，後出於桑間濮上之地，蓋空國侯之所出也。」

〔五〕【考證】補武紀、漢志無「琴」字，此衍。

其來年冬，〔一〕上議曰：「古者先振兵澤旅，〔二〕然后封禪。」乃遂北巡朔方，勒兵十餘萬，還祭黃帝冢橋山，釋兵須如。〔三〕上曰：「吾聞黃帝不死，今有冢，何也？」或對曰：「黃帝已僊上天，羣臣葬其衣冠。」〔四〕既至甘泉，爲且用事泰山，先類祠太一。〔五〕

〔一〕【考證】據漢武紀，元封元年。

〔二〕【集解】徐廣曰：「古『釋』字作『澤』。」【正義】上音亦，謂飲畢上酒也。【考證】漢志「澤」作「釋」，正義讀爲「醳」，非是。

〔三〕【集解】徐廣曰：「須，一作『涼』。」

〔四〕【考證】通鑑或作「公孫卿」。考異：史記、漢書皆云「或對」，漢武故事云「公孫卿對」，今取之。黃震曰：方士之說，惟以黃帝乘龍上天爲誇，武帝巡行，親至黃帝冢而祭之，方士尚何辭？而從者復遁其說爲葬衣冠，主暗臣諛，一至此甚，悲夫。

〔五〕【考證】周壽昌曰：類，祭名。書「肆類於上帝」是也。

自得寶鼎，上與公卿諸生議封禪。封禪用希，曠絕，莫知其儀禮，〔一〕而羣儒采封禪尚書、周官、王制之望祀射牛事。〔二〕齊人丁公年九十餘，曰：「封禪者，合不死之名也。秦皇帝不得上封。〔三〕陛下必欲上，稍上，即無風雨，遂上封矣。」上於是乃令諸儒習射牛，草封禪儀。數年，〔四〕至且行。天子既聞公孫卿及方士之言，黃帝以上封禪，皆致怪物，與神通，欲放黃帝以上接神僊人蓬萊士，高世比德於九皇，〔五〕而頗采儒術以文之。羣儒既已不能辨明封禪事，又牽拘於詩書古文而不能騁。〔六〕上爲封禪祠器示羣儒，羣儒或曰「不與古

同」，徐偃又曰「太常諸生行禮，不如魯善」，周霸屬圖封禪事，於是上絀偃、霸，而盡罷諸儒不用。〔七〕

〔一〕【考證】陳仁錫曰：「用希曠」，句。「絕」字屬下句讀。愚按：上文云「即事用希」，又云「厥曠遠者千有餘載」，此用希，句。「曠絕」屬下讀。陳説非。

〔二〕【考證】周禮春官大宗伯「以血祭祭社稷五祀五嶽」；夏官射人「祭祀則贊射牲」；禮記王制「祭天地之牛角繭栗，宗廟之牛角握」；國語楚語「天子禘郊之事，必自射其牲」，注「牲，牛也」。

〔三〕【考證】補武紀無「禪」字。漢志「合」作「古」。

〔四〕【正義】伍緝之從征記曰：「漢武封壇，廣丈二尺，高丈尺，下有玉録書，以金銀爲鏤，封以璽。」應劭曰：「漢官封禪儀云『建武二年，登泰山，就武帝封處累其石，發壇上方石，置玉牒書封石此中，後蓋封石，檢以金爲繩，以石爲泥，南方北方二十三檢，東方西方各二檢。太帝建武廿二年，登封太山，登畢，出更衣，即皇帝位於壇南北面。羣臣從者，以次陳後。尚書令奉玉檢壇上西面。太常曰，詣封。皇帝升北面。尚書令奉檢進，南面跪。太常曰，請封。皇帝親封畢，退復位。大行治跪禮發上石，尚書令藏玉牒。已禮覆壇，尚書令封親檢畢。太常跪曰，請拜。羣臣皆稱萬歲。太常跪曰，事畢。皇帝後下道』。」風俗通曰：「封者立石一丈二尺。」

〔五〕【考證】漢志「神」下無「僊」字，「萊」下無「士」字，義異。中井積德曰：所謂九皇者，黄帝以上伏羲、神農及天皇、地皇、人皇之等，其數有九，皆封禪而德盛者云，是術士之言，不可窮詰者，注家以臆度質之，非也。

〔六〕【考證】補武紀、漢志「騁」上「能」作「敢」。

〔七〕【考證】漢書兒寬傳云「上議欲放古巡狩封禪之事，諸儒對者五十餘人，未能有所定。先是司馬相如病死，有遺書，頌功德，言符瑞，足以封泰山。上奇其書，以問兒寬，寬對曰『天地並應，符瑞昭明，其封泰山，禪梁父，昭姓考瑞，帝王之盛節也。然享薦之義不著於經，唯聖主所由，制定其當，非羣臣之所能列』。上然之。乃自制儀，采儒術以文焉」。蓋此時事。

三月，遂東幸緱氏，〔一〕禮登中嶽太室。從官在山下，聞若有言「萬歲」云。〔二〕問上，上不言，問下，下不言。〔三〕於是以三百户封太室奉祠，命曰崇高邑。〔四〕東上泰山，泰山之草木葉未生，乃令人上石立之泰山巔。

〔一〕【考證】漢書武紀作「正月」。

〔二〕【考證】漢志「山下」作「山上」。中井積德曰：漢武帝紀載詔云「御史乘屬在廟旁，吏卒咸聞萬歲者三」，則「山上」似優。

〔三〕【考證】王先謙曰：山上下人皆未言，是以神之。

〔四〕【正義】韋昭云：「嵩高有太室。嵩高，總名也。」嵩高山記：「山高二千八百丈，周迴七十五里。」【考證】漢書紀、志並云，令祠官加增太室祠，禁毋伐其山木。以山下户三百封崇高，爲之奉邑，獨給祠復，無有所與。

上遂東巡海上，行禮祠八神。〔一〕齊人之上疏言神怪奇方者以萬數，然無驗者。乃益發船，令言海中神山者數千人求蓬萊神人。公孫卿持節，常先行候名山，至東萊，言夜見大人，長數丈，就之則不見，見其跡甚大，類禽獸云。羣臣有言，見一老父牽狗，言「吾欲見巨公」，已忽不見。〔二〕上即見大跡，未信，及羣臣有言老父，則大以爲僊人也。〔三〕宿留海上，予方士傳車，及閒使求僊人以千數。〔四〕

〔一〕【考證】中井積德曰：行禮祠八神者，行道中所祠之神有八也。補武紀索隱引郊祀志得之，即上文所謂「繕治諸神祠以望幸者」是也。

〔二〕【考證】漢志「巨」作「鉅」。張晏曰：天子爲天下父，故曰「巨公」。

〔三〕【正義】大，謂崇大其事。【考證】補紀、漢志「即」作「既」。

〔四〕【考證】閒，微也，隨閒隙而行。

四月，還至奉高。上念諸儒及方士言封禪人人殊，不經，難施行。天子至梁父，禮祠地主。乙卯，令侍中儒者皮弁薦紳，射牛行事。封泰山下東方，如郊祠太一之禮。封廣丈二尺，高九尺，其下則有玉牒書，書祕。〔一〕禮畢，天子獨與侍中奉車子侯上泰山，亦有封。其事皆禁。〔二〕明日，下陰道。丙辰，禪泰山下阯東北肅然山，如祭后土禮。天子皆親拜見，衣上黃，而盡用樂焉。江、淮閒一茅三脊爲神藉。〔三〕五色土益雜封。縱遠方奇獸蜚禽及白雉諸物，頗以加禮。〔四〕兕牛犀象之屬不用。皆至泰山祭后土。〔五〕封禪祠；其夜若有光，晝有白雲起封中。〔六〕

〔一〕【考證】方苞曰：太乙明堂贊饗具載其文，而此書獨祕，蓋以登僊禱也。

〔二〕【正義】霍嬗，子侯，去病子也。

〔三〕【正義】括地志云：「辰州盧溪縣西南三百五十里有苞茅山。武陵記云『山際出苞茅，有刺而三脊，因名茅山』是也」。【考證】胡三省曰：藉，薦也。凌稚隆曰：一茅三脊，與管仲言一茅三脊相應。

〔四〕【考證】補武紀、漢志「禮」作「祠」。梁玉繩曰：禮，「祠」之訛。

〔五〕【考證】王先謙曰：諸獸本以加祠，今並縱之，祭后土。補武紀、漢志作「然後去」，此疑誤。中井積德曰：兕象之屬害人者，不可用縱，但以爲遠物，同將來，然後罷去也。方苞曰：皆至太山，遥承上文「天子獨與侍中奉車子侯上太山」，故曰「皆至」，謂從行公卿侍從儒者也。

〔六〕【考證】顔師古曰：雲出於所封之中。

天子從禪還，坐明堂，羣臣更上壽。〔一〕於是制詔御史：「朕以眇眇之身承至尊，兢兢焉懼不任。維德菲薄，不明于禮樂。脩祠太一，若有象景光，屑如有望，〔二〕震於怪物，欲止不敢，〔三〕遂登封太山，至于梁父，而後禪肅然。自新，〔四〕嘉與士大夫更始，賜民百户牛一、酒十石，加年八十孤寡布帛二匹。復博、奉高、蛇丘、歷城，無出今年租税。其大赦天下，如乙卯赦令。〔五〕行所過，毋有復作。〔六〕事在二年前，皆勿聽治。」〔七〕又下詔曰：「古者天子五載一巡狩，用事泰山，諸侯有朝宿地。其令諸侯各治邸泰山下。」〔八〕

〔一〕【考證】太山東北有古明堂遺趾，則此所坐者，明年秋乃作明堂。更，互也。

〔二〕【考證】即上文所謂「其夜若有光，晝有白雲起封中」者。

〔三〕【考證】王先謙曰：怪物，猶言神怪。震，畏敬也。

〔四〕【考證】中井積德曰：「自新」兩字屬上句。

〔五〕【考證】漢武紀元朔三年乙卯三月，詔曰「以百姓之未洽于教化，朕嘉與士大夫日新厥業，祗而不懈，其赦天下」。

〔六〕【正義】毋，音無。復，音伏。毋有，弛刑徒也。

〔七〕【考證】此詔見漢武紀，文有異同。

〔八〕【考證】沈欽韓曰：據公羊義，天子有事於泰山，諸侯皆從泰山之下，諸侯皆有湯沐之邑。諸侯時朝乎天子，天子之郊，諸侯皆有朝宿之邑。左傳正義「王制，方伯爲朝天子，皆有湯沐之邑於天子之縣内」，然則朝宿之邑，亦名湯沐，但向京師，主爲朝王，從王巡狩，主爲助祭，祭必沐浴，隨事立名，朝宿、湯沐，亦互言之耳。

天子既已封泰山，無風雨災，而方士更言蓬萊諸神，若將可得，於是上欣然庶幾遇之，乃復東至海上望，冀遇蓬萊焉。奉車子侯暴病，一日死。〔一〕上乃遂去，並海上，北至碣石，巡自遼西，歷北邊，至九原。〔二〕五月，反至甘泉。〔三〕有司言寶鼎出爲元鼎，以今年爲元封元年。〔四〕

〔一〕【索隱】新論云：「武帝出璽印石，財有朕兆，子侯則没印，帝畏惡，故殺之。」風俗通亦云然。顧胤按：武帝集帝與子侯家語云「道士皆言子侯得仙，不足悲」。此説是也。【考證】漢志「望」下無「冀遇蓬萊」四字，通鑑亦删之。沈欽韓曰：文心雕龍哀弔篇云「霍子侯暴亡，帝傷而作詩」，豈有殺之之理乎？

〔二〕【正義】秦九原城在勝州榆林縣西界，漢武帝元朔二年，更名五原郡。

〔三〕【正義】姚察云：「三月幸緱氏，五月乃至甘泉，則八旬中，周萬八千里，其不然乎！」按：武紀「正月」是。【考證】漢志下補「周萬八千里云」六字。

〔四〕【考證】梁玉繩曰：「有司言」以下十七字當在前「羣臣更上壽」句下，錯簡也。

其秋，有星茀于東井。後十餘日，有星茀于三能。望氣王朔言：「候獨見填星出如瓜，食頃復入焉。」〔一〕有司皆曰：「陛下建漢家封禪，天其報德星云。」

〔一〕【索隱】樂彦、包愷並作「旗星」。旗星，即德星也。符瑞圖云「旗星之極，芒豔如旗」。本亦作「旗」也。【考證】能，讀爲「台」。望氣王朔，又見李將軍傳。填星，北宋本與索隱本合，各本作「旗星」，補武紀作「其星」，漢志作「填星」。何焯曰：當作「填星」，故下文云「信星昭見」也。張文虎曰：填星，土也，公孫臣説漢以土德王，文帝以來用之，故謂填星爲德星，作「旗」字誤。梁玉繩曰：當依補紀作「其星」，即指上文茀于東井、三能之星也。彗星爲德星，猶以天旱爲乾封，阿諛無理。中井積德曰：但謂旗星爲德星耳，不必別討歲星矣，要皆術士之詼言。愚按：旗，天官書所謂「類彗而後曲象旗」者，封禪書原作「旗星」，補武紀作「其星」者即「旗」字破體，班氏不得其義，以下文言德星，改爲「填星」，後人又依班史改史記。

其來年冬，〔一〕郊雍五帝。還，拜祝祠太一。〔二〕贊饗曰：「德星昭衍，厥維休祥。壽星仍出，淵耀光明。〔三〕信星昭見，〔四〕皇帝敬拜太祝之享」。

〔一〕【考證】元封二年。

〔二〕【正義】漢書郊祀志「況」字作「祝」，下云贊饗則祝拜也，「況」字誤，當音祝。【考證】正義本「祝」誤作「況」。

〔三〕【正義】壽星，南極老人星。爲人主壽命延長之應。當以秋候之南郊，見則國家安樂，所以長年，故謂壽星。

〔四〕【正義】填星中主上爲信，爲君之年，爲天子福禄之精。順時而見，所見之分，其下穀自登，有不耕而食，不蠶而衣，故知和平遠近安樂之應。【考證】中井積德曰：信星非星名，乃謂符信之星也，指上德星、壽星。

其春，公孫卿言見神人東萊山，若云「欲見天子」。天子於是幸緱氏城，拜卿爲中大夫。遂至東萊，宿留之數日，無所見，見大人跡云。復遣方士求神怪采芝藥以千數。是歲，旱。於是天子既出無名，乃禱萬里沙，過祠泰山。還至瓠子，自臨塞決河，留二日，沈祠而去。〔一〕使二卿將卒塞決河，徙二渠，復禹之故跡焉。〔二〕

〔一〕【考證】萬里沙，神祠也，在今山東萊州府掖縣。瓠子隄在今直隸大名府開州。河渠書云，武帝自臨塞決河，將軍已下皆負薪，沈白馬祭河決，於是作瓠子歌。

〔三〕【考證】河決在元光二年，今始臨塞之。二卿，汲仁、郭昌。二渠在今河南衛輝府滑縣，一曰宿胥口，即漯也；一曰大河，河北漯南，分而東北流入海。梁玉繩曰：所復非禹迹也，説在河渠書。

是時既滅兩越，〔一〕越人勇之乃言「越人俗鬼，而其祠皆見鬼，數有效。〔二〕昔東甌王敬鬼，壽百六十歲。後世怠慢，故衰耗」。〔三〕乃令越巫立越祝祠，安臺無壇，亦祠天神上帝百鬼，而以雞卜。上信之，越祠雞卜始用。〔四〕

〔一〕【考證】兩越，南越、閩越，承上文「塞南越禱祠太一、后土」。

〔二〕【考證】補武紀「俗」下有「信」字。

〔三〕【正義】東海王繇號爲東甌王。

〔四〕【考證】李奇曰：持雞骨卜，如鼠卜。

公孫卿曰：「仙人可見，而上往常遽，以故不見。今陛下可爲觀，如緱城，置脯棗，〔一〕神人宜可致也。〔二〕且僊人好樓居。」於是上令長安則作蜚廉桂觀，甘泉則作益延壽觀，〔三〕使卿持節設具而候神人。乃作通天莖臺，〔四〕置祠具其下，將招來僊神人之屬。〔五〕於是甘泉更置前殿，始廣諸宮室。夏，有芝生殿房内中。〔六〕天子爲塞河，興通天臺，若見有光云，〔七〕乃下詔：「甘泉房中生芝九莖，赦天下，毋有復作。」〔八〕

〔一〕【集解】徐廣曰：「一云『如緱氏城』。」【考證】補武紀、漢志並有「氏」字。

〔二〕【考證】宜，猶殆也。

〔三〕【索隱】小顏以爲作益壽、延壽二館。案：漢武故事云「作延壽觀，高三十丈」。【考證】漢志「益」下有「壽」字。梁玉繩曰：漢武故事及括地志皆曰「延壽觀」，無「益壽」，三輔黃圖亦但云「延壽」，蓋此多「益」字。漢志更多一「壽」字。

〔四〕【集解】徐廣曰：「在甘泉。」【索隱】案：漢書並無「莖」字，疑衍也。【正義】漢書無「莖」字，疑衍字。括地志云：「通天臺在雍州雲陽西北八十里，武帝以五月避暑，八月乃還。」【考證】補武紀、漢武紀、郊祀志並無「莖」字，下文亦曰「通天臺」。

〔五〕【考證】補武紀、漢志「僊神」作「神僊」，下無「人」字，此疑訛。

〔六〕【集解】徐廣曰：「元封二年。」【考證】王先謙曰：據禮樂志，內中則齋房也。

〔七〕【考證】中井積德曰：興通天臺，是塞河之報賽矣，故曰「爲」也。

〔八〕【考證】補武紀「詔」下有「曰」字。

其明年，伐朝鮮。〔一〕夏，旱。公孫卿曰：「黃帝時，封則天旱，乾封三年。」上乃下詔曰：「天旱，意乾封乎？其令天下尊祠靈星焉。」〔二〕

〔一〕【考證】王先謙曰：據漢武紀，元封二年伐朝鮮，三年平之，此繫於平朝鮮之年。

〔二〕【考證】靈星即龍星，見上。中井積德曰：祠靈星，蓋祈雨也。

其明年，〔一〕上郊雍，通回中道，巡之。〔二〕春，至鳴澤，從西河歸。〔三〕

〔一〕【考證】元封四年。

〔二〕【正義】括地志云：「回中宮在岐州雍縣西三十里。」按：武帝郊雍五畤，遂通西口回中道，往處回中宮也。

〔三〕【考證】巡之，巡回中也。回中，今陝西鳳翔府隴州。

〔三〕【考證】嗚澤，今直隸順天府涿州。

其明年冬，上巡南郡，〔一〕至江陵而東。登禮灊之天柱山，號曰南岳。〔二〕浮江，自尋陽出樅陽，〔三〕過彭蠡，禮其名山川。北至琅邪，並海上。四月中，至奉高，脩封焉。

〔一〕【集解】徐廣曰：「元封五年。」

〔二〕【考證】補武紀「灊」作「潛」，在今湖北六安州霍山縣。天柱即霍山，在安陸府潛江縣西北。

〔三〕【考證】漢志「尋陽」作「潯陽」，在今黄州府黄梅縣北。樅陽在安慶府桐城縣東南。

初，天子封泰山，泰山東北阯，古時有明堂處，處險不敞。上欲治明堂奉高旁，未曉其制度。濟南人公玉帶上黄帝時明堂圖。明堂圖中有一殿，四面無壁，以茅蓋，通水，圜宫垣，爲複道，上有樓，從西南入，命曰昆侖，天子從之入，以拜祠上帝焉。〔一〕於是上令奉高作明堂汶上，〔二〕如帶圖。及五年脩封，則祠太一、五帝於明堂上坐，令高皇帝祠坐對之。祠后土於下房，以二十太牢。〔三〕天子從昆侖道入，始拜明堂如郊禮。禮畢，燎堂下。而上又上泰山，〔四〕自有祕祠其巔。而泰山下祠五帝，各如其方，黄帝并赤帝，而有司侍祠焉。〔五〕山上舉火，下悉應之。

〔一〕【考證】漢志「祠」作「祀」。

〔二〕【集解】徐廣曰：「在元封二年秋。」

〔三〕【考證】沈欽韓曰：據其祠泰一及五帝、高帝、后土合用八太牢，蓋其外尚有配食者，而史不詳也。

〔四〕【考證】劉敞曰：「而上」字屬下句。

〔五〕【考證】漢志「并」作「並」，「而」作「所」。顏師古曰：與赤帝同處。

其後二歲，〔一〕十一月甲子朔旦冬至，推曆者以本統。〔二〕天子親至泰山，以十一月甲子朔旦冬至日，祠上帝明堂，毋脩封禪。〔三〕其贊饗曰：「天增授皇帝太元神策，周而復始。〔四〕皇帝敬拜太一。」〔五〕東至海上，考入海及方士求神者，莫驗，然益遣，冀遇之。

〔一〕【考證】太初元年。

〔二〕【考證】方苞曰：十一月朔旦冬至，爲得曆數之本統，故云。

〔三〕【集解】徐廣曰：「常五年一脩耳，今適二年，故但祠於明堂。」

〔四〕【正義】筴，數也。言得十一月甲子朔旦冬至日，祀上帝明堂，是天授古昔上皇創曆泰元神筴之數爲首，故周而復始。

〔五〕【考證】以上贊祝者詞。

十一月乙酉，柏梁烖。十二月甲午朔，上親禪高里，祠后土。臨勃海，〔一〕將以望祀蓬萊之屬，冀至殊廷焉。〔二〕

〔一〕【考證】高里在今山東泰安府泰安縣。

〔二〕【考證】漢書武紀無「將以」二字。

上還，以柏梁烖故，朝受計甘泉。〔一〕公孫卿曰：「黃帝就青靈臺，十二日燒，黃帝乃治明廷。明廷，甘泉也。」方士多言古帝王有都甘泉者。其後天子又朝諸侯甘泉，甘泉作諸侯邸。

勇之乃曰：「越俗有火烖，復起屋，必以大，用勝服之。」於是作建章宮，度爲千門萬户。前殿度高未央。其東則鳳闕，高二十餘丈。其西則唐中，數十里虎圈。〔二〕其北治大池，漸臺，高二十餘丈，命曰太液。池中有蓬萊、方丈、瀛洲、壺梁，象海中神山龜魚之屬，其南有玉堂、璧門、大鳥之屬。〔三〕乃立神明臺、井幹樓，度五十丈，輦道相屬焉。〔四〕

〔一〕【考證】漢志刪「朝」字，非是。

〔二〕【考證】唐中，漢志作「商中」，非。

〔三〕【正義】漢武故事云：「玉（璧）〔堂〕内殿十二門，階陛咸以玉爲之。門（門）三層，臺高十餘丈，椽首榑以璧爲之，因名璧門。」

〔四〕【正義】輦道，門道也。屬，音燭，續也。

夏，漢改曆，以正月爲歲首，〔一〕而色上黃，官名更印章以五字，爲太初元年。〔二〕是歲，西伐大宛，蝗大起。〔三〕丁夫人、雒陽虞初等以方祠詛匈奴、大宛焉。〔四〕

〔一〕【考證】漢書武帝紀「夏五月正曆，以正月爲歲首」。先是漢用秦正，以十月爲歲首，即建亥之月也，至此改從夏正，以正月爲歲首，即建寅之月也，蓋是歲合有十五月。

〔二〕【考證】漢書武紀「官」上有「定」字，此疑脱。張晏曰「漢據土德，土數五，故以五字爲印文也。若丞相曰『丞相之印章』。諸卿及守相印文不足五字者，以『之』足也。」

〔三〕【考證】漢書五行志太初元年夏，「蝗從東方飛至敦煌」。

〔四〕【考證】丁夫人、虞初皆人姓名。

其明年，有司上言，雍五畤無牢熟具，芬芳不備。乃令祠官進畤犢牢具，色食所勝，〔一〕而以木禺馬代駒焉。〔二〕獨五月嘗駒，〔三〕行親郊用駒。及諸名山川用駒者，悉以木禺馬代。行過乃用駒。〔四〕他禮如故。

〔一〕【考證】孟康曰：若火勝金，則祠赤帝以白牲也。

〔二〕【考證】伐宛馬少，故用木偶馬。

〔三〕【考證】梁玉繩曰：漢志無此語是。既以木禺馬代駒，尚何五月嘗駒之有？下文「行過乃用駒」，是總上五畤諸山川在內，又何必兩言用駒乎？其爲後人誤增無疑。

〔四〕【考證】岡白駒曰：天子親行過乃用駒。

其明年，〔一〕東巡海上，考神僊之屬，未有驗者。方士有言「黃帝時爲五城十二樓，以候神人於執期，命曰迎年」。〔二〕上許作之如方，命曰明年。〔三〕上親禮祠上帝焉。〔四〕

〔一〕【考證】太初三年。

〔二〕【考證】執期，地名。

〔三〕【考證】補武紀「命」作「名」。明年，殿名。

〔四〕【考證】梁玉繩曰：補紀云「上親禮祠上帝，衣上黃焉」，漢志云「上親禮祠，上犢黃焉」，疑此「上帝」是「上黃」之訛。

公玉帶曰：「黃帝時雖封泰山，然風后、封巨、岐伯令黃帝封東泰山，禪凡山，〔一〕合符，然后不死焉。」天子既令設祠具，至東泰山，泰山卑小，不稱其聲，〔二〕乃令祠官禮之，而不封禪焉。〔三〕其後令帶奉祠候神物。夏，遂還泰山，脩五年之禮如前，而加以禪祠石閭。石閭者，在泰山下阯南方，方士多言此僊人之閭也，故上親禪焉。〔四〕

〔一〕【集解】徐廣曰：「一作『丸』。」【考證】風后、封巨、岐伯皆黃帝臣。巨，凌本作「臣」，訛。補武紀、漢志皆作「鉅」。「凡」當作「丸」，地理志丸山在琅邪朱虛縣。

〔二〕【考證】補武紀、漢志「泰山」上有「東」字，此脱。

〔三〕【考證】漢志無「禪」字。

〔四〕【正義】石閭山在兗州博城縣西二十五里。應劭曰：「石閭山在太山正南。」

其後五年，復至泰山脩封。〔一〕還過祭恒山。〔二〕

〔一〕【集解】徐廣曰：「天漢三年。」【考證】漢武紀在天漢三年。王先謙曰：太初止四年，後五年者併太初三年數之。

〔二〕【考證】梁玉繩曰：史公載武帝太初三年禪石閭，後即總叙所興諸祠，而以方士候神終焉。此「其後五年復至太山脩封還過祭恒山」十五字，及下文「今上封禪其後十二歲而還徧于五岳四瀆矣」十八字，後人妄增。史訖太初，安得叙至天漢已下乎？蓋漢志欲終武帝事，故連言云：「其後五年復至泰山脩封，還過恒山。自封泰山後十三歲，而周于五岳四瀆矣。」下又兩言「後五年」以終之。補今上紀者不知斷限，謬割漢志以續本紀，並增封禪書，遂令文義隔(紀)〔絶〕，注家未察之邪？或曰，後人不知補紀者是從截取漢志來，反認爲史記本文，因而增入此書也。

今天子所興祠，太一、后土，三年親郊祠，建漢家封禪，五年一脩封。薄忌太一及三一、冥羊、馬行、赤星、五寬舒之祠，〔一〕官以歲時致禮。凡六祠，皆太祝領之。〔二〕至如八神諸神，明年、凡山他名祠，行過則祠，行去則已。〔三〕方士所興祠，各自主，其人終則已，祠官不主。他祠皆如其故。今上封禪，其後十二歲而還，徧於五岳、四瀆矣。〔四〕而方士之候祠神人，入海求蓬萊，終無有驗。而公孫卿之候神者，猶以大人之跡爲解，無有效。天子益怠厭方士之怪迂語矣，然羈縻不絕，冀遇其真。自此之後，方士言神祠者彌衆，然其效可睹矣。〔五〕

〔一〕【索隱】案：郊祀志云「祠官寬舒議祠后土爲五壇」，故謂之「五寬舒祠官」也。【考證】李慈銘曰：案此皆武帝所興者，馬行以上俱見上文，赤星者，武紀索隱謂「即上所云靈星祠」，是也。

〔二〕【考證】索隱本以「官」字屬上，非，今訂。中井積德曰：官以歲時致祀，與下「行過則祠，去則已」者異。六祠，薄忌太一也，三一也，冥羊也，〔馬行也〕，赤星也，寬舒之祠也。

〔三〕【考證】「八神」下「諸」字依補武紀補。「去」上「行」字補武紀、漢志亦無，此衍。

〔四〕【考證】漢志「十二歲」作「十三歲」。自元封元年漢武封泰山至天漢三年，實十三歲。梁玉繩以「今上封禪」至「四瀆矣」十八字爲後人妄增，說已見上。

〔五〕【考證】岡白駒曰：言其效之有無可睹已。

太史公曰：余從巡祭天地諸神名山川而封禪焉。入壽宮侍祠神語，究觀方士祠官之意，〔一〕於是退而論次自古以來用事於鬼神者，具見其表裏。〔二〕後有君子，得以覽焉。若至俎豆珪幣之詳、獻酬之禮，則有司存。〔三〕

〔一〕【考證】方苞曰：言推究其意，專爲道訣，逢君之惡，而不主於鬼神之祀。

〔二〕【考證】方苞曰：自古帝王典祀乃致敬於鬼神，其餘淫祀則妄意福祥。至漢武封禪，則以爲招來神僊人，致不死之術，而假儒術以文之，故曰「具見其表裏」。以儒術文之，用自託於古帝王之功至德洽者，表也，而妄意於上封則不死，裏也。

〔三〕【考證】論語泰伯篇：「籩豆之事，則有司存。」

【索隱述贊】禮載「升中」，書稱「肆類」。古今盛典，皇王能事。登封報天，降禪除地。飛英騰實，金泥石記。漢承遺緒，斯道不墜。仙閭、肅然，揚休勒誌。